小人摄像头（2006年中韩设计论坛获奖作品，张中任）

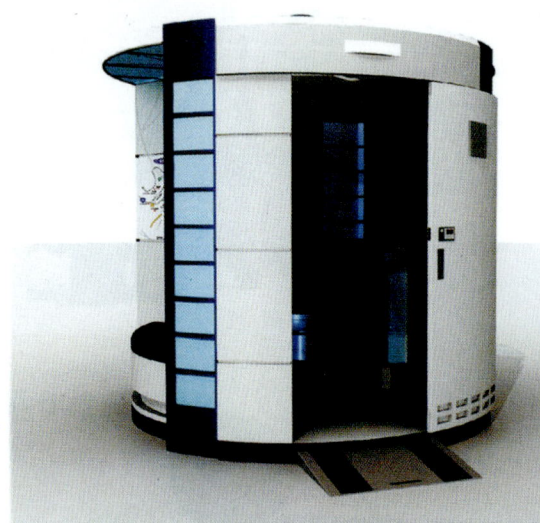

设计的大背景是北京2008年奥运会，目的是在比赛期间满足游客、运动员、工作人员等的需要。设计的指导思想是绿色设计和通用设计，就是说要节约水资源，并且考虑到更多人的需要，特别是那些残障人士。

设计风格追求简洁而又有现代风格，并考虑将中国特色应用于其中。

功能上应满足大小便的需要，而且应有洗手处，可折叠平台供婴儿换尿布之用。

节水型移动厕所设计
MOVEABLE TOILET DESIGN

南京理工大学机械工程学院工业设计 0101160112 华昊 Made by Alias Rendered by imagestudio

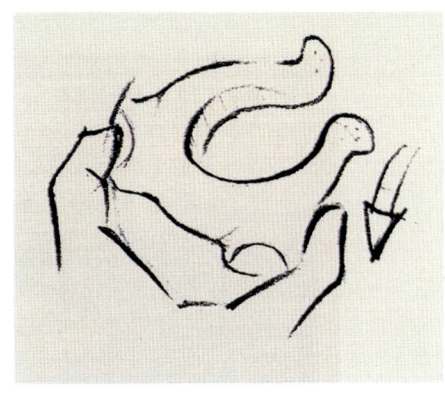

手指按压，挤出电池

didi
数码报警器

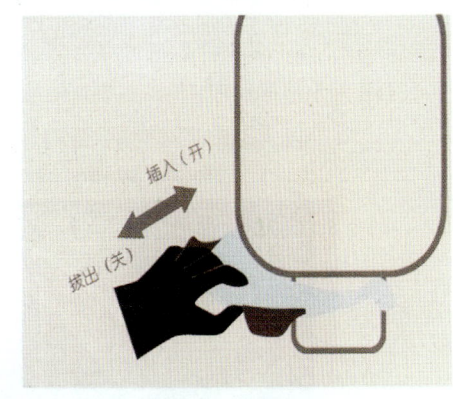

插入（开）
挤出（关）

芯片电路板　　　　　　　　　　橡胶
接收器　　　　　　　　　　　　发射器
有机玻璃　　　　　　　　　　　蜂鸣器
电池
发光二极管　　　　　　　　　　开关

2005年 G-design 金赏奖
（许莉钧、张佳君、宋亮、顾炎辉）

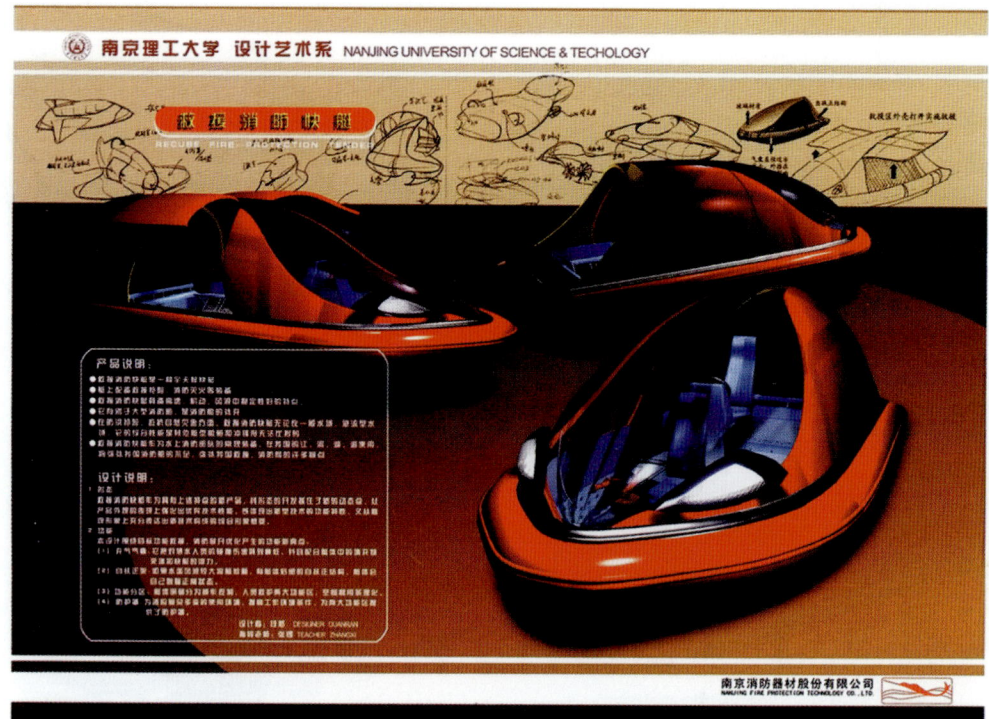

为南京长江消防集团设计的消防艇（段然）

概念车设计（唐明星）

2006年千里马两轮车设计大赛银奖
（张中任、李扬）

自行车的设计（姜霖）

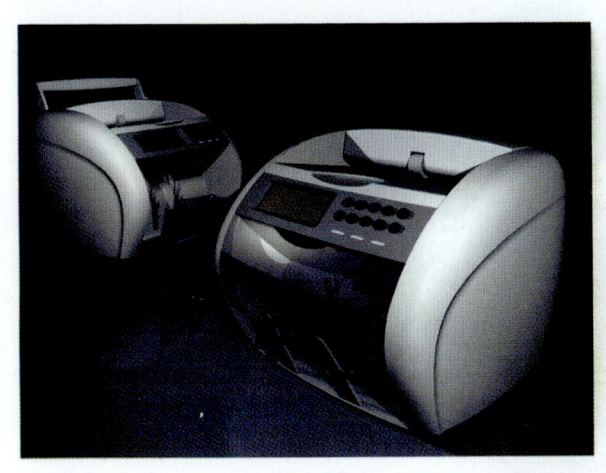
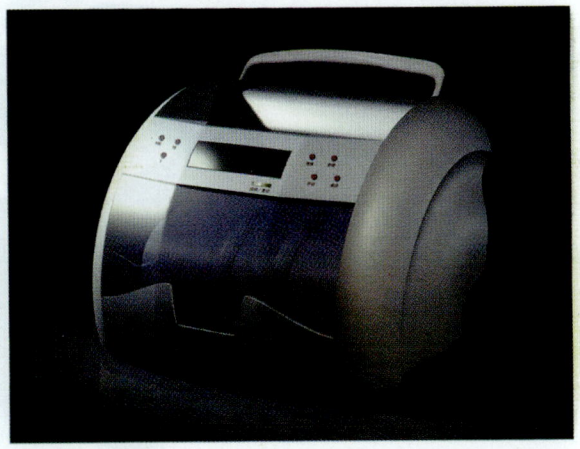

点钞机设计

单兵作战武器设计

军用车辆设计

普通高等教育"十一五"国家级规划教材

设计图学

第 2 版

主　编　段齐骏
参　编　李亚军　宗士增
　　　　李桂红　姜　斌
主　审　徐建成　袁丽娜

机械工业出版社

"设计图学"课程在原有工程制图规范化制图方法教学的基础上,注重两个基础训练,即空间思维、构思能力的训练与形象思维表达能力的训练,为学生后继的产品设计奠定理论基础。书中计算机辅助设计软件基础知识的介绍,并不拘泥于某些具体的一招一式的使用操作,而着眼于软件版本的升级换代,强调软件使用的基本原理,为学生建立起发展的、前瞻型的设计学习思路。

全书共分10章。第1、2章为绪论与工程图样绘制的基本方法与国家标准介绍;第3、4、9章介绍投影原理、几何要素投影特性、形体三面视图、机件表达方法、构型基本方法、造型语意及AutoCAD软件的基本功能及使用方法;第5、7、8章就形体特征的表达,介绍了轴测投影图、阴影与透视图等表达的基本理论;第6章为展开图与包装展开;第10章介绍零件图与装配图的画法及产品设计中常见的工艺结构;附录分为两部分,一为计算机辅助设计方法及应用软件的介绍,另一部分是产品设计中涉及到的国家标准。另外,全书还附有部分彩页,用于介绍一些优良产品的设计示例和Pro/E软件的基本功能。全书的基本特点是充分利用图例,加大教材本身所蕴涵的信息量,充分发挥教材的基本作用。

与本书同时出版有配套教材《设计图学习题集》,该习题集配有习题解答。授课老师可免费索取,联系方式见"信息反馈表"。

本书是高校工业设计、艺术设计等设计艺术类专业的教材,也可以作为高职相关专业的教材,同时供广大工业设计专业的设计人员参考。

图书在版编目(CIP)数据

设计图学/段齐骏主编. —2版. —北京:机械工业出版社,2007.5
(2025.1重印)
普通高等教育"十一五"国家级规划教材.
ISBN 978-7-111-11934-0

Ⅰ.设… Ⅱ.段… Ⅲ.工程制图-高等学校-教材 Ⅳ.TB23

中国版本图书馆CIP数据核字(2007)第054722号

机械工业出版社(北京市百万庄大街22号 邮政编码100037)
策划编辑:冯春生 责任编辑:刘小慧 版式设计:张世琴
责任校对:刘志文 责任印制:常天培
固安县铭成印刷有限公司印刷
2025年1月第2版·第8次印刷
184mm×260mm·13印张·4插页·320千字
标准书号:ISBN 978-7-111-11934-0
定价:24.00元

电话服务 网络服务
客服电话:010-88361066 机 工 官 网:www.cmpbook.com
010-88379833 机 工 官 博:weibo.com/cmp1952
010-68326294 金 书 网:www.golden-book.com
封底无防伪标均为盗版 机工教育服务网:www.cmpedu.com

序

设计图学是产品设计课群中与产品工程实践紧密结合的一门基础课程。设计图学教材突出了学生几个方面的能力训练：(1) 空间思维、构思能力的训练。产品设计专业对空间构型能力的要求较高，需要行之有效的构型训练方法，激发学生空间思维的兴趣，达到预定的效果。(2) 形象思维表达能力的学习训练。产品的形象，最终需要以简洁、生动的图形语言进行表达，图形语言的理论基础来源于设计图学。学生通过系统学习阴影、透视等基本理论，可以获得正确表达产品形象的基本知识和基本技能。(3) 工程图样是产品投入生产加工所必需的技术文件，学生通过设计图学所提供的系统规范的绘图知识的学习与训练，可以使产品的最终设计直接与生产相联系。(4) 计算机辅助设计是产品设计先进的设计手段，而设计软件建筑在图形语言基础之上，设计图学课程率先给学生熟悉、使用计算机图形软件提供机会，也为后继的计算机辅助设计提供理论基础。

南京理工大学设计艺术系培养产品设计本科专业学生迄今已十余年，形成了自己的办学理念与办学思路，课程建设突出以产品设计为主干课程，相关课程（包括基础理论课与技术基础课）以产品设计为目的，形成覆盖整个专业的课程网络——产品设计课群建设。这种注重课程之间相互联系、注重知识体系完整性的课程建设思路，在这几年的教学实践中，获得了丰厚回报。学生的毕业设计与企业合作，产品设计成果被海尔集团、春兰集团等多家企业采用。2002 年"毕业设计的真正价值在于走向社会"获江苏省优秀教学成果奖。

值此《设计图学》出版之际，谨向本书全体作者表示衷心祝贺，感谢他们的辛勤耕耘为工业设计专业的发展注入了新的活力。

徐建成
于江苏南京

第 2 版前言

编写本书第 1 版时，我刚从原来的制图教研室调入设计艺术系，此前虽然对图学的教学很熟悉，也承担了几届工业设计专业的图学教学工作，但对专业的认识还没有深入到专业后续课程及职业要求的高度。所以，尽管在第 1 版的内容中力求根据"产品设计"课程建设的需要，从两个基础训练，即空间思维、构思能力的训练与形象思维表达能力的训练着手，为学生后续的产品设计奠定理论基础，但在内容的组织上与产品设计教育的连接相对还是松散的。

从 2002 年直至今日，在从事面向设计专业的"设计图学"课程教学的同时，我日渐深入地投身于南京理工大学工业设计特色专业的建设工作中，基于对产品设计全过程及专业目标的认识，在所承担的工程基础课程的教学过程中，逐步将"设计图学"的基础教学与专业教育连接起来，比如，在训练学生的空间构思能力时，引入产品设计中比较常见的形态契合案例，使学生对产品的形态设计方法有了一个初步认识；在展开图教学环节中，通过插入设计对应特定产品个性化包装盒的活动，一方面激发学生的创新意识，培养创新能力，又将这一活动直接与同时开设的"立体构成"课及后续课程"包装设计"联系了起来，使一个原本比较难以理解的教学环节变得生动，体现出服务于专业的特征；在最后的零件图与装配图环节，结合产品设计的特点，着重介绍产品外形相关的零件图与装配图的特征，体现其在具体的产品设计阶段的参考价值；在计算机辅助工业设计概论中，通过引入实际设计案例介绍设计程序与方法技巧，尽管篇幅不长，但基本的设计步骤已经交代清楚，对学生着手学习 CAD 是有帮助的。

正是基于对专业的深入认识，才使"设计图学"课程的价值得以体现和升华。2005 年 5 月，南京理工大学"工业设计特色专业建设的研究与实践"在继取得江苏省教学成果一等奖后，又获得了国家教学成果二等奖，其中一个重要原因就在于工业设计专业的工程基础教学形成了优势与特色；2005 年底，南京理工大学"工程制图"课程被评为国家精品课程，而"设计图学"作为该基础课程面向专业开展建设的一个范例，成为其中的一个重要组成部分。

第 2 版《设计图学》沿袭了原有的结构，分为十章。第 1、2 章为绪论与工程图样绘制的基本方法与国家标准介绍；第 3、4、9 章介绍投影原理、几何要素投影特性、形体三面视图、机件表达方法、构型基本方法、造型语意及 AutoCAD 软件的基本功能及使用方法；第 5、7、8 章就形体特征的表达，介绍了轴测投影图、阴影与透视图等表达基本理论；第 6 章为展开图与包装展开；第 10 章介绍零件图与装配图的画法及产品设计中常见的工艺结构；附录分为两部分，一为计算机辅助设计方法及应用软件的介绍，另一部分是产品设计中涉及到的国家标准。在第 1 版的基础上，将有关的内容面向专业特征展开，使之与专业的教育目标更加吻合。

另外，全书还附有部分彩页，用于介绍南京理工大学近年来所完成的一些设计及学生作品，其中包括获得 G-design 金赏奖的 didi 数码报警器（许莉钧、张佳君、宋亮、顾炎辉）、2006 年上海中韩设计展获奖作品"小人摄像头"（张中任）、2005 年江苏省优秀本科毕业设计一等奖作品"节水型移动厕所"（华昊）等。全书的基本特点是充分利用图例，加大教材本身所蕴涵的信息量，充分发挥教材的基本作用。

第 1 版《设计图学》的第 1、4、6、9 章及附录 B 由本人编写；此外参加编写的老师还有：李亚军（第 8 章）、宗士增（第 3、5、7 章）、李桂红（第 2、10 章）、姜斌（第 3、4 章造型语意与产品造型概述部分、附录 A）。本次修订工作是在第 1 版的基础上，由本人根据教学工作的实际需要完成的。

在本书的编写过程中，得到了徐建成、袁丽娜、杨敢新、张锡等老师的指导与帮助。另外，研究生方方为附录 A 提供了素材，张雯提供了有关"契合"形态的研究资料。在此，对上述老师与同学表示诚挚的谢意。

由于作者水平有限，缺点与错误在所难免，恳请广大读者批评指正。

段齐骏
于南京理工大学

第1版前言

工业设计专业，据其形成发展历史和考虑其研究内容、研究方法，无论在国内还是在国外，都是一个崭新的边缘的学科。因此，在该专业的教育教学实践过程中，教育方针制定、课程体系设置、教学方法研究、教学内容更新调整，一直是形成针对该专业规范化、规模化教育的主要工作。南京理工大学设计艺术系在十年的办学历程中已基本形成了自己的办学理念与办学思路。以产品设计作为主干的课群办学方针，对"设计图学"课程教学具有指导意义。"设计图学"课程在原有工程制图规范化制图方法教学的基础上，注重两个基础训练，即空间思维、构思能力的训练与形象思维表达能力的训练，为学生后继的产品设计奠定理论基础。而计算机辅助设计软件的大量基础知识的介绍，并不拘泥于某些具体的一招一式的使用操作，而着眼于软件版本的升级换代，强调软件使用的基本原理，为学生建立起发展的、前瞻型的设计学习思路。

《设计图学》共分十章。第一、二章为绪论与工程图样绘制的基本方法与国家标准介绍；第三、四、九章介绍投影原理、几何要素投影特性、形体三面视图、机件表达方法、构型基本方法、造型语意及 AutoCAD 软件的基本功能及使用方法；第五、七、八章就形体特征的表达，介绍了轴测投影图、阴影与透视图等表达的基本理论；第六章为展开图与包装展开；第十章介绍零件图与装配图的画法及产品设计中常见的工艺结构；附录分为两部分，一为计算机辅助设计方法及应用软件的介绍，另一部分是产品设计中涉及到的国家标准。另外，全书还附有部分彩页，用于介绍一些优良产品的设计示例和 Pro/E 软件的基本功能。全书的基本特点是充分利用图例，加大教材本身所蕴涵的信息量，充分发挥教材的基本作用。

参与编撰的老师有段齐骏（第一、四、六、九章及附录 B）、李亚军（第八章）、宗士增（第三、五、七章）、李桂红（第二、十章）、姜斌（第三、四章造型语意与产品造型概述部分，附录 A）。

本书由资深专家钱伯仁老师担任主审，他为教材的最后完成提供了许多宝贵意见。在本书的编写过程中，得到了杨敢新、张锡两位老师的指导与帮助。另外，青岛浩汉设计有限公司也为我们提供了大量优良设计产品的图片，给予了大力支持，在此一并表示衷心的感谢。

与本书同时出版的配套教材《设计图学习题集》，该习题集有习题解答。授课老师可免费索取，联系方式见"信息反馈表"。

由于作者水平有限，书中缺点与错误在所难免，恳请广大读者批评指正。

编　者

于江苏南京

目 录

序
第 2 版前言
第 1 版前言

1 绪论 ·· 1
  1.1 设计图学的研究对象 ······················· 1
  1.2 设计图学与产品设计的关系 ············ 1
  1.3 设计图学的研究对象与内容 ············ 4
  1.4 设计图学的学习要求 ······················· 5
  1.5 设计图学的学习方法 ······················· 6
  思考题 ··· 6

2 制图的基本知识 ······································· 7
  2.1 图样中的一些基本规定 ··················· 7
  2.2 平面图形的分析与作图规范 ·········· 16
  思考题 ··· 18

3 几何元素的投影及造型语意 ················· 19
  3.1 投影法概述 ···································· 19
  3.2 几何元素的投影 ···························· 20
  3.3 几何元素间的相对位置 ················· 28
  3.4 投影变换的基本方法 ····················· 38
  3.5 几何元素的计算机生成方法 ·········· 43
  3.6 结构要素的概念及其造型语意 ······ 45
  3.7 构成形式美的基本原理 ················· 47
  思考题 ··· 50

4 立体投影与立体构型 ····························· 51
  4.1 三视图的形成及其特性 ················· 51
  4.2 基本体 ·· 52
  4.3 平面与立体相交 ···························· 53
  4.4 立体与立体相交 ···························· 59
  4.5 组合体 ·· 63
  4.6 立体构型 ·· 70
  4.7 计算机三维立体构型的基本方法 ·· 76
  思考题 ··· 77

5 轴测投影图 ·· 78
  5.1 轴测图的基本概念 ························ 78
  5.2 正等轴测图的画法 ························ 79
  5.3 斜二等轴测图的画法 ···················· 84

  思考题 ··· 85

6 立体表面展开与包装展开 ···················· 86
  6.1 立体表面展开 ································ 86
  6.2 包装展开图 ···································· 89
  思考题 ··· 91

7 阴影 ··· 92
  7.1 阴影的基本概念 ···························· 92
  7.2 几何元素的落影 ···························· 94
  7.3 立体的直角投影阴影 ···················· 99
  7.4 轴测投影阴影 ······························ 102
  思考题 ··· 105

8 透视图 ··· 106
  8.1 透视图概述 ·································· 106
  8.2 点与直线的透视 ·························· 109
  8.3 平面图形的透视图 ······················ 116
  8.4 形体的透视图 ······························ 121
  8.5 透视图简易作图法 ······················ 125
  8.6 透视阴影 ······································ 129
  思考题 ··· 130

9 工程图样的表达方法 ·························· 131
  9.1 视图 ·· 131
  9.2 剖视图 ·· 133
  9.3 断面图 ·· 137
  9.4 习惯画法和简化画法 ·················· 138
  9.5 第三角投影 ·································· 141
  思考题 ··· 142

10 装配图和零件图 ································ 143
  10.1 装配图、零件图的作用和关系 ··· 143
  10.2 装配图、零件图的基本内容 ······ 144
  10.3 产品设计中典型零件的视图与
      尺寸 ·· 150
  10.4 装配图的规定画法和特殊画法 ··· 156
  10.5 螺纹 ·· 158
  10.6 螺纹联接件的规定画法 ············· 163
  10.7 装配图的尺寸标注与零、部件
      序号及明细栏 ···························· 165
  10.8 产品设计中常见的零件和装配

结构 …………………………… 167	技巧 …………………………… 179
思考题 ………………………… 175	A.3 Pro/ENGINEER 软件简介 …… 187
附录 A 计算机辅助工业设计概论 …… 176	**附录 B 常用国家标准** ……………… 189
A.1 计算机辅助设计与图形技术的	**参考文献** ……………………………… 198
现状 ………………………… 176	**读者信息反馈表**
A.2 计算机辅助设计的程序与方法	

1 绪 论

【学习提示】

本章主要介绍"设计图学"与产品设计的关系,阐述《设计图学》的基本内容与相应的学习方法。

通过本章的学习应达到以下要求:
1) 明确"设计图学"在产品设计过程中的重要地位;
2) 对《设计图学》的基本内容与学习方法有所了解。

1.1 设计图学的研究对象

设计图学是一门以画法几何与机械制图为基础,在研究绘制和阅读机械图样、图解空间几何问题的同时,研究结构造型语言、结构造型方法及计算机辅助设计软件在工业设计,特别是产品设计中应用的技术基础学科。

1.2 设计图学与产品设计的关系

1.2.1 产品造型设计概述

所谓产品,泛指人类生产制造的物质财富,是由一定物质材料以一定结构形式结合而成的、具有相应功能的客观实体,是人造物,不是自然生成的物质,也不是抽象的精神世界。因此,产品设计即是对产品的造型、结构和功能等方面所进行的综合性的设计,以便生产制造出符合人们需要的实用、经济、美观的产品。

产品造型设计是工业设计的一个重要组成部分,而工业设计的根本任务是为工业化批量生产产品的功能、材料、结构、工艺、形态、色彩、表面处理以及装饰等诸因素从技术的、经济的、社会的和文化的各种角度作综合研究、处理和创造,以确定一种能满足人类现代或将来生活需要的物质形式。工业设计并不着重于产品内部的机能原理和构造传动,而主要关心与人相关的产品外部环境系统。通过人—机界面解决人与产品的关系,进而实现人—产品—环境的协调,人类生存与自然生态的平衡及发展,达到人类对自身环境的合理利用和控制。尽管造型艺术手段是工业设计的一个组成部分,但它并不以表现纯粹个人的主观感情及喜好为目的,而是通过设计师的创意服务于广大的消费者和使用者,于设计中体现生活的意义、美感以及生命的价值。产品造型设计属于工业设计范围中的一种特殊的创造活动,是现代工业、现代科技和现代文化发展到一定阶段的必然产物。

产品造型设计渗透到社会的各方面,从家庭领域到广泛的生产领域。从家庭日用品、现代的家用电器、穿着、装饰、家具扩展到各类生产设备、仪器仪表、办公用品以及公共环境中的各类交通工具、公共设施,都涉及到产品造型设计。造型产品已成为人类社会生活中不可缺少的重要部分。

产品造型设计是现代工业产品设计的一种方法，是工程技术与美学艺术相结合的产物。它有别于手工业产品与工艺美术品的造型设计，也有别于纯工程技术设计。产品造型设计，不仅仅设计产品的外形，而是以产品的功能、结构、生产工艺、材料、宜人性、市场销售及产品创造等因素为出发点，将工程技术与美学艺术结合起来，综合协调地对产品进行塑造、设计。广义地讲，"造型"是创造物体形象的手段，而产品造型设计的"造型"是指更广泛的造型活动，它的含义已不仅是表达创造器物的形状，而成为满足器物功能，表现器物形体、色彩、质感等技术处理与艺术创造的综合概念。因"造型"一词本身就包含产品的构思、设计、制造和使用四个主要进程，所以创造性地构思和设计产品，才是造型活动的主体。

1.2.2 产品造型设计的基本要求

产品造型设计具有自身的特征，对现代工业产品造型设计的基本设计原则可概括为"实用"、"经济"、"美观"和"创新"。

"实用"是产品设计要达到的基本要求，产品失去了实用性也就失掉了主体作用。产品的实用表现为具有先进和完善的功能，并且这种功能可以获得最大限度的发挥。为此，造型设计应以实现功能目的为中心，使产品性能稳定可靠、技术先进、使用方便、安全宜人和适应环境。这些是评定产品造型、反映产品功能美的综合指标。

"经济"是指产品造型的经济性，即在产品制造过程中使用最少的财力、物力、人力和时间，以获得最大的经济效益；使产品在满足实用性和审美要求的前提下，达到高性能可靠性和长使用寿命的预期要求，做到"经济实惠、物美价廉"。

"美观"是产品造型设计的主要目的之一。产品造型必须在体现实用、经济的前提下，塑造出完美、生动、和谐的艺术形象，满足时代的审美要求，体现社会的精神文明与物质文明。

上述三者是产品造型设计的主要原则，缺一不可，但又有主次之分。实用原则占首位，美观处于从属地位，经济原则则是二者的约束条件。

此外，"创新"原则也是产品造型所必须遵循的。只有追求造型的"新意"和"独创性"，才能创造出独具艺术风格和新颖、有魅力、有个性的产品造型，才能不断满足人们随时代进步而不断发展和提高的审美情趣，成为具有时代感的现代产品。

1.2.3 设计图学在产品设计过程中的作用

对产品设计开发过程的正确理解和认识关系到一个产品的生命。在传统的产品开发模式中，设计师仅仅是执行者。在许多企业中，企业决策是由领导层和工程师层决定的，技术与生产的因素占了主导地位，而市场和消费者的需求现实却得不到反映，设计师只是最后为产品"美化"一番，事实证明这种方式是行不通的。在今天，无论是飞利浦公司还是索尼公司，设计师都是产品开发最初阶段的参与者。建立在大规模的市场调查、消费行为和生活方式预测基础上的设计创意，绝不是几张产品效果图，而是一种对生活行为的引导。

一个产品的开发过程涉及许多环节和部门，大致可以划分为以下几个阶段：①基本设计目标的确定；②准备、调查；③可行性研究；④设计展开；⑤模型的展开；⑥销售调查；⑦面向生产的展开阶段；⑧生产计划；⑨设备及市场的准备；⑩生产与销售。每一个阶段设计师的目标和任务是不同的，作为设计师最有力的工具——设计图学在每一个阶段的分工和重点也是不同的。

比如在方案的确定、准备、调查和可行性研究阶段，设计师必须作为主要开发过程的参与者、决策者与技术部门、生产部门和市场部门协调一致，才能使产品开发过程合理、正常地进行，使其可行性获得充分保证。在这一阶段，设计草图大致在以下几个环节发挥作用：

（1）资料搜集　由于最新科学技术的迅猛发展和人们的生活需求不断更新，加速了产品造型设计步伐。产品造型设计流行性颇强，因而设计师需要不断地再学习、不断地搜集造型资料，即用设计草图的方式观察记录生活，记录世界设计潮流的最新动向，以便分析研究。

（2）形态思考　设计师的设计过程是一个思维跳跃和流动的动态过程，设计师的思考往往由一个想法发展到另一个想法，通过由模糊到具体，再由具体到模糊（在新的基点上产生新的想法），集中、扩展、再集中、再扩展。以这种反复的螺旋上升过程，设想、分析和优选，从而产生大量的设计方案。这些思考的过程和结果必须通过设计草图表现出来并进行推敲。

（3）记录构思　设计构思中，过程性的、阶段性的、小结性的想法，都要用图形语言记录下来。一个完整的设计过程需要有完整的形象记录，这种记录只有设计草图才能完成。

（4）意图表达　现代工业设计是一个社会性的、集体化的创造过程，在此过程中，设计师的构想要与有关人员进行传递、沟通；在设计的各个阶段，设计师要把方案表达出来供研讨；设计的结果要与审定者、生产者和使用者见面。

在这些阶段的设计表现中，设计草图是最迅速便捷的展示方式或辅助说明手段。在计算机技术快速发展的今天，设计草图也可以通过计算机迅速有效地获得，在许多的 2D 和 3D 绘画软件中都提供了创意工具，它能使用户直接在 3D 模型和 2D 画布上，建立全色、详细的草图或图形。

又比如在设计展开阶段，设计师在进行产品结构设计时，要考虑各种要素之间的协调关系，要通过各种图样来展现产品的结构与功能。零件图、装配图以及计算机图形技术是这个阶段的主要技术文件与设计实现手段，它能提供多种直观的、合理的结构方式供设计者参考，并且是产品生产加工的有效依据。

另外，现代设计图学已开始关注研究动态的、与使用者相关的人机界面问题。例如，研究人在产品操作中的动作，用计算机技术与图形语言相结合的方式，记录相关数据，从而在设计中，充分使用这些数据作为产品尺度定位的依据。在航空航天、汽车设计等领域，这已是一种常见的设计方式。

设计人员"用图形表达"产品设计思想。这些图像也可帮助客户选择设计，或者赢得新业务。营销管理等公司内部小组也可以使用这些图像在产品生产前改进它，最终降低开发成本，缩短上市时间。

总之，在设计开发过程中，设计图几乎介入了所有的设计阶段，只是在每个阶段中的表现不同。只有通过设计图形语言，才能把设计的意图、设计的结果直观地展现出来，供生产、研究、制造、销售等环节参考使用。所以，设计图学几乎是产品造型设计的基石。

总而言之，产品的造型设计包括实现产品真实空间立体形象过程中的所有相关设计。产品的功能、造型是产品设计的两个关键要素。这两个要素在工程实际（设计、生产制造、销售等环节）中的具体体现，应是具象的、符合工程实际规范的。设计图学所研究的，正是①提供规范设计语言的技术手段；②完成产品空间造型所必须的空间构型训练方法；③工业产品设计的特征工程图样；④计算机辅助产品设计的手段与步骤。因此，设计图学是产品设计领域的一门技术基础学科。

1.3 设计图学的研究对象与内容

设计图学的主要研究对象与研究内容，就是产品的形态，以及构成形态的方法。

1.3.1 形态的要素——产品造型的主体

产品造型设计除使产品充分地表现其功能特点，反映现代先进科学技术水平外，还要求给人以美的感受。因此，产品造型设计必须在表现功能的前提下，在合理运用物质技术条件的同时，充分地把美学艺术内容和处理手法融合在整个造型设计之中，同时又充分利用材料、结构、工艺等条件，体现造型的形体美、线型美、色彩美、材质美。

形态，一般指事物在一定条件下的表现形式。产品造型设计的基本目的，是通过其外在形式和特定功能使人得到美的享受，即实现产品的审美功能。我们的生存空间是由各种物体组成的，任何物体都具有各不相同的外部形态特征。任何产品都以明确的形象告诉人们它是什么，是办公楼还是宿舍，是汽车还是飞机，是洗衣机还是消毒碗柜，是钳子还是剪刀……任何产品都会以清晰的造型，告诉人们怎样使用它，哪儿用手握，哪儿可以按，哪儿可以拉，哪个方向向前，哪个角度、范围可以旋转……；任何产品也以它的形式告诉人们它是哪一个历史时期的，有无政治意义、民族特色、是哪个阶层使用的，在什么场合下使用，甚至告诉人们使用它的应是什么年龄的人，什么追求的人……从这个角度看，形态是产品与功能的中介。如果说产品是功能的载体，没有形态的作用，产品的功能就无法实现。

形态表现事物具有特定的方法，大致可以从以下几个方面加以阐述。

(1) 形态与识别　通过产品自身的解说力，使人可以很明确地判断出产品的属性。尽管电视机、电脑显示器、微波炉等在形态上有很多相似点，但仍然很容易将其区分。

(2) 形态与操作　将构成产品各部分的形态加以区分，让人轻易就能明白哪些属于看的（视觉部分），哪些属于可动的（触摸部分）；哪些部分是危险的，不可随意碰的；哪些部分是不可拆解的。可通过合理的形态设计让使用者能够辨别，或者让使用者根本无法触及。构成产品的部件、机构、操控等部分的形态要符合使用习惯。形态要明确显示产品构造和装配关系。

(3) 形态与使用　产品形态应具有多种组合性、变换性，从而使产品更具有适应性。

(4) 形态与环境　产品往往置于一个具体的环境之中，或是在一个建筑空间里、一个自然环境中，有时也可能与其他各种产品同在一处，这就构成了产品形态之间，产品与环境之间相互影响的问题。这些问题往往也包括尺度、材质等因素。

(5) 形态与记忆　如何使产品具有魅力，形态的作用是关键，不一定凡是崭新的形态语言就会产生魅力。如果能让人从形态中读出记忆中所熟悉而喜爱的信息，同样能使人在对往事的回顾中产生亲切感。形态应具有驾驭人的心理需求的作用。

通常将形态分为两大类，即概念形态与现实形态。在设计基础教学中，通常将空间所规定的形态归结为概念形态。它由两个要素构成：一是质的方面，有点、线、面、体之分；二是量的方面，有大、小之别。概念形态是不能直接感知的抽象形态，无法直接成为造型的素材。而如果将它表现为可以感知的形态时，即以图形的形式出现时，就被称为纯粹形态。纯粹形态是概念形态的直观化，是造型设计的基本要素。

现实形态是实际存在的形态，也可分为两类：一是自然形态，二是人为形态。自然形态可以分为有机形态和无机形态。所谓有机就是有机体的意思。有生命的有机体，在大自然中由于自身的平衡力及各种自然法则，其形态必然具有平滑曲线，体现出生命形态特征。无机形态则相反，往往体现为几何形态，给人以理性的感觉。人为形态，是由人通过各种技术手段创造的形态，当然包括设计的形态。

随着市场的全球化，形态表现日趋多变，对于那些能直接影响人们生活方式的形态语言的需要不断增加。从人们跟风时尚、追求"新颖"的现象中不难看出丰富形态表现的迫切性。现代产品设计所要追求的往往是符合时代潮流的、个性化的形态语言。而新材料、计算机及信息技术的应用和发展，使产品设计语言表现的空间也发生了变化，形态的呈现方式日趋多样。

1.3.2 设计图学的研究内容

设计图学的内容可分为画法几何基础与结构造型方法、产品形体结构表达、计算机辅助产品设计基础等三个部分。

（1）画法几何基础与结构造型方法　主要研究表达空间几何形体、图解空间几何问题的基本投影理论和方法，为用机械图样表达空间几何形体提供理论和基本图示方法，同时也对结构造型的语言与方法进行初步研究，为产品设计等后继课程奠定基础。

（2）产品形体结构表达　其内容包括用机械图样表达形体结构的基本思想与方法、阴影图与透视图等。一切机器、设备或称产品，都是按照图样进行生产，所谓图样就是根据投影原理、标准或有关规定，表示工程对象，并有必要的技术说明的图形集合。它是表达和交流技术思想的重要工具，是工程技术部门的重要技术文件，常被人们比喻为"工程界的技术语言"。对于工业设计领域，特别是产品设计专业而言，阴影图与透视图是绘制产品设计效果图的基础，同样是用于技术交流的重要技术手段。因此，产品形体结构的表达，是设计图学的主干，也是产品设计的基础。

（3）计算机辅助产品设计基础　主要介绍计算机绘图与设计的基本知识，通过实际的产品设计案例，简要介绍典型设计软件的功能与使用方法，以使学生掌握计算机辅助产品设计软件的一般功能与设计程序，为后继的计算机辅助设计课程奠定基础。

1.4 设计图学的学习要求

1）掌握投影法（包括正投影法和中心投影法），并能利用投影法在平面上表示空间几何形体，图解空间几何问题；
2）培养绘制和阅读机械图样的能力；
3）培养用计算机生成图形、立体，进行造型设计的初步能力；
4）培养空间逻辑思维与形象思维的能力；
5）培养分析问题和解决问题的能力；
6）培养认真负责的工作态度和严谨细致的工作作风。

1.5 设计图学的学习方法

设计图学是一门既有系统理论,又比较注重实践的技术基础课。本课程的三部分内容紧密联系,又各有侧重。根据设计图学的学习要求及各部分内容的特点,这里简要介绍一下学习方法。

1. 画法几何部分

画法几何的基本特点是系统性强、逻辑性强、空间与平面联系紧密、实践要求高。因此,学习时必须注意:①承前启后,循序渐进,在消化、理解前面内容的基础上,再学习后面的内容,不能"欠帐",只有熟练掌握前面介绍的各种基本作图问题,才能顺利解决后面遇到的各种综合性作图问题;②要特别注意学习和掌握逻辑推理的分析方法,从而不断提高自己的逻辑思维能力、分析问题和解决问题的能力;③经常分析空间几何要素相互之间的关系,注意空间几何要素与平面图形间的对应联系;④只有通过大量的实际解题和作图,才能深刻理解、真正掌握画法几何与投影法的基本理论。

2. 产品形体结构表达部分

产品形体结构表达是设计图学的主干部分。学生通过这部分内容的学习,可以具备用机械图样表达立体结构、用透视图、阴影图描述立体结构效果的能力。因此,这部分内容具有以下基本特点:①紧密结合工程实际;②以画法几何为基础,将空间要素和平面图形通过投影理论联系在一起;③严格执行国家标准。因此,学习时,应善于联系和运用画法几何的知识,尤其应注重实践,多看实物与对应图样(包括模型、机器零部件和各种产品的实物、构型图、效果图和生产图样),通过大量的由物画图、由图想物的练习,做到图物对照、读(图)画(图)构思(空间结构)相结合,逐步形成和树立清晰的空间概念。对于图样中的尺寸,应做到前后联系不断线,分析比较找差别,全面归纳作总结,即从标注尺寸的基本规定到平面图形的尺寸标注,基本体和组合体以及零件图、装配图的尺寸标注等前后贯穿;并注重分析、比较各种不同形体的个性与共性,注意零件图与装配图尺寸标注的差异;以正确、完整、清晰、合理作为尺寸标注的基本要求。在制图作业中,熟悉并严格遵守机械制图国家标准和有关其他国家标准,养成认真、负责的工作态度和严谨、细致的工作作风。

3. 计算机辅助产品设计基础部分

现有的计算机图形技术已为工业设计及产品造型设计提供了多种便捷、有效的设计实现手段。而用于产品造型设计的计算机软件,在技术特点、基本功能、操作平台以及基本使用方法上,会存在一些共性,本课程将结合这类软件的共性问题,介绍辅助产品设计软件的功能及一些基本软件的操作使用方法,为后继计算机辅助设计课程的学习奠定基础。对于基本软件(AutoCAD)的使用,则应以操作实践为主,充分熟悉这类软件的基本功能。

思 考 题

1) 在产品设计开发过程中,设计图学有哪些基本作用?
2) 形态表现事物有哪些方面?
3) 设计图学的研究对象与研究内容是什么?

2 制图的基本知识

【学习提示】

本章主要介绍国家标准《技术制图》与《机械制图》中部分标准的有关规定，以及仪器绘图的相关内容。

通过本章的学习应达到以下要求：

1) 建立严格遵守国家标准的概念，逐步熟悉制图中常用的国家标准，并在今后的作图实践中加以认真贯彻执行。
2) 能正确地使用一般的绘图工具和仪器。
3) 掌握基本的几何作图方法。

2.1 图样中的一些基本规定

技术图样是现代机器制造过程中重要的技术文件之一，是工程界的技术语言，是指导生产和技术交流的重要技术文献。为此，我国国家技术监督局制定了一系列关于技术制图的中华人民共和国国家标准（简称国标），代号为"GB"（"GB/T"为推荐性国标），绘图时必须严格遵守标准的有关规定。

2.1.1 图纸幅面与标题栏

绘制图样时，应优先采用表 2-1 所规定的基本幅面（GB/T 14689—1993），必要时，也允许选用国家标准所规定的加长幅面。这些幅面的尺寸由基本幅面的短边成整数倍增加后得出。

表 2-1 图纸幅面代号和尺寸 （单位：mm）

幅面代号	A0	A1	A2	A3	A4
$B \times L$	841×1189	594×841	420×594	297×420	210×297
a	25				
c	10			5	
e	20		10		

在图纸上，图框线必须用粗实线画出。其格式分为不留装订边和留有装订边两种。分别如图 2-1 和图 2-2 所示。但同一产品的图样只能采用同一种格式，图样必须画在图框之内。

每张技术图样中均应画出标题栏。国家标准（GB/T 10609.1—1989）对标题栏的内容、格式与尺寸作了规定，在学生制图作业中建议采用图 2-3 所示的简化标题栏。

2.1.2 字体

国家标准（GB/T 14691—1993）中规定了汉字、字母和数字的结构形式。

书写字体的基本要求是：

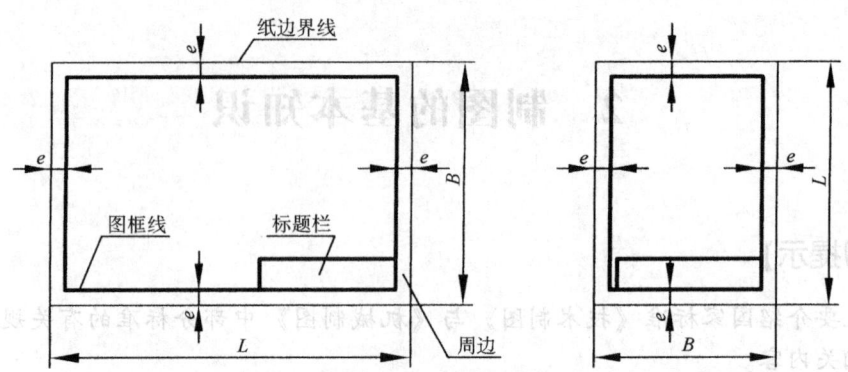

图 2-1　不需要装订图样的图框格式

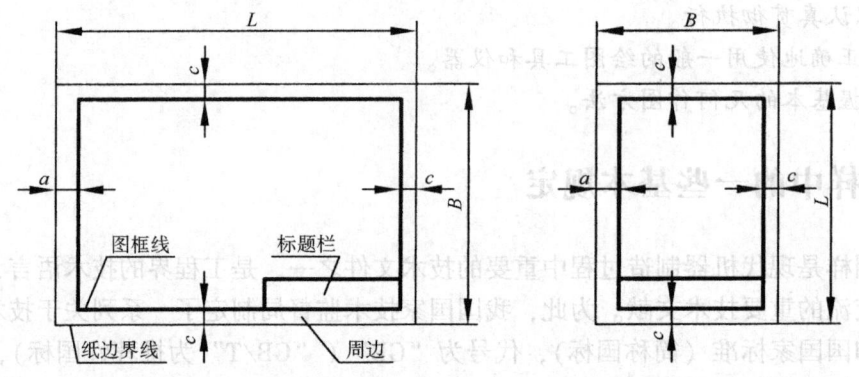

图 2-2　需要装订图样的图框格式

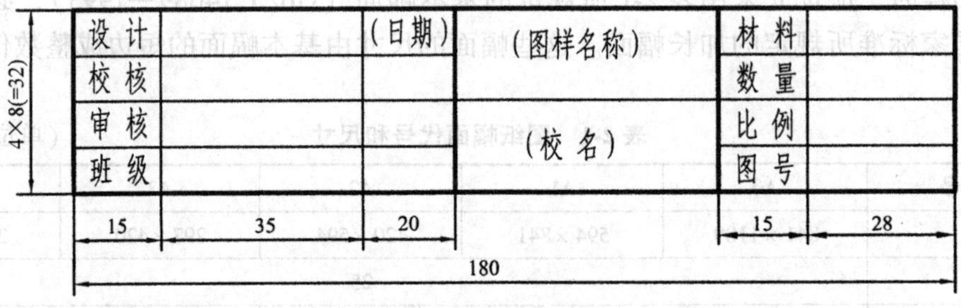

图 2-3　简化标题栏

1）书写字体必须做到：字体端正、笔画清楚、排列整齐、间隔均匀。

2）字体高度（用 h 表示）的公称尺寸系列为：1.8、2.5、3.5、5、7、10、14、20mm。如需要书写更大的字，其字体高度应按 $\sqrt{2}$ 的比率递增。字体高度代表字体的号数，用作指数、分数、注脚和尺寸极限偏差数值，一般采用小一号字体。

3）汉字应写成长仿宋体字，并应采用中华人民共和国国务院正式推行的《汉字简化方案》中规定的简化字。长仿宋体字的书写要领是：横平竖直、注意起落、结构均匀、填满方格。汉字的高度 h 不应小于 3.5mm，其字宽一般为 $h/\sqrt{2}$。

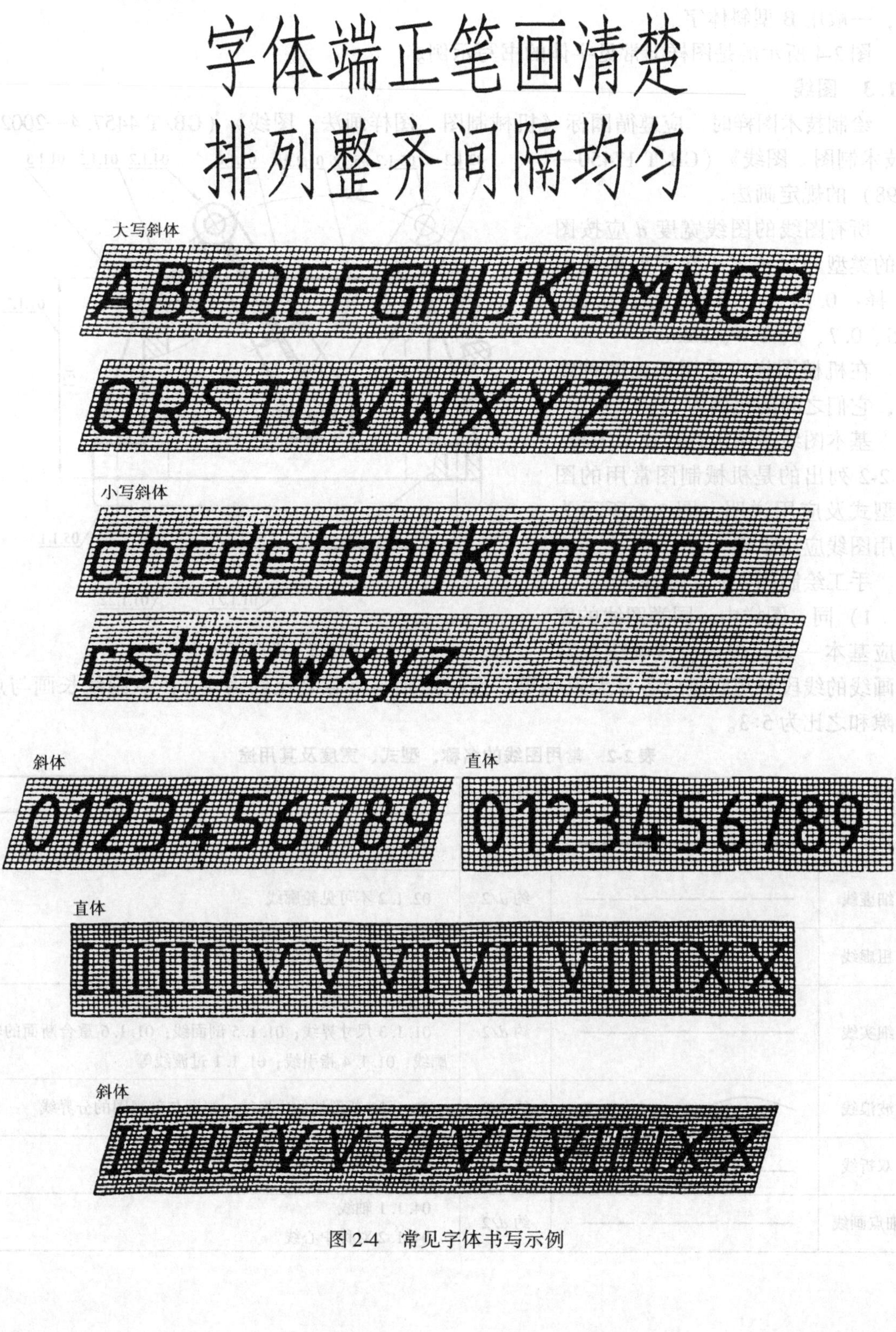

长仿宋体字

字体端正笔画清楚
排列整齐间隔均匀

大写斜体

ABCDEFGHIJKLMNOP
QRSTUVWXYZ

小写斜体

abcdefghijklmnopq
rstuvwxyz

斜体　　　　　　　　　　　　直体

0123456789　　0123456789

直体

I II III IV V VI VII VIII IX X

斜体

I II III IV V VI VII VIII IX X

图 2-4　常见字体书写示例

4) 字母和数字分为 A 型和 B 型。字体的笔画宽度用 d 表示。A 型字体的笔画宽度 $d = h/14$，B 型字体的笔画宽度 $d = h/10$。在同一图样上，只允许选用一种字体。

5) 字母和数字可写成斜体和直体。斜体字字头向右倾斜，与水平基准线成 75°。绘图时，一般用 B 型斜体字。

图 2-4 所示的是图样上常见字体的书写示例。

2.1.3 图线

绘制技术图样时，应遵循国标《机械制图　图样画法　图线》（GB/T 4457.4—2002）、《技术制图　图线》（GB/T 17450—1998）的规定画法。

所有图线的图线宽度 d 应按图样的类型和尺寸大小在下列系数中选择：0.13、0.18、0.25、0.35、0.5、0.7、1、1.4、2mm。

在机械图样中采用粗细两种线宽，它们之间的比例为 2:1。

基本图线适用于各种技术图样。表 2-2 列出的是机械制图常用的图线型式及应用说明。图 2-5 所示为常用图线应用举例。

手工绘制图样时，应注意：

1) 同一图样中，同类图线的宽度应基本一致。虚线、点画线及双点画线的线段长短间隔应各自大致相等。虚线短画与空隙之比约为 4:1；点画线长画与点、间隙和之比为 5:3。

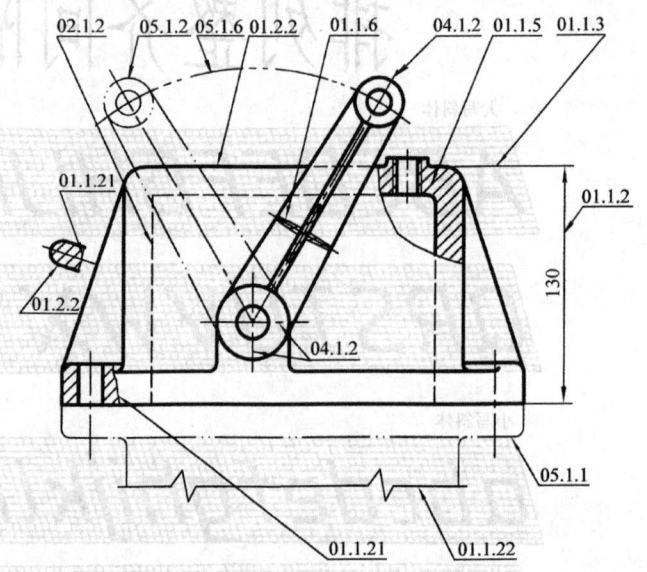

图 2-5　图线应用举例

表 2-2　常用图线的名称、型式、宽度及其用途

图线名称	图线型式	图线宽度	图线应用举例（图 2-7）
粗实线	———————	d	01.2.2 可见轮廓线
细虚线	- - - - - - -	约 $d/2$	02.1.2 不可见轮廓线
粗虚线	━ ━ ━ ━ ━	d	02.2.1 允许表面处理的表示线
细实线	———————	约 $d/2$	01.1.2 尺寸线 01.1.3 尺寸界线；01.1.5 剖面线；01.1.6 重合断面的轮廓线；01.1.4 指引线；01.1.1 过渡线等
波浪线	～～～～	约 $d/2$	01.1.21 断裂处的边界线；视图与剖视图的分界线
双折线	—⋀—⋀—	约 $d/2$	01.1.22 断裂处的边界线
细点画线	— · — · — · —	约 $d/2$	04.1.1 轴线 04.1.2 对称中心线

(续)

图线名称	图线型式	图线宽度	图线应用举例（图2-7）
粗点画线	—··—··—··—	d	04.2.1 限定范围表示线
双点画线	—··—··—··—	约 $d/2$	05.1.1 相邻辅助零件的轮廓线 05.1.2 可动零件极限位置的轮廓线 05.1.6 轨迹线

注：粗实线的宽度应根据图形的大小和复杂程度选取，一般取0.7mm。

2）两条平行线之间的距离应不小于粗实线的两倍宽度，其最小距离不得小于0.7mm。

3）虚线及点画线与其他图线相交时，都应以线段相交，不应在空隙或短画处相交；当虚线是粗实线的延长线时，粗实线应画到分界点，而虚线应留有空隙；当虚线圆弧和虚线直线相切时，虚线圆弧的线段应画到切点，而虚线直线需留有空隙，如图2-6所示。

4）绘制圆的中心线（细点画线）时，圆心应为线段的交点，点画线和双点画线的首末两端应是线段而不是短画，同时其两端应超出图形的轮廓线2~5mm。在较小的图形上绘制点画线或双点画线有困难时，可用细实线代替。

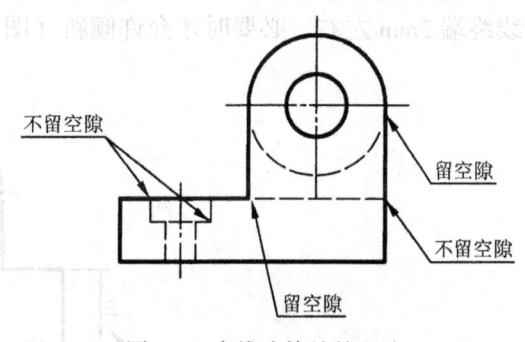

图2-6 虚线连接处的画法

2.1.4 比例

比例（GB/T 14690—1993）是图样中机件要素的线性尺寸与实际机件相应要素的线性尺寸之比。

绘制图样时，应尽可能按机件的实际大小画出，以方便看图。如果机件太大或太小，则可在表2-3中所规定的第一系列中（不带括号）选取适当的比例，必要时也允许选取第二系列（带括号）的比例。

表2-3 比例

原值比例	1:1
放大比例	2:1　(2.5:1)　(4:1)　5:1　$1×10^n:1$　$2×10^n:1$　$(2.5×10^n:1)$　$(4×10^n:1)$　$5×10^n:1$
缩小比例	(1:1.5)　1:2　(1:2.5)　(1:3)　(1:4)　1:5　(1:6)　1:10　$1:1×10^n$　$(1:1.5×10^n)$ $1:2×10^n$　$(1:2.5×10^n)$　$(1:3×10^n)$　$(1:4×10^n)$　$1:5×10^n$　$(1:6×10^n)$

注：n 为正整数。

比例一般应标注在标题栏中的比例栏内。必要时，可在视图名称的下方或右侧标注比例。

2.1.5 尺寸标注

图形只能表达机件的形状，而机件的大小则由标注的尺寸确定。国标（GB/T 4458.4—2003，GB/T 16675.2—1996）对尺寸标注的基本方法作了一系列规定，必须严格遵守。

1. 基本规则

1）机件的真实大小应以图样上所注的尺寸数值为依据，与图形的大小及绘图的准确度无关。

2）图样中的尺寸，以毫米（mm）为单位时，不需标注计量单位的符号或名称，如采用其他单位,则必须注明相应的单位符号。

3) 图样中所注尺寸为该图样所示机件的最后完工尺寸,否则应另加说明。

4) 机件的每一尺寸,一般只标注一次,并应标注在反映该结构最清晰的图形上。

2. 尺寸要素

如图 2-7 所示,一个完整的尺寸一般应包括下列尺寸要素:

(1) 尺寸界线 尺寸界线用细实线绘制,并应由图形的轮廓线、轴线或对称中心线处引出。也可利用轮廓线、轴线或对称中心线做尺寸界线。当表示曲线轮廓上各点的坐标时,可将尺寸线或其延长线作为尺寸界线(图 2-8)。尺寸界线一般应与尺寸线垂直,并超出尺寸线终端 2mm 左右,必要时才允许倾斜(图 2-8)。

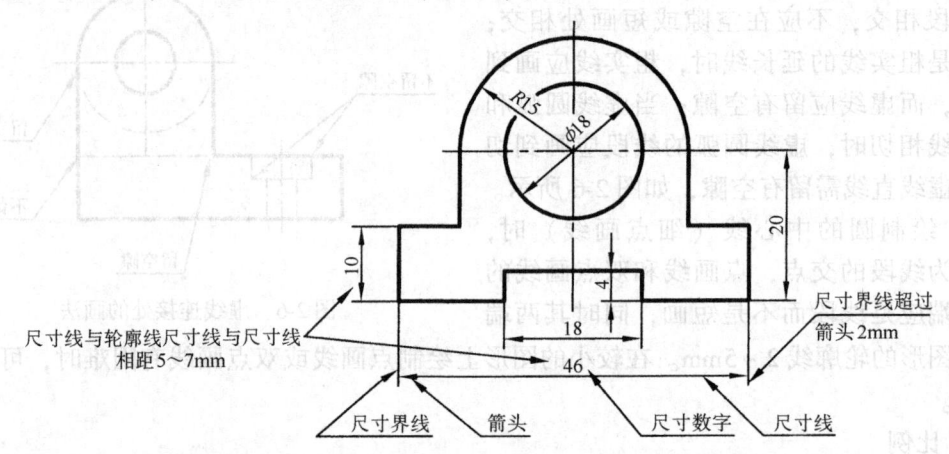

图 2-7 尺寸要素

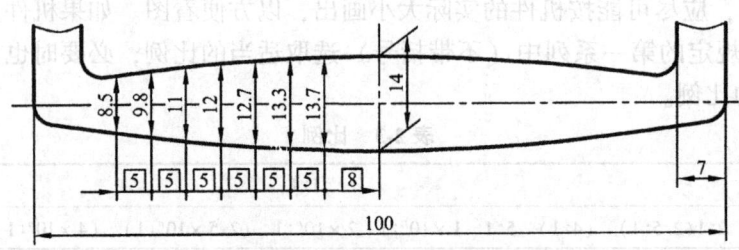

图 2-8 曲线轮廓的尺寸注法

(2) 尺寸线 尺寸线用细实线绘制。尺寸线必须单独画出,不能与图线重合或在其延长线上。

尺寸线终端有两种形式,如图 2-9 所示。箭头适用于各种类型的图样,箭头尖端与尺寸界线接触,不得超出也不得离开。

斜线用细实线绘制。当尺寸线终端采用斜线形式时,尺寸线与尺寸界线必

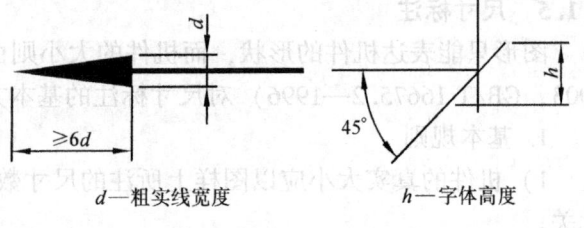

d—粗实线宽度 h—字体高度

图 2-9 尺寸线终端

须相互垂直,并且同一图样中只能采用一种尺寸终端形式。

(3) 尺寸数字　线性尺寸的数字一般应注写在尺寸线的上方,也允许注写在尺寸线的中断处,同一图样内尺寸数字大小应一致,位置不够时可引出标注。尺寸数字不可被任何图线所通过,否则必须把图线断开,如图 2-7 中的尺寸 $R15$ 和 $\phi 18$。国家标准还规定了一些注写在尺寸数字周围的标注尺寸的符号,用以区分不同类型的尺寸,如表 2-4 所示。

3. 各类尺寸注法

表 2-4 列出了国标规定的各类尺寸注法。

表 2-4　各类尺寸注法

标注内容	示　例	说　明
线性尺寸	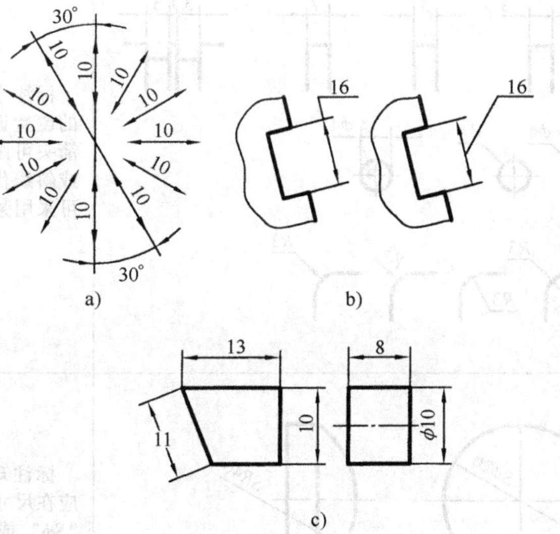	尺寸线必须与所标注的线段平行,大尺寸要注在小尺寸外面,尺寸数字应按图 a 中所示的方向注写;尽可能避免在图示 30°范围内标注尺寸,当无法避免时可按图 b 形式标注;对于非水平方向的尺寸,其数字可水平地注写在尺寸线的中断处,如图 c 所示
圆弧 直径尺寸	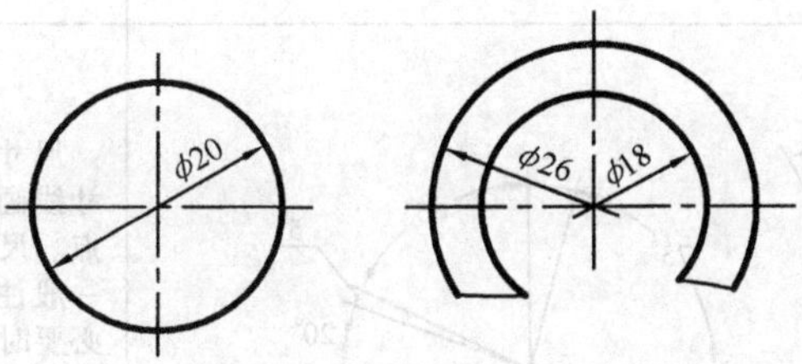	标注圆或大于半圆的圆弧时,尺寸线通过圆心,以圆周为尺寸界线,尺寸数字前加注直径符号"ϕ"
半径尺寸	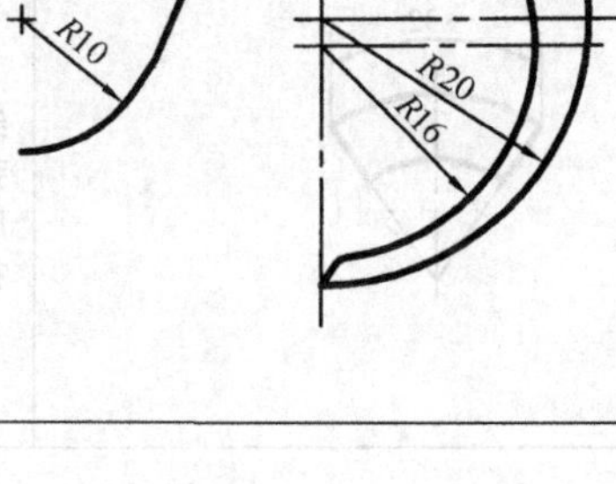	标注小于或等于半圆的圆弧时,尺寸线自圆心引向圆弧,只画一个箭头,尺寸数字前加注半径符号"R"

(续)

标注内容	示例	说明
大圆弧	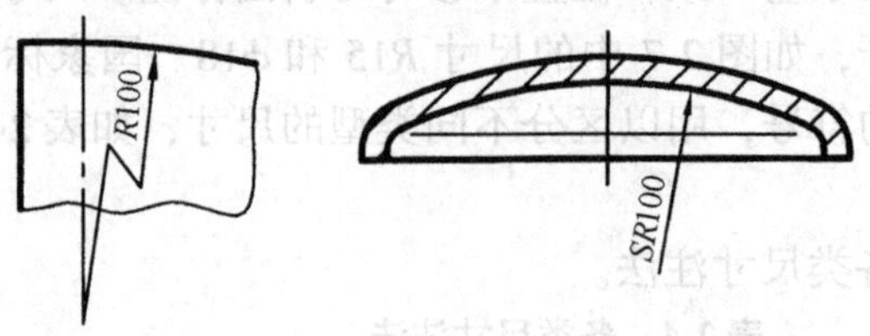	当圆弧的半径过大或在图纸范围内无法标出其圆心位置时，可采用折线形式；若圆心位置不需注明，则尺寸线可只画靠近箭头的一段
小尺寸	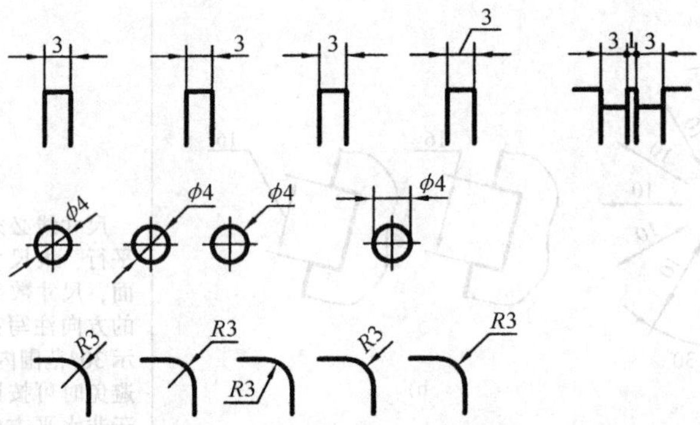	标注小尺寸时，在没有足够的位置画箭头或注写数字时，箭头可画在外面，可用小圆点或斜线代替箭头；尺寸数字也可采用旁注或引出标注
球面	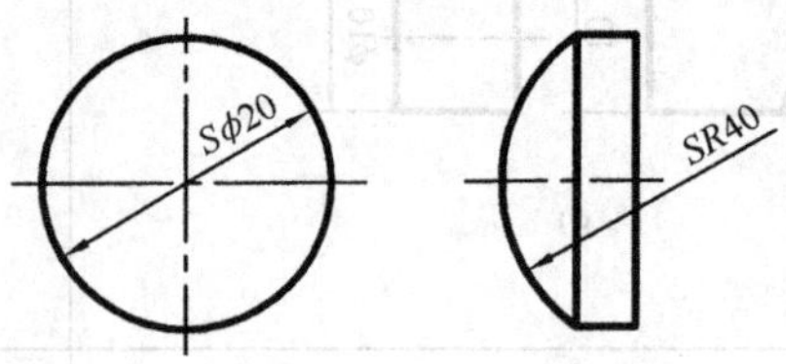	标注球面的直径或半径时，应在尺寸数字前分别加注符号"$S\phi$"或"SR"
角度	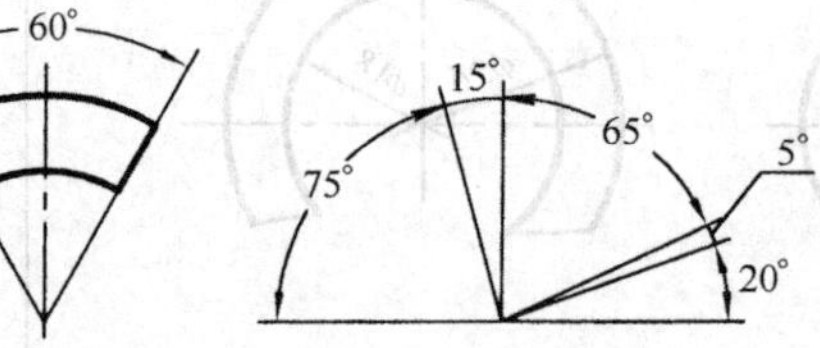	尺寸界线应沿径向引出，尺寸线画成圆弧，圆心是角的顶点。尺寸数字一律水平书写，一般注写在尺寸线的中断处，必要时也可按右图的形式标注
弦长和弧长	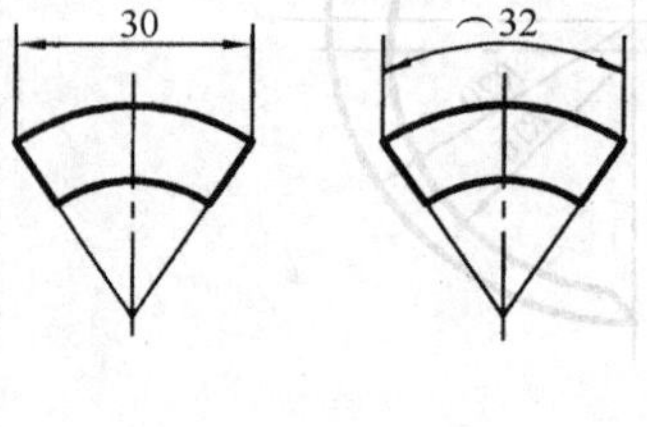	标注弦长和弧长时，尺寸界线应平行于弦的垂直平分线。弧长的尺寸线应平行于该弧所对圆心角的角平分线，并应在尺寸数字左方加注符号"⌒"

（续）

标注内容	示例	说明
只画一半或略大于一半时的对称机件	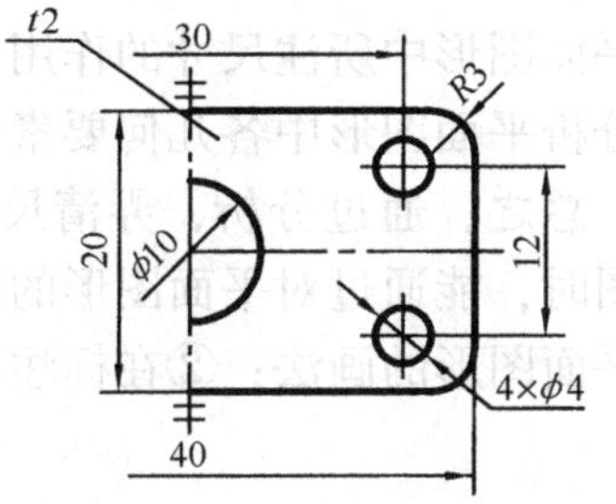	尺寸线应略超过对称中心线或断裂处的边界线，仅在尺寸线的一端画出箭头
板状零件		标注板状零件的尺寸时，在厚度的尺寸数字前加注符号"t"
光滑过渡处的尺寸	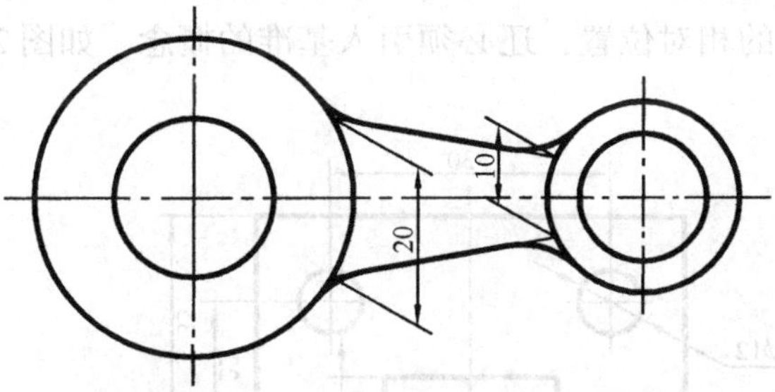	在光滑过渡处，必须用细实线将轮廓线延长，并从它们的交点引出尺寸界线 尺寸界线一般应与尺寸线垂直，必要时允许倾斜
正方形结构	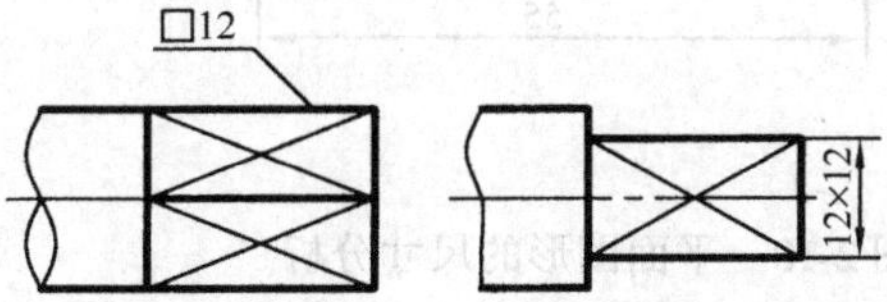	标注机件的断面为正方形结构的尺寸时，可在边长尺寸数字前加注符号"□"，或用"12×12"代替"□12"。图中相交的两条细实线是平面符号（当图形不能充分表达平面时，可用该符号表达平面）
斜度和锥度	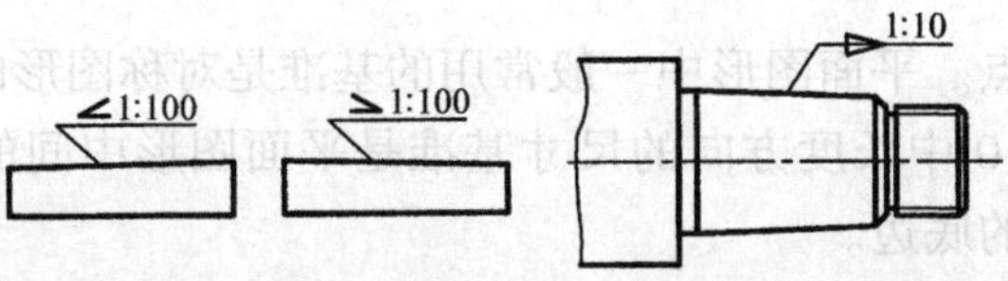	标注斜度与锥度时，注意斜度与锥度的方向
倒角 45°	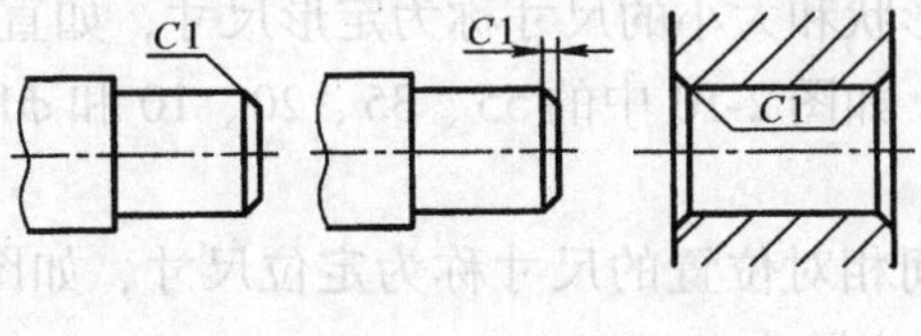	注意45°倒角与非45°倒角标注形式的区别
倒角 非45°		

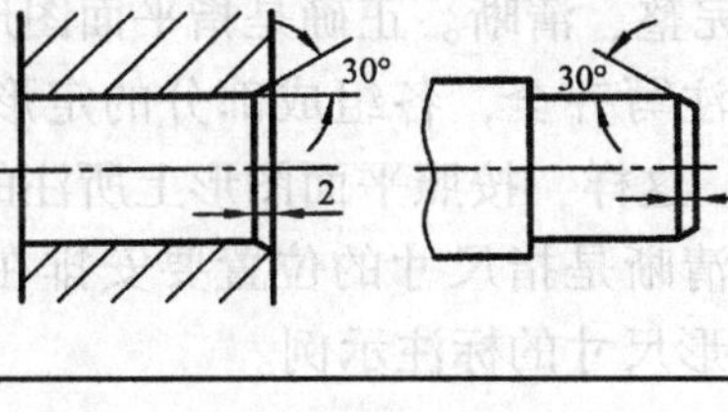

2.2 平面图形的分析与作图规范

所谓平面图形的分析就是①分析平面图形中所注尺寸的作用，确定组成平面图形的各几何要素的形状、大小和相互位置；②分析平面图形中各几何要素所注尺寸的数量，确定组成平面图形的各要素的性质和相应画法。总之，通过分析，弄清尺寸与图形之间的对应关系，从而解决以下两方面的问题：①在画图时，能通过对平面图形的尺寸分析，确定各线段的性质与画图顺序；即由尺寸分析，确定平面图形的画法；②在标注平面图形尺寸时，能运用尺寸分析，确定平面图形的尺寸注法。

2.2.1 平面图形的尺寸分析

尺寸按其在平面图形中所起的作用，可分为定形尺寸和定位尺寸两类。要想确定平面图形中各几何要素的上下、左右的相对位置，还必须引入基准的概念，如图 2-10 所示。

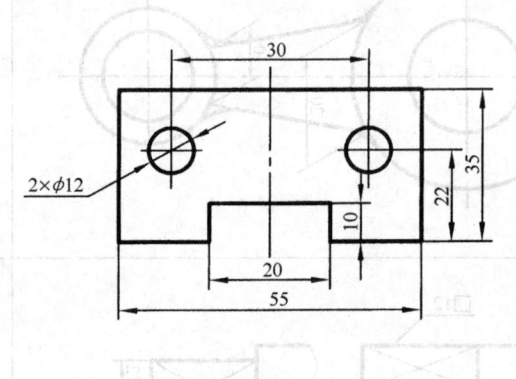

图 2-10 平面图形的尺寸分析

1. 尺寸基准

尺寸基准是标注尺寸的起点。平面图形中一般常用的基准是对称图形的对称线；较大圆的中心线或较长的直线。图 2-10 中长度方向的尺寸基准是平面图形中间的对称中心线；而高度方向的尺寸基准则是图形的底边。

2. 定形尺寸

确定平面图形上各几何要素形状和大小的尺寸称为定形尺寸，如直线的长度、圆与圆弧的直径或半径以及角度的大小等。如图 2-10 中的 55、35、20、10 和 $\phi 12$ 均属定形尺寸。

3. 定位尺寸

确定平面图形上各几何要素间相对位置的尺寸称为定位尺寸，如图 2-10 中两个小圆的圆心位置尺寸 30 和 22，就属于定位尺寸。

标注平面图形的尺寸要求正确、完整、清晰。正确是指平面图形的尺寸要按照国标的规定标注。完整是指平面图形的尺寸要注写齐全，各组成部分的定形尺寸和定位尺寸不可遗漏；在一般情况下，也不可重复标注。这样，按照平面图形上所注的尺寸，既能完整地画出这个图形，又没有多余不用的尺寸。清晰是指尺寸的位置要安排在图形的明显处，标注清楚，布局整齐。图 2-11 为几种平面图形尺寸的标注示例。

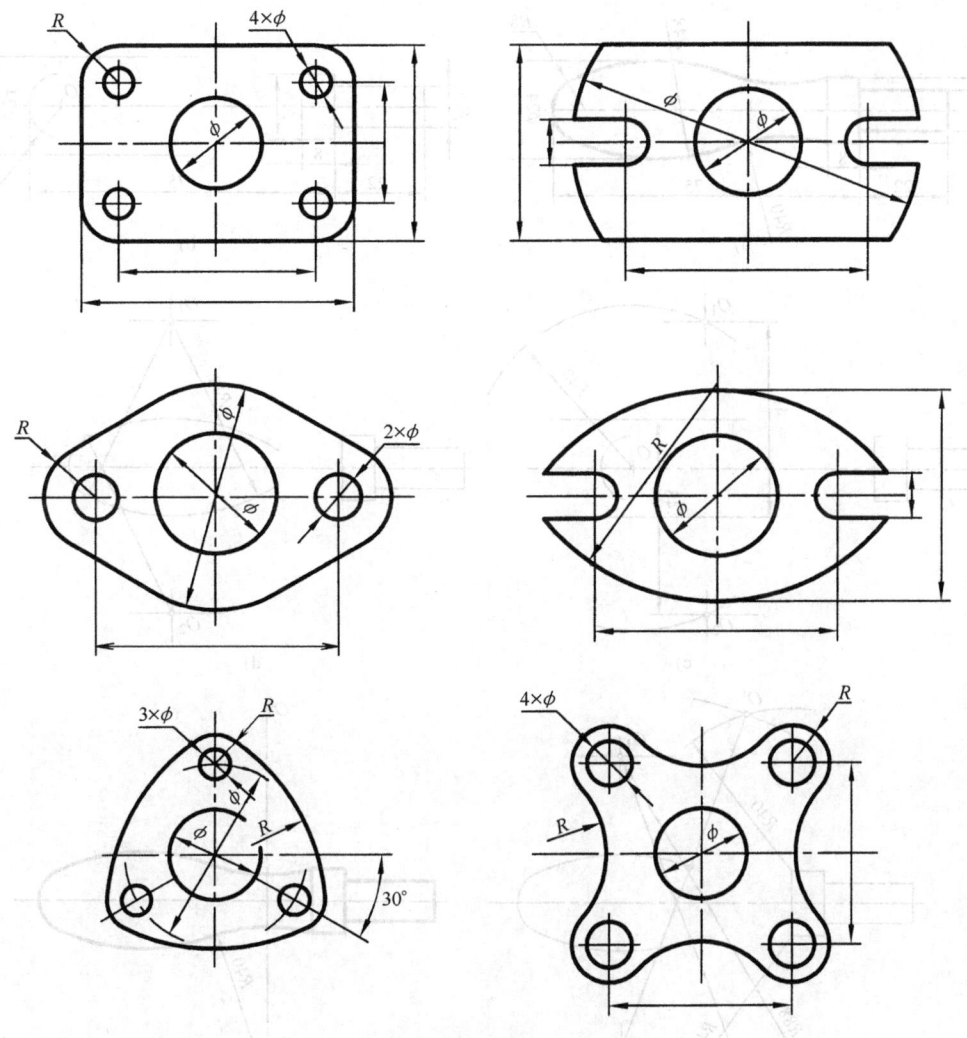

图 2-11 平面图形尺寸标注示例

2.2.2 平面图形的绘制

图 2-12a 为一手柄的平面图形，其作图步骤如下：

1）作出图形的基准线。首先画已知线段，即具有齐全的定形尺寸和定位尺寸的几何要素。作图时，可以根据这些尺寸先行画出（图 2-12b）。

2）画中间线段。该类要素只有定形尺寸和一个定位尺寸，需待与其一端相邻的已知线段作出后，才能由作图确定其位置。大圆弧 $R48$ 是中间圆弧，圆心位置尺寸只有一个垂直方向是已知的，水平方向位置需根据 $R48$ 圆弧与 $R8$ 圆弧内切的关系画出（图 2-12c、d）；

3）画连接线段。该类要素只有定形尺寸，而没有定位尺寸，需待与其两端相邻的线段作出后，才能确定它的位置。$R40$ 的圆弧只给出半径，但它通过中间矩形右端的一个顶点，同时又要与 $R48$ 圆弧外切，所以它是连接线段，应最后画出（图 2-12e、f）；可见在两条已知线段之间可以有任意个中间线段，但必须有而且只能有一条连接线段。

4）校核作图过程，擦去多余的作图线，描深图形。

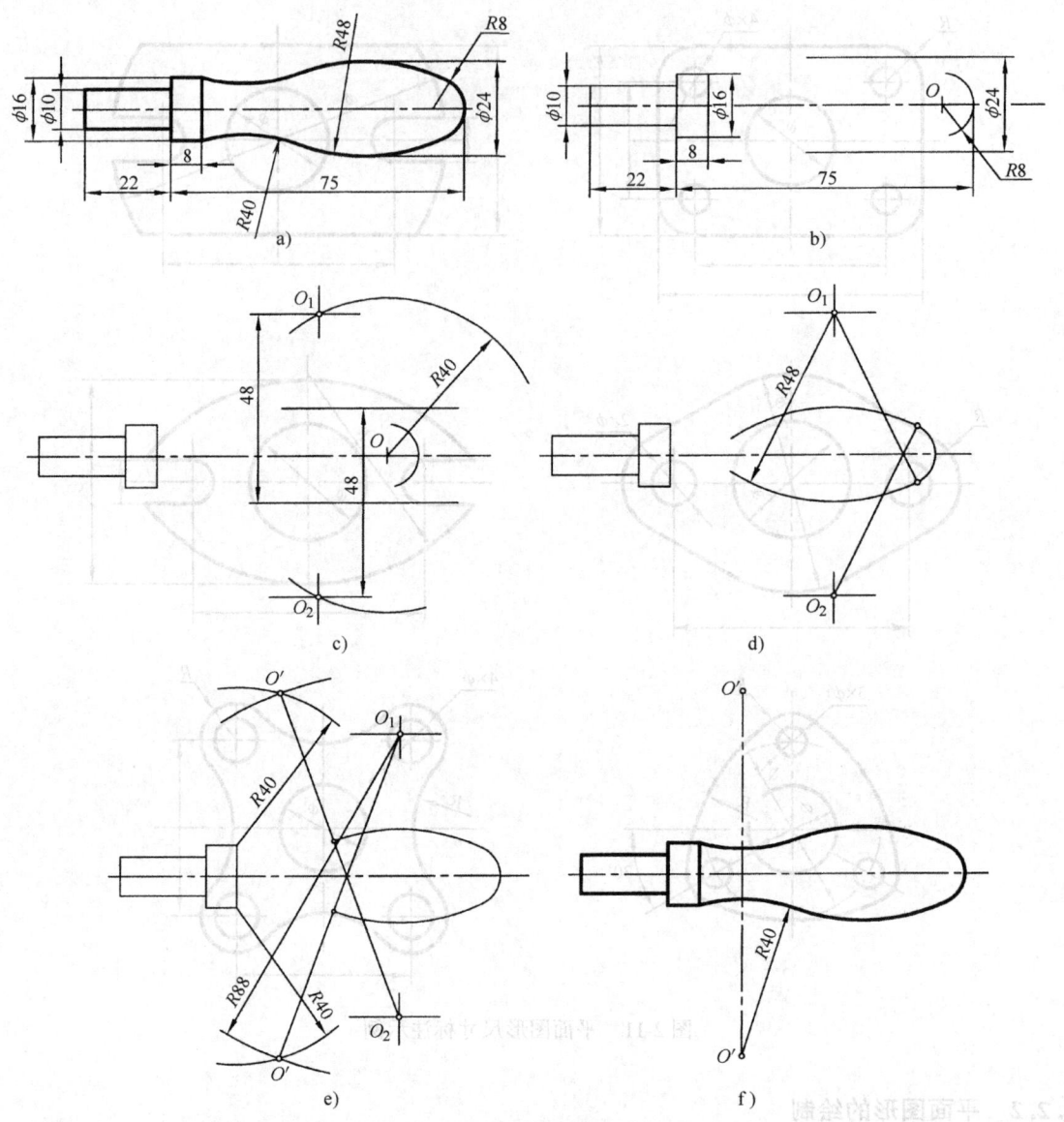

图 2-12 几何作图示例

思 考 题

1) 图纸幅面的代号有哪几种？各不同幅面代号的图纸的边长之间有何规律？
2) 在图样中书写的字体，必须做到哪些要求？字体号数说明什么？有哪几种字号？
3) 图线的宽度分几种？各种图线的主要用途是什么？
4) 一个完整的尺寸，一般应包括哪几个组成部分？各类尺寸注法有什么特点？
5) 平面图形分析的目的是什么？什么是平面图形的尺寸基准、定形尺寸和定位尺寸？试述平面图形的作图步骤。

3 几何元素的投影及造型语意

【学习提示】

本章介绍工程图样的绘制原理和方法，研究组成形体的点、直线和平面几何元素在三投影面体系中的投影及投影特性。

通过本章的学习应达到以下要求：
1) 了解投影的一般知识，掌握正投影的基本性质。
2) 掌握点在三投影面体系中的投影规律。
3) 掌握各种位置直线和平面的投影特性。
4) 了解曲线和曲面的投影规律。
5) 了解点、线、面等基本要素的造型语意。

3.1 投影法概述

光线照射物体时，可在预设的面上产生影子。利用这个原理在平面上绘制出物体的图像，以表示物体的形状和大小，这种方法称为投影法。工程上应用投影原理获得工程图样的方法，是从日常生活中自然界的光照投影现象抽象出来的。

由投射中心、投射线和投影面三要素所决定的投影法可分为中心投影法和平行投影法。

3.1.1 中心投影法

如图 3-1 所示，投射线自投射中心 S 出发，将空间图形 $\triangle ABC$ 投射到投影面 P 上，所得 $\triangle abc$ 即为 $\triangle ABC$ 的投影。这种投射线汇交于一点的投影法称为中心投影法。

中心投影法主要用于绘制产品或建筑物的立体图，也称透视图，以真实地反映产品或建筑物的形态与结构特征。

3.1.2 平行投影法

若将投射中心 S 移到离投影面无穷远处，则所有的投射线都相互平行，这种投射线相互平行的投影方法，称为平行投影法，所得投影称为平行投影。平行投影法中以投射线是否垂直于投影面分为正投影法和斜投影法。若投射线垂直于投影面，称为正投影法，所得投影称为正投影，如图 3-2a 所示；若投射线倾斜于投影面，称为斜投影法，所得投影称为斜投影，如图 3-2b 所示。

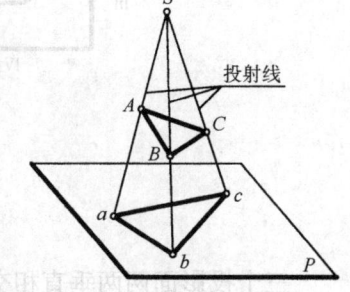

图 3-1 中心投影法

正投影法主要用于绘制工程图样；斜投影法主要用于绘制形体或产品带有立体感的图形，如斜轴测图。

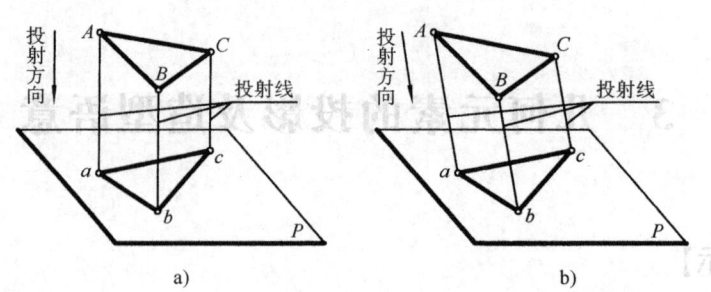

图 3-2 平行投影法

3.2 几何元素的投影

组成物体的基本元素是点、线、面。为了顺利表达各种产品的结构，必须首先掌握几何元素的投影特性。

要惟一确定几何元素的空间位置及形状大小，乃至物体的形状和大小，必须采用多面正投影的方法。通常选用三个互相垂直的投影面，建立一个三投影面体系。三个投影面分别称为正立投影面 V、水平投影面 H、侧立投影面 W。它们将空间分为八个部分，每个部分为一个分角，其顺序如图 3-3a 所示。我国国家标准中规定优先采用第一角画法，本教材重点讨论第一角画法。三投影面体系的立体图在后文中出现时，都画成图 3-3b 的形式。

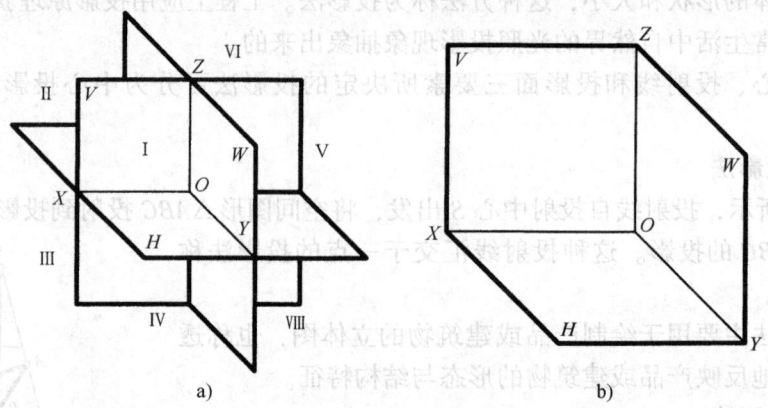

图 3-3 三投影面体系

三个投影面两两垂直相交，得三个投影轴，它们分别为 OX、OY、OZ，其交点 O 为原点。画投影图时需要将三个投影面展开到同一平面上。展开的方法是 V 面不动，H 面和 W 面分别绕 OX 轴、OZ 轴向下或向右旋转 $90°$ 与 V 面重合。展开后，画图时去掉投影面边框。

3.2.1 点的投影

1. 点在三投影面体系中的投影

为了统一起见，规定空间点用大写字母表示，如 A、B、C 等；水平投影用相应的小写字母表示，如 a、b、c 等；正面投影用相应的小写字母加撇表示，如 a'、b'、c'；侧面投影用相应的小写字母加两撇表示，如 a''、b''、c''。

如图 3-4 所示，三投影面体系展开后，点的三个投影在同一平面内，得到了点的三面投影图。应注意的是：投影面展开后，同一条 OY 轴旋转后出现了两个位置。

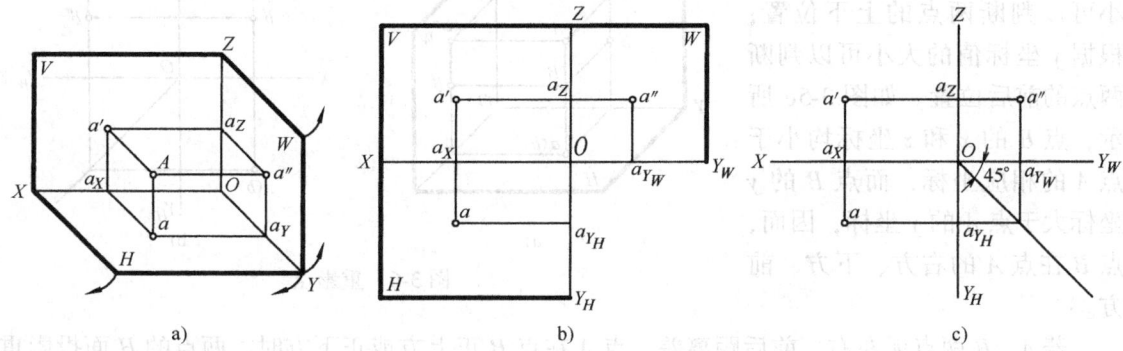

图 3-4　点的三面投影

由于投影面相互垂直，所以三投射线也相互垂直，八个顶点 A、a、a_Y、a'、a''、a_X、O、a_Z 构成正六面体。根据正六面体的性质可以得出三面投影图的投影特性如下：

1) 点的正面投影和水平投影的连线垂直于 OX 轴，即 $aa' \perp OX$；点的正面投影和侧面投影的连线垂直于 OZ 轴，即 $a'a'' \perp OZ$；同时 $aa_{Y_H} \perp OY_H$，$a''a_{Y_W} \perp OY_W$。

2) 点的投影到投影轴的距离，反映空间点到以投影轴为界的另一投影面的距离，即：

$a'a_Z = Aa'' = aa_{Y_H} = x$ 坐标；$aa_X = Aa' = a''a_Z = y$ 坐标；$a'a_X = Aa = a''a_{Y_W} = z$ 坐标。

点的水平投影到 OX 轴的距离等于侧面投影到 OZ 轴的距离，即 $aa_X = a''a_Z$，过点的水平投影 a 作 X 轴的平行线 aa_{Y_H}，过侧面投影 a'' 作 Z 轴的平行线 $a''a_{Y_W}$，两线相交于自点 O 引出的 $-45°$ 方向线，如图 3-4c 所示的方法。

例 3-1　已知点 A 和 B 的两投影（图 3-5a），分别求其第三投影，并求出点 A 的坐标。

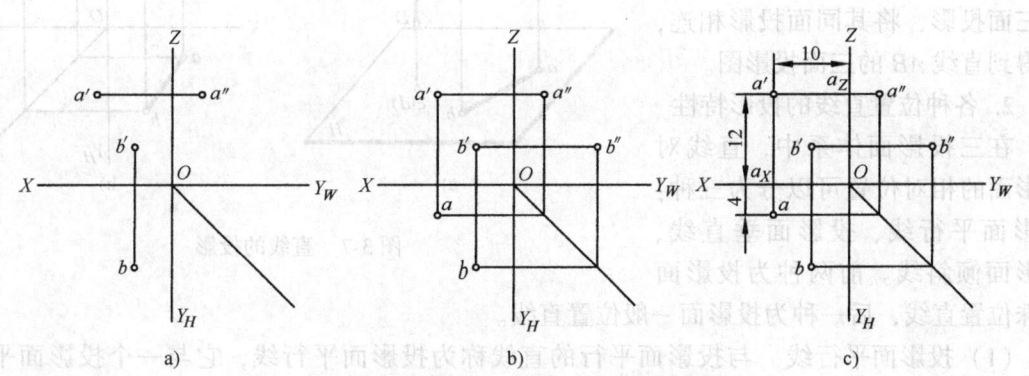

图 3-5　已知点的两面投影求第三投影

解　如图 3-5b 所示，根据点的投影特性，可分别作出 a 和 b''；如图 3-5c 所示，分别量取 $a'a_Z$、aa_X、$a'a_X$ 的长度为 10、4、12，可得出点 A 的坐标（10，4，12）。

2. 两点之间的相对位置关系

观察分析两点的各个同面投影之间的坐标关系，可以判断空间两点的相对位置。根据 x 坐标值的大小可以判断两点的左右位置；根据 z 坐标值的大小可以判断两点的上下位置；根据 y 坐标值的大小可以判断两点的前后位置。如图 3-5c 所示，点 B 的 x 和 z 坐标均小于点 A 的相应坐标，而点 B 的 y 坐标大于点 A 的 y 坐标，因而，点 B 在点 A 的右方、下方、前方。

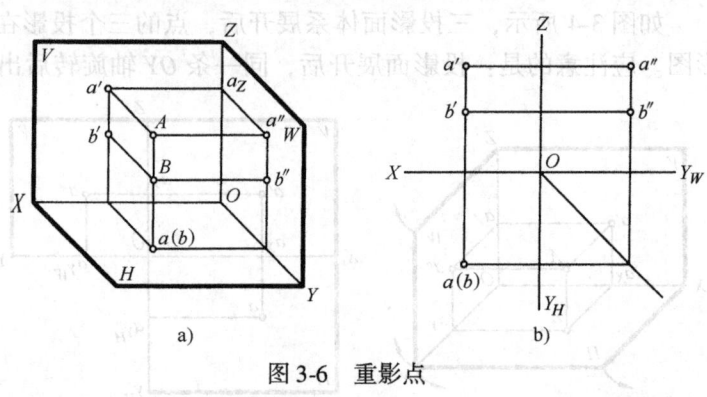

图 3-6 重影点

若 A、B 两点无左右、前后距离差，点 A 在点 B 正上方或正下方时，两点的 H 面投影重合（图 3-6），点 A 和点 B 称为对 H 面投影的重影点。同理，若一点在另一点的正前方或正后方时，则两点是对 V 面投影的重影点；若一点在另一点的正左方或正右方时，则两点是对 W 面投影的重影点。

重影点需判别可见性。根据正投影特性，可见性的区分应是前遮后、上遮下、左遮右。图 3-6 中的重影点应是点 A 遮挡点 B，点 B 的 H 面投影不可见。规定：不可见点的投影加括号表示。

3.2.2 直线的投影

1. 直线的投影

一般情况下，直线的投影仍是直线，如图 3-7a 中的直线 AB。在特殊情况下，若直线垂直于投影面，则直线的投影可积聚为一点，如图 3-7a 中的直线 CD。

直线的投影可由直线上两点的同面投影连接得到。如图 3-7b 所示，分别作出直线上两点 A、B 的三面投影，将其同面投影相连，即得到直线 AB 的三面投影图。

2. 各种位置直线的投影特性

在三投影面体系中，直线对投影面的相对位置可以分为三种：投影面平行线、投影面垂直线、投影面倾斜线。前两种为投影面特殊位置直线，后一种为投影面一般位置直线。

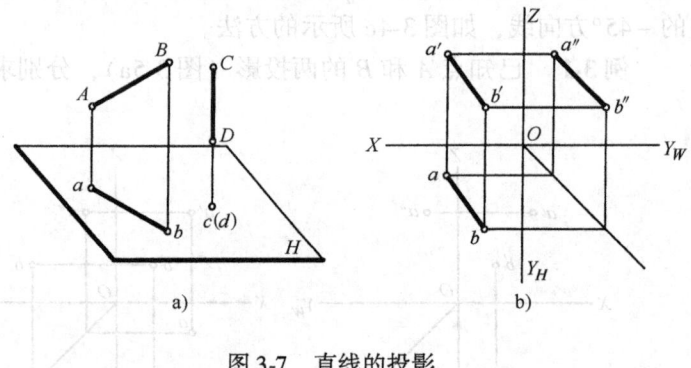

图 3-7 直线的投影

（1）投影面平行线　与投影面平行的直线称为投影面平行线，它与一个投影面平行，与另外两个投影面倾斜。与 H 面平行的直线称为水平线，与 V 面平行的直线称为正平线，与 W 面平行的直线称为侧平线。它们的投影图及投影特性见表 3-1。规定直线（或平面）对 H、V、W 面的夹角分别用 α、β、γ 表示。

（2）投影面垂直线　与投影面垂直的直线称为投影面垂直线，它与一个投影面垂直，与另外两个投影面平行。与 H 面垂直的直线称为铅垂线，与 V 面垂直的直线称为正垂线，

与 W 面垂直的直线称为侧垂线。它们的投影图及投影特性见表 3-2。

表 3-1 投影面平行线的投影特性

名称	水 平 线	正 平 线	侧 平 线
立体图			
投影图			
投影特性	1. 水平投影反映实长，与 X 轴的夹角为 β，与 Y 轴的夹角为 γ 2. 正面投影平行于 X 轴 3. 侧面投影平行于 Y 轴	1. 正面投影反映实长，与 X 轴的夹角为 α，与 Z 轴的夹角为 γ 2. 水平投影平行于 X 轴 3. 侧面投影平行于 Z 轴	1. 侧面投影反映实长，与 Y 轴的夹角为 α，与 Z 轴的夹角为 β 2. 正面投影平行于 Z 轴 3. 水平投影平行于 Y 轴

表 3-2 投影面垂直线的投影特性

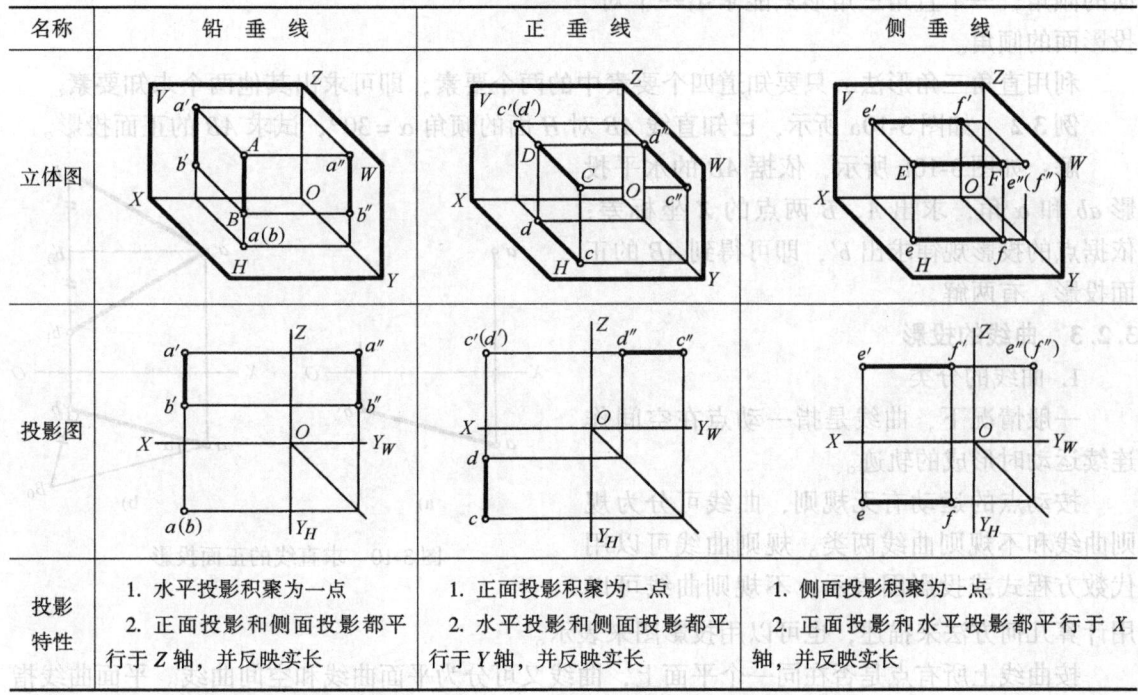

名称	铅 垂 线	正 垂 线	侧 垂 线
投影特性	1. 水平投影积聚为一点 2. 正面投影和侧面投影都平行于 Z 轴，并反映实长	1. 正面投影积聚为一点 2. 水平投影和侧面投影都平行于 Y 轴，并反映实长	1. 侧面投影积聚为一点 2. 正面投影和水平投影都平行于 X 轴，并反映实长

(3) 投影面倾斜线　一般位置直线与三个投影面都倾斜，因此在三个投影面上的投影都不反映实长，投影与投影轴之间的夹角也不反映直线与投影面之间的夹角，如图3-8所示。

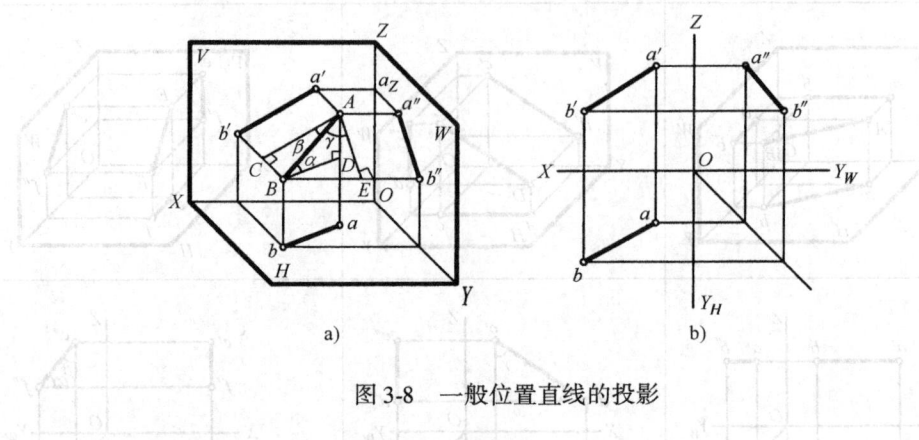

图3-8　一般位置直线的投影

3. 一般位置直线的实长及对投影面的倾角

求一般位置直线的实长和对投影面的倾角常采用直角三角形法。

将图3-8a中△ABC、△ABD、△ABE分别取出，可得到三个直角三角形。考虑直角三角形的组成关系，如图3-9所示，经分析可以得出：直角三角形的斜边为直线的实长，一直角边为Z（或Y、X）方向的坐标差，另一直角边为直线水平（或正面、侧面）投影；实长与投影的夹角即为直线与对应投影面的倾角，一个直角三角形只能求出一个对投影面的倾角。

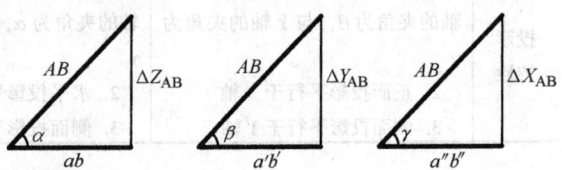

图3-9　直角三角形法的三种三角形

利用直角三角形法，只要知道四个要素中的两个要素，即可求出其他两个未知要素。

例3-2　如图3-10a所示，已知直线AB对H面的倾角$\alpha = 30°$，试求AB的正面投影。

解：如图3-10b所示，依据AB的水平投影ab和α角，求出A、B两点的Z坐标差；依据点的投影规律求出b'，即可得到AB的正面投影。有两解。

3.2.3　曲线的投影

1. 曲线的分类

一般情况下，曲线是指一动点在空间作连续运动时形成的轨迹。

按动点的运动有无规则，曲线可分为规则曲线和不规则曲线两类。规则曲线可以用代数方程式或投影图表示；不规则曲线可以用计算几何方法来描述，也可以用投影图来表示。

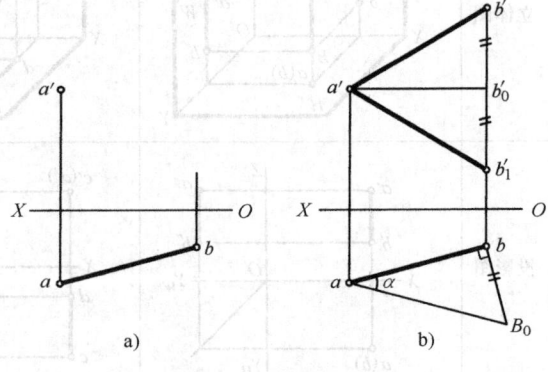

图3-10　求直线的正面投影

按曲线上所有点是否在同一个平面上，曲线又可分为平面曲线和空间曲线。平面曲线指曲线上所有点都在同一个平面上的曲线；空间曲线指曲线上任意四个点不在同一平面上的曲线。

2. 曲线的投影

一般情况下，曲线至少需要两个投影才能确定其在空间的形状和位置。按照曲线形成的过程，依次画出曲线上一系列点的投影，然后把这些点的同面投影依次光滑连接起来，即可得到曲线的投影，如图 3-11 所示。

为了保证曲线投影的准确和清晰，在绘制曲线投影图时，通常是先作出曲线上一些特殊点的投影，如曲线的端点、最高点、最低点、最左点、最右点和转向点（如图 3-12a 中的点 M）、回折点（如图 3-12b 中的点 N）、自交点（如图 3-12c 中的点 L）等，然后求出适当数量的一般点的投影，以便用曲线板光滑连接成曲线。

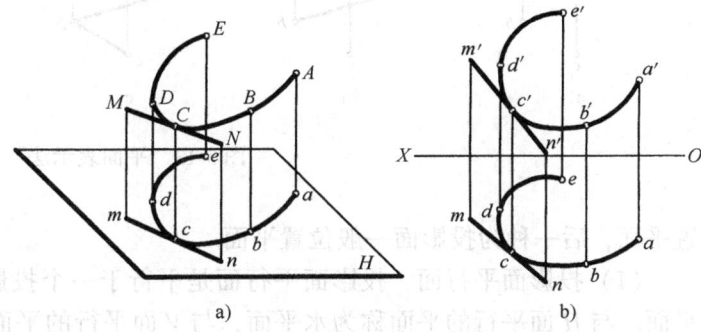

图 3-11 曲线的投影

3. 曲线的投影特性

曲线投影有如下特性：

1) 曲线的投影一般仍为曲线，如图 3-11 所示。只有平面曲线所在的平面垂直于某投影面时，曲线的投影才积聚为一条直线。

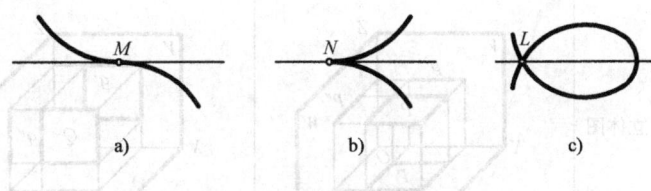

图 3-12 曲线上的特殊点

2) 曲线的投影是该曲线上所有点的同面投影的集合，因此，曲线上任一点的投影必在曲线的同面投影上。如图 3-11 中曲线上的点 B，它的水平投影 b 在曲线的水平投影上。

3) 曲线切线的投影仍是该曲线同面投影的切线，并且切点的投影仍是曲线投影上的切点，如图 3-11 中的切线 MN 和切点 C。

4) 曲线上的特殊点在其投影图中一般仍保持其特殊点的性质。如圆和椭圆的中心点在投影图上仍为中心点，双曲线和抛物线的顶点投影后仍为其投影的顶点。此外，曲线上的转向点、回折点和自交点投影后仍为曲线的转向点、回折点和自交点，如图 3-12 所示。

3.2.4 平面的投影

1. 平面的表示法

由初等几何可知，不属于同一直线的三点确定一平面。因此，可由下列任意一组几何元素的投影表示平面：①不在同一直线上的三个点（图 3-13a）；②一直线和不属于该直线的一点（图 3-13b）；③相交两直线（图 3-13c）；④平行两直线（图 3-13d）；⑤任意平面图形（图 3-13e）。

2. 各种位置平面的投影特性

在三投影面体系中，平面和投影面的相对位置关系与直线和投影面的相对位置关系相同，可以分为三种：投影面平行面、投影面垂直面、投影面倾斜面。前两种为投影面特殊位

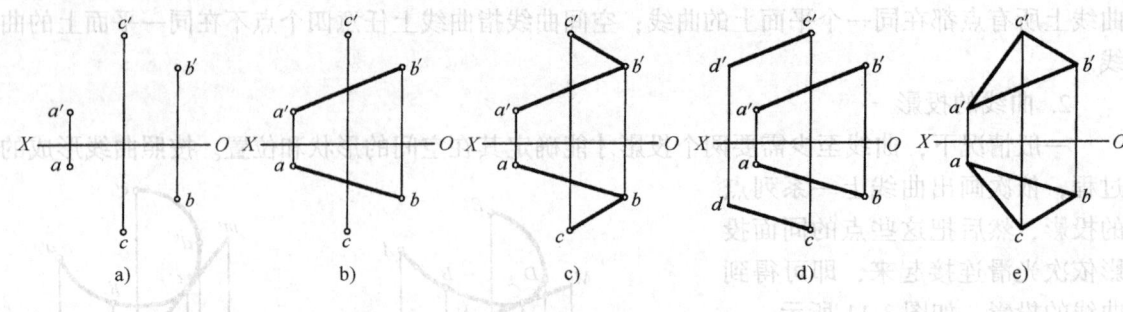

图 3-13 平面表示法

置平面,后一种为投影面一般位置平面。

(1)投影面平行面 投影面平行面是平行于一个投影面,并与另外两个投影面垂直的平面。与 H 面平行的平面称为水平面,与 V 面平行的平面称为正平面,与 W 面平行的平面称为侧平面。它们的投影图及投影特性如表 3-3 所示。

表 3-3 投影面平行面的投影特性

名称	水平面	正平面	侧平面
立体图			
投影图			
投影特性	1. 水平投影反映实形 2. 正面投影积聚成平行于 X 轴的直线 3. 侧面投影积聚成平行于 Y 轴的直线	1. 正面投影反映实形 2. 水平投影积聚成平行于 X 轴的直线 3. 侧面投影积聚成平行于 Z 轴的直线	1. 侧面投影反映实形 2. 正面投影积聚成平行于 Z 轴的直线 3. 水平投影积聚成平行于 Y 轴的直线

(2)投影面垂直面 投影面垂直面是垂直于一个投影面,并与另外两个投影面倾斜的平面。与 H 面垂直的平面称为铅垂面,与 V 面垂直的平面称为正垂面,与 W 面垂直的平面

称为侧垂面。它们的投影图及投影特性如表 3-4 所示。

表 3-4 投影面垂直面的投影特性

名称	铅垂面	正垂面	侧垂面
立体图	(图)	(图)	(图)
投影图	(图)	(图)	(图)
投影特性	1. 水平投影积聚成直线，与 X 轴夹角为 β，与 Y 轴夹角为 γ 2. 正面投影和侧面投影具有类似性	1. 正面投影积聚成直线，与 X 轴夹角为 α，与 Z 轴夹角为 γ 2. 水平投影和侧面投影具有类似性	1. 侧面投影积聚成直线，与 Y 轴夹角为 α，与 Z 轴夹角为 β 2. 正面投影和水平投影具有类似性

（3）一般位置平面　一般位置平面与三个投影面都倾斜，因此在三个投影面上的投影都不反映实形，而是缩小了的类似形，如图 3-14 所示。

3.2.5　曲面的投影

1. 曲面的形成及分类

曲面可以看成是一动线在空间运动的轨迹，该动线称为母线，母线的每一位置称为曲面的素线。而控制母线运动的一些不动的线或面称为导线或导面。

如图 3-15 中的圆柱面，可看成是由直线 AA 绕轴线 OO 回转而成。直线 AA 称为母线，直线 OO 称为导线，母线在曲面上的任何一个位置都称为曲面的素线。

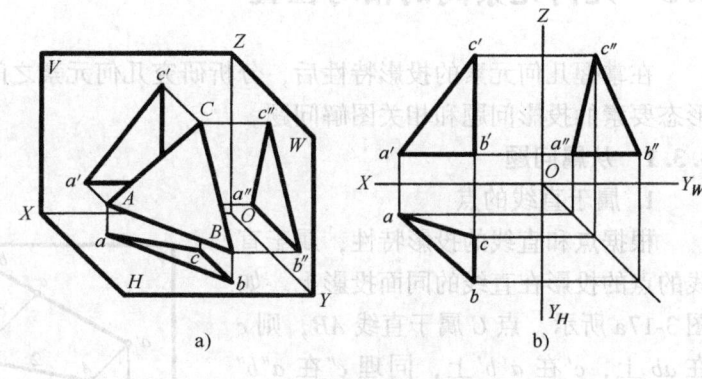

图 3-14　一般位置平面的投影

曲面的分类有多种形式。按动线运动有无规律可分为：①规则曲面，动线按一定规则运动时得到的曲面；②不规则曲面，动线作不规则运动时得到的曲面。按母线的形状不同可分为：①直线面，母线为直线的曲面；②曲线面，母线为曲线的曲面。

凡是由一直线或一曲线绕一轴线回转而形成的曲面，统称为回转曲面。

2. 曲面的投影

在投影图上表示一个曲面时，应满足两个要求：①根据投影图能作出曲面上任意点和任意直线的投影；②能够清晰地表达出该曲面的形状。

因此，在画曲面的投影图时应注意：①画出决定该曲面的几何要素（如母线、导线、导面等）的投影；②画出曲面的投影轮廓线，确定曲面的投影范围；③对于复杂的曲面，还应画出曲面上一系列的素线。图 3-16 是正螺旋面的投影图。

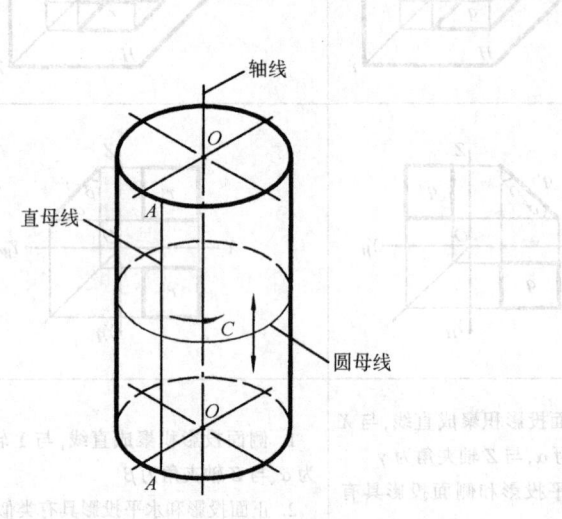

图 3-15　曲面（圆柱面）的形成　　　　图 3-16　正螺旋面投影图

3.3　几何元素间的相对位置

在掌握几何元素的投影特性后，分析研究几何元素之间的相对位置关系将帮助解决产品形态要素的投影问题和相关图解问题。

3.3.1　从属问题

1. 属于直线的点

根据点和直线的投影特性，属于直线的点的投影在直线的同面投影上。如图 3-17a 所示，点 C 属于直线 AB，则 c 在 ab 上，c′ 在 a′b′ 上，同理 c″ 在 a″b″ 上。

同时，点分线段之比投影后保持不变。图 3-17 中 C 点将 AB 分为 2∶1 两段，在求作 C 点的投影时，只需将 AB 的任意一个投影分为 2∶1，即可求得 C

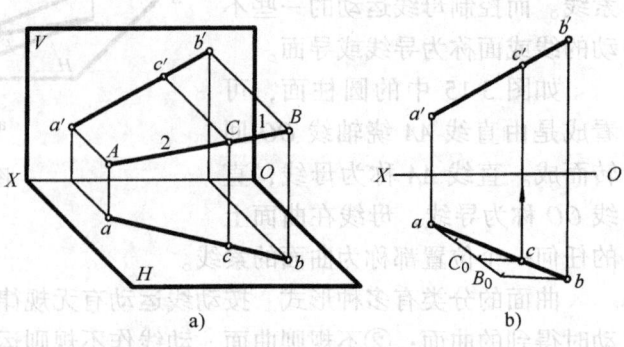

图 3-17　属于直线的点的投影

点的投影。

2. 直线的迹点

直线与投影面的交点称为迹点。直线与 H 面的交点称为水平迹点，用 M 表示；与 V 面的交点称为正面迹点，用 N 表示，如图 3-18a 所示。

迹点的基本特性是：它是直线上的点，又是投影面上的点。根据这一特性就可作出直线上的迹点的投影。

由于 M 点是 H 面上的点，所以，$z_M = 0$，即 m' 必定在 X 轴上；又由于 M 是直线 AB 上的点，所以 m' 在 $a'b'$ 上，m 在 ab 上。因此直线 AB 的水平迹点的作图方法为（图 3-18b）：

1) 延长 $a'b'$ 与 X 轴相交即得水平迹点 M 的正面投影 m'。
2) 自 m' 引 X 轴的垂线与 ab 的延长线相交于 m，即为水平迹点 M 的水平投影。

同理，直线的正面迹点的投影作图方法为（图 3-18c）：

1) 延长 ab 与 X 轴相交即得正面迹点 N 的水平投影 n。
2) 自 n 引 X 轴的垂线与 $a'b'$ 的延长线相交于 n'，即为正面迹点 N 的正面投影。

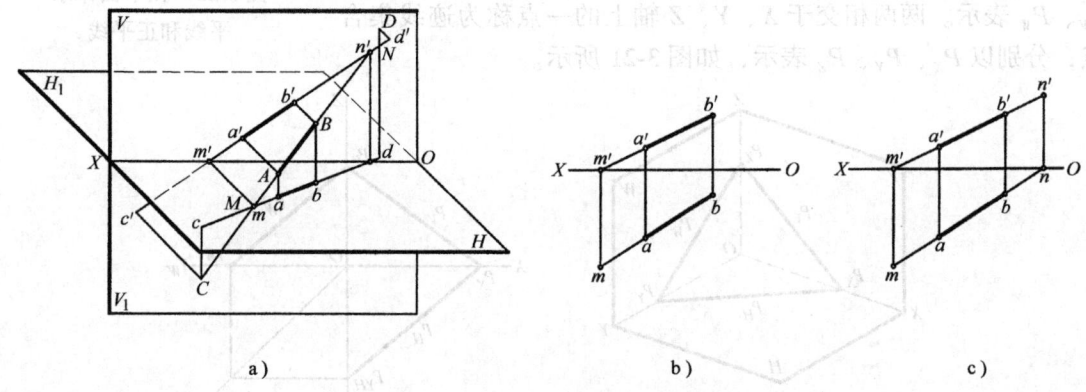

图 3-18 直线的正面迹点与水平迹点

3. 属于平面的点和直线

点和直线属于平面的几何条件是：

1) 属于平面的点，必属于平面内的已知直线。
2) 属于平面内的直线，必通过属于平面的两点，或通过属于平面的一点且平行于平面内一已知直线。

根据上述几何条件，可作属于平面内的点和直线，也可判定点和直线是否属于平面。

例 3-3 如图 3-19a 所示，已知点 K 的水平投影和点 L 的两面投影，且点 K 属于 △ABC，试求点 K 的正面投影，并判断点 L 是否属于 △ABC 所确定的平面。

解：如图 3-19b 所示，依据点和直线属于平面的几何条件，分别连接 a 和 k、a 和 l，并延长与 bc 相交，然后求出属于平面的两条直

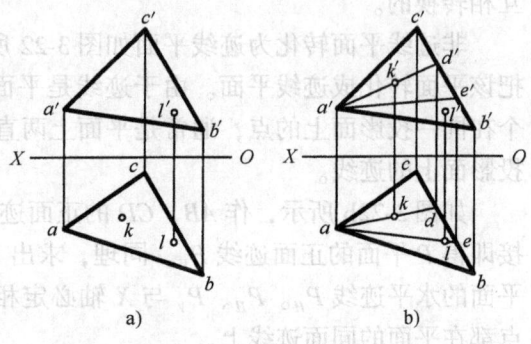

图 3-19 属于平面的点的有关问题

线的正面投影；根据属于直线的点的投影特性，作出 k' 并判定 L 不在平面上。

属于平面的投影面平行线具有投影面平行线的投影特性，同时又与所属平面保持从属关系。

例 3-4 如图 3-20 所示，已知 △ABC 平面，试在平面上过点 A 作正平线，过点 C 作水平线。

解：如图 3-20 所示，根据水平线和正平线的投影特性，水平线的正面投影平行于 X 轴，正平线的水平投影平行于 X 轴，分别过 a 和 c' 作 X 轴的平行线 ad 和 $c'e'$，再根据投影关系分别求出 $a'd'$ 和 ce，AD 即为平面上的正平线，CE 即为平面上的水平线。

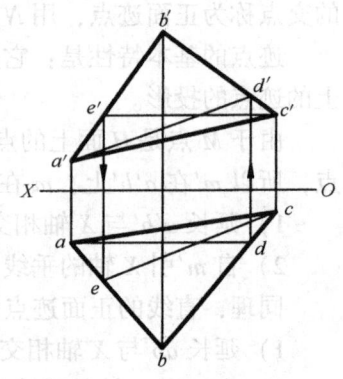

图 3-20 在平面作水平线和正平线

4. 平面的迹线

平面上的迹线是平面与投影面的交线。平面 P 与 H、V、W 面的交线分别称为水平迹线、正面迹线和侧面迹线，以 P_H、P_V、P_W 表示。两两相交于 X、Y、Z 轴上的一点称为迹线集合点，分别以 P_X、P_Y、P_Z 表示，如图 3-21 所示。

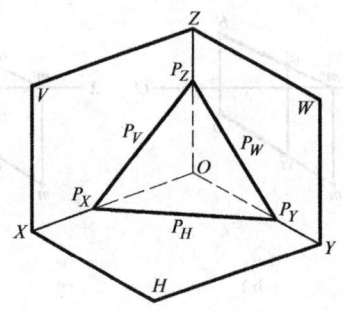 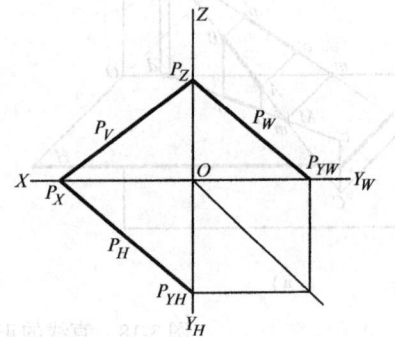

图 3-21 用迹线表示平面

由于迹线在投影面上，故迹线在该投影面上的投影必与其本身重合。规定用迹线符号标记，即在投影面上直接用 P_V 标记正面迹线的正面投影；用 P_H 标记水平迹线的水平投影；用 P_W 标记侧面迹线的侧面投影。该迹线的另两个投影与相应的投影轴重合，一般不再标记。这种用迹线表示的平面称为迹线平面。用几何元素组表示的平面和迹线平面之间是可以互相转换的。

非迹线平面转化为迹线平面如图 3-22 所示，平面 P 由两相交直线 AB 和 CD 所确定，要把该平面转化成迹线平面。由于迹线是平面与投影面的交线，因此在 P 平面上求出任意两个在同一投影面上的点，通常是平面上两直线的同面迹点，则两迹点的连线即为此平面在该投影面上的迹线。

如图 3-22b 所示，作 AB、CD 的正面迹点 N_1、N_2，它们都是 P 平面在 V 面上的点，连接即得 P 平面的正面迹线 P_V。同理，求出 AB、CD 的水平迹点 M_1、M_2，它们的连线即为 P 平面的水平迹线 P_H。P_H、P_V 与 X 轴必定相交于一点 P_X。由此可知，平面上所有直线的迹点都在平面的同面迹线上。

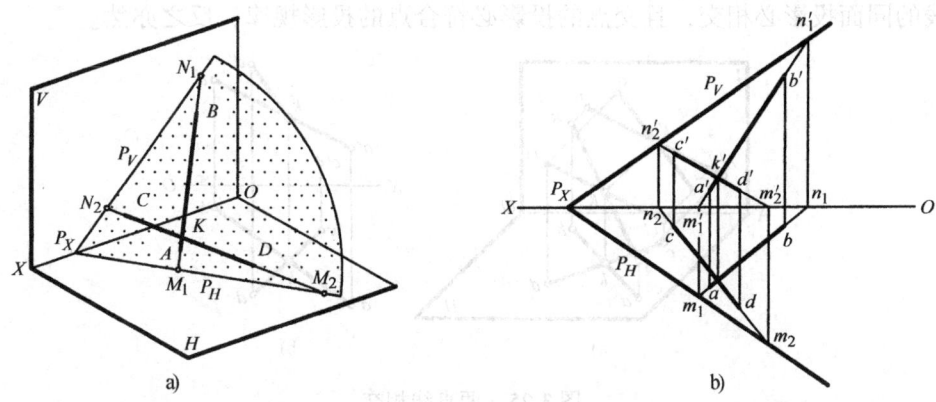

图 3-22 非迹线平面与迹线平面的转换

3.3.2 两直线相对位置

空间两直线的相对位置分为三种情况：平行、相交、交叉。平行和相交两直线属于共面直线，交叉两直线属于异面直线。相交和交叉关系中包含垂直关系。

1. 两直线平行

如图 3-23 所示，根据平行投影特性和初等几何知识可以证明如下投影特性：如果空间两直线互相平行，则两直线的同面投影必互相平行；反之亦然。

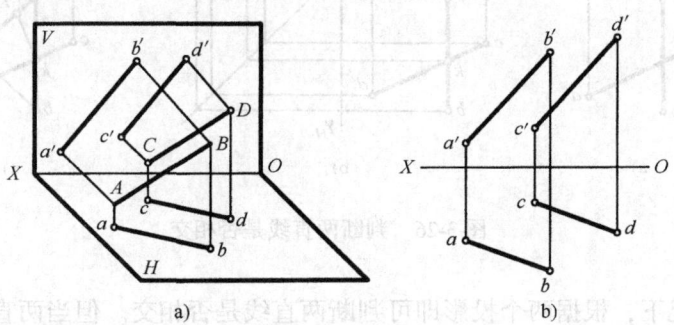

图 3-23 两直线平行

根据此投影特性，可以画出平行两直线的投影，也可以判断空间两直线是否平行。

例 3-5 如图 3-24a 所示，试判断直线 AB 与 CD 是否平行。

解：一般情况下，根据两个投影即可判断两直线是否平行。但当两直线平行某投影面，又未画出该投影面的投影时，如图 3-24a 所示，则可以通过作第三面投影的方法判断（图 3-24b）。若第三面投影互相平行，则空间两直线互相平行，否则不平行。本题的判断结果是两条直线不平行。

2. 两直线相交

如图 3-25 所示，如果空间两直线相交，

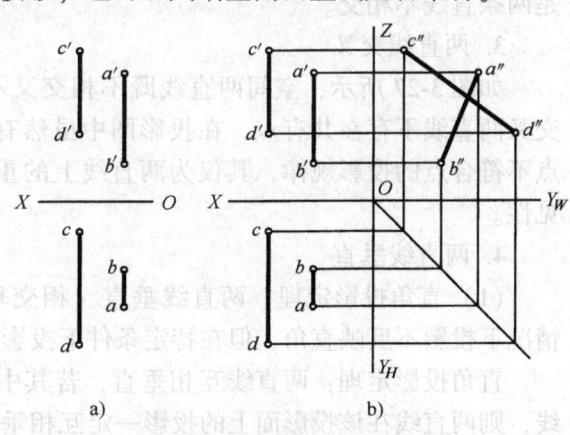

图 3-24 判断两直线是否平行

则两直线的同面投影必相交，且交点的投影必符合点的投影规律；反之亦然。

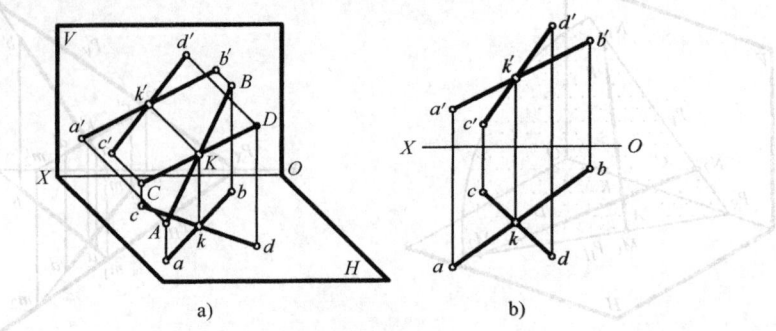

图 3-25　两直线相交

根据此投影特性，可以判断空间两直线是否相交。

例 3-6　如图 3-26a 所示，试判断直线 AB 与 CD 是否相交。

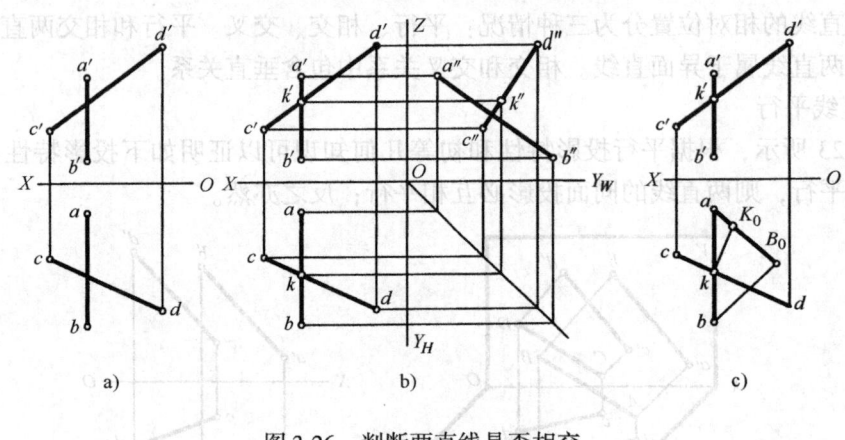

图 3-26　判断两直线是否相交

解：一般情况下，根据两个投影即可判断两直线是否相交。但当两直线之一平行于某投影面，又未画出该投影面的投影时，如图 3-26a 所示，则投影图上的交点可能是重影点。可以通过作第三面投影的方法（图 3-26b）或定比的方法（图 3-26c）判断。本题的判断结果是两条直线不相交。

3. 两直线交叉

如图 3-27 所示，空间两直线既不相交又不平行称为两直线交叉。交叉两直线不存在共有点，在投影图中虽然有时同面投影相交，但交点不符合点的投影规律，其仅为两直线上的重影点。重影点要判断可见性。

4. 两直线垂直

（1）直角投影定理　两直线垂直（相交垂直或交叉垂直），一般情况下投影不反映直角，但在特定条件下投影反映直角。

直角投影定理：两直线互相垂直，若其中一条直线为投影面平行线，则两直线在该投影面上的投影一定互相垂直，如图 3-28 所示。

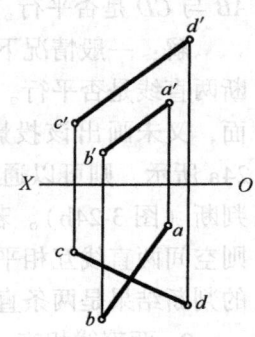

图 3-27　两直线交叉

直角投影定理逆定理：若相交两直线在某投影面上的投影互相垂直且其中一条直线为该投影面的平行线时，两直线在空间必互相垂直。

利用直角投影定理及其逆定理，可以绘制某些空间垂直两直线的投影图或判断两直线在空间是否垂直，它是解决垂直问题的基础。

例 3-7 如图 3-29a 所示，已知直线 AB、CD 的两面投影，试求直线 AB 与 CD 之间的距离。

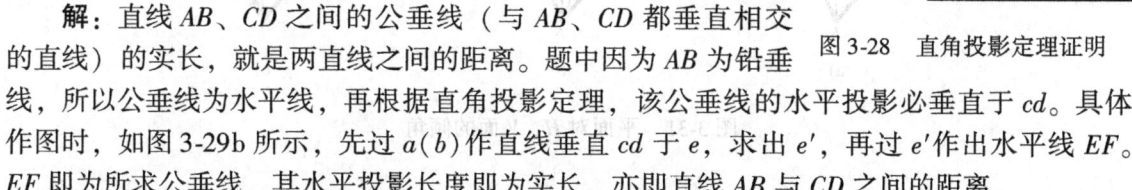

图 3-28 直角投影定理证明

解：直线 AB、CD 之间的公垂线（与 AB、CD 都垂直相交的直线）的实长，就是两直线之间的距离。题中因为 AB 为铅垂线，所以公垂线为水平线，再根据直角投影定理，该公垂线的水平投影必垂直于 cd。具体作图时，如图 3-29b 所示，先过 $a(b)$ 作直线垂直 cd 于 e，求出 e'，再过 e' 作出水平线 EF。EF 即为所求公垂线，其水平投影长度即为实长，亦即直线 AB 与 CD 之间的距离。

（2）最大斜度线　特殊位置平面对投影面的倾角可以通过具有积聚性的投影与坐标轴之间的夹角得到，一般位置平面对投影面的倾角则必须通过辅助直线作图求得。

如图 3-30 所示，过平面内任一点，可在平面上作无数条直线，它们对某一投影面的倾角各不相同，其中必有一条直线对投影面的倾角最大，此直线称为该平面上对某一投影面的最大斜度线。平面上对某一投影面的最大斜度线垂直于平面上的该投影面平行线。

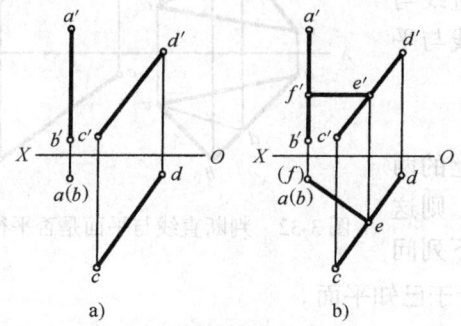

图 3-29 求两直线之间的距离

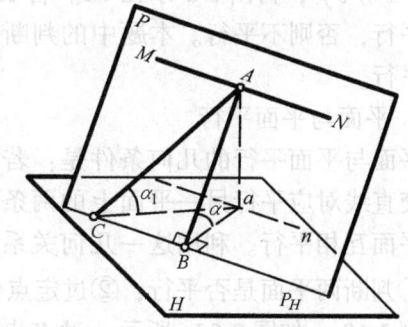

图 3-30 最大斜度线

最大斜度线是相对投影面而言的，因此在三投影面体系中，分别有对 H、V、W 面的最大斜度线。平面上对某一投影面的最大斜度线对该投影面的倾角等于平面对该投影面的倾角。所以，最大斜度线是求一般位置平面对投影面倾角的辅助直线。

例 3-8 如图 3-31a 所示，求 $\triangle ABC$ 所确定平面对 H 面的倾角 α 和对 V 面的倾角 β。

解：求 $\triangle ABC$ 所确定平面对某一投影面的倾角，必须先求出平面内该投影面的平行线，再求出对该投影面的最大斜度线，利用直角三角形法求出此最大斜度线相对于该投影面的倾角，该倾角即为所求。

3.3.3 直线与平面及两平面的相对位置

直线与平面及平面与平面之间的相对位置关系可分为平行、相交和垂直三种情况。下面根据具体问题分别介绍求解方法。

1. 直线与平面平行

直线与平面平行的几何条件是：若一条直线与平面内的某一直线平行，则该直线平行于

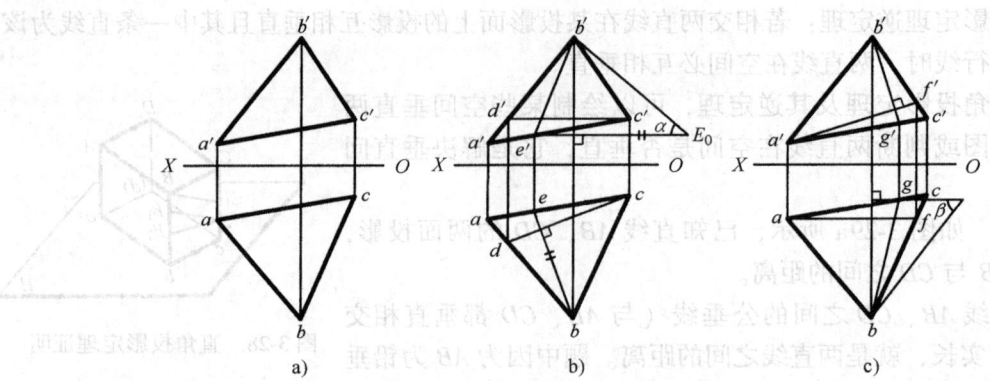

图 3-31 平面对 H、V 面的倾角

这一平面。利用这一几何关系，可解决下列问题：①判断直线与平面是否平行；②过定点作直线平行于已知平面；③过定点作平面平行于已知直线。

例 3-9　如图 3-32 所示，试判断直线 EF 是否平行于 $\triangle ABC$ 所确定的平面。

解：若直线 EF 与平面 $\triangle ABC$ 平行，则在该平面上必定能作出一直线与 EF 平行。为此，先在平面 $\triangle ABC$ 上作 $c'd' /\!/ e'f'$，再由 $c'd'$ 求出 cd。若 $cd /\!/ ef$，则直线与平面平行，否则不平行。本题中的判断结果是直线与平面不平行。

2. 平面与平面平行

平面与平面平行的几何条件是：若一个平面上的两条相交直线对应平行另一平面上的两条相交直线，则这两个平面互相平行。利用这一几何关系，可解决下列问题：①判断两平面是否平行；②过定点作平面平行于已知平面。

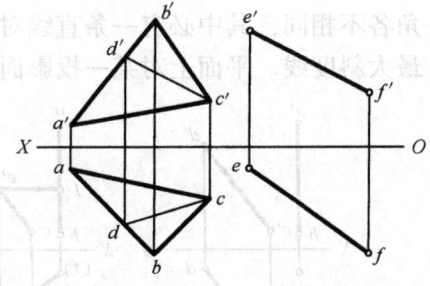

图 3-32　判断直线与平面是否平行

例 3-10　如图 3-33a 所示，过 K 点作平面平行于 $\triangle ABC$ 所确定的平面。

解：过点作平面平行于已知平面，只需过点作两条相交直线分别平行于已知平面内的两条相交直线。为简化作图，本题中利用已知边作为平面上的相交直线，如图 3-33b 所示。

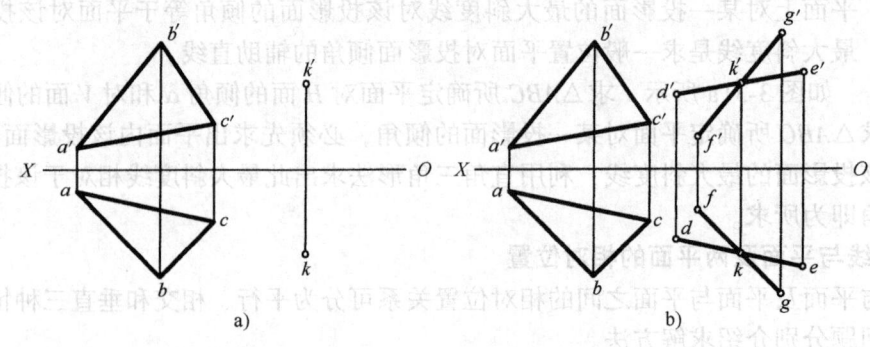

图 3-33　过定点作平面平行于已知平面

3. 一般位置直线与特殊位置平面相交

由于直线与平面相交的交点是直线与平面的公共点,而特殊位置平面至少有一个投影是积聚的,所以可以利用其积聚性直接求出交点。如图3-34所示,△ABC所确定的平面是正垂面,正面投影具有积聚性,它与直线EF正面投影的交点即为直线与平面的交点的正面投影。根据直线上点的投影规律,即可确定直线与平面交点的水平投影。

为了增强图形的直观性,还需在直线和平面投影的重叠部分进行可见性判断。如图3-34所示,在正面投影中,由于平面△ABC积聚成直线,直线e'f'上除k'点外全部可见;在水平投影中,直线与平面的交点是区分可见与不可见的分界点,因而交点总是可见的,直线其他部分的可见性可利用直线AC和EF的水平投影上的重影点1(2)来判断。由于1点的Z坐标大,所以1点可见,2点不可见,所以k2是不可见的,用虚线画出;另一部分是可见的,用粗实线画出。

4. 一般位置平面与特殊位置平面相交

两平面相交,交线是直线。在求交线时,只需分别求得该交线上的两个点即可连成直线。如图3-35所示,一般位置平面△ABC可看成两条一般位置直线AC、BC相交组成的平面,只需分别求出AC、BC与特殊位置平面△DEF的交点K、L,连接KL即为一般位置平面△ABC与特殊位置平面△DEF的交线。

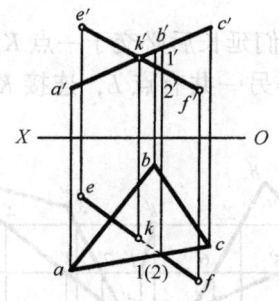

图3-34 一般位置直线与特殊位置平面相交

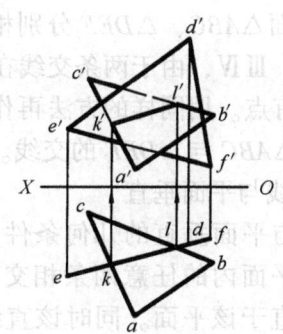

图3-35 一般位置平面与特殊位置平面相交

判断平面的可见性时,水平投影不需要判别。正面投影中交线可见,其他部分可见性利用图3-34中的方法求出。

5. 一般位置直线与一般位置平面相交

由于一般位置直线和平面的投影都没有积聚性,它们交点的一个投影不能直接得到,需用作辅助平面的方法求出,然后根据交点的性质求出另一个投影。

如图3-36所示,求一般位置直线AB与一般位置平面△DEF的交点,可按照下述步骤进行:①包含直线AB作辅助铅垂面P_H;②求平面P_H与平面

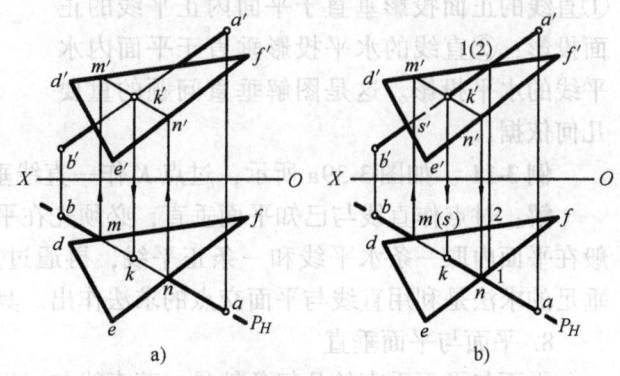

图3-36 一般位置直线与一般位置平面相交

△DEF 的交线 MN；③求直线 AB 与 MN 的交点 K，K 点即为所求交点。

求出交点 K 后，利用重影点分别判断水平投影和正面投影的可见性。具体做法如图 3-36b 所示。

6. 一般位置平面与一般位置平面相交

根据两个一般位置平面的相互位置，可以采用两种不同的方法求交线。

1) 当所求两一般位置平面直接相交时，可采用求一般位置直线和一般位置平面交点的方法求两平面的交线。如图 3-37a 所示，可将 △DEF 看成 DE、DF 两相交直线，分别求与 △ABC 的交点 K、L，连接 KL 即为一般位置平面 △ABC 与 △DEF 的交线。可见性判断如图 3-37b 所示。

2) 当所求两个平面不直接相交时，可采用三面共点的方法求两平面的交线。如图 3-38 所示，可作辅助水平面 P 与平面 △ABC、△DEF 分别相交于

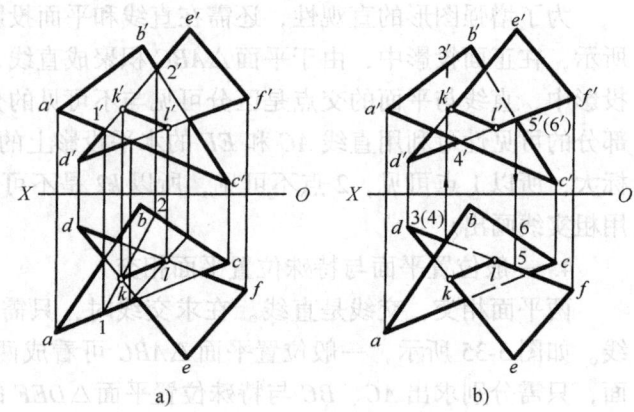

图 3-37 两个一般位置平面相交

直线 ⅠⅡ、ⅢⅣ，由于两条交线在同一平面上，因此将它们延长后必交于一点 K，点 K 为两平面的共有点。用同样的方法再作辅助水平面 Q，可求得另一共有点 L，连接 KL 即为一般位置平面 △ABC 与 △DEF 的交线。

7. 直线与平面垂直

直线与平面垂直的几何条件是：若一直线垂直于平面内的任意两条相交直线，则该直线必垂直于该平面。同时该直线也垂直于平面内的所有直线，其中包括平面内的正平线和水平线。

根据直角投影定理可知，如果直线垂直于某一平面，则其投影图具有以下投影特性：①直线的正面投影垂直于平面内正平线的正面投影；②直线的水平投影垂直于平面内水平线的水平投影。这是图解垂直问题的重要几何依据。

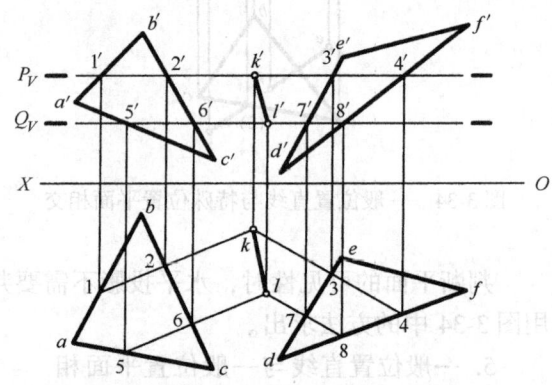

图 3-38 用三面共点法求两平面的交线

例 3-11 如图 3-39a 所示，过点 K 作一直线垂直于 △ABC，并求其垂足 L。

解：过点作直线与已知平面垂直，必须先在平面上取两条相交直线。为了作图方便，一般在平面内取一条水平线和一条正平线，再通过直角投影定理作出过点 K 的平面的垂线。垂足的求法是利用直线与平面交点的求法作出。具体画图步骤如图 3-39b、c 所示。

8. 平面与平面垂直

平面与平面垂直的几何条件是：若直线与一平面垂直，则包含此直线的所有平面都垂直于该平面。解决平面与平面垂直问题的基础是直线与平面的垂直问题。

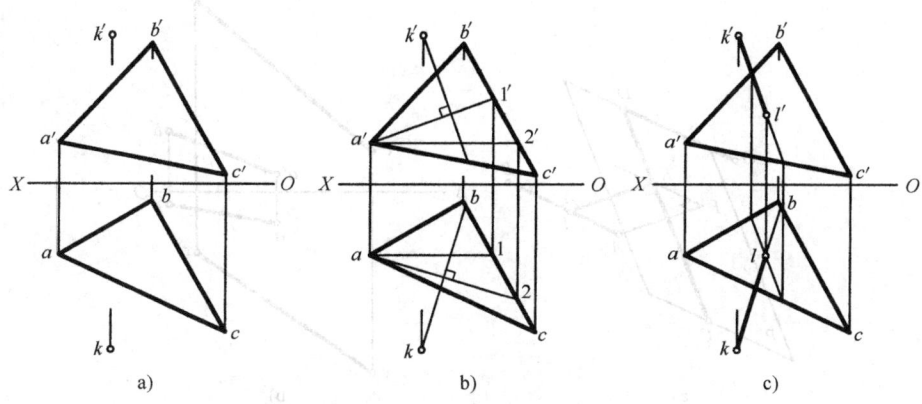

图 3-39 过点作已知平面的垂线并求垂足

例 3-12 如图 3-40a 所示，试判断 △ABC 与相交两直线 DE、FG 所确定的平面是否垂直。

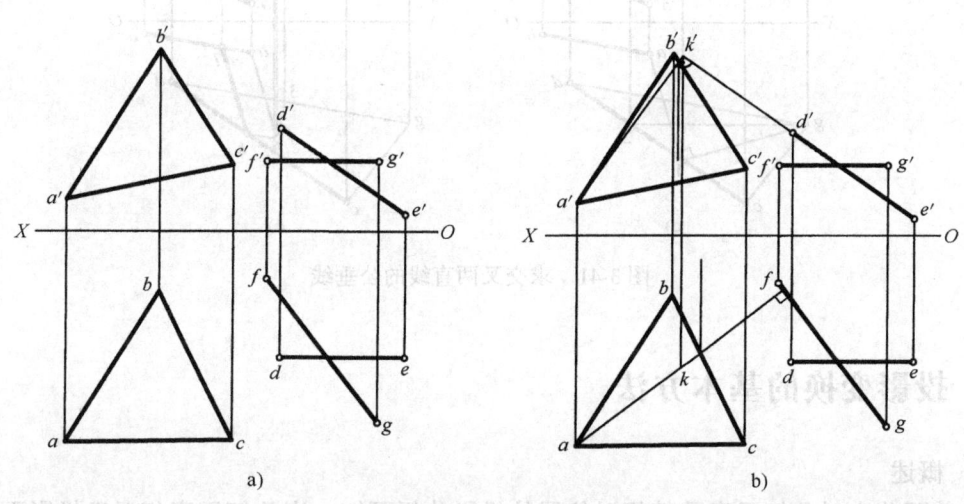

图 3-40 判断两平面是否垂直

解：过平面 △ABC 上点 A 作直线 AK 与 DE、FG 所确定的平面垂直，检查 AK 是否在 △ABC 平面内，若是，则两平面互相垂直，否则不垂直。本题中的判断结果是两平面不垂直。

例 3-13 如图 3-41b 所示，求作交错两直线 AB 和 CD 之间的公垂线 KL。

解：先假设公垂线 KL 已经求出，如图 3-41a 所示。先包含直线 CD 作一平面 P 与直线 AB 平行；再过直线 AB 上任一点，例如点 A，作 AF 垂直于平面 P 且交于点 F；然后过点 F 作 FK∥AB 交直线 CD 于点 K，再过点 K 作 KL∥AF 且与直线 AB 交于点 L。KL 即为所求两交叉直线之间的公垂线。

这种预先假设答案已知，再来分析求解方法的解题法称作逆推法。

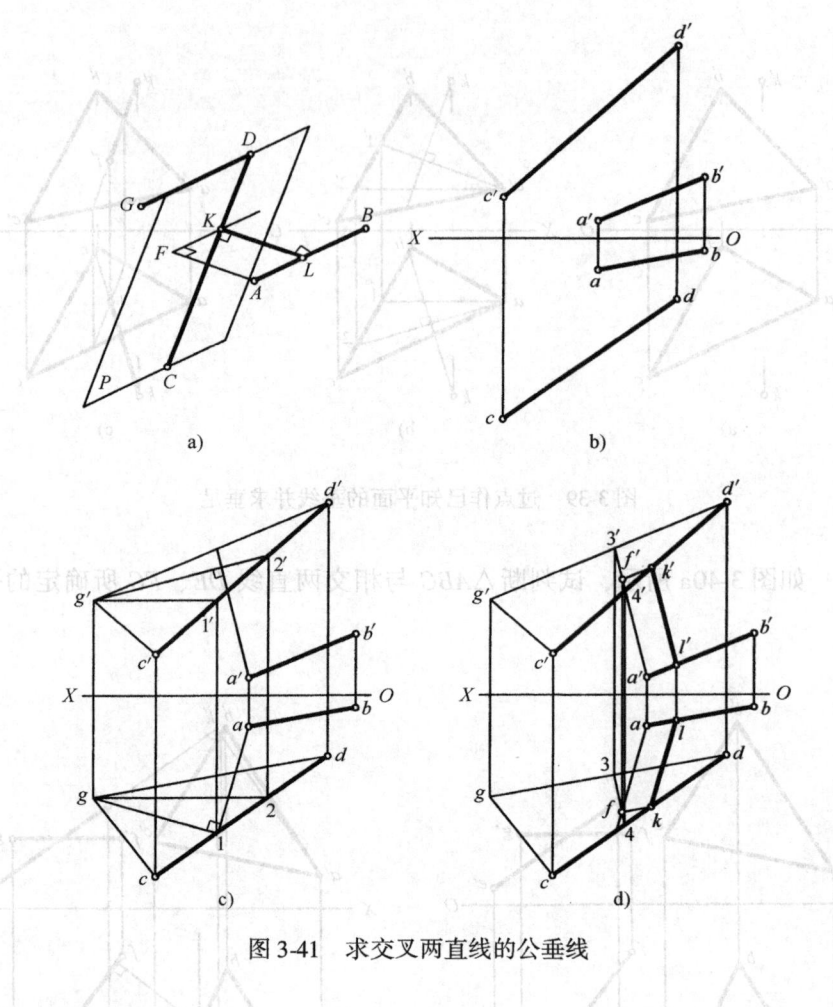

图 3-41 求交叉两直线的公垂线

3.4 投影变换的基本方法

3.4.1 概述

从前两节中对几何元素及其相对位置的投影分析可知,当几何元素相对于投影面处于特殊位置时,它们的投影具有积聚性并可能反映实长、实形及某些真实夹角等,比较容易解决其定位或度量问题,如图 3-42 所示。

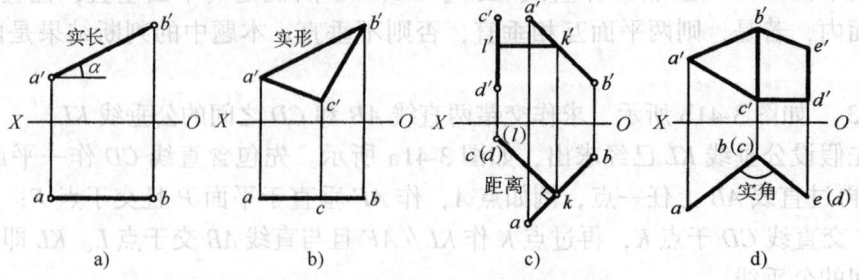

图 3-42 特殊位置几何元素的度量

由此想到，若能将相对投影面处于倾斜位置的几何元素改变为特殊位置，那么解题就方便多了。投影变换的方法就是研究如何改变空间几何元素与投影面的相对位置，从而达到简化解题的目的。

常用投影变换的基本方法有两种：换面法和旋转法。

1. 换面法

换面法是指空间几何元素保持不动，用新的投影面替换原有的某个投影面，使新投影面与空间几何元素处于有利于解题的位置。如图 3-43a 所示，处于铅垂位置的三角形在 V-H 体系中不反映实形。现作一与 H 面垂直的新投影面 V_1，它平行于三角形确定的平面，组成新的投影面体系 V_1-H，将三角形向 V_1 面投影，则得到反映该平面实形的投影。

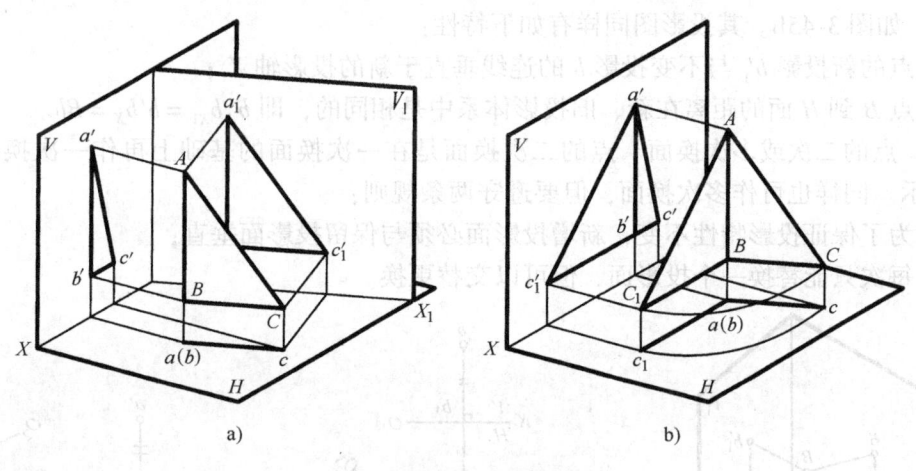

图 3-43 投影变换的基本方法

换面法中，选择的新投影面必须处于有利于解题的位置，并且必须垂直于原投影面体系中的一个投影面，组成一个新的两投影面体系。

2. 旋转法

旋转法是指投影面保持不动，而将空间几何元素绕某一轴旋转到有利于解题的位置。如图 3-43b 所示，将三角形绕其垂直于 H 面的直角边旋转，使它成为正平面，其在 V 面上的投影就反映它的实形。

限于篇幅，下面只介绍换面法。

3.4.2 换面法

1. 换面法的基本规律

点是最基本的几何元素，因此必须首先掌握点的投影变换规律。

（1）变换 H 面 如图 3-44a 所示，以新的投影面 H_1 替换基本投影面 H，保留投影面 V，H_1 与 V 面的交线为 X_1 轴，空间点 A 在 H_1 面上的投影用 a_1 表示，将投影面

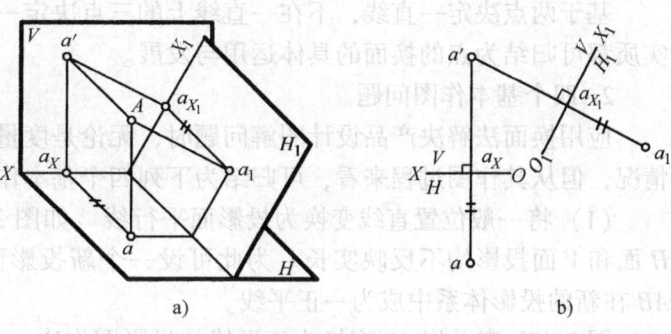

图 3-44 点的投影变换—变换 H 面

展开得到新的投影体系，如图 3-44b 所示。根据点的投影特性，则有：

1) 点的新投影 a_1 与不变投影 a' 的连线垂直于新的投影轴 X_1；
2) 点 A 到 V 面的距离在新、旧投影体系中是相同的，即 $a_1 a_{X1} = aa_X = Aa'$。

变换 H 面时点的投影图的作图步骤如下：

1) 在图上的适当位置画出新轴 X_1，以 H_1 面替换 H 面；
2) 由不变投影 a' 作直线垂直于 X_1 轴；
3) 在 X_1 轴另一侧取 $a_1 a_{X1} = aa_X$，a_1 即为 H_1 面上的新投影。

(2) 变换 V 面　如图 3-45a 所示，以新的投影面 V_1 替换基本投影面 V，保留投影面 H，V_1 与 H 面的交线为 X_1 轴，空间点 B 在 V_1 面上的投影用 b'_1 表示。将投影面展开得到新的投影体系，如图 3-45b。其投影图同样有如下特性：

1) 点的新投影 b'_1 与不变投影 b 的连线垂直于新的投影轴 X_1；
2) 点 B 到 H 面的距离在新、旧投影体系中是相同的，即 $b'_1 b_{X1} = b' b_X = Bb$。

(3) 点的二次或多次换面　点的二次换面是在一次换面的基础上再作一次换面，如图 3-46 所示。同样也可作多次换面，但要遵守两条规则：

1) 为了保证投影特性不变，新增投影面必须与保留投影面垂直；
2) 每次只能替换一个投影面，但可以交替更换。

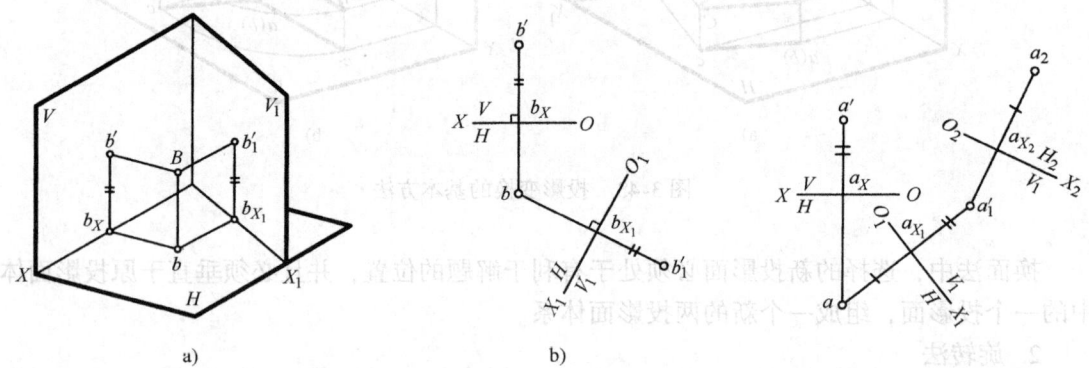

图 3-45　点的投影变换—变换 V 面　　　　　图 3-46　点的二次换面

两次或多次换面的作图方法与一次换面完全相同，只要注意前后三个投影面的投影规律即可。

基于两点决定一直线，不在一直线上的三点决定一平面的道理，直线与平面换面问题的实质都可归结为点的换面的具体运用与发展。

2. 四个基本作图问题

应用换面法解决产品设计图解问题时，无论是度量还是定位问题，可能遇到各种各样的情况，但从其作图过程来看，可归结为下列四个基本作图问题。

(1) 将一般位置直线变换为投影面平行线　如图 3-47a 所示，AB 为一般位置直线，其 H 面和 V 面投影均不反映实长。为此可设一个新投影面 V_1 平行于 AB，用以替换 V 面，则 AB 在新的投影体系中成为一正平线。

图 3-47b 表示将 AB 变换为正平线的投影图作法。首先画出新投影轴 X_1，X_1 必须平行于 ab，与 ab 距离不限；然后按照点的投影变换规律作出 AB 两端点的新投影 a'_1、b'_1；连接

$a'_1b'_1$ 即为 AB 的新投影,同时反映 AB 的实长和与水平面的倾角 α。

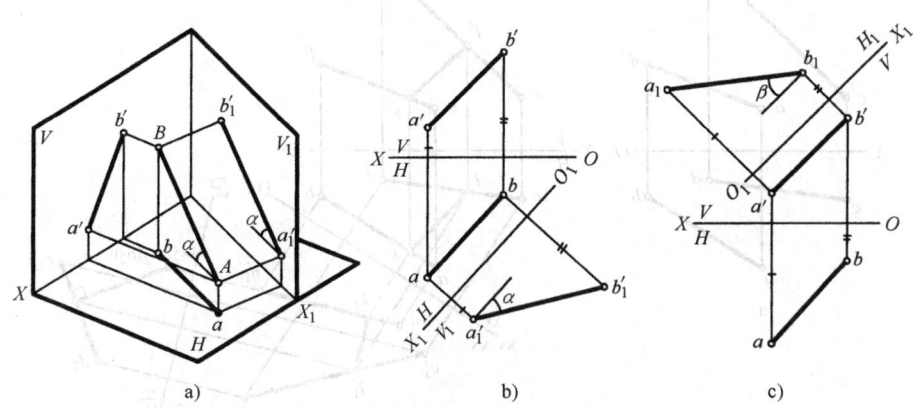

图 3-47 将一般位置直线变换为投影面平行线

图 3-47c 为变换 H 面后求实长的投影变换作法。

(2) 将一般位置直线变换为投影面垂直线 只有当直线为投影面平行线时,一次换面才能变换为投影面垂直线。将一般位置直线变换为投影面垂直线就要进行两次换面,即先将一般位置直线变换为投影面平行线,然后才能将投影面平行线变换为投影面垂直线。

具体作图过程如图 3-48 所示,先将一般位置直线变换为投影面平行线,再将投影面平行线变换为投影面垂直线。

例 3-14 如图 3-49a 所示,用换面法求作交叉两直线 AB 和 CD 之间的公垂线 KL。

解:由例 3-7 可知,交叉两直线中,若有一条为投影面垂直线,可以直接利用直角投影定理作出公垂线。因此,本题中只需将 CD 变换为投影面垂直线,即可在 H_2-V_1 投影体系中求出公垂线的投影 k_2l_2;最后再由 k_2l_2 进行返回变换,即可得到两交叉直线之间的公垂线 KL。

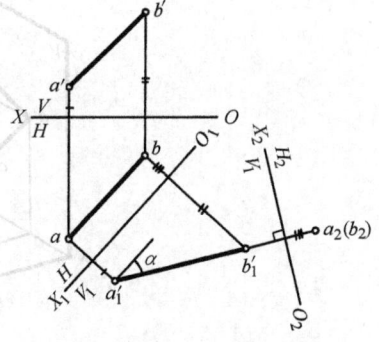

图 3-48 一般位置直线变换为投影面垂直线

(3) 将一般位置平面变换为投影面垂直面 将一般位置平面变换为投影面垂直面时,新投影面既要垂直于一般位置平面,又要垂直于基本投影面。为了满足此条件,只需把一般位置平面内一条投影面平行线变成投影面垂直线即可。根据直线的投影变换可知,这种换面只需一次。

图 3-50 表示一般位置平面变换为投影面垂直面的作图过程。实际上是将属于 △ABC 的一条正平线 AD 变换为投影面垂直线,在此过程中点 B 和点 C 同时变换投影,得到 △ABC 具有积聚性的投影。如图 3-50b 所示,当变换 V 面时,积聚性投影 $a'_1b'_1c'_1$ 与 X_1 轴的夹角为 △ABC 平面对 H 面的倾角 α;如图 3-50c 所示,当变换 H 面时,积聚性投影 $a_1b_1c_1$ 与 X_1 轴的夹角为 △ABC 平面对 V 面的倾角 β。

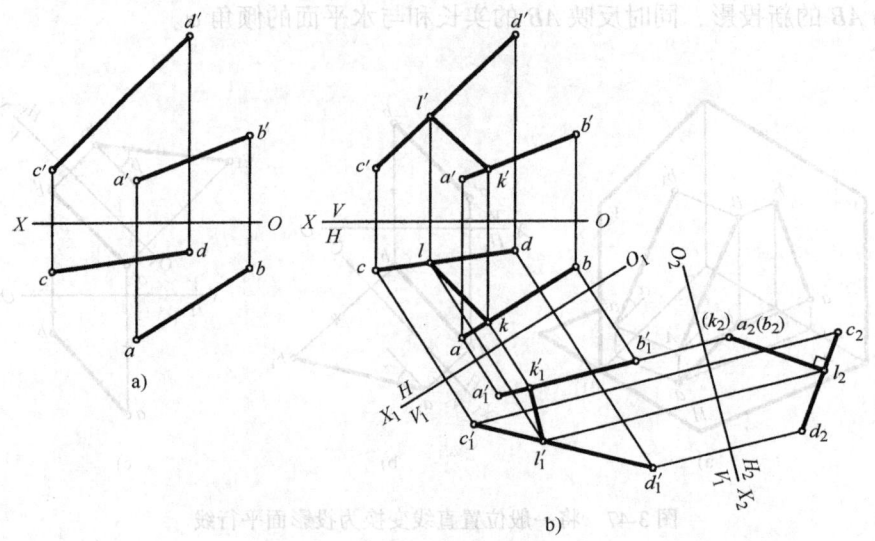

图 3-49 求交叉两直线的公垂线

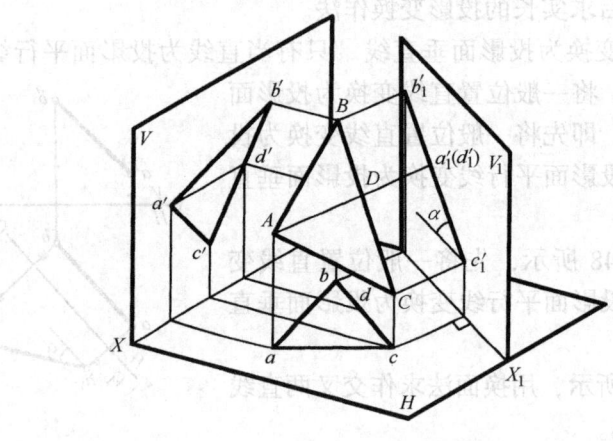

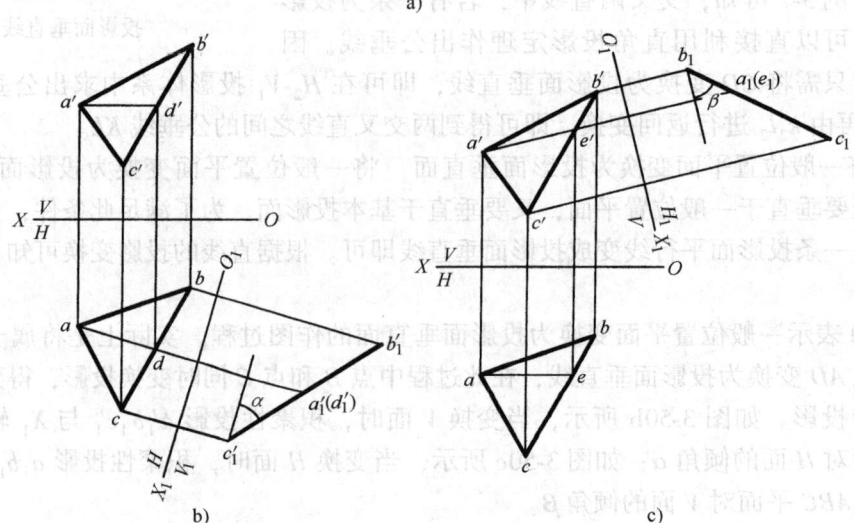

图 3-50 将一般位置平面变换为投影面垂直面

例 3-15 如图 3-51a 所示，用换面法求点 M 到平面 $\triangle ABC$ 的距离及垂足 N。

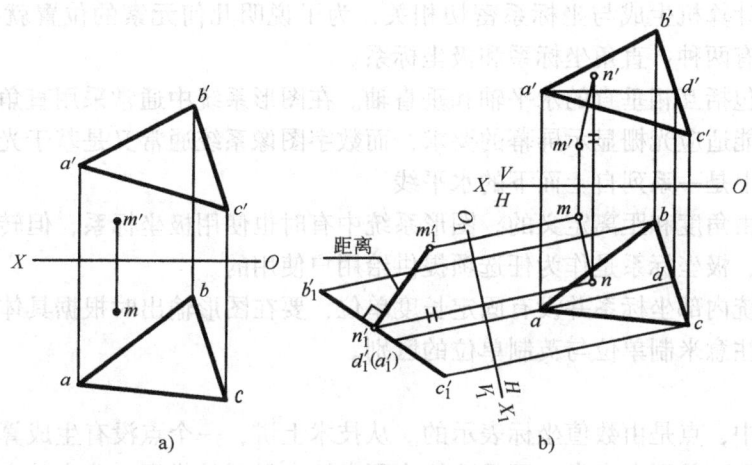

图 3-51　求点到平面的距离

解：如果将平面变换为投影面垂直面，点到平面的垂线则为该投影面平行线，并在该投影面中反映点到平面距离的实长。所以，在作图时需先将平面 $\triangle ABC$ 变换为投影面垂直面，点 M 随之变换为点 m'_1；然后过点 m'_1 向平面的积聚性投影作垂线，垂足为 n'_1，$m'_1 n'_1$ 即为点到平面的距离。将 $m'_1 n'_1$ 进行返回变换，即得垂足点 N 的投影。

（4）将一般位置平面变换为投影面平行面

如需将一般位置平面变换为投影面平行面，必须变换两次投影面才行。首先将一般位置平面变换为投影面垂直面，然后再将投影面垂直面变换为投影面平行面。

图 3-52 表示一般位置平面变换为投影面平行面的作图过程。先变换 H 面，将 $\triangle ABC$ 变换为投影面垂直面，得到 $\triangle ABC$ 具有积聚性的投影；再变换 V 面，取 X_2 轴平行于 $\triangle ABC$ 具有积聚性的投影，求出点 A、B、C 的新投影 a'_2、b'_2、c'_2，则 $\triangle a'_2 b'_2 c'_2$ 反映 $\triangle ABC$ 的实形。

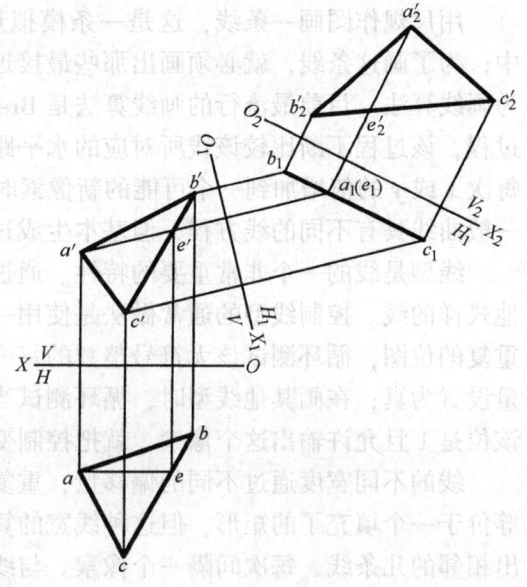

图 3-52　将一般位置平面变换为投影面平行面

3.5　几何元素的计算机生成方法

计算机处理复杂产品设计中的图形问题也要涉及到几何元素的产生与处理，本节简要介绍几何元素的计算机生成原理和绘图软件的实现方法。

3.5.1 几何元素的计算机生成原理

1. 坐标系

几何元素的计算机生成与坐标系密切相关，为了说明几何元素的位置就要有一个坐标系。坐标系通常有两种：直角坐标系和极坐标系。

直角坐标系包括互相垂直的水平轴和垂直轴。在图形系统中通常采用直角坐标系，这是因为直角坐标系能适应光栅显示屏幕的要求，而数字图像系统通常又是基于光栅的系统，其内存映象到显示上是一系列自上而下的水平线。

极坐标系是由角度和距离定义的。图形系统中有时也使用极坐标系，但转换到显示屏幕时不方便。一般，极坐标系是作为任选项提供给用户使用的。

常用图形系统内部坐标系并没有固定长度单位，要在图形输出时根据具体要求设定使用单位，此时必须注意米制单位与英制单位的区别。

2. 点的显示

在图形系统中，点是由数值坐标表示的。从技术上讲，一个点没有生成算法，它仅有一个位置。画点函数不是画点本身，而是选择出距离该点最近的像素，改变其在显示屏幕上的颜色。像素均匀地按行覆盖在显示屏幕上，是显示屏幕上的最小单位，其状态有开和关两种。一个像素不等同于一个点。

3. 画线算法

用尺规作图画一条线，这是一条模拟量的线，其从头到尾平滑地变化。但在数字系统中，为了画这条线，就必须画出那些最接近这条模拟量线的像素群。选择这些像素的算法称为画线算法。目前最流行的画线算法是 Bresenham 算法。该算法是将线方程转换成一个迭代过程，该过程不断比较该线所对应的水平距离上的测试值，重复地对该值进行增加并测试，每次 x 或 y 的值增加到一个可能的新像素时，就在屏幕上画出这个像素。直线、圆、圆弧和一般曲线具有不同的线方程，但基本生成过程类似。

线型是线的一个非常重要的特性。通过不同线型，不仅可以画实线，还能画出虚线等其他式样的线。控制线型的通常做法是使用一个无符号整数，在该整数中包含一个沿该线不断重复的位图，循环测试该无符号整数的每一位。对于一条实线，在画线算法中是把其控制变量设置为真；在画其他线型时，循环测试当前位的条件，从而根据控制变量进行设置。如果该位是 1 且允许输出这个像素，就把控制变量置为真，否则把控制变量置为假。

线的不同宽度通过不同的偏移量，重复画同一线可以得到。具有一定宽度的一条线可以等价于一个填充了的矩形，但这种线宽的算法会使线的生成速度减慢。一种较好的算法是画出相邻的几条线，每次间隔一个像素。与线型相比，线的宽度生成技术的实现更为复杂。

3.5.2 用绘图软件绘制几何元素

绘图软件根据几何元素的生成原理进行绘图作业。在绘图软件中绘制几何元素的方法，类似于模拟量几何元素的画法。下面介绍 AutoCAD 绘制几何元素的方法。

1. 绘制几何元素的常用命令

限于篇幅，AutoCAD 的基本操作方法和命令菜单功能此处不作详细介绍。绘制几何元素常用到的作图辅助命令有：图层设定（LAYER）、捕捉（SNAP）、正交（ORTHO）等；常用到的绘图命令有：画点（POINT）、画直线（LINE）、画辅助线（XLINE）、画射线（RAY）、画平行线（MLINE）、画多义线（PLINE）、画圆（CIRCLE）、画弧线（ARC）、写字（TEXT）等；常用到的编辑修改命令有：删除（ERASE）、复制（COPY）、移动（MOVE）、旋转（ROTATE）、偏移（OFFSET）、修剪（TRIM）、延伸（EXTEND）、断开（BREAK）、测距（DIST）等。这些命令的熟练运用，是绘制几何元素乃至解题的必要条件。

2. 投影图绘制举例

下面举例说明投影图的绘制方法。要注意投影和投影关系线应采用不同粗细的实线层绘制。

例 3-16 用 AutoCAD 绘制图 3-53 给出的图形。

解：（1）设置作图环境　开始新图，设置 0 层为粗实线层，1 层为细实线层，每层的颜色不同，打开捕捉和正交作图方式。

（2）绘制题设部分　先将当前层设为 1 层，绘制水平线作为 X 轴，画竖直线作为点 A、B、C 的投影关系线，用写字命令书写字母；再将当前层设置为 0 层，用直线连接 $a'b'c'$ 和 $abcde$。

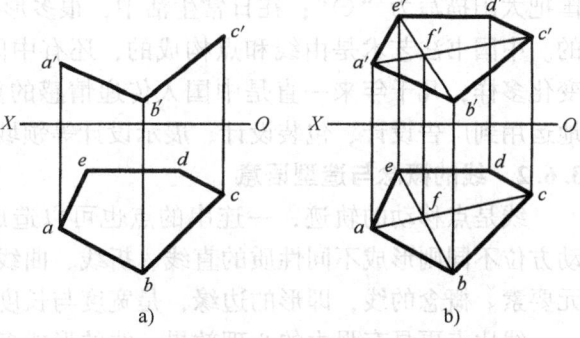

图 3-53　完成平面五边形的投影

（3）绘制题解部分　先将题设部分整体复制到题解部分位置；过 c' 作 $a'b'$ 的平行线，变换图层为 1 层，连接 ac、be 和 $a'c'$，ac 和 be 交于点 f，分别过 d、e、f 作投影关系线，可得到 d'、f'，连接 $b'f'$ 并延长可得到 e'；变换图层为 0 层，连接 $d'e'a'$，擦除或修剪多余线条，即得所求图形。

3.6　结构要素的概念及其造型语意

自然界一切能见到和触摸到的物象，称为形态。现实世界中，自然创造着千变万化的物象；人类各式各样的活动，又不断地创造着无尽的物象。这些物象的形态概括起来大致为：抽象形态、自然形态、人为形态。不论是何种形态，都是视觉能感受到的形体轮廓。把一切形态分解到人眼和感觉能察觉的限度，就是形态要素。如点、线、面、空间、色彩、肌理等，都是构成形态的基本要素。

3.6.1　点的概念与造型语意

点表示位置的所在。几何学上的点，存在于两线相交处或线的始点与终点，只有位置而没有形态、大小。实际形态上的点，是指与周围的视觉要素比较相对较小的形象，如在产品造型中，机床壳体上的旋钮、开关、小指示灯、文字标记、刻度等。点一般的理想形状是圆形，但也可为任意的自然形（如角点、星形点、米字点、三角点等）。点的特征与形态无关，只决定于面积的大小。点具有高度集中的感觉。造型中利用空旷的面积中突出某一小点（小面积）的对比作用，极易起到导引视线，集中视线于此点的视觉作用。例如，在机柜的某一空旷的大平面上，选择合理位置，采用面积虽小，但形象艺术、色彩夺目的一个小商标图案，就极易形成视觉的焦点，首先引起观察者的注意。合理利用点的性质，会使很小的点起到不可估量的作用。

同一空间不同位置的点与点之间会产生心理上的不同感觉。点的运动、点的分散与密集，可以构成线和面的一些特征。在两个一样大小的点之间，点能引导视线来回反复于其间，从而产生虚形的线感觉；而画面上不在一条线上的三点，则会因视线的引导作用形成三角形（图3-54）。单独的点不具有突出的性格，但点的运动和不同方式的组合能构成静态的线和形，使人产生不同的视觉效果。

点作为一种视觉元素，其意义是比较广泛的。点，在自然形态中，人既可感知，也可视之，点是物象的浓缩。人类为了表达原始的图腾符号，往往把物象简化成接近点的抽象的形态标志。如古中国把太阳描写为"⊙"；在日常生活中，很多形态是直接用点来表现的。中国书法艺术是由线和点构成的，还有中国水墨画中的点也是变化多样，几千年来一直是中国人传递情感的重要语言。点还广泛地运用到广告设计、包装设计、展示设计等领域。

图 3-54　三个独立点因视线的引导作用而形成三角形

3.6.2　线的概念与造型语意

线是点移动的轨迹，一连串的点也可以造成线的感觉。点的运动方位不同则形成不同性质的直线、折线、曲线。从几何学的角度看，线是具有长度的一次元要素。概念的线，即形的边缘，是宽度与长度之比悬殊的构成元素。

线比点更具有强力的心理效果。线的形式多样，由各自的特性所表现的形式心理状态也各不相同。直线是点的定向运动轨迹，所以直线具有运动感和方向感，并给人以严谨、秩序、明快的感觉。直线还象征刚直、统一、坚固、有力。粗壮的直线具有厚重、强壮之感，而细线有锐敏的视觉感；垂直线给人以庄重、严肃、坚固、挺拔向上的感觉，斜线具有较强的动感，给人以奔放上升、散射突破、不安定的感觉；折线具有连续、波动、重复的感觉，有较强的跳跃动感，富于变化，造型中要恰当地应用线，否则可能引起动荡、跳跃、不稳定的效果，从而破坏造型物的安定性；曲线按其曲率的大小具有不同程度的动感，常给人以轻松、柔和、优雅、流动的感觉。

线在设计中起着极为重要的作用。线是各种形象的基础。在工业产品中，审美效果、结构、工艺及人机关系的合理性均涉及到线的应用。图3-55所示面板上分离的两个要素，由于结构原因相距稍远，看上去显得零散。用适当的线条，并辅以一定的色彩，可将两者贯穿起来，增强整个面板的整体性。

3.6.3　面的概念与造型语意

面是形的一种。面的形成可以是点的密集，也可以是直线移动的轨迹。面有着自身的独立意义。面的形象无限丰富，概括起来有直线形、曲线形、偶然形。直线形又包含几何直线形和自由直线形，曲线形则包含几何曲线形和自由曲线形。

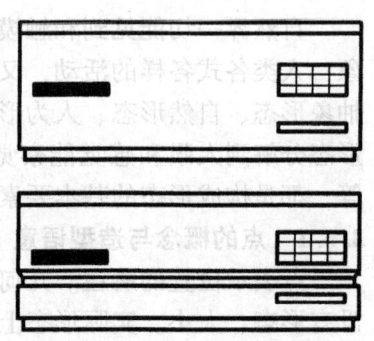

图 3-55　线在面板上的应用

直线形面可以用圆规、尺子、电脑等工具来进行设计。直线形面制作方便，便于复制，容易被人们识别、信赖、理解和记忆。它的明快、简洁、有序和理性正好和工业化、信息化时代的审美感受相吻合。

曲线形面比直线形面复杂，变化丰富。它的流动和弹性表现出一种生机勃勃的生命活力，给人以温和、亲近、优雅、柔美的感受。

偶然形面是用特殊技法和材料不经意而偶然获得的视觉形态。它没有人为的痕迹，天然成趣，变幻莫测，与有序的形态形成强烈的对比，是现代设计常用的形态。但要获得效果好的偶然形态并不容易，有时需要百里挑一。

面的大小、长宽、曲直的变化，在设计中应用广泛。在设计过程中，作者都在有意或无意地进行着"面"的组织和"面"的创造。面的构图，面的分割，实面和虚面的布局都决定着设计作品的优劣。面的形态有着强烈的整体感和刺激性，是设计的重要语言。图3-56给出了常见面的一些典型性格。

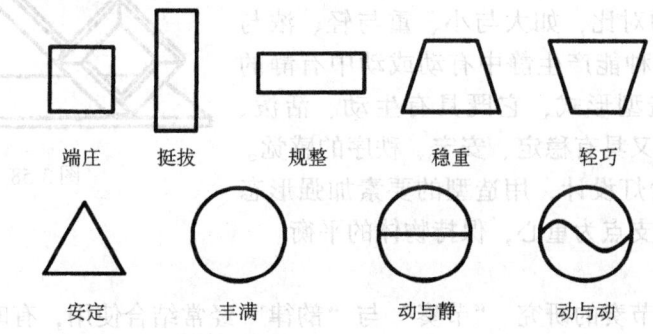

图 3-56　面的性格

3.7　构成形式美的基本原理

在复杂的自然界中，我们能感到一种难以言表的内在规律。从宏观到微观，都存在"秩序感"。秩序感既存在于自然界，也存在于人的大脑。人的大脑具有把握混乱的外部世界里那些有规律的形状的能力。人的知觉偏爱简单结构、直线、圆形以及其他的简单秩序。秩序感的研究对设计理论产生了很大的影响。设计中非常重视形式规律和秩序。

3.7.1　统一与变化

变化中求统一，统一中找变化。这是一条形式美的总规律。

对立统一的规律是世界万物之理，变化与统一是同一事物两个方面的对立统一。无规律的变化带来混乱，完全一样又显单调乏味。变化是指由性质相异的形态要素并置在一起所造成的显著对比的感觉。如直线与曲线的对比，方形与圆形的对比。统一是指由性质相同或类似的形态要素并置在一起，造成一种一致的或具有一致趋势的感觉，统一并不是只求形态的简单化，而是使各种各样变化的因素具有条理性和规律性。图3-57体现了统一与变化共存。任何一幅设计作品，都必须使构成整体的各个局部具有一种有机的联系。

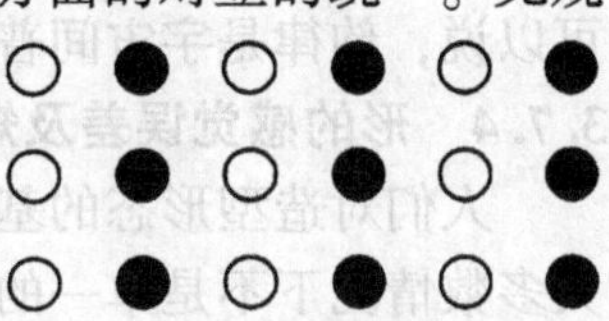

3.7.2　对称与平衡

在设计领域，有一种占特殊地位的视觉效果，那就是由对称而产生的"平衡"感。

图 3-57　统一与变化共存

把中心轴一面的形象安排反映到另一面，这种对称形式，深受我们知觉系统的欢迎。人类在形式方面最先发现和运用的也是对称的美，早在 60 多万年前的北京猿人所制造的粗糙石器，其形状就是大体对称的。也就说，人类初期，就已经开始使用对称的美学原理来美化装饰自己了。自然界中的许多形态是对称的，如树叶、动物、羽毛等。总之，是人类自身及周围物象所具有的对称性培养了人类对于对称性美感的认同。这种对称规律的发现和运用，其意义是巨大的。

平衡是对称结构在形式上的发展，由形的对称转化为力的对称，体现为"异形等量"的外观。在设计表现中，平衡格式是一种比较自由的形式。采用平衡的造型形式，可使产品的形态在支点两侧构成各种形式的对比，如大与小、重与轻、浓与淡、疏与密。这是一种能产生静中有动或动中有静的条理美、动态美的造型形式，它既具有生动、活泼、轻快、灵巧的特点，又具有稳定、安宁、秩序的感觉。

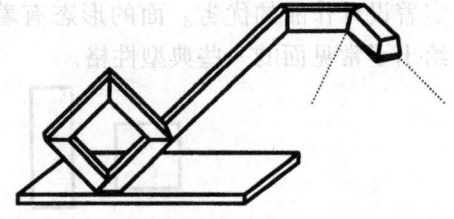

图 3-58　台灯

图 3-58 所示的台灯设计，用造型的要素加强形态的稳定感，并突出以支点为重心，保持物体的平衡。

3.7.3　节奏与韵律

曾经有无数关于节奏的研究。"节奏"与"韵律"经常结合使用，有时还交换使用，因为这两个词在含义上并没有本质上的区别。"韵律"的"韵"是变化，"律"是节律，即有节奏的变化才有韵律的美；"节奏"是讲变化起伏的规律，没有变化也无所谓节奏。但在这两个词中，"韵律"较多地强调"韵"的变化，"节奏"则较多地强调"律"的节拍，所以在实际运用中它们还是有些事实上的差别的。一般讲韵律感不够，是指缺少变化，过于平板；讲节奏感不强，主要是指变化缺乏条理规则，其侧重点不尽相同。

节奏在设计中是很常见的。建筑上的窗柱结构，就表现出一种节奏感，北京广安门外的天宁寺塔的结构，它的月台、须弥座、塔身、塔檐到尖顶的系列结构也形成了一种节奏感。

韵律原来是指诗歌、音乐中的声韵和节律。韵律的美感借用于装饰艺术之中，其意义和节奏相近，往往指形、色、纹饰等具有明显规律性的和谐组合。韵律存在于宇宙间的一切事物之中。如大体的运行、四季的更替、花开叶落是自然的韵律；春播秋收、卖出购进、放养捕捞是生产的韵律；三餐一宿、呼吸步行、血液环流是我们生活和生理的韵律等等。因此可以说，韵律是宇宙间普遍存在的美感形式。

3.7.4　形的感觉误差及矫正

人们对造型形态的基础要素的认识，虽有一般的心理感觉，但是，由于形态要素的存在大多数情况下不是单一的，当所处环境不同，受某些光、形、色等因素的干扰，自身各部分之间的相互作用，以及透视感等，将引起某些图形产生不同状况的变化，再加上人的自身心理状态的影响，人们对形态的视觉感往往会发生"错觉"。这种错觉是正常人带有的普遍性、共同性的视觉错误，是人们所具有的共同生理特征。我们把形状、尺度及色彩等有关的错觉称之为视觉误差（视错觉）。

视错觉既普遍存在，又复杂多样，但其产生原因主要有两个：一是人的生理特征所致；其二是由心理的知觉所致。人们在长期的实践中，认识到视错觉是无法排除的，了解视觉误差产生的原因及规律，对正确认识形体的性质和掌握图形产生误差的规律是十分必要的。一方面可采取必要的矫正方法减少对造型效果的影响，另一方面又可利用视觉误差作为一种艺术处理手法加以利用，使设计更加符合人们的视觉要求，达到造型效果良好的目的。

产品造型设计中常见的视觉误差主要有以下几种：

(1) 透视错觉　透视错觉是指人观察物体时，在透视规律的作用下，由于人所处的观察点位置不同，有时会使物体的形体和尺寸发生某些变化，而实际上是一种错觉。图 3-59 中两人是等高的，但由于透视线的影响，使人感到右边的人高于左边的人。

(2) 光渗错觉　光渗错觉是指当物体形状和尺寸大小相同时，在深色背景下的浅色物体的轮廓，比在浅色背景下的深色物体的轮廓感觉要大一些，如图 3-60 所示。

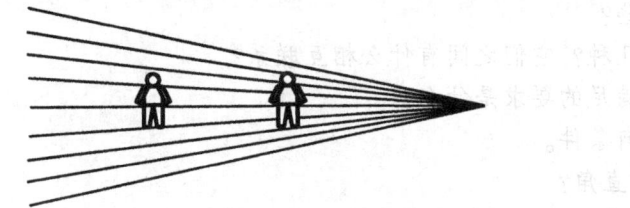

图 3-59　透视错觉　　　　　　　　　图 3-60　光渗错觉

(3) 对比错觉　对比错觉是指同样尺寸大小的物体或图形，在不同的环境中，由于与环境图形的对比关系不同，使人会感觉它的大小有所不同。图 3-61 所示两等长直线 AB 与 AC，由于邻近线条的影响造成 AC 比 AB 长的感觉。

(4) 变形错觉　变形错觉的产生主要是图形或线形受周围图形和线形的动势变化产生干扰而使视觉上产生了错视。图 3-62 中的斜直线是相互平行的，但由于背景线的影响，感觉不到平行。

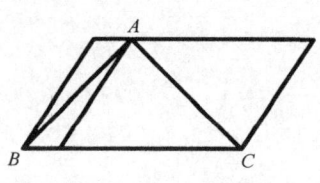
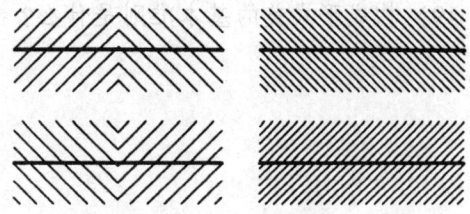

图 3-61　对比错觉　　　　　　　　　图 3-62　变形错觉

(5) 分割错觉　分割错觉是指图形或线段受其他线段的分割（不同方向）时，其线形的方位要发生变化或面积的尺度感要产生变化。图 3-63a 没有分割，呈正方形；图 b 为中间竖线分割，产生垂直方向拉长的感觉，呈长方形；图 c 为水平分割，呈扁长方形；图 d、e 中由于有排列的横竖分割线，被大量的横线或竖线吸引，使竖线移动而产生宽度，横线产生高度。分割现象在设计中经常可见，一方面要避免连续的直线被其他线段分割产生错位感，另一方面有时又要利用这种分割错觉来调整视觉上的尺寸比例感觉。

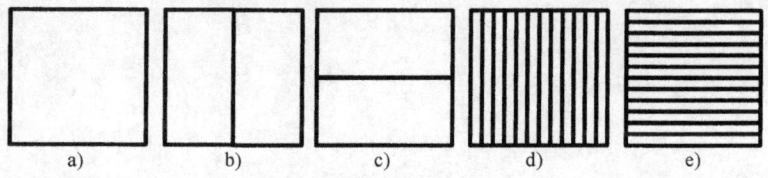

图 3-63　分割错觉

思 考 题

1) 投影法的分类原则是什么?分哪几类?
2) 为什么一个投影不能确定该点的空间位置?
3) 什么叫重影点?怎样判别重影点的可见性?
4) 为什么一般位置直线的三个投影都小于实长?
5) 在直角三角形法中,怎样求直线的倾角 α、β、γ?
6) 曲线投影中的特殊位置点有哪些?
7) 在投影面上表示平面的方法有几种?它们之间有什么相互联系?
8) 在投影图上表示一个曲面时应满足的要求是什么?
9) 试述在平面上取点、取线的几何条件。
10) 在什么条件下直角的投影还是直角?
11) 如何判断直线与直线、直线与平面、平面与平面平行?
12) 用什么方法求直线和平面的交点?
13) 求两平面交线时常用哪些方法?
14) 垂直于一般位置平面的直线的投影有哪些特性?
15) 投影变换的目的是什么?常用的方法有哪些?
16) 换面法中确立新投影面的条件是什么?
17) 怎样用换面法求一般位置平面的倾角 α、β、γ?
18) AutoCAD 中绘制几何元素的常用命令有哪些?
19) 构成形式美的基本准则是什么?

4 立体投影与立体构型

【学习提示】

本章介绍立体的投影与三视图,以形体结构分析、组合体视图的画图与看图方法、组合体的尺寸标注方法为基础,研究立体构型的方法。

通过本章的学习应达到以下要求:
1) 熟练掌握、灵活运用形体分析法。
2) 能运用形体分析法画组合体的视图。
3) 能运用形体分析和线面分析方法进行组合体的读图。
4) 能运用形体分析法,完整、清晰、正确地在组合体视图上标注尺寸。
5) 以形体分析为基础,进行空间构型,并完成构型的三视图。
6) 掌握空间构型的方法,分析常见产品的构型特征。

任何产品构型,都可以视为由若干简单立体经过叠加、切割及穿孔等方式而形成的组合体。本章将在学习了制图基本知识和正投影理论、画法几何基本知识的基础上,研究立体三视图的投影特性、组合体的三视图、立体尺寸标注、计算机立体模型的基本方法等问题,进而介绍产品构型的概念与方法。

4.1 三视图的形成及其特性

4.1.1 三视图的形成

为了惟一地确定物体的结构形状,需要采用多面投影。工程上通常采用三个互相垂直相交的投影面(即正立投影面 V,水平投影面 H 及侧立投影面 W),以此建立一个三投影面体系。再采用正投影法将机件向各投影面投射,所得图形称为视图。如图 4-1a 所示,机件的正面投影,即机件由前向后投射所得的图形,通常反映机件的主要形状特征,称为主视图;机件的水平投影,即机件由上向下投射所得图形,称为俯视图;而机件的侧面投影,即机件由左向右投射所得的图形,称为左视图。

4.1.2 三视图的特性

为在同一张图纸上绘制三视图,三个投影面必须展开,摊开在一个平面上,因此有展开方式:①正面 V 保持不动;②水平面 H 绕 OX 轴向下旋转 90°;③侧面 W 绕 OZ 轴向右旋转 90°。这样 V-H-W 面就展开在同一平面上。三视图的配置方式为:俯视图在主视图的正下方,左视图在主视图的正右方(图 4-1b)。由此展开后的三视图可以看出:主视图反映机件的长和高;俯视图反映机件的长和宽;左视图反映机件的高和宽。因此有三视图的投影规律:**主、俯视图长对正;主、左视图高平齐;俯、左视图宽相等,前后对应**。这个投影规律,不仅适用于物体整体,同时适用于物体的每个部分,甚至于点。因此,它是绘图与读图

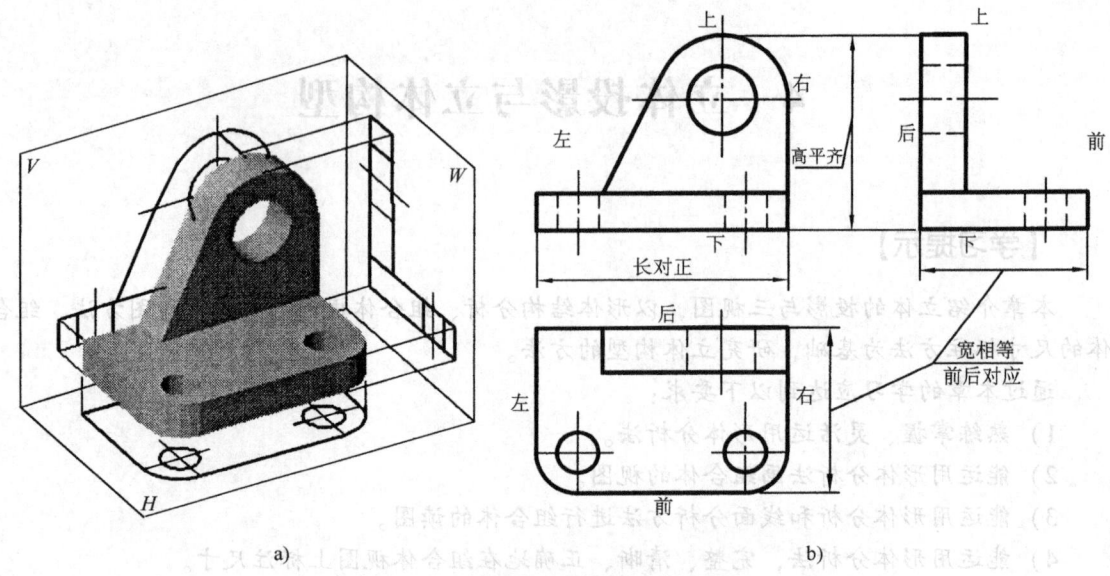

图 4-1 三视图的形成及其投影特性
a) 形成过程的轴测图 b) 展开后的三视图

时必须遵循的规律。

4.2 基本体

工程上常见的基本体，根据其构成面的性质，可以分成平面立体和曲面立体两类。平面立体由若干个多边形平面所围成。平面立体按其结构特点，又可分成棱柱（主要是直棱柱）和棱锥（包括棱台）。曲面立体由曲面或曲面和平面共同围成。工程上常见的曲面立体为回转体，如圆柱、圆锥、球和圆环等。

立体的投影，可以看作其构成面投影的和。

表 4-1 列出了两类基本立体的三视图与立体示意图。

表 4-1 基本几何体的三视图

平面立体	曲面立体
四棱柱	圆柱

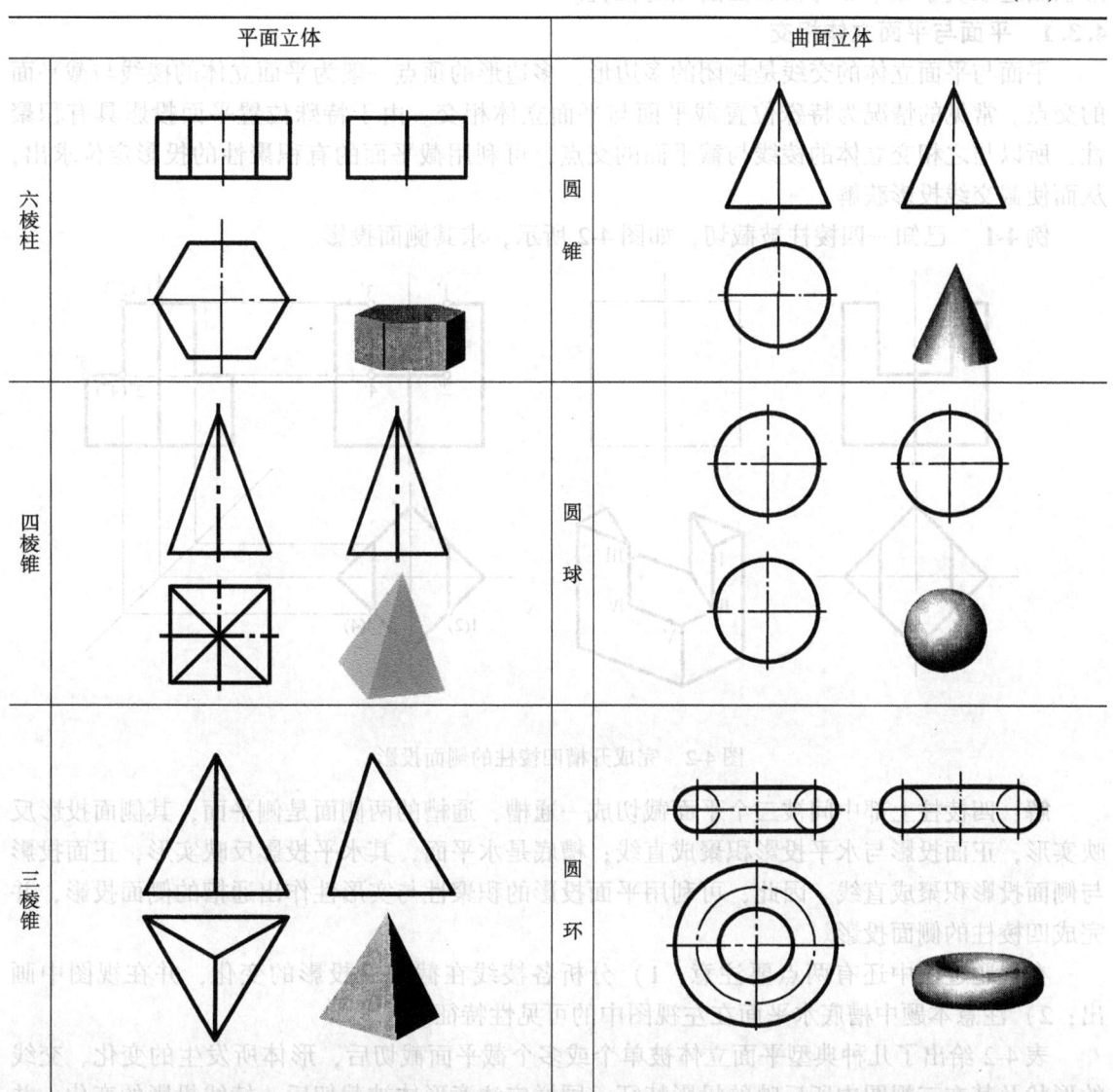

4.3 平面与立体相交

平面与立体相交可视为立体被平面截切，该平面称为截平面，截平面与立体的交线称为截交线。而由截交线所围成的平面称为截断面。截交线是产品设计过程中经常可见的几何要素。学习准确地求出这类交线，是正确表达产品结构特征的基本要求。

截交线有下列性质：

1) 截交线是截平面与被截立体表面的共有线，它既在截平面上，又在被截立体的表面上，截交线上的点是截平面与被截立体表面的共有点；

2) 截交线是由直线、曲线或直线与曲线围成的封闭平面图形；

3) 截交线的形状取决于两个要素，即立体的形状与截平面的相对位置；截交线投影的形状则还取决于截平面与投影面的相对位置。

4.3.1 平面与平面立体相交

平面与平面立体的交线是封闭的多边形。多边形的顶点一般为平面立体的棱线与截平面的交点。常见的情况为特殊位置截平面与平面立体相交。由于特殊位置平面投影具有积聚性，所以与之相交立体的棱线与截平面的交点，可利用截平面的有积聚性的投影定位求出，从而使截交线投影获解。

例 4-1 已知一四棱柱被截切，如图 4-2 所示，求其侧面投影。

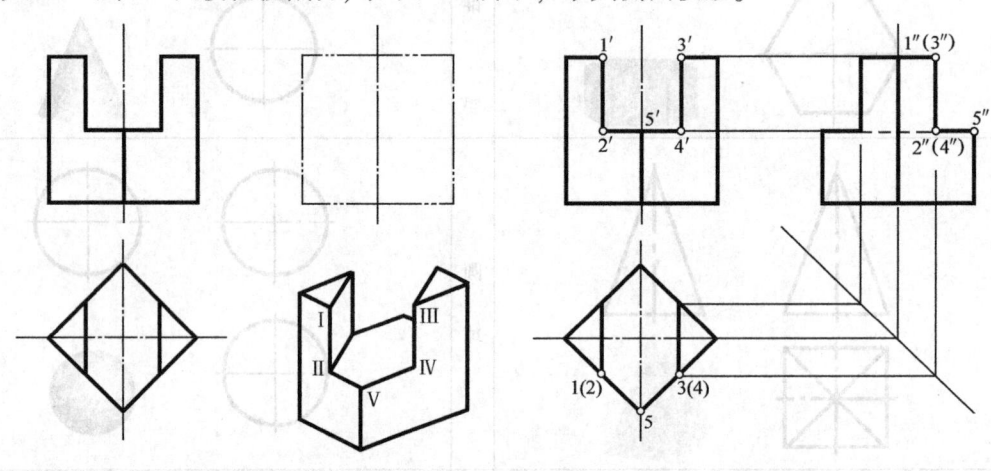

图 4-2 完成开槽四棱柱的侧面投影

解：四棱柱上部中间被三个平面截切成一通槽，通槽的两侧面是侧平面，其侧面投影反映实形，正面投影与水平投影积聚成直线；槽底是水平面，其水平投影反映实形，正面投影与侧面投影积聚成直线。因此，可利用平面投影的积聚性与实形性作出通槽的侧面投影，并完成四棱柱的侧面投影。

在解题过程中还有两点要注意：1) 分析各棱线在截切后投影的变化，并在视图中画出；2) 注意本题中槽底水平面在左视图中的可见性特征。

表 4-2 给出了几种典型平面立体被单个或多个截平面截切后，形体所发生的变化、交线的形状及其在三视图中所反映的投影特征。同样应注意形体被截切后，棱线投影的变化，并在相应的视图中用正确的线型表示。

表 4-2 平面与平面立体相交

	立体示意图	三 视 图
四棱柱被单个截面截切		

（续）

	立体示意图	三视图
四棱台被两个平面截切	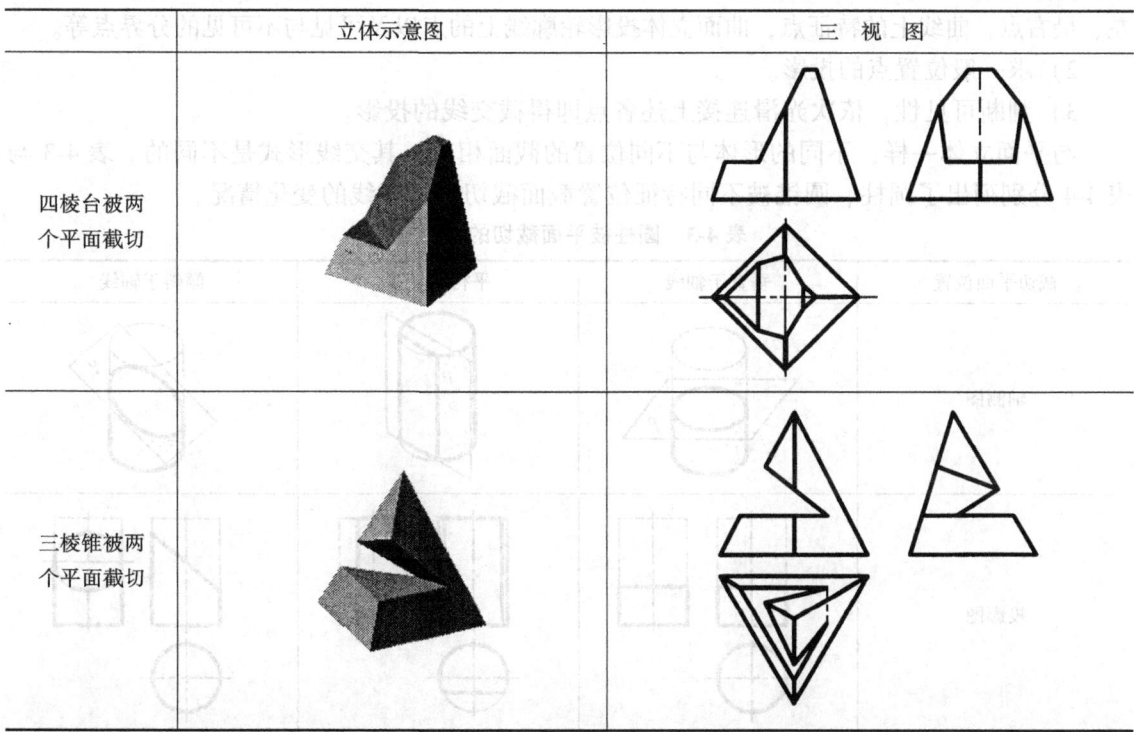	
三棱锥被两个平面截切		

4.3.2 平面与曲面立体相交

平面与曲面立体相交，其交线一般为曲线或直线与曲线组成的封闭线框。求曲面立体的截交线，可归结为求截平面与曲面立体上某些线的交点，或者截平面上某些特殊线与曲面立体表面交点的问题。图4-3给出了直线与几种典型曲面立体相交的贯穿点的求解方法。

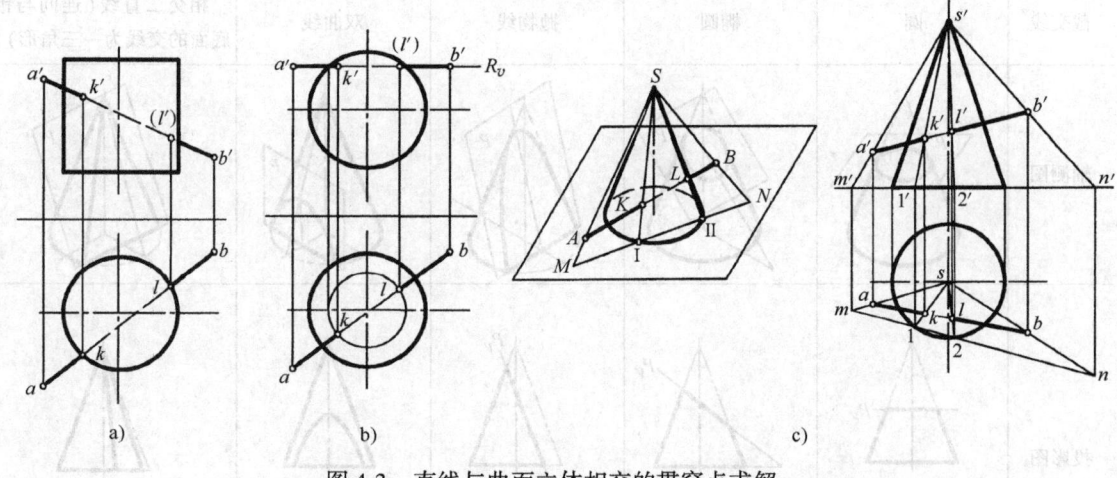

图 4-3 直线与曲面立体相交的贯穿点求解
a) 直线与圆柱相交 b) 直线与圆球相交 c) 直线与圆锥相交

因此平面与曲面立体相交的求解步骤为：

1) 求特殊位置点的投影。所谓特殊位置点是指截交线上的最高、最低、最前、最后、最左、最右点，曲线上的特征点，曲面立体投影轮廓线上的点以及可见与不可见的分界点等。

2) 求一般位置点的投影。

3) 判断可见性，依次光滑连接上述各点即得截交线的投影。

与平面立体一样，不同的形体与不同位置的截面相交，其交线形式是不同的。表 4-3 与表 4-4 分别列出了圆柱、圆锥被不同特征位置截面截切时，交线的变化情况。

表 4-3 圆柱被平面截切的截交线

截切平面位置	垂直于轴线	平行于轴线	倾斜于轴线
轴测图	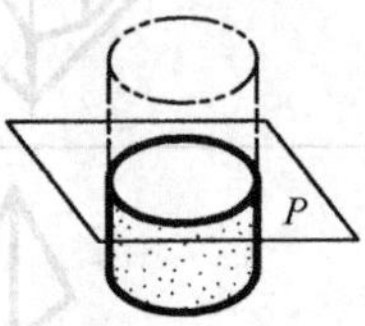	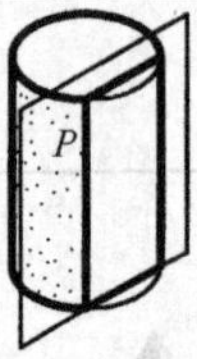	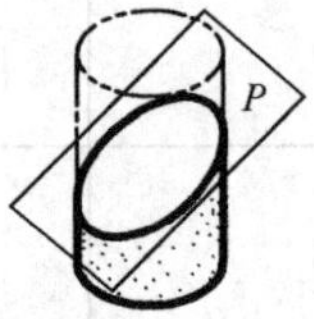
投影图	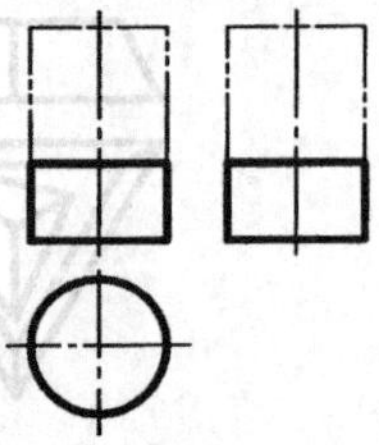	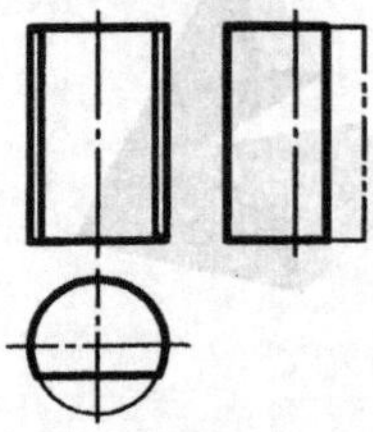	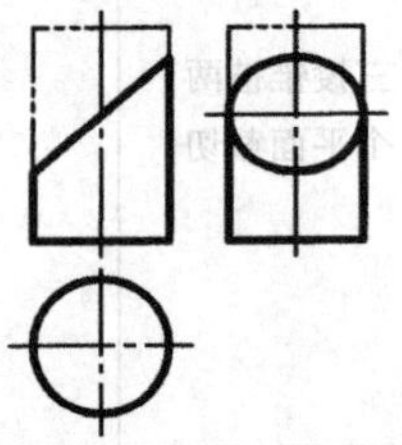
截交线	圆	平行二直线（连同与上下底面的交线构成一矩形）	椭圆

表 4-4 圆锥被平面截切的截交线

截面位置	垂直于轴线	与所有素线相交	平行于一条素线	平行于轴线	过锥顶
截交线	圆	椭圆	抛物线	双曲线	相交二直线（连同与锥底面的交线为一三角形）
轴测图	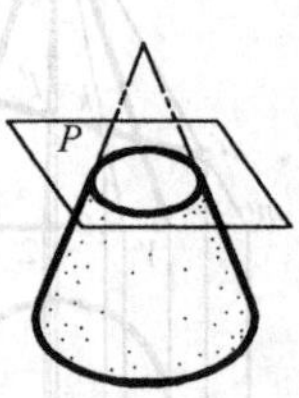	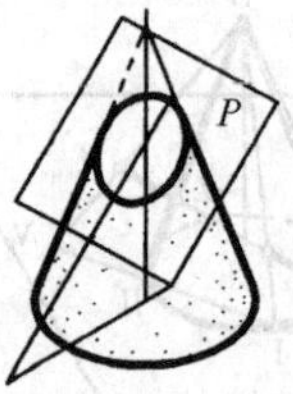	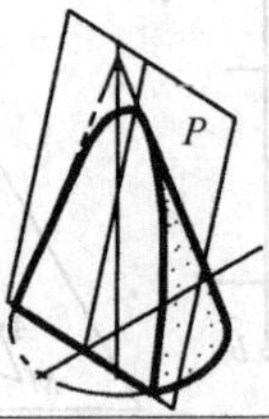	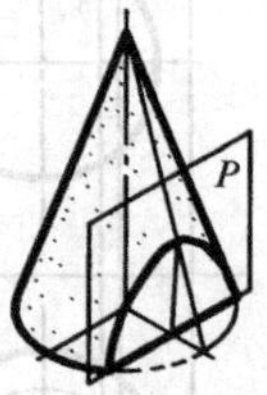	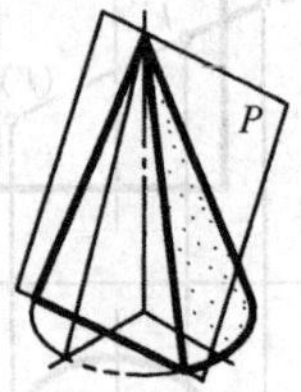
投影图	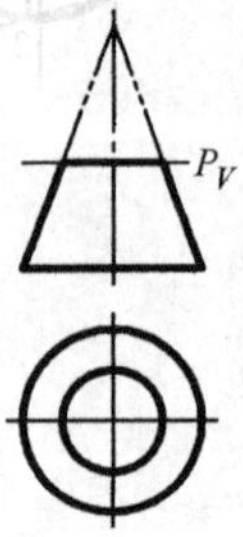	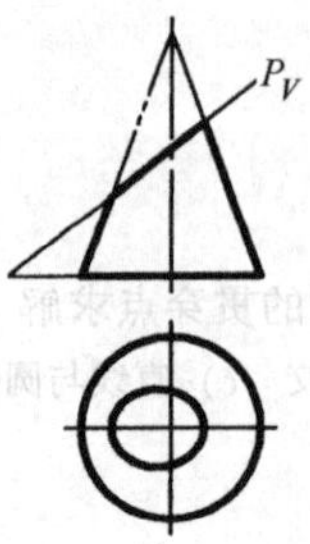		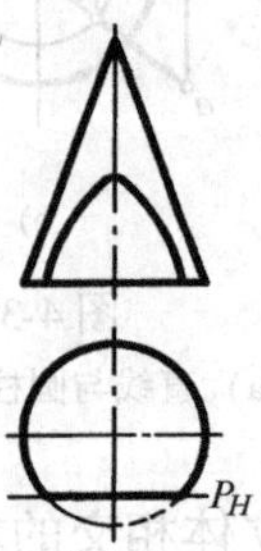	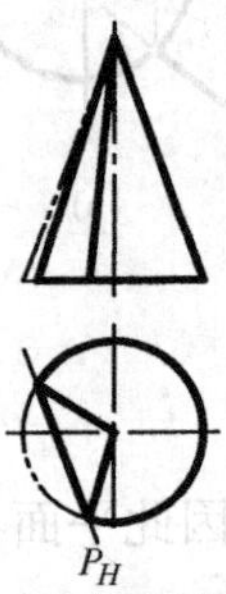

例 4-2 如图 4-4 所示,已知圆柱被截切后的正面投影,试求水平投影与侧面投影。

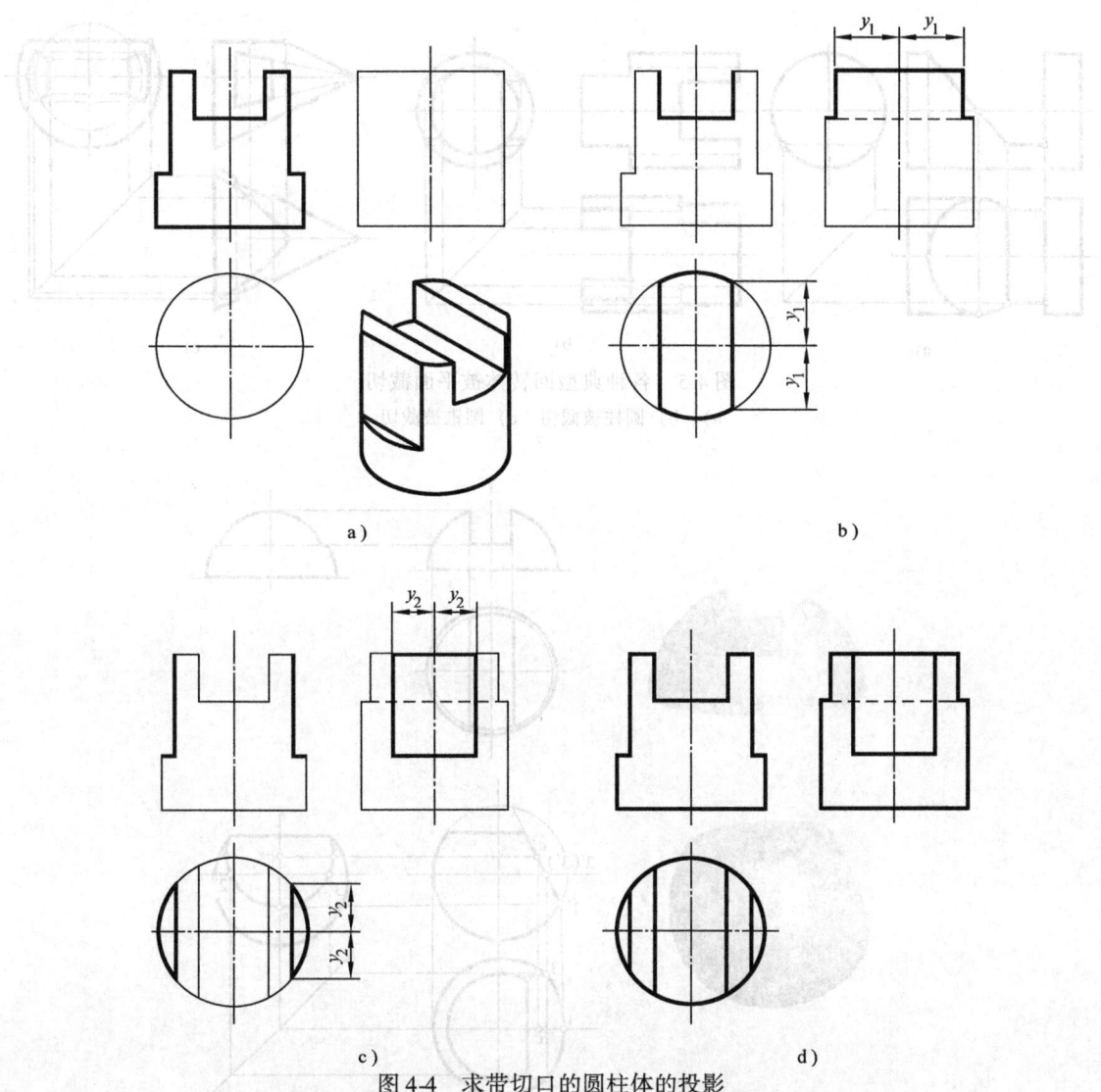

图 4-4 求带切口的圆柱体的投影
a) 已知条件 b) 求开槽的投影 c) 求被截两边的投影 d) 加深图线完成全图

解: 由图 4-4a 可知,圆柱上部中间开一通槽,截平面为两个侧平面与一个水平面;圆柱上部外侧左、右两边被对称地各截去一块,截平面也是侧平面与水平面。截平面是侧平面时,因其平行于圆柱轴线,截交线为直线;截平面是水平面时,因其垂直于圆柱轴线,截交线是圆弧。因此,可依图 4-4b、c、d 之步骤完成形体的水平投影与侧面投影。

圆柱、圆锥以及包括球体在内的组合回转体被一些具有特殊位置特征的截平面截切,是工程实际中比较常见的结构,其投影特性与视图表达是图学研究的一个核心内容。图 4-5 分别给出了这几种典型结构中组合截平面与各回转体交线的求解方法。

此外,圆球被平面截切时,所产生的交线均为圆(图 4-6),但是当截平面不平行于三视图的基本投影面时，形体的三视图不能反映交线的真实形状。图 4-6 同时也给出了圆球被截切的不同情况下交线的求法。

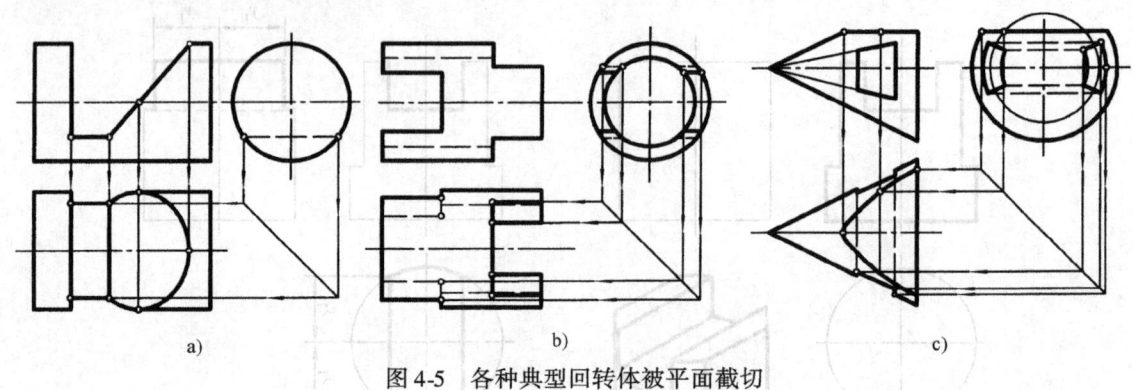

a)   b)   c)

图 4-5　各种典型回转体被平面截切
a)、b) 圆柱被截切　c) 圆锥被截切

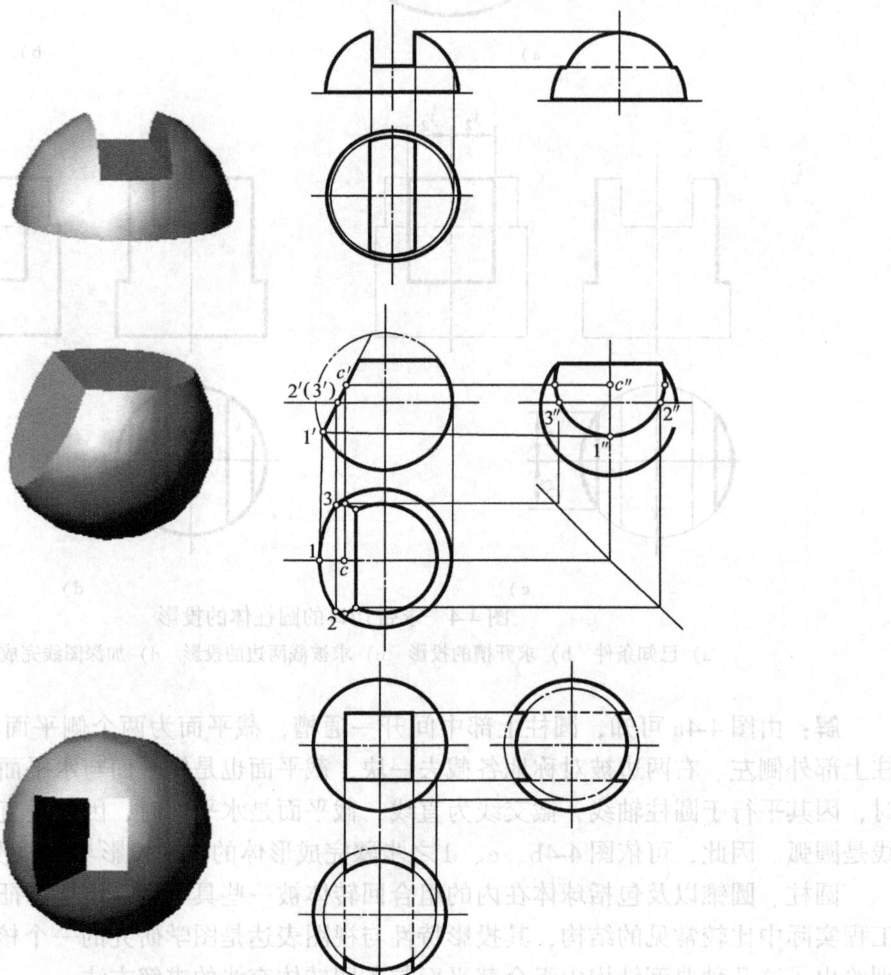

图 4-6　圆球被平面截切的交线求解

例 4-3 如图 4-7 所示，已知一拉杆接头被两正平面前后对称地截切，试作其截交线。

解：1）拉杆接头是由轴线为侧垂线的同轴回转体（圆柱体、环面体和圆球）被两个前后对称的正平面切去两块而形成。

2）截平面为正平面，其水平投影与侧面投影均积聚成直线，截交线的水平投影与侧面投影应与截断面的投影重影，即为已知，要求的只是截交线的正面投影。因截平面前、后对称，前后截交线的投影必定重合，且反映实形。

3）截平面只与环面体和球体相交，所以截交线是由平面曲线和圆弧两部分组成，圆弧的半径可由左视图确定。而圆弧上的最右点Ⅳ、Ⅴ，可通过先求得环面体与球面的分界线圆（A 点所在圆）后求取。

4）平面曲线的求解方法为，作辅助侧平面，得该面与回转体的交线——圆，由该圆与前后截平面的交点，可求得截平面与环面的交点（其中只有一个辅助面与环面的交线圆与截平面相切，而切点就是平面曲线的最右点Ⅰ），从而求得平面曲线上的一般位置点Ⅱ、Ⅲ。

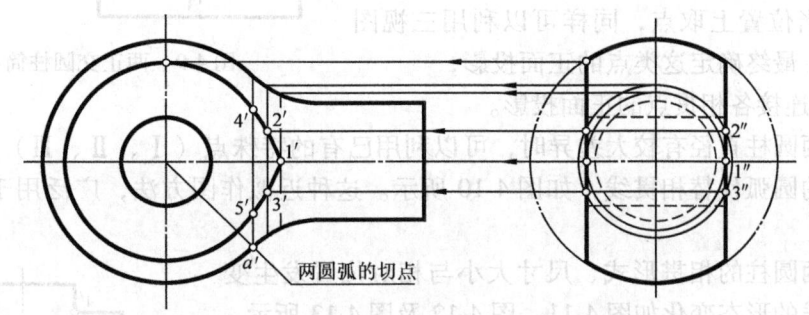

图 4-7 组合回转体拉杆头上的截交线

4.4 立体与立体相交

立体与立体相交时，由于在相交立体中可能存在平面立体，而平面立体可以看成是平面的组合，平面立体与曲面立体的交线即可看成是截交线的组合，如图 4-8 所示。因此，随后仅讨论曲面立体与曲面立体相交时交线的形态、投影特性及其求解方法。

两回转曲面立体表面的相贯线，其空间形状一般取决于两回转曲面本身的形状、尺寸大小及其轴线间的相对位置。一般情况下，相贯线是闭合或不闭合的高次空间曲线。

4.4.1 表面取点法求正交两圆柱的相贯线

如图 4-9 所示，铅垂小圆柱筒与侧垂大圆柱筒正交，相贯线有以下三种形态：①两外圆柱面相交（交线为 A）；②两内孔表面相交

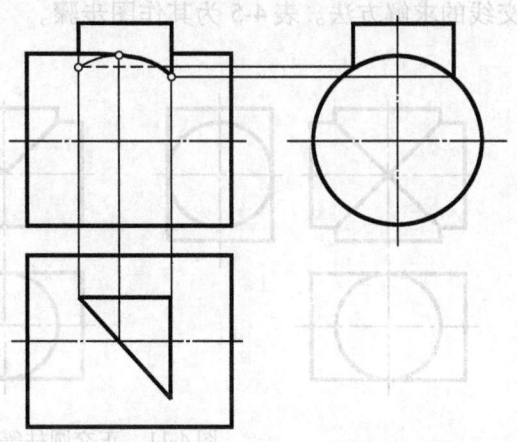

图 4-8 平面立体三棱柱与圆柱相交

（交线为 B）；③内孔表面与外圆柱面相交（交线为 C）。内外圆柱面的相贯线的水平投影在俯视图与左视图上分别积聚在铅垂圆柱面的水平投影与侧垂圆柱面的侧面投影上，因此其交线两面投影已知，而正面投影待求。由于两圆柱轴线正交，轴线所在平面为正平面，相贯线前后部分正面投影重影。相贯线上各点正面投影可依据三面投影规律求出。

具体作图时，其步骤如下：

1）确认特殊点的正面投影，如Ⅰ(1, 1″)、Ⅱ(2, 2″)为相贯线最左、最右点，同时也是最高点，而Ⅲ(3, 3″)、Ⅳ(4, 4″)两点既是相贯线最前、最后点，又是最低点，利用"长对正、高平齐"的投影规律，即可确定各点的正面投影；

2）一般点正面投影的确认，在最高点与最低点之间的适当位置上取点，同样可以利用三视图的投影规律，最终确定这类点的正面投影；

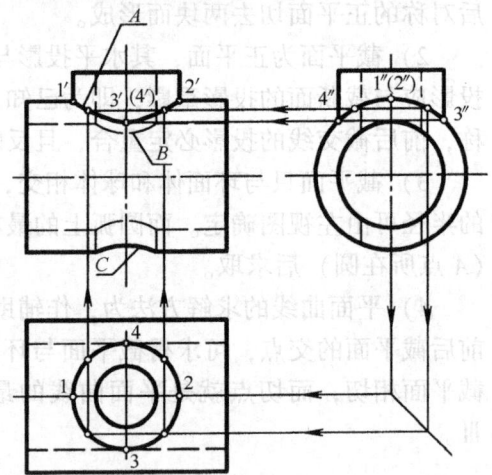

图 4-9 两正交圆柱筒相贯

3）光滑连接各相贯点的正面投影。

当相贯两圆柱直径有较大差异时，可以利用已有的特殊点（Ⅰ、Ⅱ、Ⅲ）的正面投影，用过此三点的圆弧代替相贯线，如图 4-10 所示。这种近似作图方法，广泛用于求解正交圆柱的相贯线。

当相贯两圆柱的相贯形式、尺寸大小与相对位置发生变化时，相贯线的形态变化如图 4-11、图 4-12 及图 4-13 所示。

4.4.2 辅助平面法

求作相贯线时，有时相贯形体表面无积聚性可利用，此时可以作与两个曲面立体都相交（或相切）的辅助平面切割这两个立体，产生两条截交线，这两条截交线（或切线）的交点是辅助平面和两曲面立体表面的三面共有点，即为相贯线上的点。利用辅助平面，图 4-14 给出了圆柱与圆台相贯时交线的求解方法。表 4-5 为其作图步骤。

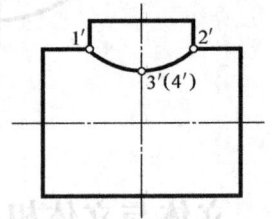

图 4-10 相贯线的近似作图法——用圆弧代替相贯线

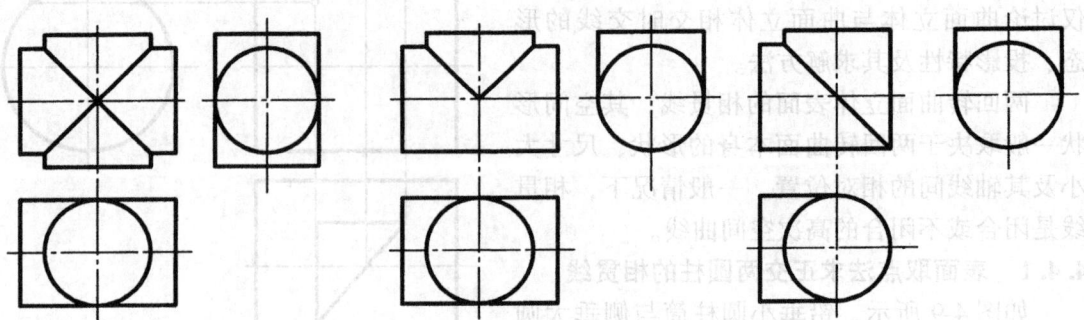

图 4-11 正交圆柱等径相贯时相贯线的变化情况

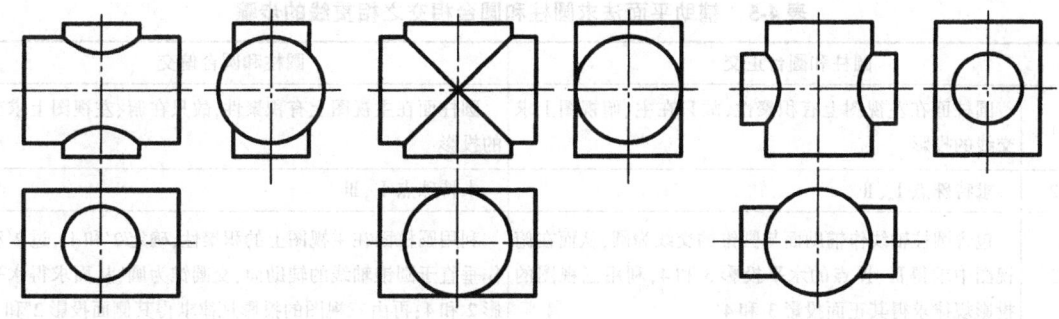

图 4-12 直径大小相对变化对相贯线的影响

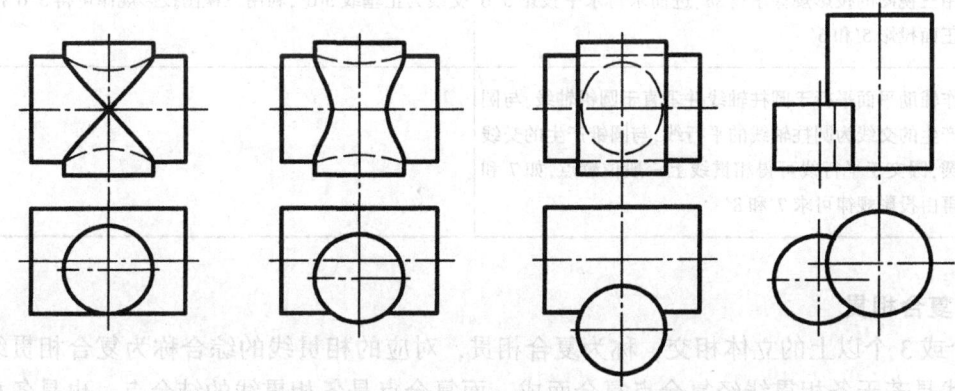

图 4-13 相交的两圆柱轴线相对位置变化对相贯线的影响

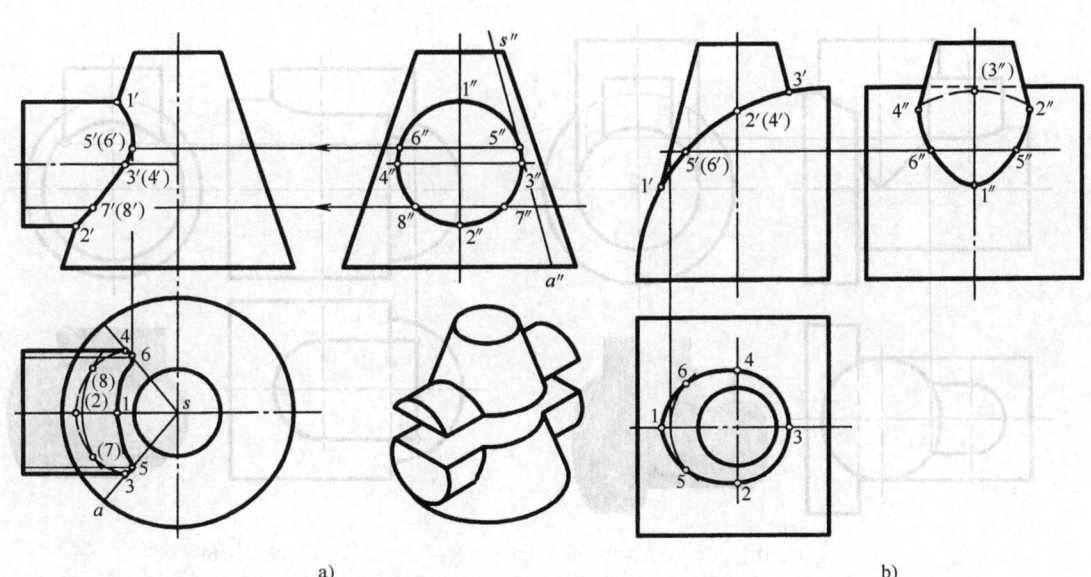

图 4-14 圆柱和圆台相交
a) 圆柱和圆台正交　b) 圆柱和圆台偏交

表4-5 辅助平面法求圆柱和圆台相交之相贯线的步骤

	圆柱和圆台正交	圆柱和圆台偏交
1	圆柱面在左视图上有积聚性,故只在主、俯视图上求交线的投影	圆柱面在主视图上有积聚性,故只在俯、左视图上求交线的投影
2	求特殊点Ⅰ、Ⅱ	求特殊点Ⅰ、Ⅲ
3	包含圆柱轴线作辅助面与圆锥的交线为圆,从而在俯视图中求得Ⅲ、Ⅳ点的水平投影3和4,利用三视图的投影规律求得其正面投影3′和4′	利用圆柱面在主视图上的积聚性,确定2′和4′,过2′和4′作垂直于圆锥轴线的辅助面,交圆锥为圆,从而求水平投影2和4;再由三视图的投影规律求得其侧面投影2″和4″
4	过锥顶在左视图上作辅助面与圆柱相切,求得该辅助面与圆锥的交线s″a″,并得Ⅴ、Ⅵ点的侧面投影5″和6″;利用三视图的投影规律求得sa,进而求水平投影5、6和正面投影5′和6′	作辅助平面垂直于圆锥轴线交圆锥为圆,该面与圆柱的交线为正垂线5′6′,利用三视图投影规律可得5、6和5″、6″
5	作辅助平面平行于圆柱轴线并垂直于圆锥轴线,与圆柱产生的交线为圆柱轴线的平行线,与圆锥产生的交线为圆,圆交于平行线可得相贯线上一般位置点,如7和8;再由投影规律可求7′和8′	

4.4.3 复合相贯

3个或3个以上的立体相交,称为复合相贯,对应的相贯线的综合称为复合相贯线。复合相贯线是若干条相贯线经复合点复合而成,而复合点是各相贯线的结合点,也是各相贯线的分界点,一般为3个相交表面的共有点,是求解复合相贯线的关键。图4-15a、b给出了两种比较典型的复合相贯形体的三视图及其相贯线的投影求解方法。

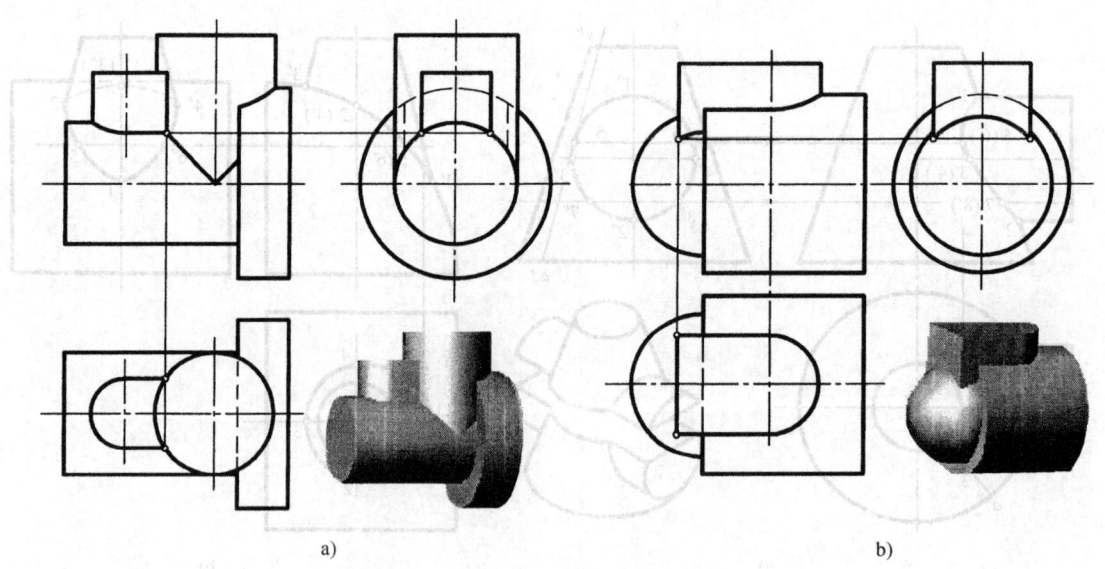

图4-15 复合相贯
a) 多个圆柱体正交相贯 b) 球体、圆柱体等多个形体相贯

4.5 组合体

由若干简单立体（常由一个或几个基本形体构成）通过叠加、切割等方式构成的整体，称为组合体。

4.5.1 组合体的构成方式

组合体构成的方式主要分为两种基本类型：叠加类和切割类。无论是叠加还是切割，由于各形体之间的相对位置不同，其表面连接形式有如下几种：①相接不平齐，中间应有线隔开；②相接平齐，中间不应有分界线；③相切，当两形体表面相切时，分界画至切点，在相切处不画出切线；④相交（相贯），两形体表面相交时，在相交处应画出交线图 4-16 给出了组合体构成的多种方式。

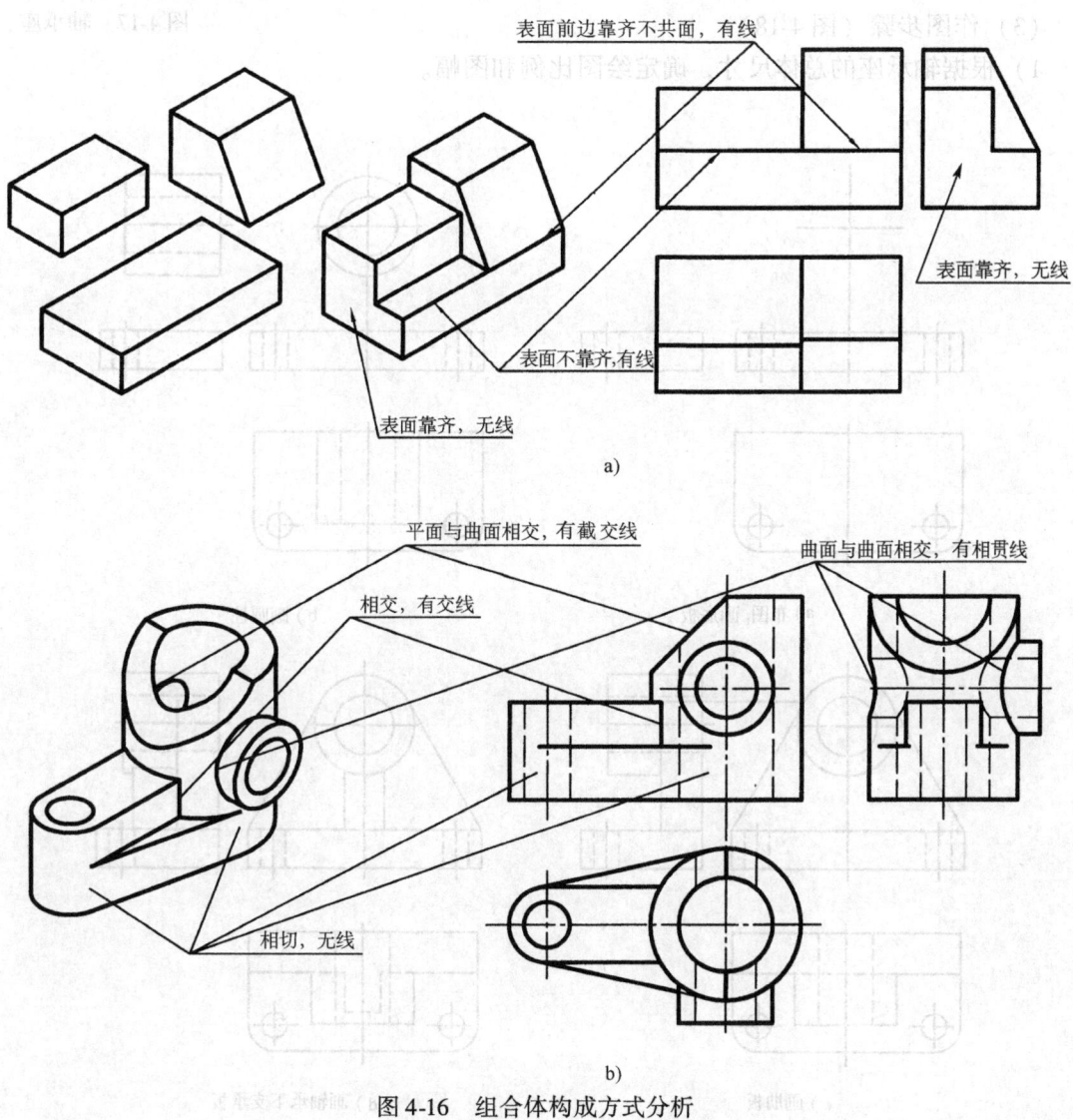

图 4-16 组合体构成方式分析
a) 平面立体构成 b) 复杂立体构成

4.5.2 组合体三视图的画法

以图 4-17 所示轴承座为例，说明画组合体三视图的方法和步骤。

（1）形体分析 把轴承座分解为矩形底板、肋板、圆柱筒、圆柱凸台和支承板。支承板与轴承相切，轴承肋板与轴承相交，肋板与支承板叠放在底板上，圆柱凸台与圆柱筒为两垂直相交的空心圆柱体，内、外圆柱面上均有相贯线。

（2）选择主视图 选择主视图有两个依据：①通常要求主视图能较多地表达物体的形状特征，并使物体的主要表面、轴线等平行或垂直于投影面，以反映物体的实形；②主视图的投射方向与组合体自然平稳放置的方式吻合，并尽可能减少其他两个视图上的虚线。比如图 4-17 中 A 方向作为主视图方向就可以满足上述要求，而 D 方向虽然能满足要求①，却不能满足要求②。

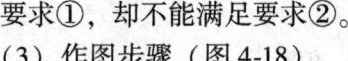

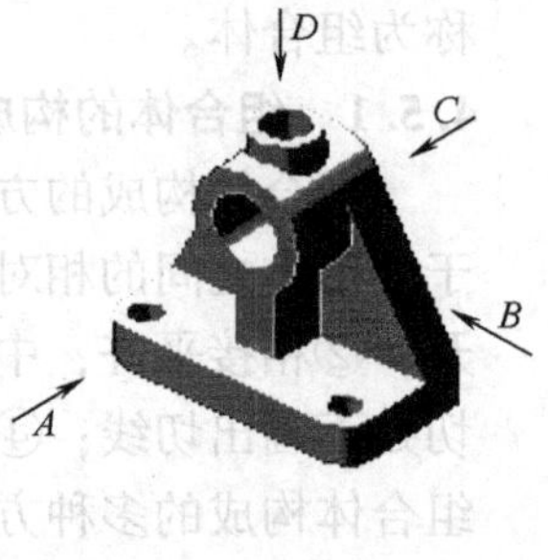

图 4-17 轴承座

（3）作图步骤（图 4-18）

1) 根据轴承座的总体尺寸，确定绘图比例和图幅。

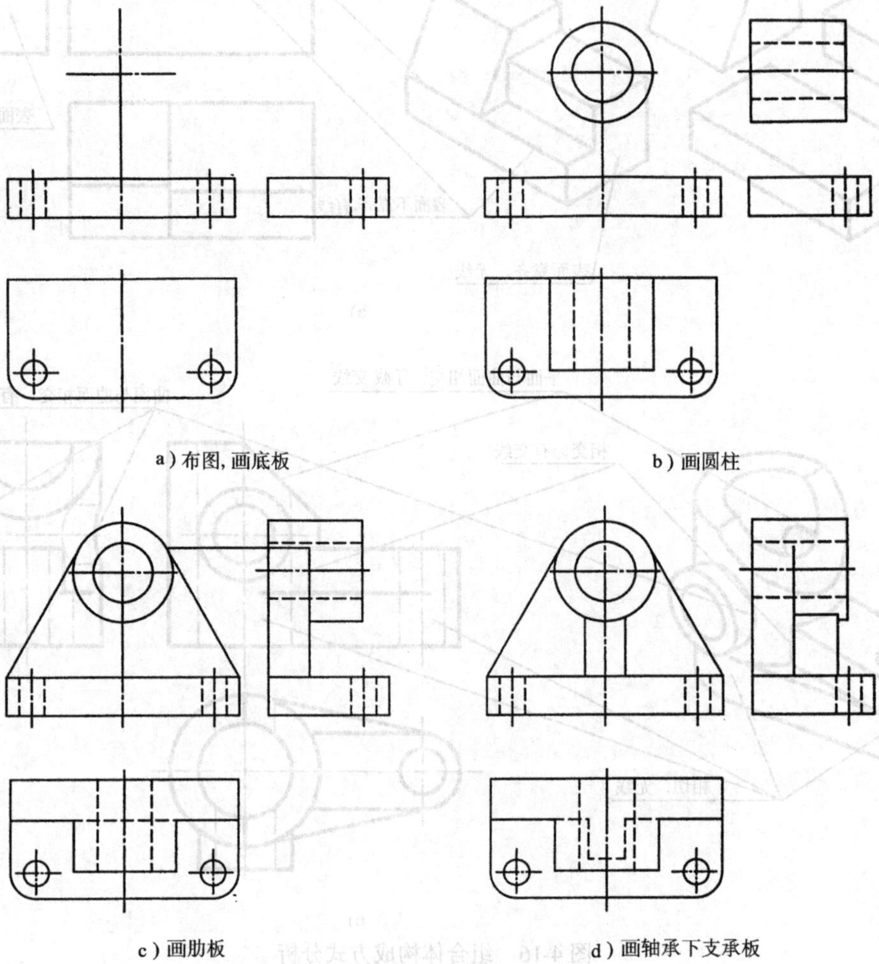

a) 布图, 画底板

b) 画圆柱

c) 画肋板

d) 画轴承下支承板

图 4-18 轴承座三视图的绘制过程

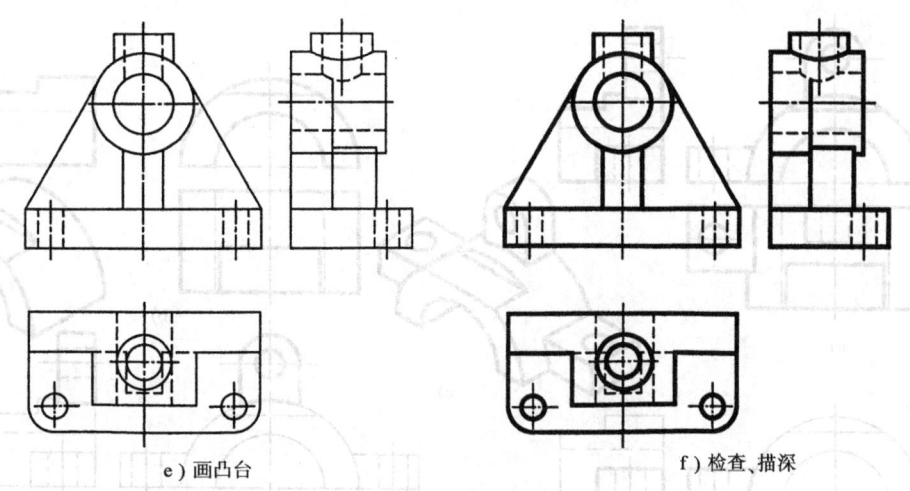

e）画凸台　　　　　　　　　　　　　　f）检查、描深

图 4-18　轴承座三视图的绘制过程（续）

2）布置视图，画基准线（图 4-18a）。基准线是指画图时测量尺寸的基准，每个视图需要两个方向的基准线，一般常用对称中心线、轴线和较大的平面作为基准线。

3）逐个画出各结构单元的三视图（图 4-18b ~ e）。一般先画主要单元的三视图，遵循先实（实形体）后虚（挖空部分）、先大后小、先轮廓后细节、三个视图联系起来画的绘图原则。

4）检查、描深、再检查（图 4-18f）。底稿画完后，按结构单元逐个检查，纠错补漏，按标准图线描深。对称图形、半圆或大于半圆的圆弧要画出对称中心线，回转体一定要画出轴线。描深后，再进行一次检查，以发现描深时的错误和其他错误。

4.5.3　读组合体三视图

画图是将空间的物体用一组平面图形（视图）表示出来，是由"物"到"图"的过程；而读图则是画图的逆过程，需根据一组视图想象出空间物体的结构形状，是由"图"想"物"的过程。

1. 形体分析法读图

读图时，需以表达组合体形状特征较多的主视图为中心，在视图上进行图形分割（分线框，即首先把主视图分解为若干线框或部分），再根据投影关系，找到其他视图上的相应线框，得到若干线框组；然后读懂每个线框组所表示的形体的形状；最后再根据投影关系，分析出各组成形体的相对位置，综合想象出整个组合体的结构形状，这就是读组合体三视图的形体分析法。图 4-19 所示为形体分析法读图的基本过程，即由图 4-19a 到图 4-19e，完成构思。

2. 线面分析法读图

形体分析法，是从"体"的角度将组合体分解成若干基本形体，进而分析各部分之间的相对位置，完成读图。但是立体又都是由面（平面或曲面）围成的，面又是由线段（直线或曲线）围成的，因此，还可以从"面和线"的角度将组合体进行分解。这种线面分析方法通常在形体分析的基础上，研究组合体表面的形状、交线特征及面、线之间的相对位置。

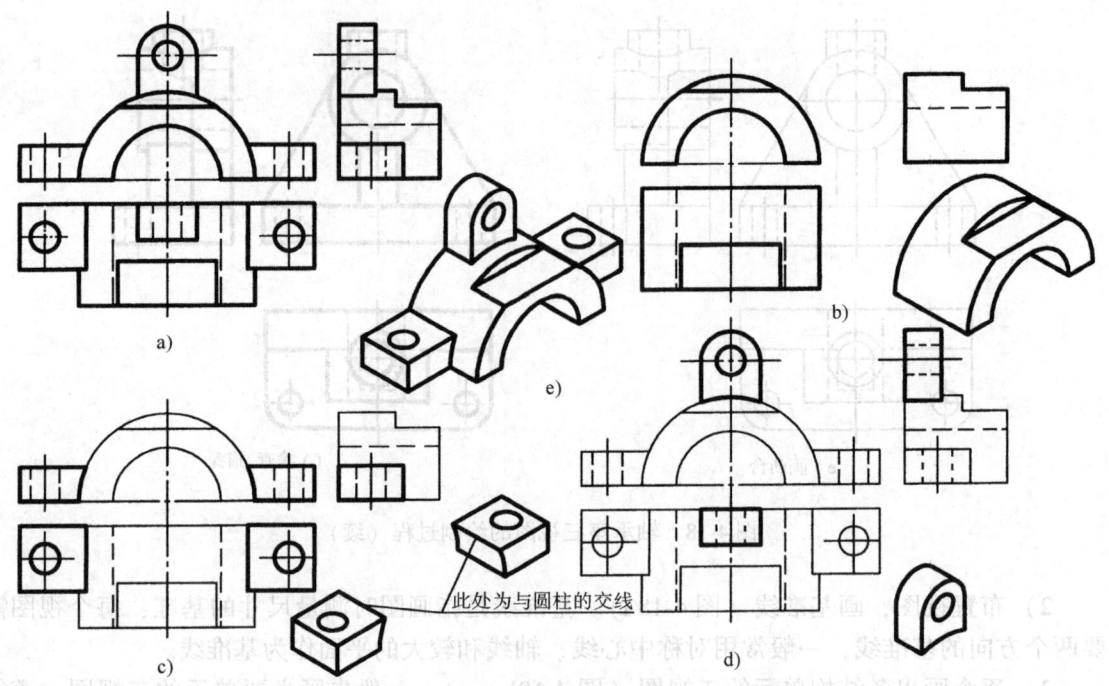

图 4-19 形体分析法读组合体三视图的过程

用线面分析法读图时,首先要明确视图中的线框与图线的含义,如图 4-20 所示,①视图中的每一条粗实线(虚线),可能是垂直于投影面的平面、曲面或平面与曲面组合面的投

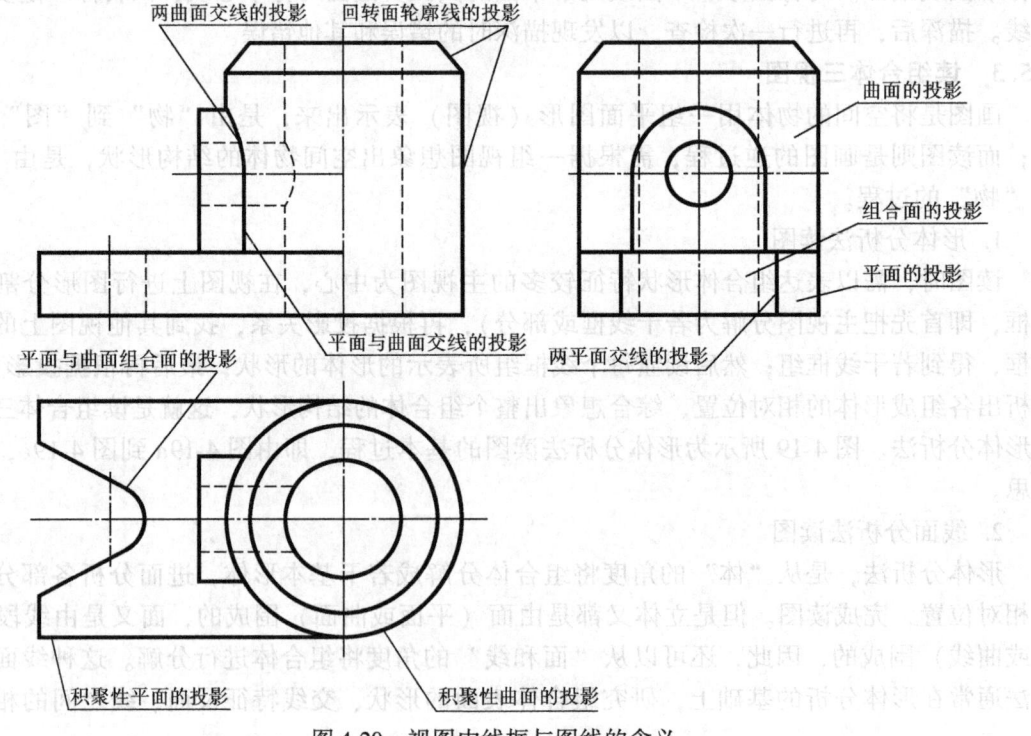

图 4-20 视图中线框与图线的含义

影，或是两个面交线的投影，或是曲面轮廓线的投影；②视图中每一封闭线框，一般表示物体上的一个表面（平面、曲面或平面与曲面的组合面）的投影；相邻的两个线框，对应物体上两个有位置差异的表面。

图 4-21 为以线面分析法读图的一个例子。形体是由长方体经三类平面（正垂面、铅垂面与侧垂面）切割变换形成的平面立体，图 4-21a 给出了立体三视图的轮廓；图 4-21b 根据三视图基本投影规律，求得三视图中形体顶面与左面切割变换以后的投影；图 4-21c 由于立体的三个切割面相互之间的交线 AB、AC 与 AD 均为一般位置直线，由于点 B、C 和 D 分别属于底面、左面和顶面，故易求。而 A 点的求法为：作辅助平面平行于底面，根据投影规律，求得正垂面与铅垂面的交线 CE，延长 CE 至与侧垂面交于点 A，从而完成三切割面的交线 AB、AC 与 AD；图 4-21d 为该平面切割体的三视图。

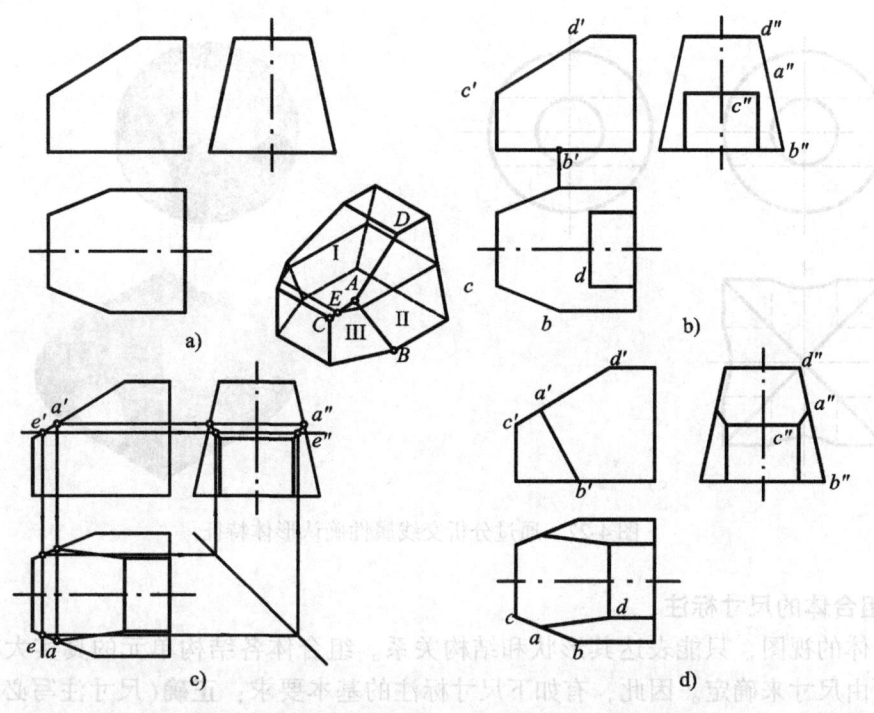

图 4-21 运用线面分析法读图，补全视图中所缺的图线
a) 切割体的轮廓投影 b) 形体顶面与左面的投影 c) 求三切割面的交点 A d) 切割体三视图

运用线面分析法，还可以通过分析视图中图线的属性，确认与之相关的形体的特征，从而与形体分析法相结合，完成对整个形体的构思。

例 4-4　如图 4-22a 所示，已知形体的两个视图，运用形体分析与线面分析相结合的读图方法，构思其空间形体，从而完成第三视图。

解：1) 已知两个视图的外轮廓是圆，该组合体的外形是球体或两个等径圆柱正交。

2) 由内部结构圆与虚直线有投影对应关系，可知其内部有两个正交的等径圆柱孔。

3) 根据回转体与球体相交，回转轴线过球心时交线为圆的特征（图 4-22b），又因球体表面投影不具备积聚性，交线的投影应在视图上可见的属性，可以排除外形是球体的可能。

4) 组合体外形是两个等径正交圆柱体，圆柱孔与外形面的交线在已知的两视图上积聚于两个圆上，在俯视图上可见。

5) 两个等径正交内孔交线的投影重合于外部交线，故不可见。组合体的三视图如图4-22c。

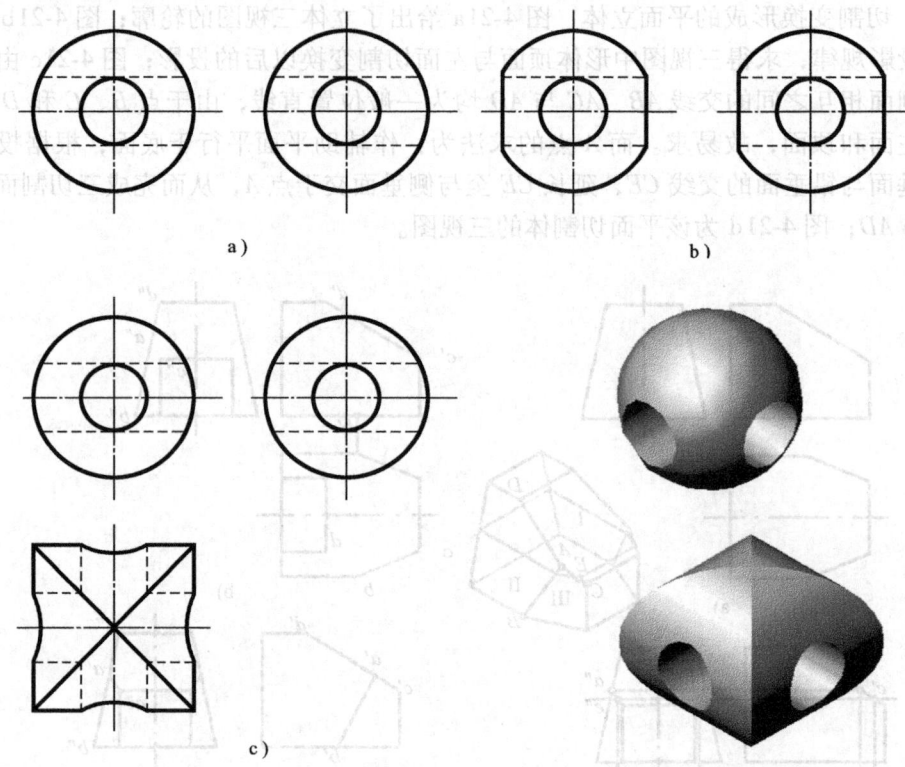

图 4-22 通过分析交线属性确认形体特征

4.5.4 组合体的尺寸标注

组合体的视图，只能表达其形状和结构关系。组合体各结构单元的真实大小和相对位置，必须由尺寸来确定。因此，有如下尺寸标注的基本要求：**正确**（尺寸注写必须符合国家标准）、**完整**（尺寸必须注写齐全，不遗漏，不重复）、**清晰**（尺寸注写布局整齐、清晰，便于读图）。

标注组合体尺寸的基本方法仍是形体分析法，即分析组合体的结构特征，确定尺寸标注的基准，并将组合体分解成若干基本结构单元或基本体。首先逐个标注出确定各基本形体形状与大小的尺寸——定形尺寸；然后标注出确定各基本形体位置的尺寸——定位尺寸；最后标注组合体的总体尺寸（对于具有圆形端部的形体，在该方向上不注总体尺寸），同时进行必要的尺寸调整。

1. 尺寸标注的基准

在标注组合体的尺寸时，通常选取回转体的轴线、组合体的对称面、重要的端面、底面等作为尺寸标注的起点，即尺寸基准。在组合体的长、宽、高三个方向上一般至少都应有一个尺寸基准。对于有些结构比较复杂的组合体，有时要增加一个或多个辅助基准，这样，在主要基准与辅助基准之间，必存在一个定位尺寸。对于图 4-23 所示的轴承座，一般可选用底面为高度基准；又因其左右对称，有中间对称面为长度基准；支承板后面为一重要端面，可选作宽度基准。

2. 基本体的尺寸标注

要掌握组合体的尺寸标注，必须先掌握基本体的尺寸标注方法。图 4-24 给出了一些基本体的尺寸标注方法。

3. 尺寸标注的注意点

1）尺寸标注应方便测量，如图 4-25 所示。

2）尺寸不能注写在交线上，如图 4-26 所示。交线是两个几何要素相交的结果，只要确定了相交几何要素的形状与相对位置，交线就自然确定了。因此，不需对交线标注尺寸。

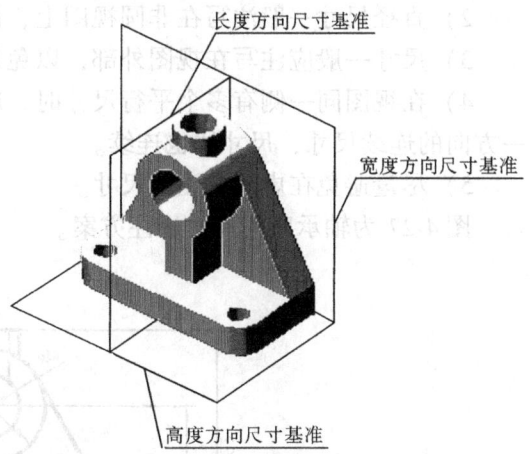

图 4-23 轴承座尺寸基准

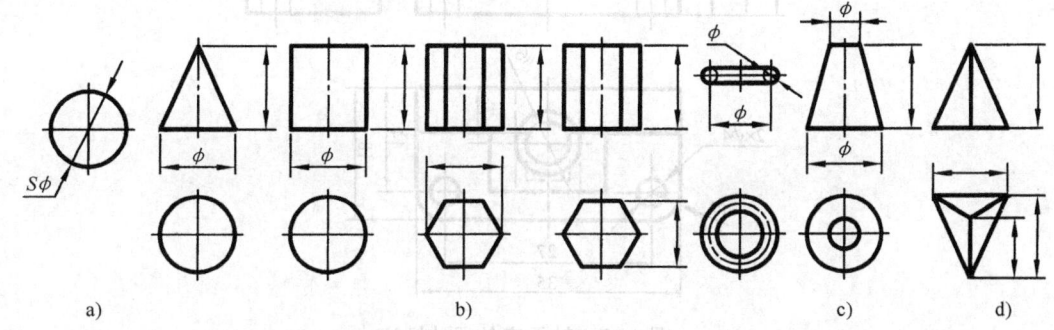

图 4-24 基本体的尺寸标注方法
a) 一个尺寸 b) 两个尺寸 c) 三个尺寸 d) 四个尺寸

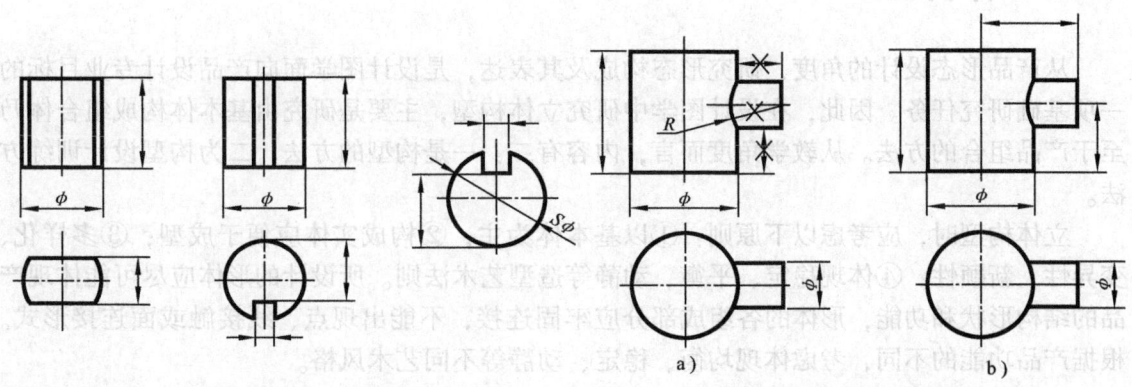

图 4-25 几种典型结构的尺寸标注

图 4-26 尺寸不能注写在交线上
a) 错误 b) 正确

组合体在按形体分析法进行尺寸标注时，除应满足正确、完整的要求，还应注意尺寸配置的合理性，使所注尺寸清晰易看。为此，应注意：

1) 尺寸应尽量集中注写在反映各部分形状特征的视图上。
2) 直径尺寸一般注写在非圆视图上，但定位圆的直径尺寸仍应标注在定位圆上。
3) 尺寸一般应注写在视图外部，以免尺寸线、尺寸数字与轮廓线重叠。
4) 在视图同一侧有多个平行尺寸时，应使小尺寸靠近视图，大尺寸依次向外配置。同一方向的连续尺寸，尺寸线也连续。
5) 尽量避免在虚线上注写尺寸。

图4-27为轴承座的尺寸标注方案。

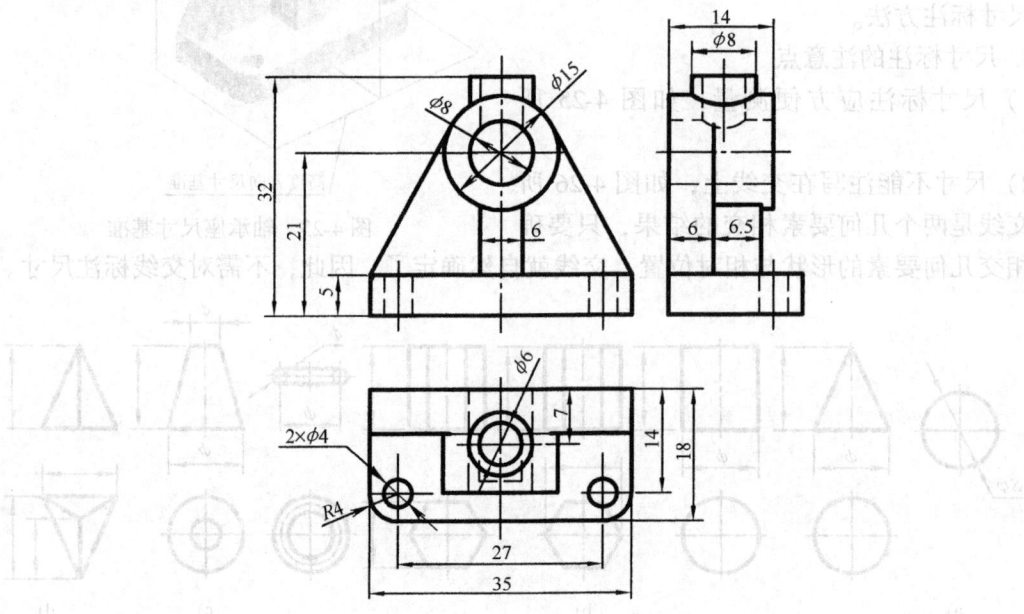

图4-27 轴承座的尺寸标注

4.6 立体构型

从产品形态设计的角度，研究形态构成及其表达，是设计图学面向产品设计专业目标的一项基础研究任务。因此，在设计图学中研究立体构型，主要是研究由基本体构成组合体乃至于产品组合的方法。从教学角度而言，内容有二：一是构型的方法；二为构型设计训练方法。

立体构型时，应考虑以下原则：①以基本体为主；②构成实体应便于成型；③多样化、变异性、新颖性；④体现稳定、平衡、动静等造型艺术法则。所设计的形体应尽可能体现产品的结构形状和功能，形体的各组成部分应牢固连接，不能出现点、线接触或面连接形式。根据产品功能的不同，考虑体现均衡、稳定、动静等不同艺术风格。

4.6.1 构型设计的方法

产品形态设计是产品设计的有机组成部分。任何形态的构成基本上都可以按照"分割"与"重构"和"切割"与"积聚"这两对规律来进行。"分割"是将一个整体或有联系的形态分成独立的几个部分；"重构"是将几个独立的形态重新构建成一个完整的整体，两者是一种互逆的关系。"切割"在形态表现上可以认为是"失去"或"分离"，在体量上表现为"减少";"积累"在形态表现上可以认为是"组合"或"合成",在体量上则表现为"增加"。"切割"与"积聚"的过程伴随着量的减少或增加,并以某个特定的整体为限。

一个基本立体经过数次切割,可以构成一个组合体,如图4-28所示。

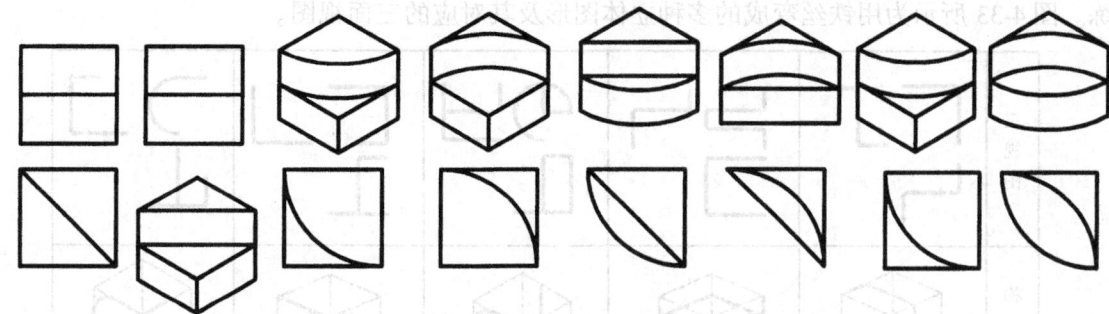

图4-28 切割法设计组合体

同样,如果给出若干基本体,就可以通过变换基本体之间的相对位置,叠加出各种组合体,如图4-29所示。

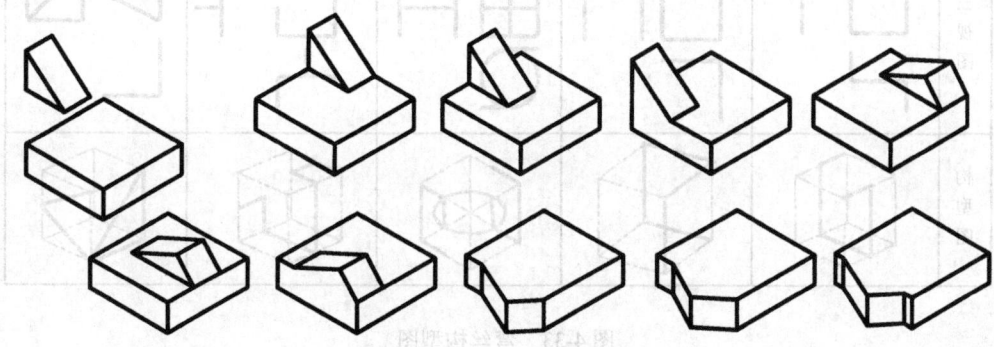

图4-29 叠加法设计组合体

如果以一个完整的形体或相互存在关联的形体为限,通过"分割"与"重构"形成相关的形体或产品组合,则是在一个更高层次上的造型手段——契合。图4-30、4-31、4-32就是很好的例子。

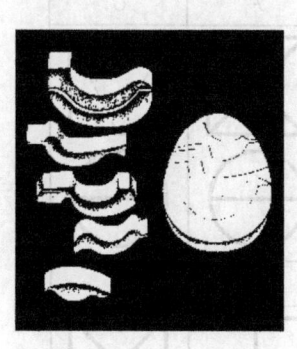

图4-30 日本古代玩具"一蛋六鸟"

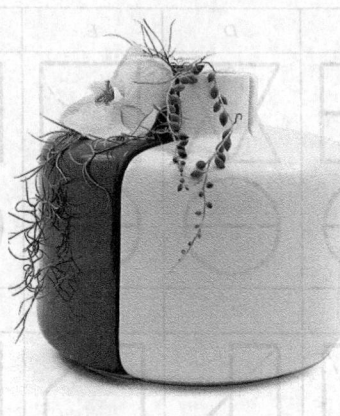

图4-31 组合瓶

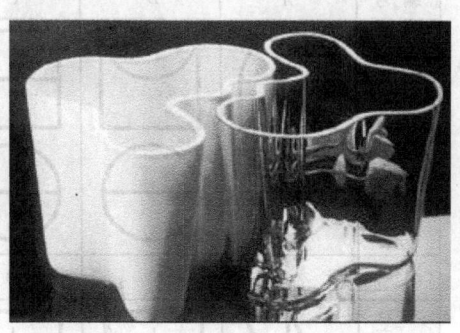

图4-32 阿尔托设计的"甘蓝叶"花瓶

4.6.2 构型训练基本方法

1. 弯丝构型法

铁丝价廉易备、质柔，可以随心所欲地构造出众多形状，因此可用它进行构型设计训练。图 4-33 所示为用铁丝弯成的多种立体图形及其对应的三面视图。

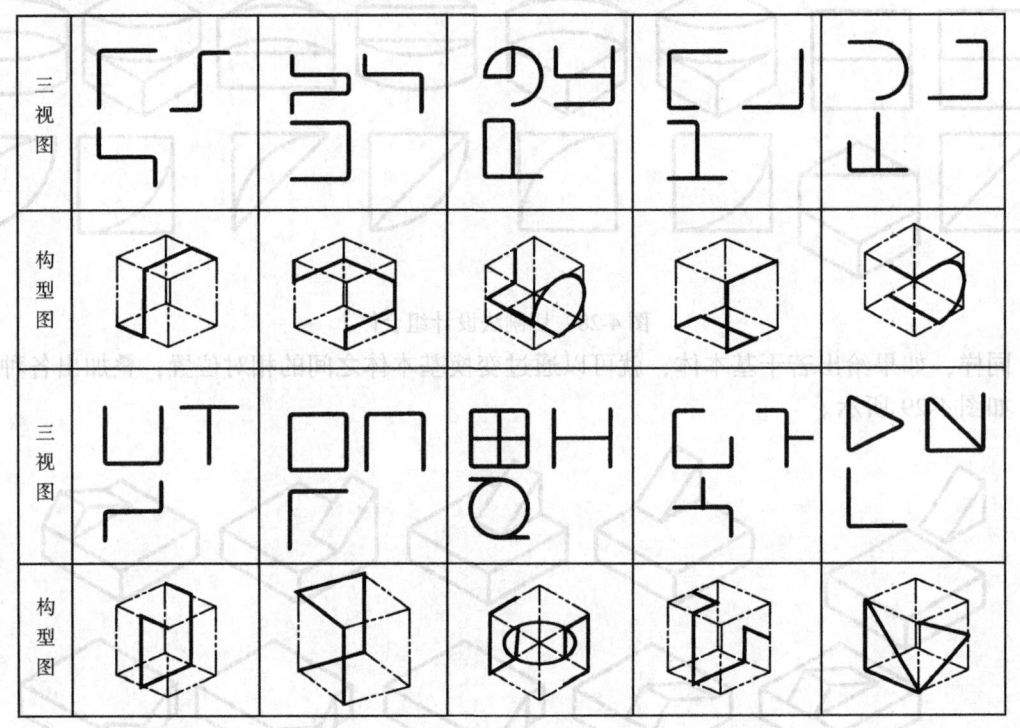

图 4-33　弯丝构型图

2. 对号寻解法

对号寻解是在已知立体的多面视图后，在给定的几个视图中寻找各视图之间的对应关系。这种方法，可以在较短的时间里让学生接触大量图形，并构思与之对应的形体的空间结构，大大增加学生所接触的空间形态的数量，为其日后进行产品设计，奠定扎实的基础。

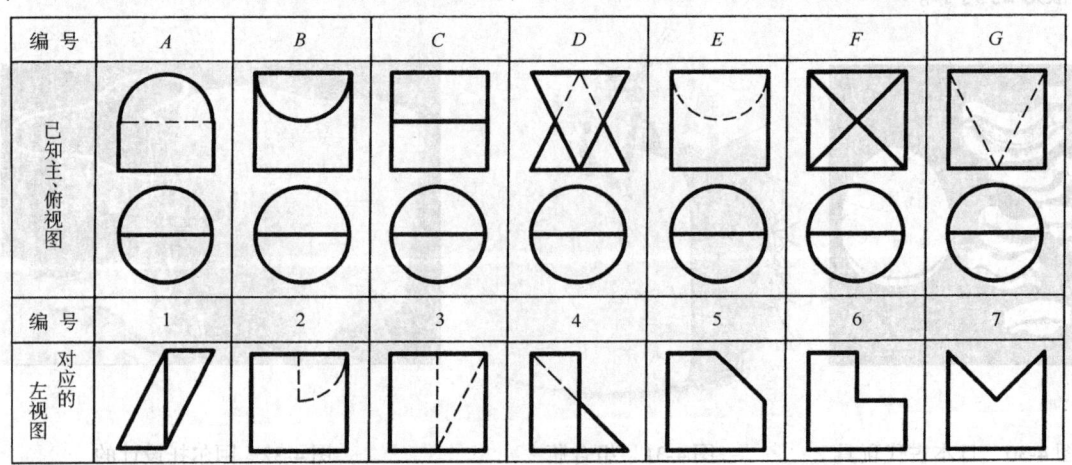

图 4-34　对号寻解之一

图 4-34 为已知主、俯视图，寻找对应的左视图；图 4-35 中有七组视图，根据投影关系，找出各视图的对应方式。

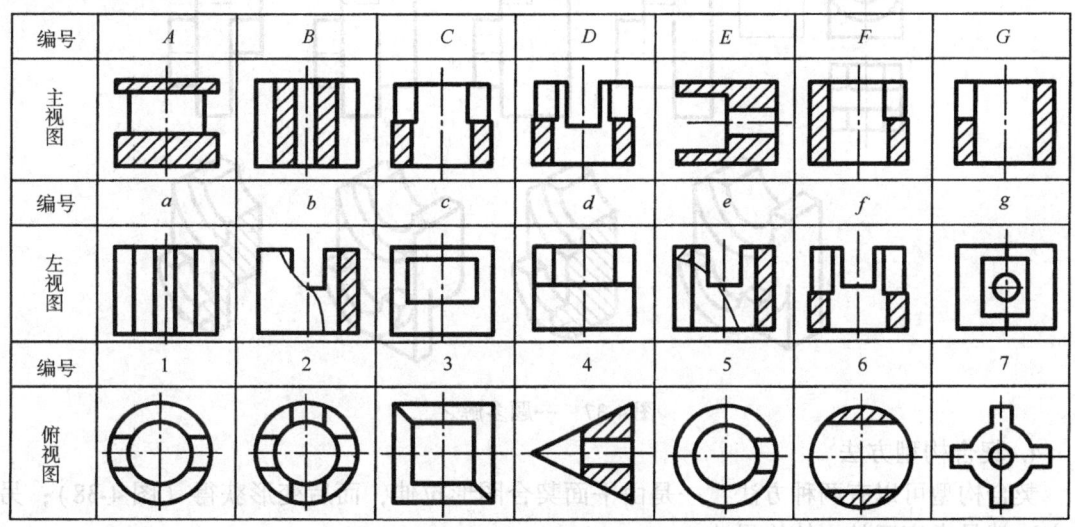

图 4-35 对号寻解之二

3. 一题多解法

有相同的两面视图，而第三个视图不同，就表示不同的形体。图 4-36 与图 4-37 是这类情况的示例。通过这类练习，可以丰富头脑中立体图形的储备，这是进行创造性设计的源泉。

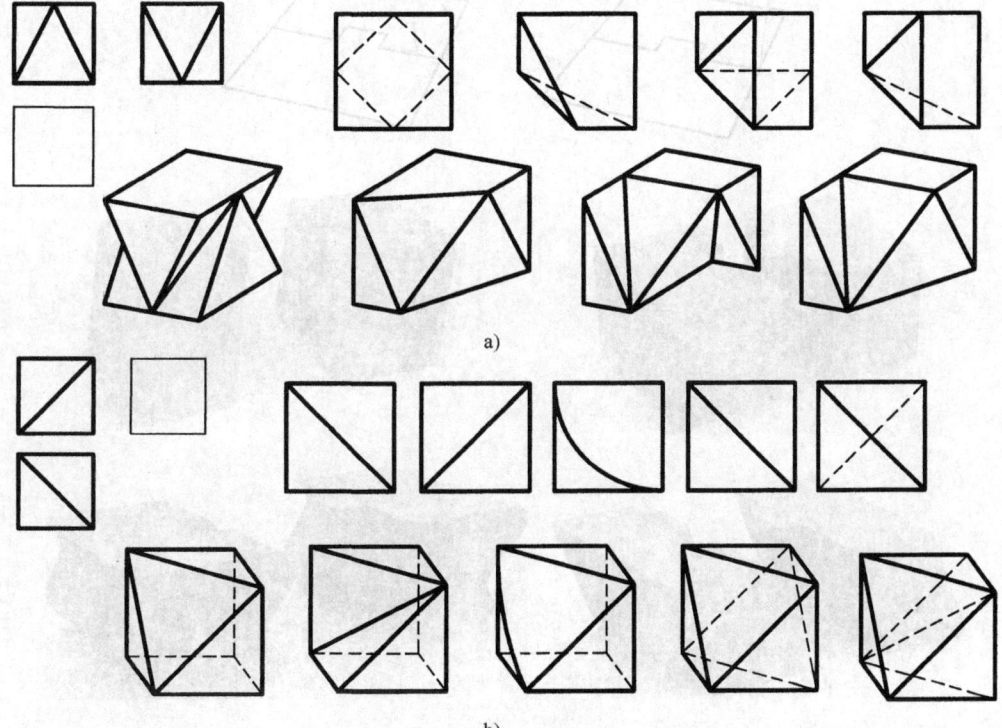

图 4-36 一题多解之一

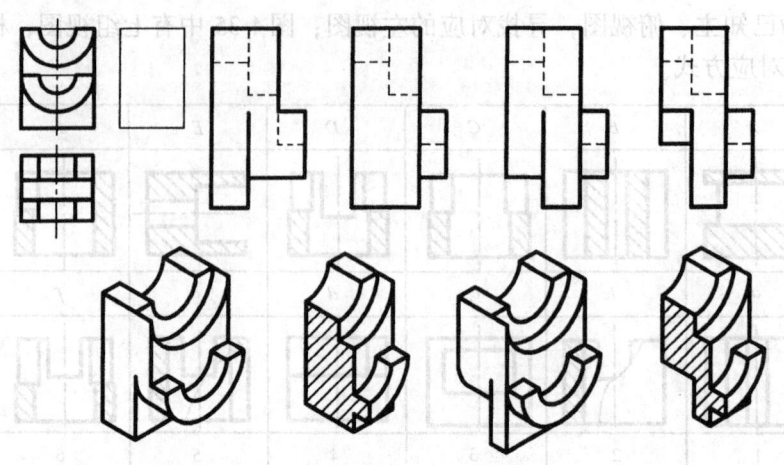

图 4-37　一题多解之二

4. 契合构型方法

契合构型可以有两种方法，一是由平面契合图形拉伸，而后变形获得（图 4-38）；另一种方法就是虚实互补立体构思法。

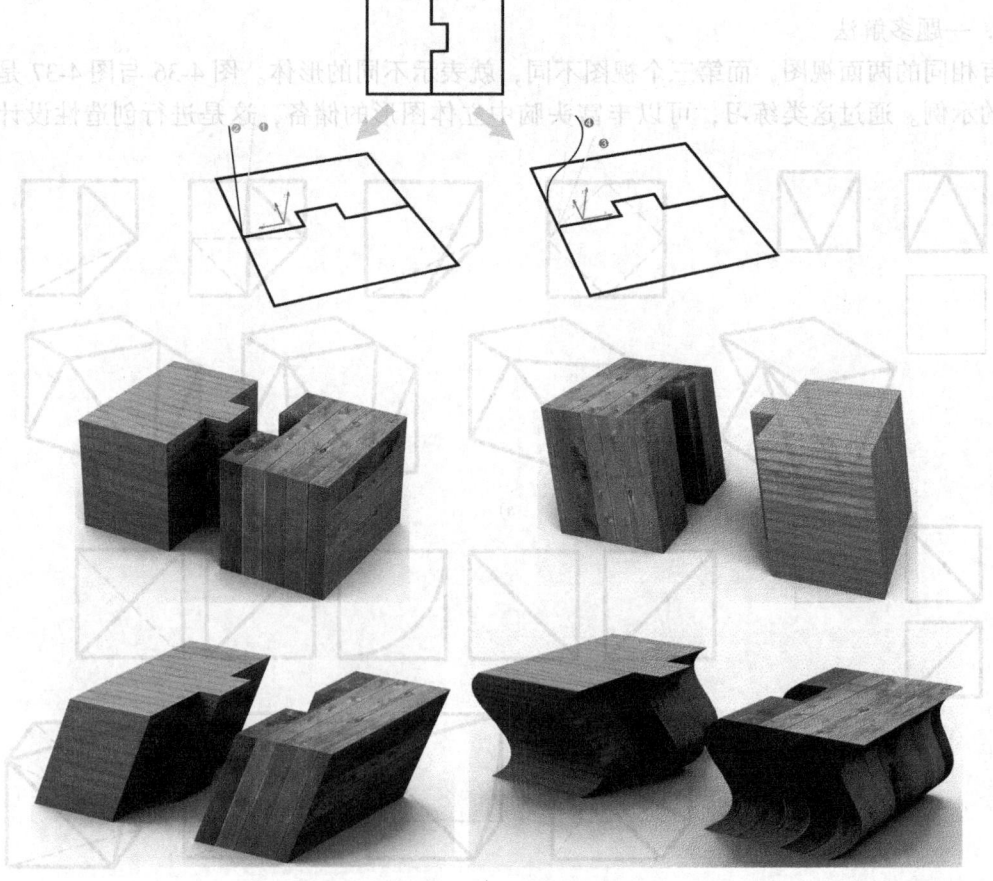

图 4-38　由平面图形拉伸变化形成的契合形体

如果把一个几何体挖去一部分，则挖去的部分称为虚体或负几何体，而留下的部分称为实体或正几何体。所谓互补立体构思，就是给出虚体（或实体）的投影图，要求作出实体（或虚体）的投影图，并同时构画出两者的立体图。虚实互补这种构型方法，要求同时构思立体挖去部分和保留部分的形状，涉及到立体的内形和外形，以至立体内部的细小结构（如切口、开洞等）。通过这类训练，可为设计复杂图形打下扎实基础。图 4-39 是互补立体构型示例。

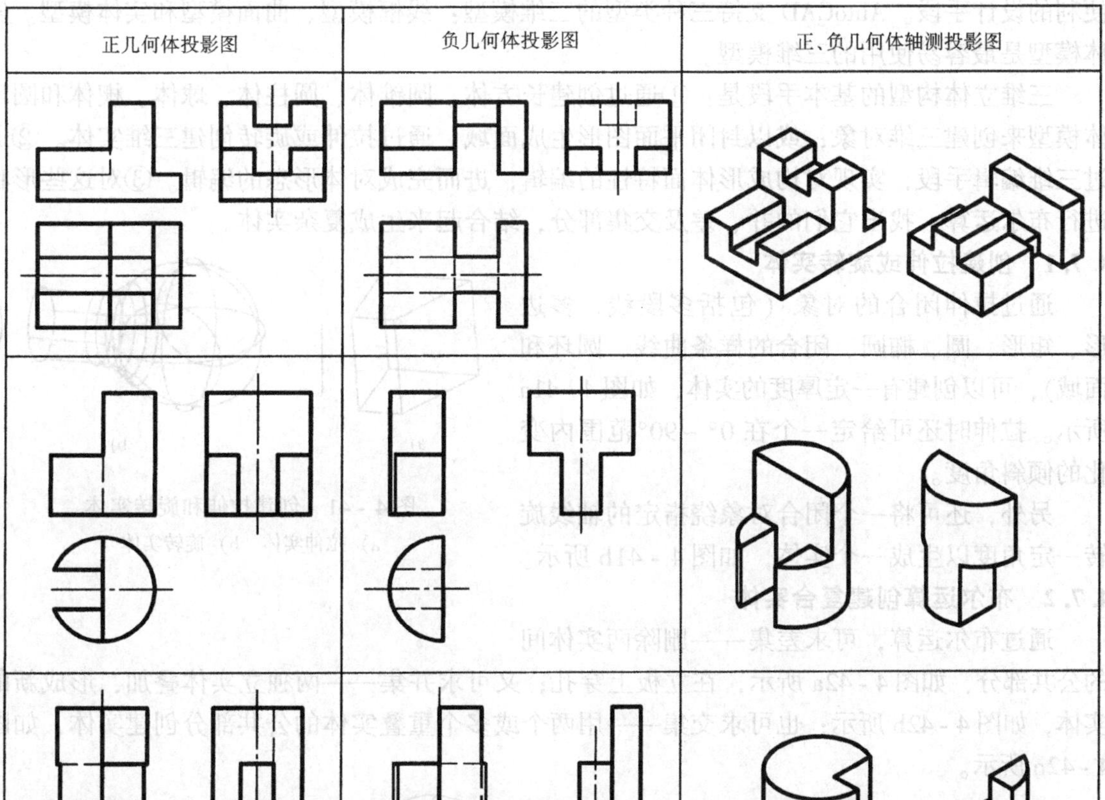

正几何体投影图	负几何体投影图	正、负几何体轴测投影图

图 4-39　虚实互补立体构型示例

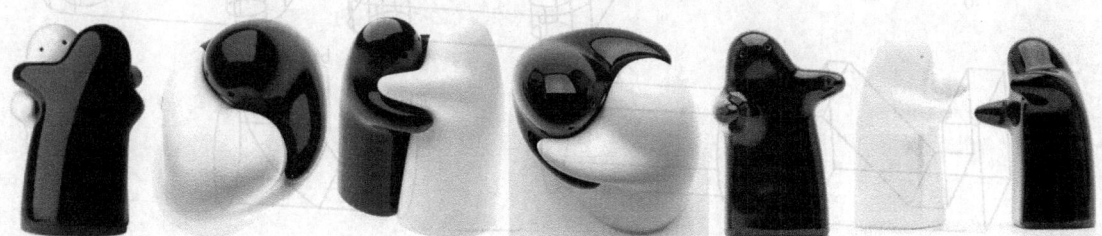

合起来时具有很好的审美功能　　　俯瞰犹如太极图的造型　　　　分开时的造型

图 4-40　盐 & 胡椒振动器

采用这种互补立体构思法，也可以完成契合产品形态的构思。如图 4-40 的"盐 & 胡椒"振动器设计，"分"是使用的开始，"合"是使用的结束，但又极具审美价值。

4.7 计算机三维立体构型的基本方法

计算机技术的高度发展，已使立体构型可能采用计算机实现，这为产品造型提供了快捷便利的设计手段。AutoCAD 支持三种类型的三维模型：线框模型、曲面模型和实体模型。实体模型是最容易使用的三维模型。

三维立体构型的基本手段是：①通过创建长方体、圆锥体、圆柱体、球体、楔体和圆环体模型来创建三维对象；或以封闭平面图形生成面域，通过拉伸或旋转创建三维实体。②通过三维编辑手段，实现对构成形体面特性的编辑，进而完成对体形态的编辑。③对这些形状进行布尔运算，找出它们的并、差及交集部分，结合起来生成复杂实体。

4.7.1 创建拉伸或旋转实体

通过拉伸闭合的对象（包括多段线、多边形、矩形、圆、椭圆、闭合的样条曲线、圆环和面域），可以创建有一定厚度的实体，如图 4-41a 所示。拉伸时还可给定一个在 0°~90°范围内变化的倾斜角度。

另外，还可将一个闭合对象绕指定的轴线旋转一定角度以生成一个实体，如图 4-41b 所示。

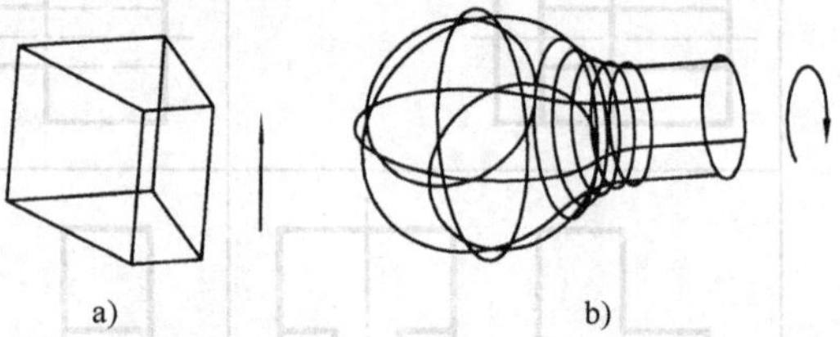

图 4-41 创建拉伸和旋转实体
a) 拉伸实体 b) 旋转实体

4.7.2 布尔运算创建复合实体

通过布尔运算，可求差集——删除两实体间的公共部分，如图 4-42a 所示，在立板上穿孔；又可求并集——两独立实体叠加，形成新的实体，如图 4-42b 所示；也可求交集——用两个或多个重叠实体的公共部分创建实体，如图 4-42c 所示。

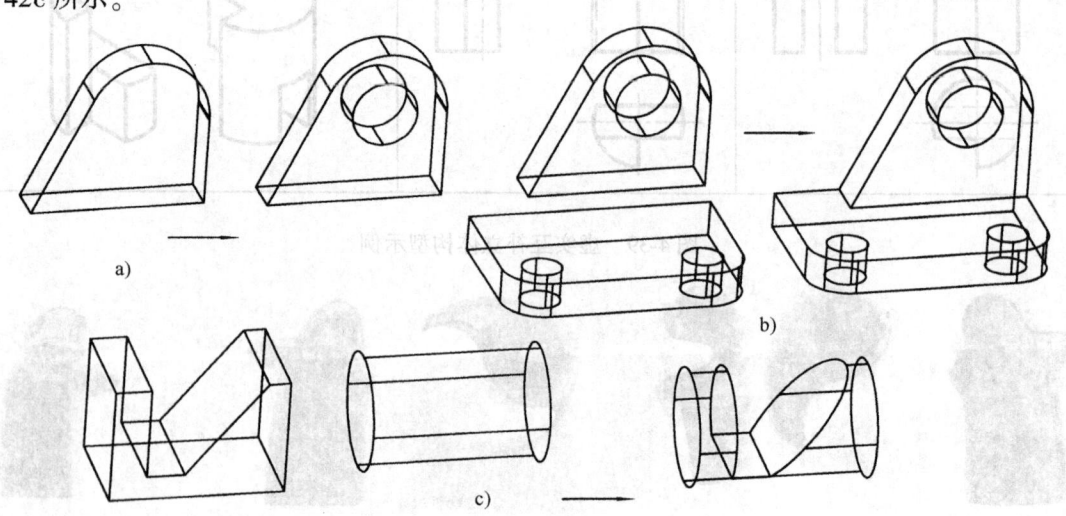

图 4-42 布尔运算创建复合实体
a) 实体编辑求差 b) 实体编辑求并 c) 实体编辑求交

4.7.3 三维模型的编辑与修改

创建三维对象时，可以进行旋转、阵列和镜像操作。但其操作过程均具备三维特征，如旋转时必须给定一个旋转轴或指定两点；镜像平面则包括三点定义的平面、与当前 XY、YZ 或 XZ 平面平行的平面等；阵列操作需给定行、列、层三维参数。

创建实体模型后，还可以进行圆角、倒角、切割和分割操作，以修改模型的外观。如图 4-43 所示，球体经两平面切割后，成为一个新的实体。

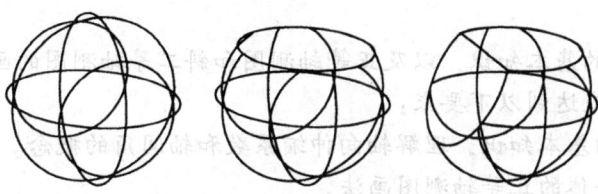

图 4-43 球体被两平面切割

思 考 题

1) 三视图是怎样形成的？有什么样的基本投影特性？
2) 什么是截交线？截交线有什么性质？怎样求曲面立体被截所产生交线的投影？
3) 相贯线有几种基本形态？利用什么方法可以求曲面立体与曲面立体的相贯线？
4) 组合体形成有几种基本方式？画组合体三视图的基本步骤是怎样的？读组合体三视图有几种方法？
5) 尺寸基准的概念是什么？有哪几种基本尺寸类型？尺寸标注的基本要求是什么？
6) 产品立体构型的原则有哪些？
7) 使用 AutoCAD 创建三维立体的基本方法有哪些？
8) 在产品形态设计过程中，形态契合有什么特征？

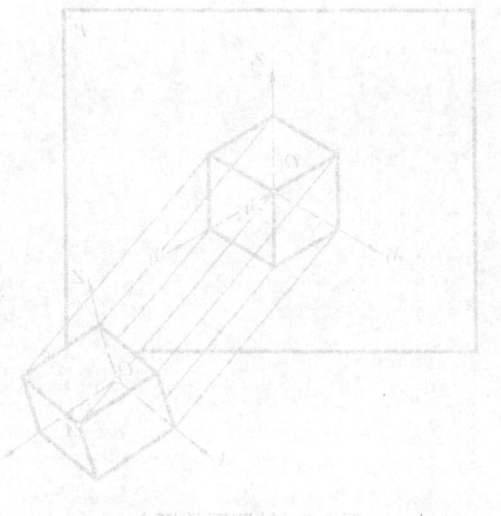

5 轴测投影图

【学习提示】

本章介绍轴测图的基本知识，以及正等轴测图和斜二等轴测图的画法。
通过本章的学习应达到以下要求：
1) 了解轴测图的基本知识，理解轴向伸缩系数和轴间角的概念。
2) 掌握简单组合体的正等轴测图画法。
3) 掌握简单组合体的斜二等轴测图画法。

在工程上应用正投影法画出的多面视图，可以完全确定物体的形状大小，但是直观性不强。为了帮助看图，常采用轴测投影图（简称轴测图）来弥补正投影图的不足，完成构思设计、产品说明及广告宣传等工作。

5.1 轴测图的基本概念

5.1.1 轴测图的形成

轴测图是将物体连同其参考直角坐标系，沿不平行于任一坐标面的方向，用平行投影法将其投射在单一投影面上所得到的图形。它能同时反映出物体长、宽、高三个方向的尺度，富有立体感，但不能反映物体的真实形状和大小，度量性差。

轴测图的形成一般有两种方式，一种是改变物体相对于投影面的位置，而投射线仍垂直于投影面，所得轴测图称为正轴测图；另一种是改变投射线使其倾斜于投影面，而不改变物体对投影面的相对位置，所得投影图为斜轴测图。

如图 5-1 所示，改变物体相对于投影面的位置后，用正投影法在 P 面上作出四棱柱及其参考直角坐标系的平行投影，得到了一个能同时反映四棱柱长、宽、高三个方向的富有立体感的轴测图。其中平面 P 称为轴测投影面；坐标轴 OX、OY、OZ 在轴测投影面上的投影 O_1X_1、O_1Y_1、O_1Z_1 称为轴测投影轴，简称轴测轴；每两根轴测轴之间的夹角 $\angle X_1O_1Y_1$、$\angle X_1O_1Z_1$、$\angle Y_1O_1Z_1$ 称为轴间角；空间点 A 在轴测投影面上的投影 A_1 称为轴测投影；直角坐标轴上单位长度的轴测投影长度与对应直角坐标轴上单位长度的比值，称为轴向伸缩系数，

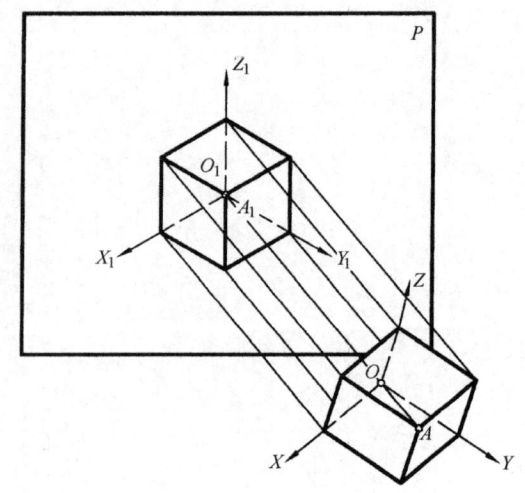

图 5-1 轴测图的概念

X、Y、Z方向的轴向伸缩系数分别用p、q、r表示。

5.1.2 轴测图的分类

根据投射线方向,轴测图可分为两类:正轴测图和斜轴测图。根据轴向伸缩系数不同,每类轴测图又可分为三类:三个轴向伸缩系数均相等的,称为等测轴测图;只有两个轴向伸缩系数相等的,称为二测轴测图;三个轴向伸缩系数均不相等的,称为三测轴测图。

以上两种分类方法结合,得到六种轴测图,分别简称为正等测、正二测、正三测和斜等测、斜二测、斜三测。工程上使用较多的是正等测和斜二测,本章只介绍这两种轴测图的画法。

5.2 正等轴测图的画法

5.2.1 轴间角和轴向伸缩系数

在正投影情况下,当$p=q=r$时,三个坐标轴与轴测投影面的倾角都相等,均为35°16′。由几何关系可以证明,其轴间角均为120°,三个轴向伸缩系数均为:$p=q=r=\cos35°16′\approx0.82$。

在实际画图时,为了作图方便,一般将O_1Z_1轴取为铅垂位置,各轴向伸缩系数采用简化系数$p=q=r=1$。这样,沿各轴向的长度都被放大了$1/0.82\approx1.22$倍,轴测图也就比实际物体大,但对形状没有影响。图5-2给出了轴测轴的画法和各轴向的简化轴向伸缩系数。

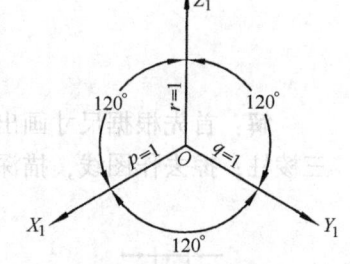

图5-2 正等测图的轴间角和简化轴向伸缩系数

5.2.2 平面立体的正等轴测图

画平面立体正等轴测图的方法有:坐标法、切割法和叠加法。

1. 坐标法

使用坐标法时,先在视图上选定一个合适的直角坐标系$OXYZ$作为度量基准,然后根据物体上每一点的坐标,定出它的轴测投影。

例5-1 画出图5-3所示正六棱柱的正等轴测图。

解:首先进行形体分析,将直角坐标系原点O放在顶面中心位置,并确定坐标轴;再作轴测轴,并在其上采用坐标量取的方法,得到顶面各点的轴测投影;接着从顶面1_1、2_1、3_1、6_1点沿Z轴方向下量取h高度,得到底面上的对应点;分别连接各点,用粗实线画出物体的可见轮廓,擦去不可见部分,即得到六棱柱的轴测投影。

在轴测图中,为了使画出的图形明显,通常不画物体的不可见轮廓。上例中坐标系原点放在正六棱柱顶面,有利于沿Z轴方向从上向下量取棱柱高度h,避免画出多余作图线,使作图简化。

2. 切割法

切割法又称方箱法,适用于画由长方体切割而成的轴测图,它是以坐标法为基础,先用坐标法画出完整的长方体,然后按形体分析法逐块切去多余的部分。

例5-2 画出图5-4a所示垫块三视图的正等轴测图。

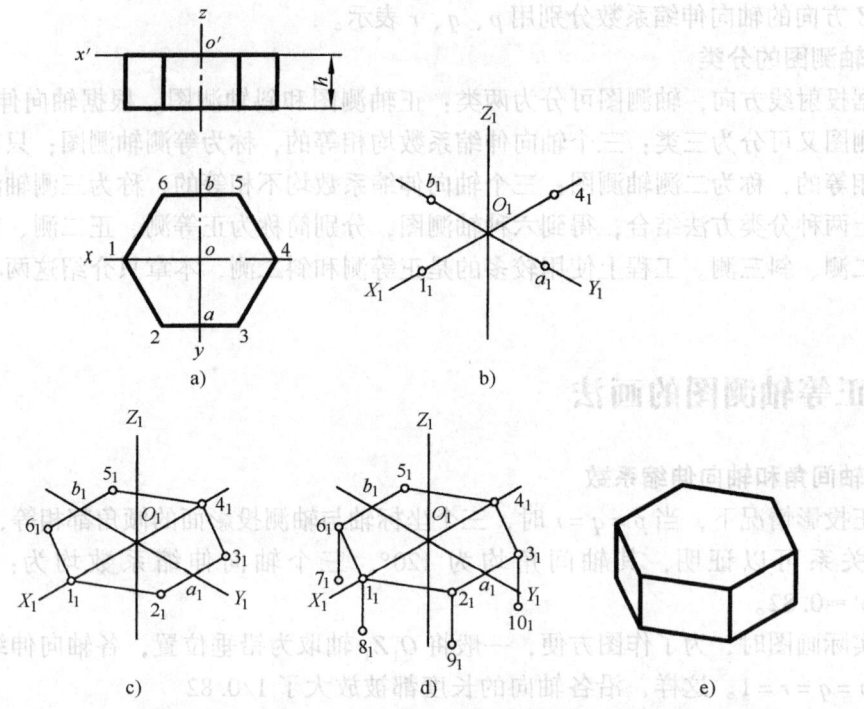

图 5-3 坐标法画正等轴测图

解： 首先根据尺寸画出完整的长方体；再用切割法分别切去左上角的三棱柱、左前方的三棱柱；擦去作图线，描深可见部分即得垫块的正等轴测图。

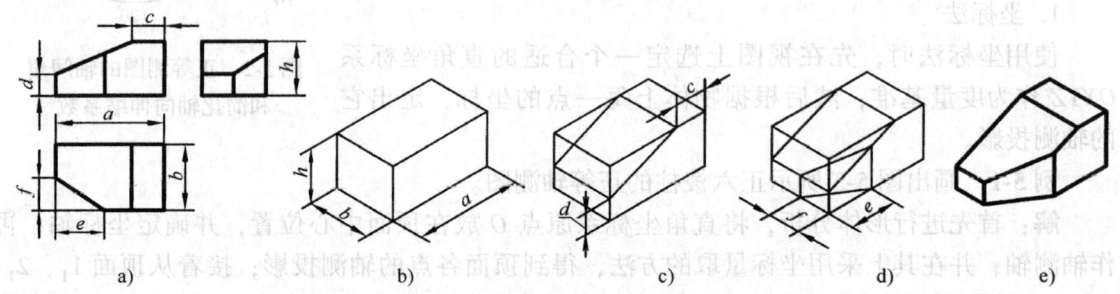

图 5-4 切割法画正等轴测图

3. 叠加法

叠加法是先将物体分成几个简单的组成部分，再将各部分的轴测图按照它们之间的相对位置叠加起来，并画出各表面之间的连接关系，最终得到物体轴测图的方法。

例 5-3 画出如图 5-5a 所示三视图的正等轴测图。

解： 先用形体分析法将物体分解为底板Ⅰ、竖板Ⅱ和肋板Ⅲ三个部分；再分别画出各部分的轴测投影图，擦去作图线，描深后即得物体的正等轴测图。

切割法和叠加法都是根据形体分析法得来的，在绘制复杂零件的轴测图时，常常是综合在一起使用的,即根据物体形状特征,决定物体上哪些部分是用叠加法画出,而哪些部分需要用切割法画出。

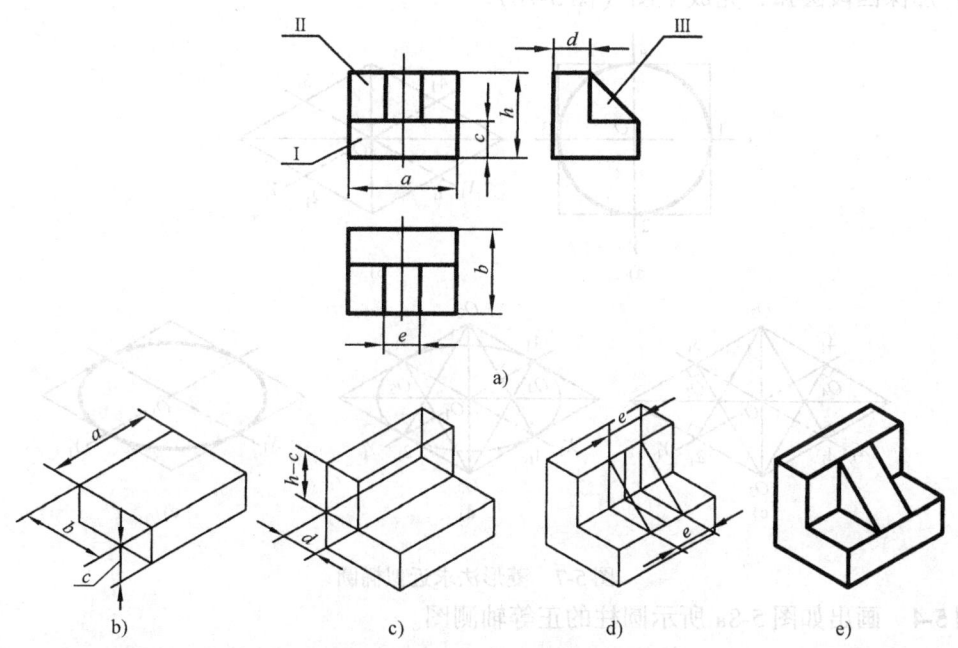

图 5-5　叠加法画正等轴测图

5.2.3　回转体的正等轴测图

1. 平行于坐标面圆的正等轴测图画法

常见的回转体有圆柱、圆锥、圆球、圆台等。在作回转体的轴测图时,首先要解决圆的轴测图画法问题。圆的正等轴测图是椭圆,三个坐标面或其平行面上圆的正等测图是大小相等、形状相同的椭圆,只是长短轴方向不同,如图 5-6 所示。

在实际作图时,一般不要求准确地画出椭圆曲线,而经常采用"菱形法"进行近似作图,将椭圆用四段圆弧连接而成。下面以水平面上圆的正等轴测图为例,说明用"菱形法"近似作椭圆的方法。如图 5-7 所示,其作图过程如下:

1)通过圆心 O 作坐标轴 OX 和 OY,再作圆的外切正方形,切点为 1、2、3、4(图 5-7a);

2)作轴测轴 O_1X_1、O_1Y_1,从点 O_1 沿轴向量得切点

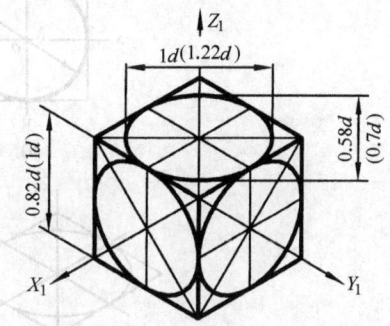

图 5-6　平行于坐标面圆的正等轴测投影

1_1、2_1、3_1、4_1,过这四点作轴测轴的平行线,得到菱形,并作菱形的对角线(图 5-7b);

3)过 1_1、2_1、3_1、4_1 各点作菱形各边的垂线,在菱形的对角线上得到四个交点 O_2、O_3、O_4、O_5,这四个点就是代替椭圆弧的四段圆弧的圆心(图 5-7c);

4)分别以 O_2、O_3 为圆心,O_21_1、O_33_1 为半径画圆弧$\overset{\frown}{1_12_1}$、$\overset{\frown}{3_14_1}$;再以 O_4、O_5 为圆心,

O_41_1、O_52_1 为半径画圆弧 $\overset{\frown}{2_13_1}$、$\overset{\frown}{1_14_1}$，即得近似椭圆（图 5-7d）；

5）加深四段圆弧，完成全图（图 5-7e）。

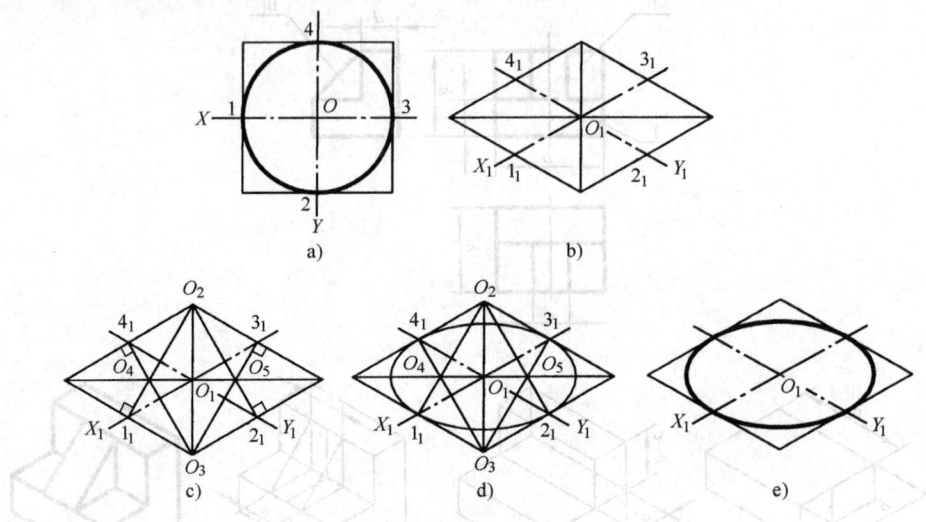

图 5-7 菱形法求近似椭圆

例 5-4 画出如图 5-8a 所示圆柱的正等轴测图。

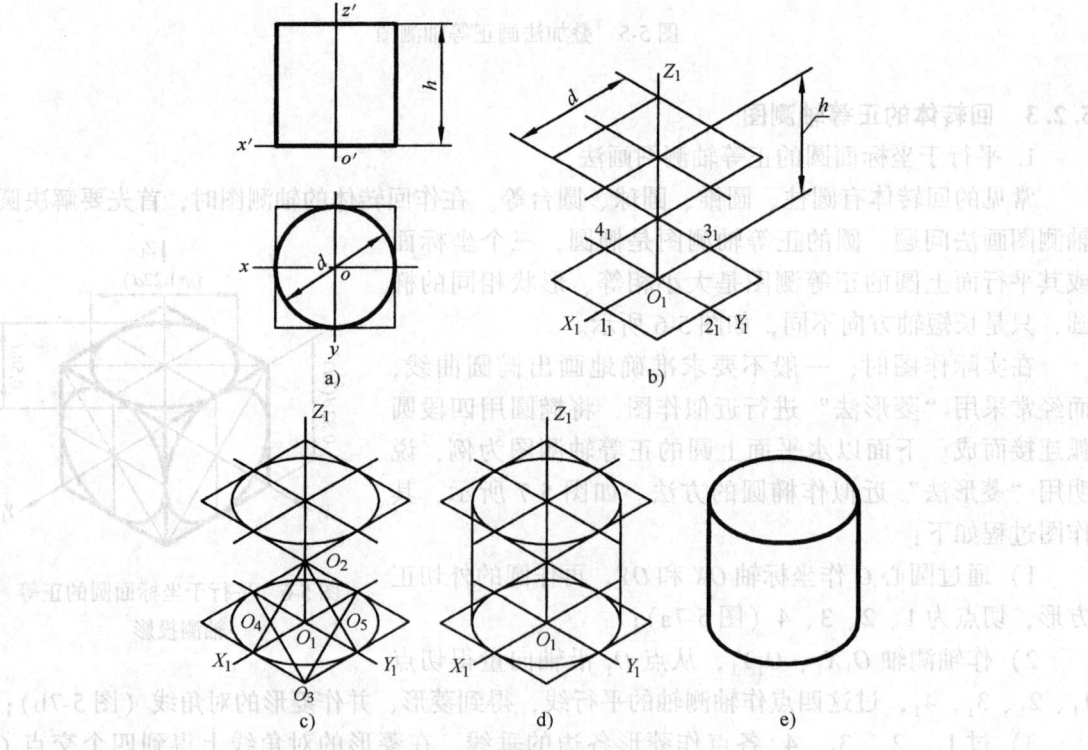

图 5-8 作圆柱的正等轴测图

解：先在给出的视图上定出坐标轴、原点的位置，并作圆的外切正方形；再画轴测轴及圆外切正方形的正等轴测图菱形，用菱形法画顶面和底面上的椭圆；然后作两椭圆的公切线；最后擦去多余作图线，描深后即完成全图。

2. 圆角的正等轴测图画法

在产品设计中，经常会遇到由四分之一圆柱面形成的圆角轮廓，画图时就需画出由四分之一圆周组成的圆弧，这些圆弧在轴测图上正好是近似椭圆的四段圆弧中的一段。因此，这些圆角的画法可由菱形法画椭圆演变而来。

如图 5-9 所示，根据已知圆角半径 R，找出切点 1_1、2_1、3_1、4_1，过切点作切线的垂线，两垂线的交点即为圆心。以此圆心到切点的距离为半径画圆弧，即得圆角的正等轴测图。顶面画好后，采用移心法将 O_1、O_2 向下移动 h，即得下底面两圆弧的圆心 O_3、O_4。画弧后描深即完成全图。

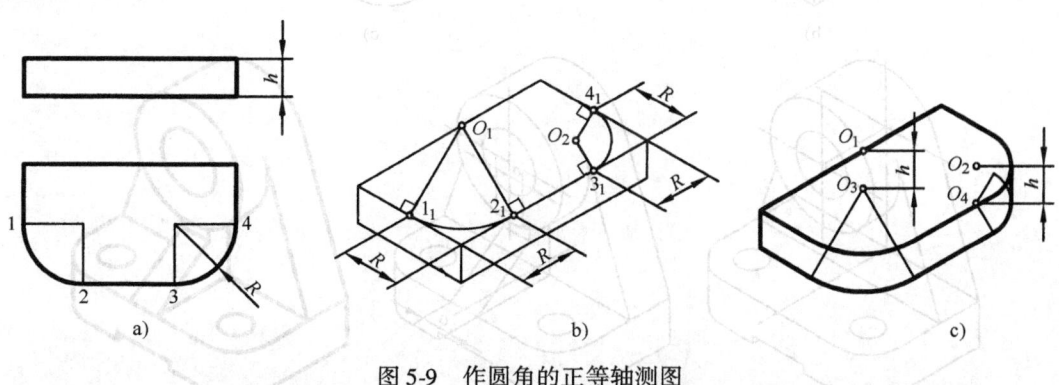

图 5-9 作圆角的正等轴测图

5.2.4 组合体正等轴测图的画法

组合体是由若干个基本形体以叠加、切割、相切或相贯等连接形式组合而成。因此在画正等测时，应先用形体分析法，分析组合体的组成部分、连接形式和相对位置，然后逐个画出各组成部分的正等轴测图，最后按照它们的连接形式，完成全图。

例 5-5 画出图 5-10a 所示组合体的正等轴测图。

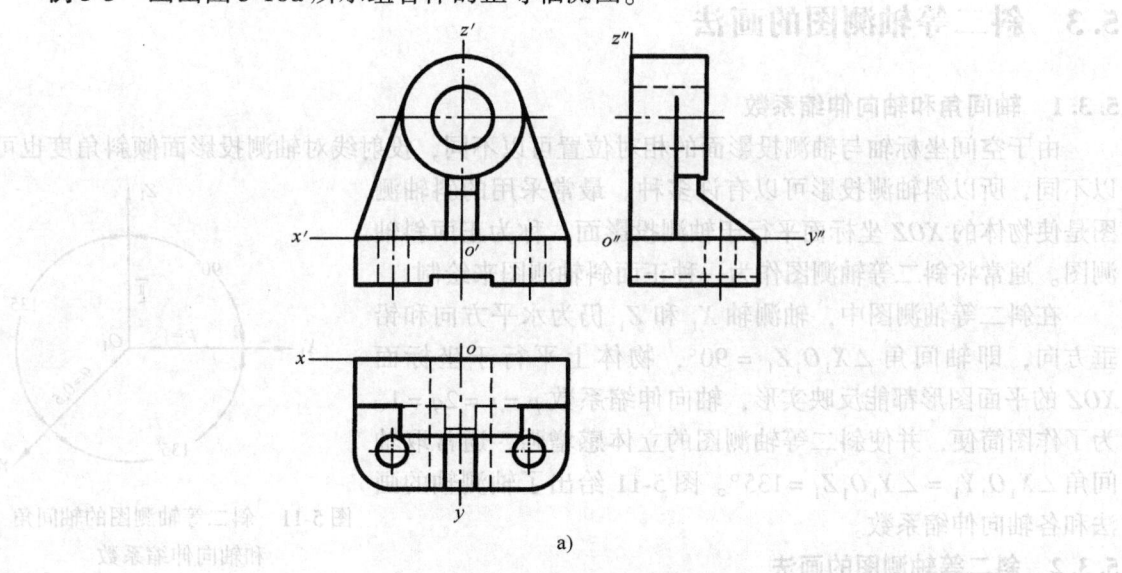

图 5-10 作组合体的正等轴测图

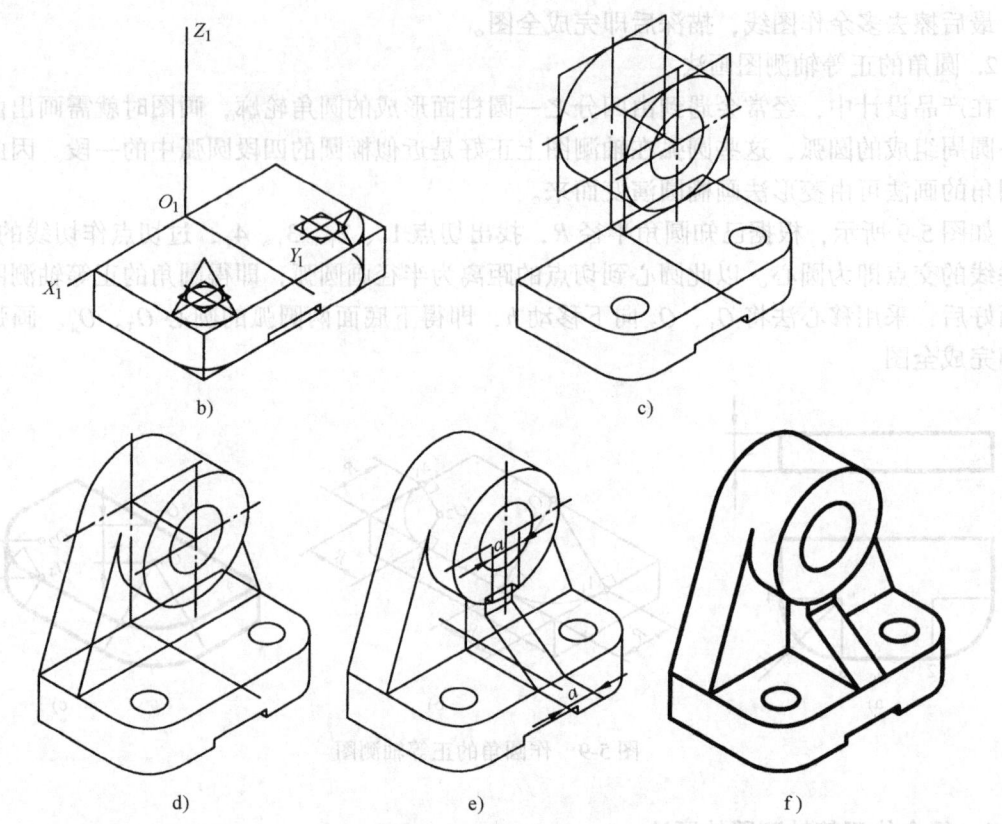

图 5-10 作组合体的正等轴测图（续）

解：作图过程如图 5-10b ~ 图 5-10f 所示。

5.3 斜二等轴测图的画法

5.3.1 轴间角和轴向伸缩系数

由于空间坐标轴与轴测投影面的相对位置可以不同，投射线对轴测投影面倾斜角度也可以不同，所以斜轴测投影可以有许多种。最常采用的斜轴测图是使物体的 XOZ 坐标面平行于轴测投影面，称为正面斜轴测图。通常将斜二等轴测图作为一种正面斜轴测图来绘制。

在斜二等轴测图中，轴测轴 X_1 和 Z_1 仍为水平方向和铅垂方向，即轴间角 $\angle X_1 O_1 Z_1 = 90°$，物体上平行于坐标面 XOZ 的平面图形都能反映实形，轴向伸缩系数 $p = r = 2q = 1$。为了作图简便，并使斜二等轴测图的立体感增强，通常取轴间角 $\angle X_1 O_1 Y_1 = \angle Y_1 O_1 Z_1 = 135°$。图 5-11 给出了轴测轴的画法和各轴向伸缩系数。

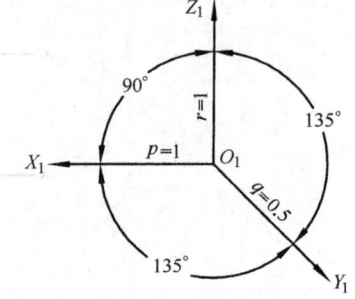

图 5-11 斜二等轴测图的轴间角和轴向伸缩系数

5.3.2 斜二等轴测图的画法

由于斜二等轴测图能如实表达物体正面的形状，因而它适合表达某一方向的复杂形状或只有一个方向有圆的物体。

例 5-6 画出图 5-12a 所示轴套的斜二等轴测图。

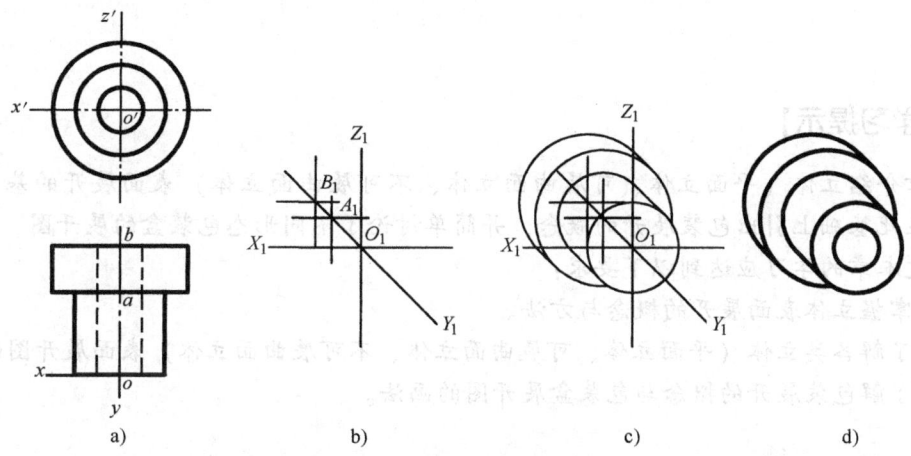

图 5-12 作轴套的斜二等轴测图

解：轴套上平行于 XOZ 面的图形都是同心圆，而其他面的图形很简单，所以采用斜二等轴测图。作图时，先进行形体分析，确定坐标轴；再作轴测轴，并在 Y_1 轴上根据 $q=0.5$ 定出各个圆的圆心位置 O_1、A_1、B_1；然后画出各个端面圆的投影、通孔的投影，并作圆的公切线；最后擦去多余作图线，加深完成全图。

思 考 题

1) 试比较轴测投影图和正投影图的优缺点。
2) 什么是正等轴测图、斜二等轴测图？它们的轴间角和轴向伸缩系数各是多少？
3) 什么是简化轴向伸缩系数？采用简化轴向伸缩系数有何优点？
4) 在正等轴测图中怎样用近似画法画椭圆？
5) 在画正等轴测图时，圆角的作图可采用什么有效的方法？
6) 什么情况下适合采用斜二等轴测图？

6 立体表面展开与包装展开

【学习提示】

本章介绍立体（平面立体、可展曲面立体、不可展曲面立体）表面展开的基本概念与方法；在此基础上引出包装展开的概念，并简单讨论了不同形态包装盒的展开图。

通过本章的学习应达到以下要求：
1) 掌握立体表面展开的概念与方法。
2) 了解各类立体（平面立体、可展曲面立体、不可展曲面立体）表面展开图的画法。
3) 了解包装展开的概念与包装盒展开图的画法。

在产品设计过程中，可能涉及两类表面展开问题：
1) 当产品是由板材加工制成时，需要预先画出产品有关的展开图（放样），然后才能下料，并用咬缝或焊缝连接成形；
2) 很大一部分产品在销售过程中，需要设计特定的外包装，产品包装是产品个性、功能、品质的重要体现，也是获得较高附加值的必要手段，因此包装设计中的一个基本内容——包装盒设计，将构成产品设计的一个重要内容。展开图的绘制，也就成为包装设计的一个有机组成部分。

6.1 立体表面展开

将立体表面按其实际大小，依次连续地摊平在同一平面上，称为立体表面的展开。展开后所得的图形称为展开图。立体的表面，按其几何性质的不同，展开图的画法也随之不同，可以分为以下几种情况。

6.1.1 平面立体的表面展开

物体表面由若干个多边形组成，表面展开问题就是求取此若干多边形平面的实形。图6-1a 为一矩形吸气罩的两面投影，可见上下矩形平面为水平面，均反映实形，因此在所求展开图中，两组梯形棱面的上下边长可直接由投影图获得。作图过程：1) 如图 6-1b 所示，把前面和右面的梯形分成两个三角形，用直角三角形法求出 AC、BC、EC 的实长；2) 如图 6-1c 所示，按所求得的实际边长拼画三角形，从而求得前面和右面两个梯形，又因后面与左面分别是它们的全等图形，可同样作出，由此获得矩形吸气罩的展开图。

6.1.2 可展曲面的展开

锥面、柱面及切线曲面（包含渐开线螺旋面）属单曲面，其上相邻两素线为相交或平行的两直线，这相邻两素线可构成一微平面，整个曲面由无数个微平面组成。

图 6-2 所示为一截头圆柱体的两面投影图与展开图。柱面展开时，先在柱面上引若干条相互平行的素线，然后将相邻两素线间的表面近似地作为一个四边形平面来画展开图，最后

将各素线的端点连成直线或光滑曲线。

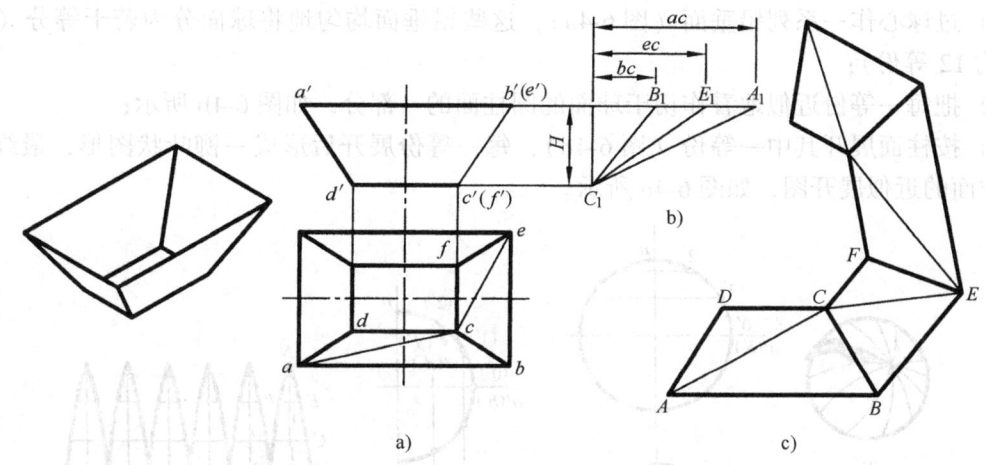

图 6-1 矩形吸气罩的展开
a) 两面投影　b) 实长图　c) 展开图

图 6-3 所示为一截头斜圆锥面的两面投影图（包含素线实长求取过程）与展开图。锥面展开的方法是从锥顶所引的若干素线中，把相邻两素线的表面作为一个三角形平面来画展开图，最后在展开图上将各三角形底边连成光滑曲线以代替折线。注意：

1）在求解过程中，无论是否被截头，均需先求完整锥面展开图。

2）对于正圆锥而言，正面投影的左右轮廓线直接反映素线实长，因此可以直接求得；而斜圆锥体的素线实长，可采用直角三角形法求取，如图 6-3a 所示。

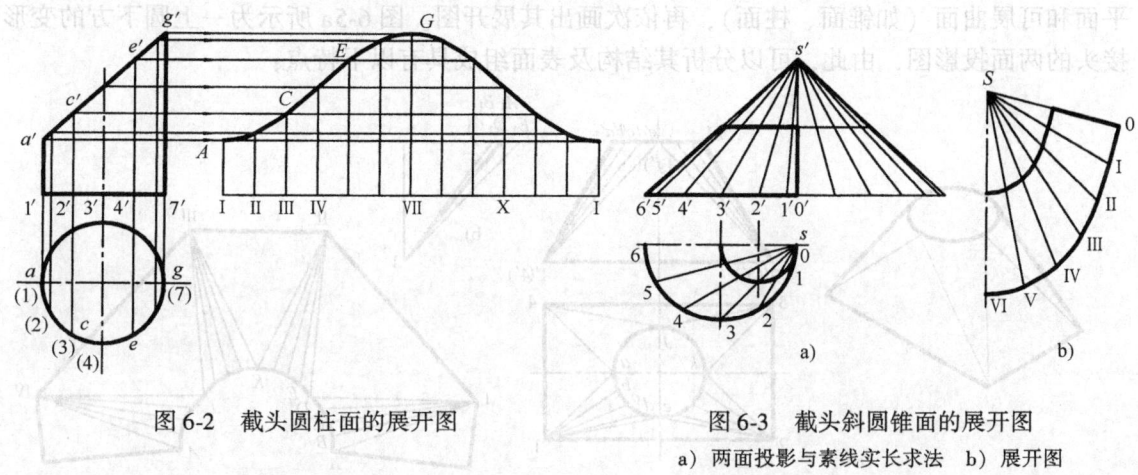

图 6-2 截头圆柱面的展开图

图 6-3 截头斜圆锥面的展开图
a) 两面投影与素线实长求法　b) 展开图

6.1.3　不可展曲面的近似展开

扭曲面（如阿基米德螺旋面）及单叶双曲回转面，其相邻两素线成交叉两直线，不能构成一微平面，故属不可展曲面。另外，曲纹曲面（如球面）的素线为曲线，相邻两素线同样不能构成微平面，也属不可展曲面。这样的曲面只能采用近似展开，其方法是将不可展曲面分为若干较小部分（有时同一曲面可有几种不同的分法），使每一部分的形状接近于某一可展曲面，例如柱面或锥面，画出其展开图。

图 6-4 给出了用柱面法展开球面的步骤：

1）过球心作一系列铅垂面（图 6-4a），这些铅垂面均匀地将球面分为若干等分（图 6-4c 中为 12 等份）；

2）把每一等份近似地看作切于球面的圆柱面的一部分，如图 6-4b 所示；

3）按柱面展开其中一等份（图 6-4d），每一等份展开后形成一柳叶状图形，最终获得整个球面的近似展开图，如图 6-4e 所示。

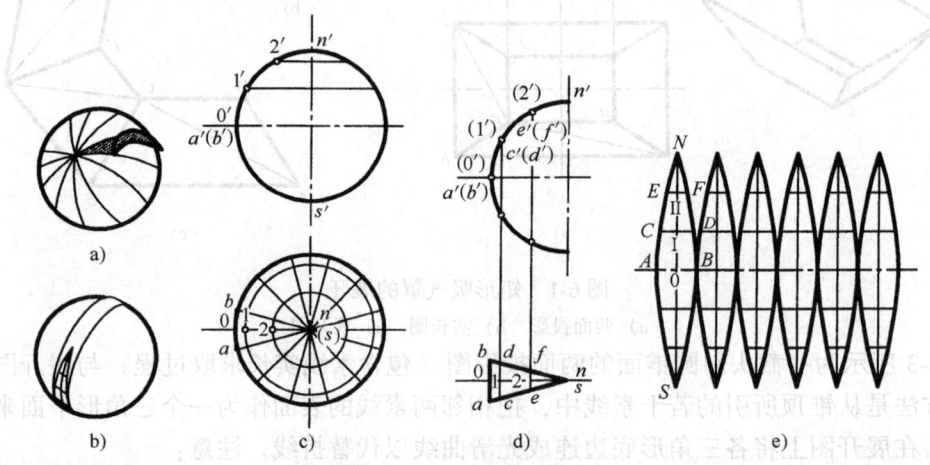

图 6-4 柱面法展开球面

6.1.4 变形接头的展开

画变形接头表面展开图的一般步骤为：先根据变形接头的具体结构形状将之分解为若干平面和可展曲面（如锥面、柱面），再依次画出其展开图。图 6-5a 所示为一上圆下方的变形接头的两面投影图，由此，可以分析其结构及表面组成具有以下特点：

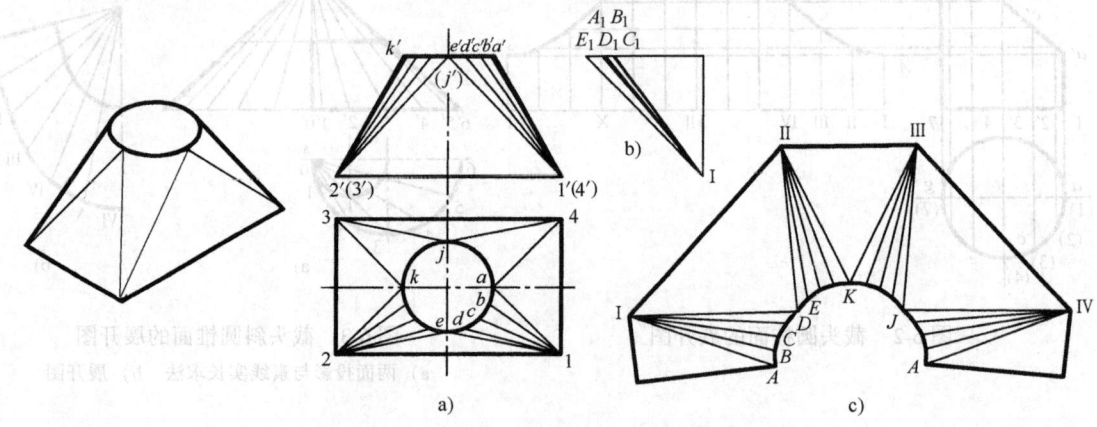

图 6-5 上圆下方变形接头表面展开
a）两面投影图 b）实长图 c）表面展开图

1）接头表面前后对称、左右对称；

2）由四个（两对）等腰三角形和四个相同的部分斜圆锥面组成，因此需分别求取两对等腰三角形和一个斜圆锥面的展开图。变形接头的展开图是采用三角形法获得的。其基本指导思想是,将需要展开的表面分成许多三角形区域,如图 6-5 所示斜圆锥面上的 IAB、IBC、ICD、IDE 区域,通过求解这些三角形各边实长,完成各三角形区域表面的展开。图 6-5b 为素线 IA、IB、IC、ID、IE 的实长图,图 6-5c 为该变形接头的表面展开图。

6.2 包装展开图

由于产品的包装是产品特征、品质等许多要素体现的方式,因此其包装形式将成为产品设计师的一项重要工作,而产品的外包装——包装盒的设计制作将是其中一项主要内容。同时,我们也可视包装盒为一种特殊的产品,其展开图更是设计制作不可或缺的一个重要内容。

包装盒的设计要点:

1)从功能角度来说,包装盒应方便产品储运,因此其形态应便于码放;产品包装盒同时也应是产品性能特征说明的载体,因此盒面上应留有足够的空间印制相关的 LOGO、说明文字及必要的装饰图案。

2)从制造与成本控制的角度来说,包装盒展开后应是一张完整的纸板,以方便切割下料;同时其形态也应是经济的而不至于造成太多切割废料。

3)从美学角度来说,包装盒的形态应是与产品个性吻合的、新颖的。

包装盒的各构成面一般为平面或可展曲面(如柱面),其基本构成面的展开,可以采用前述各形体表面展开的方法;但包装盒的展开又不同于一般产品的展开,因为包装盒的功能是保护、保存产品,其基本构造一般是一张纸板,通过或折、或割、或接及或粘等方式折叠形成,因此包装盒的展开图中应包括:包装盒各基本面的展开与粘接重叠部分的展开。

另外包装盒展开图,应体现盒体上各种折线的结构特征(外凸或内凹),展开图上可以采用不同的线型加以说明(一般用点画线表示凸折线,虚线表示凹折线)。图 6-6 与图 6-7 为两种比较典型的矩形包装盒的展开图。

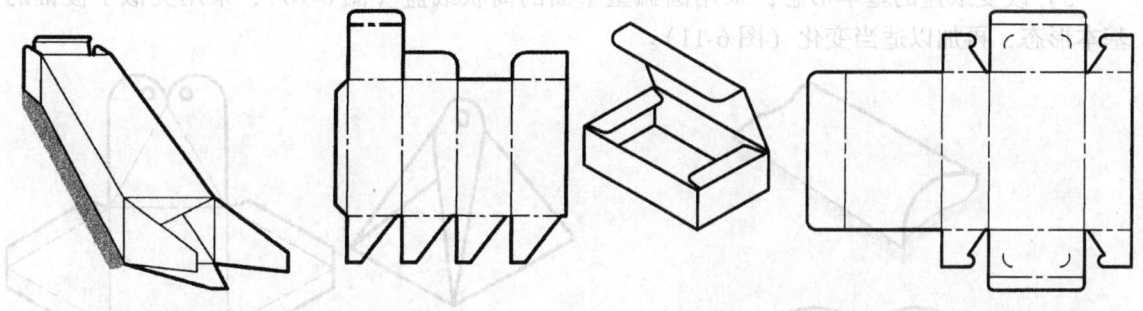

图 6-6 封底式纸盒的展开图　　　　图 6-7 锁定式纸盒的展开图

为了使产品更加引人注目,以示与其他产品的差异,设计有特色的包装盒,将是比较有效的手段。变形纸盒,以其变化的形态、趣味性和怪异性来体现设计的个性。而其构造的基本变化一般有以下实现途径:

1)由壁面折线形态的变化来使褶带位置及盒体形态产生变化,如图 6-8 所示的顶部圆弧折线,使纸盒顶部极具装饰性。

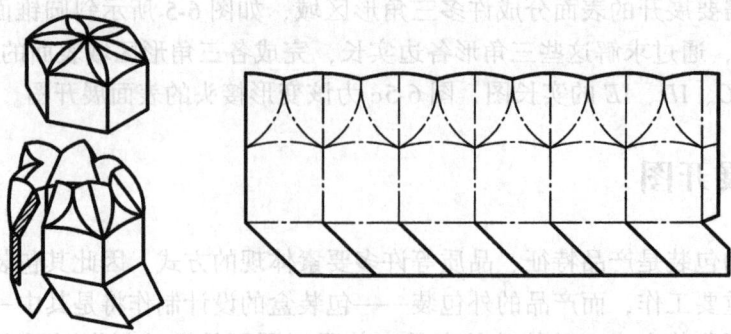

图 6-8 具有圆弧顶部折线的纸盒

2) 由壁面部分折线位置、数量的变化,来改变纸盒形态,如图 6-9 所示的两种变形纸盒。

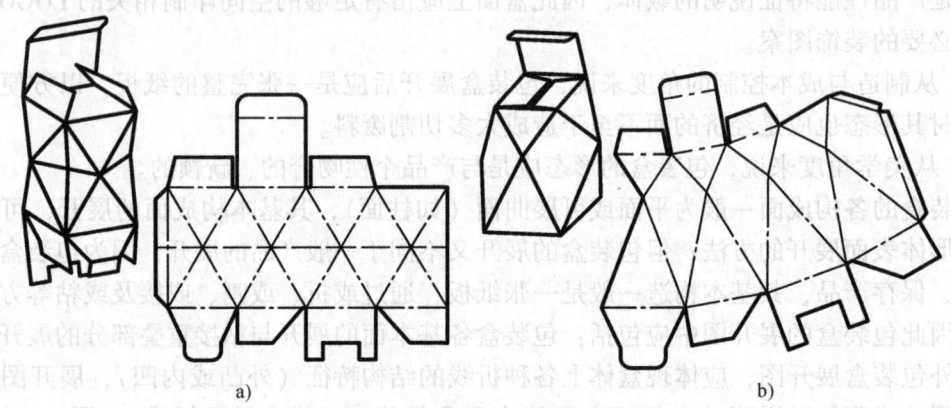

a)　　　　　　　　　　　　　　b)

图 6-9 折线位置、数量的变化导致纸盒形态的变化

3) 改变纸盒的基本形态,采用圆弧型壁面的筒状纸盒(图 6-10),采用类似于棱锥的基本形态,再加以适当变化(图 6-11)。

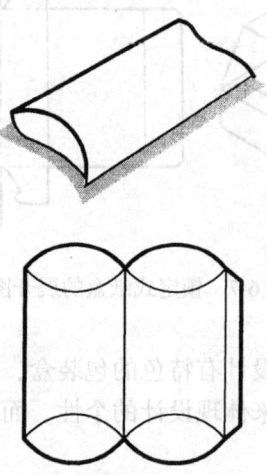

图 6-10 圆弧筒状结构纸盒

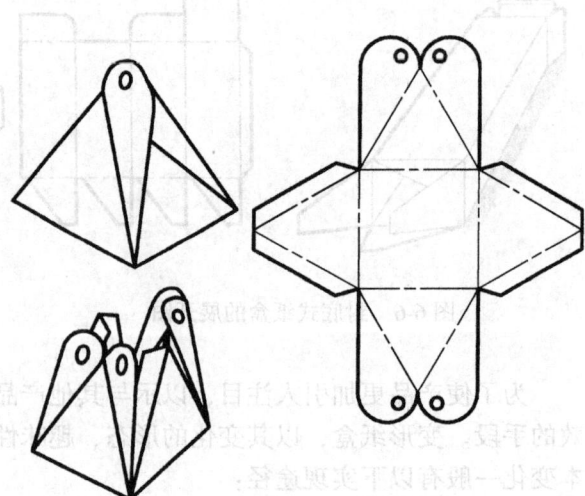

图 6-11 类似棱锥结构纸盒

4）改变盒盖的闭合方式，采用盒体顶部若干叶片相互嵌接的方式，使盒体成形，如图 6-12，两个半叶花瓣相嵌，既使盒体顶部闭合，又有极强的装饰效果；另外通过改变花瓣的样式，还可以获得不同的设计。

5）考虑产品的包装盒还需满足方便携带的要求，在设计时可以采用图 6-13 所示方式，使提手与盒体成为一体。

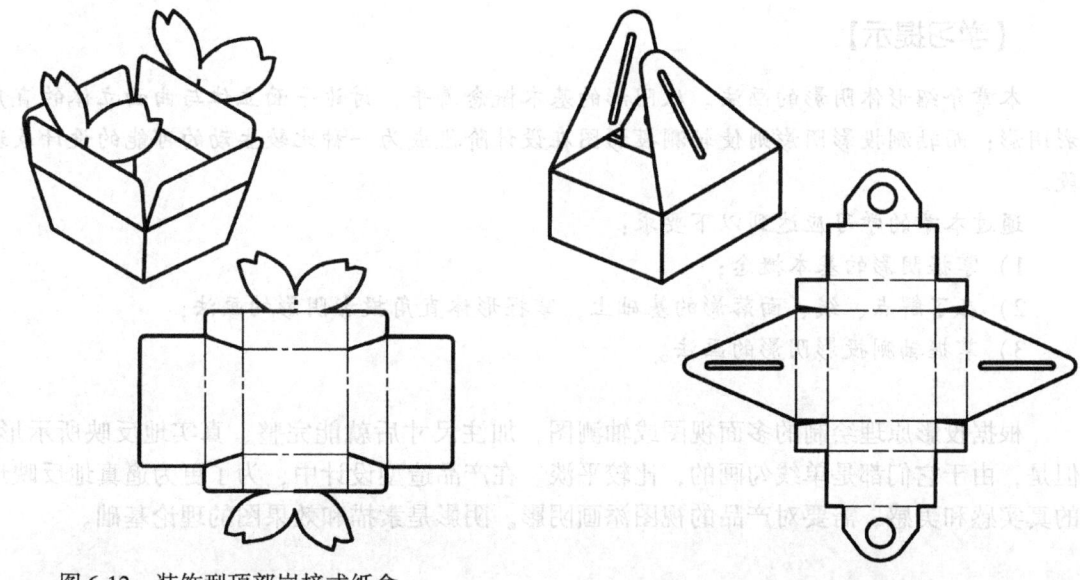

图 6-12　装饰型顶部嵌接式纸盒　　　　　　图 6-13　提手与盒体相连的纸盒

另外，通过增加壁面褶数，也可以改变纸盒的形态，比如，以正六棱柱、正八棱柱等为基本形态的包装盒，其壁面褶数是不同的，结合顶部闭合结构的变化，可以获得多种形态的包装盒。

思 考 题

1）什么是立体表面的展开图？包装展开图与基本立体展开图有何区别？
2）是否所有四边形，已知其四边实长，都不能确定其实形？
3）包装盒体结构有什么基本特征？改变包装盒的形态有哪些途径？

7 阴 影

【学习提示】

本章介绍形体阴影的画法。从阴影的基本概念着手，讨论平面立体与曲面立体的直角投影阴影；而轴测投影阴影则使轴测投影图在设计阶段成为一种比较生动的可能的设计表现手段。

通过本章的学习应达到以下要求：
1）掌握阴影的基本概念；
2）在了解点、线、面落影的基础上，掌握形体直角投影阴影的画法；
3）掌握轴测投影阴影的画法。

根据投影原理绘制的多面视图或轴测图，加注尺寸后就能完整、真实地反映所示形体。但是，由于它们都是单线勾画的，比较平淡。在产品造型设计中，为了更为逼真地反映形体的真实感和美感，需要对产品的视图添画阴影。阴影是素描和效果图的理论基础。

7.1 阴影的基本概念

7.1.1 阴影的定义

如图 7-1 所示，物体在光线照射时，受光的表面称为阳面，背光的表面称为阴面。阳面与阴面或阴面与阴面的交线称为阴线，阳面与阴面相交的阴线落在承影面上的投影称为影线，相关阴面在承影面上的投影称为落影，影线的集合就是落影的轮廓。一般将物体上自身的阴面和投影在承影面上的落影合称为阴影。阴影与明暗素描的要求不同，只是比较机械地区分明暗，不区分明暗中的强弱。

常见阴影有三种情况，一种是添加在正投影法获得的多面视图上的阴影，称为直角投影阴影；一种是添加在轴测投影图上的阴影，称为轴测投影阴影，还有一种是添加在透视投影图上的阴影，称为透视投影阴影。本章介绍直角投影阴影和轴测投影阴影，透视投影阴影将在下一章介绍。

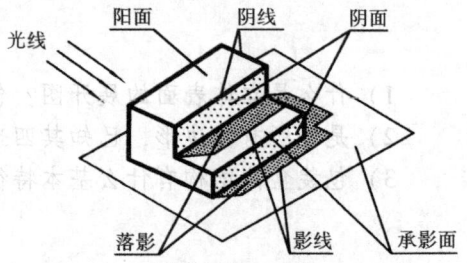

图 7-1 阴影的基本概念

7.1.2 光线方向

有光才有阴和影。在求作物体的阴影时，首先要选定光线的方向和种类，它们对落影的位置和大小都有直接影响。光线的种类一般采用平行光线，而光线方向与具体的阴影种类及表达需要有关系。

1. 常用光线

在绘制直角投影阴影时，通常采用正立方体由左、前、上方向右、后、下方倾斜的体对角线作为光线方向，如图 7-2a 中的 AO 方向。此方向反映在三视图上，分别为各个投影中指向 O 点的 45°方向，如图 7-2b 所示。此种光线方向称为常用光线方向。

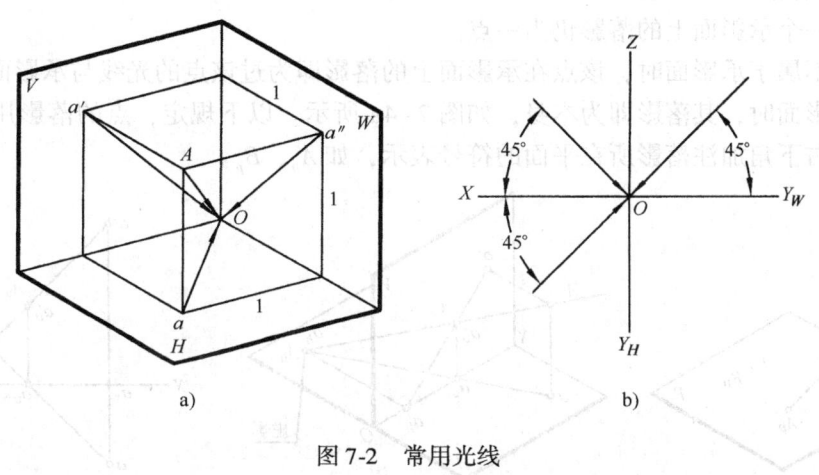

图 7-2 常用光线

2. 轴测投影阴影光线方向

在绘制轴测投影阴影时，光线方向一般用光线的轴测投影及其相应的二次投影表示。如图 7-3a 所示长方体的轴测投影图。取其左、后、上方向右、前、下方的体对角线作为光线方向，即 AG 为光线的轴测投影方向，称为光线方向 S。AG 在水平面上的投影是 EG，因为 EG 是 AG 水平投影的轴测投影，称为二次投影，简称为水平投影 s。同理，光线还有正面投影 s'、侧面投影 s''。如图 7-3b、c、d 所示。当物体在不同的投影面上落影时，采用不同的表示方法。如在 H 面及其平行面上落影时，光线方向用 S 和 s 表示。实际应用中，多数要求作物体在水平面上的落影。

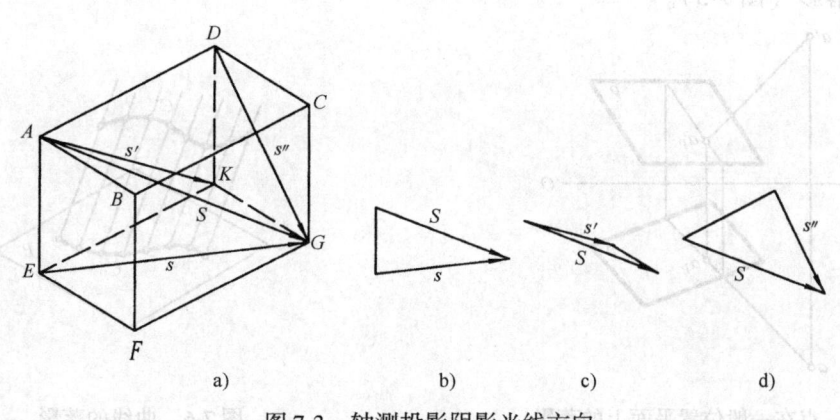

图 7-3 轴测投影阴影光线方向

从理论上讲，轴测投影阴影光线方向与承影面的夹角可以是任意的，但是，夹角过大、过小都将影响真实感和美感。一般常使用的光线方向与承影面夹角为 30°~60°；也可根据表现需要，先选定形体上某个点的落影位置，再依次确定光线的方向。

7.2 几何元素的落影

7.2.1 点的落影

一点在一个承影面上的落影仍为一点。

当一点不属于承影面时，该点在承影面上的落影即为过该点的光线与承影面的交点。当一点属于承影面时，其落影即为本身，如图7-4a所示。以下规定，点的落影用与点相同的字母，并在右下角加注落影所在平面的符号表示，如 A_p、B_p。

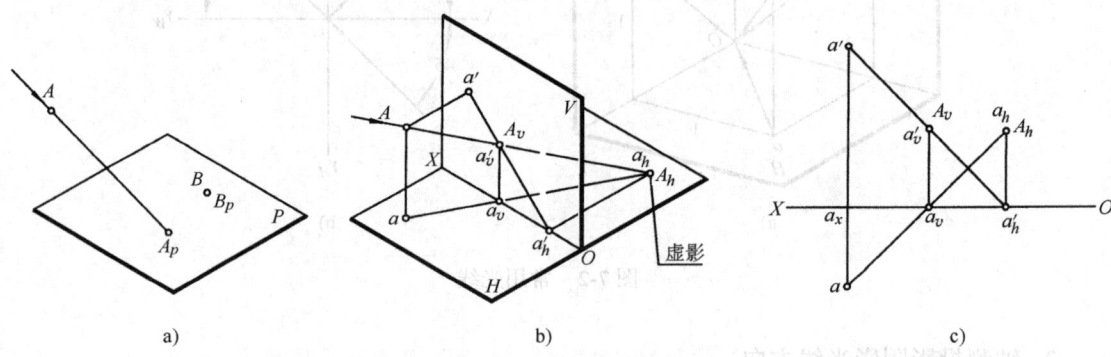

图7-4 点的落影

在两投影面体系中，光线与投影面有两个交点，以光线与第一个投影面相交的点作为该点在投影面上的落影，光线与第二个投影面相交的点作为该点的虚影。如图7-4b所示，点 A 的落影是 A_v，虚影是 A_h。在常用光线下，点 A 的落影与虚影求法如图7-4c所示。虚影一般不予画出，但在求作阴影时，有时需要利用它。

求空间一点在一般位置平面上的落影的方法，是求过点的光线与一般位置平面的交点，该交点即为落影（图7-5）。

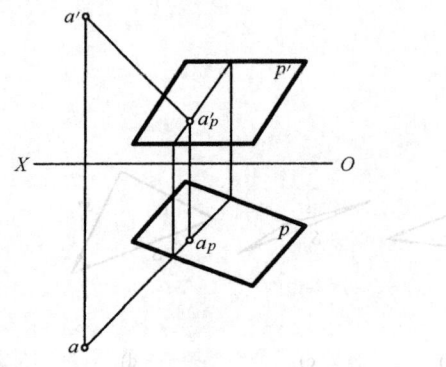

图7-5 点在一般位置平面上的落影

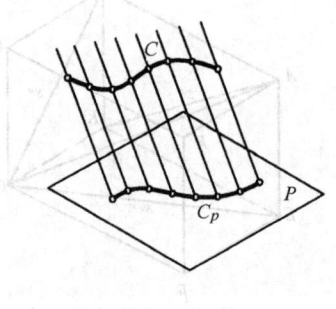

图7-6 曲线的落影

7.2.2 线的落影

线的落影为线上一系列点的落影的集合，亦为照射到该线的光线面与承影面的交线。同时，线上一点的落影必在线的落影上。

如图7-6所示，一条曲线C在光线照射下，在承影面P上产生的落影C_P为线上各点落影的集合。这时，照射到曲线C上各点的光线组成一个柱面，称为光线面。曲线的落影C_P为光线面与承影面的交线。

一般，曲线在一个承影面上的落影仍为曲线；直线在一个承影面上的落影仍为直线。特殊情况下，曲线的落影可以是直线，直线的落影可以是一点。

求直线的落影是在求出相关点的落影后连接得到的。图7-7给出了直线在H面和P平面上落影的求法。

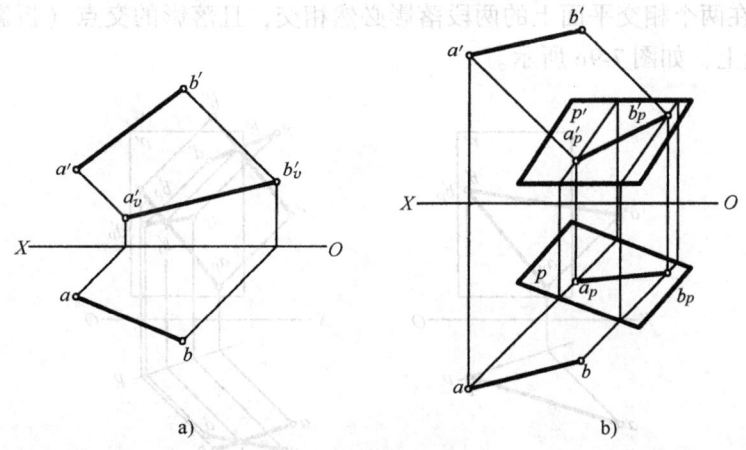

图7-7 直线的落影

7.2.3 直线的落影规律

1. 平行规律

由画法几何的相关知识可知：

1）直线平行于承影面，则直线的落影与该直线平行且等长，如图7-8a所示。
2）两直线互相平行，则它们在同一承影面上的落影也互相平行，如图7-8b所示。
3）一直线在相互平行的各承影面上的各段落影互相平行，如图7-8c所示。

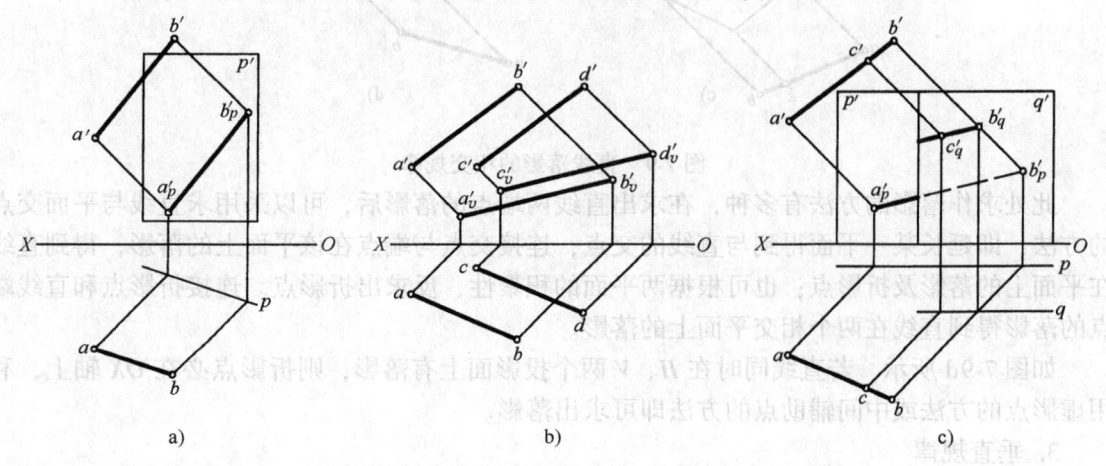

图7-8 直线落影的平行规律

此处求两段落影的方法有多种，主要区别在于求出直线两端点的落影后，确定落影的方向的方法不同。可以采用某一端点的虚影辅助作图方法，如图7-8中采用 B 点在 P 面上的虚影；也可以采用中间辅助点落影作图方法，如图7-8中采用 C 点作为中间点求解。

2. 相交规律

1) 直线与承影面相交，则直线的落影必通过该直线与承影面的交点，如图7-9a所示。

2) 两相交直线在同一承影面上的落影仍然相交，且落影的交点即两直线交点的落影，如图7-9b所示。

3) 一直线在两个相交平面上的两段落影必然相交，且落影的交点（折影点）必然位于两承影面的交线上，如图7-9c所示。

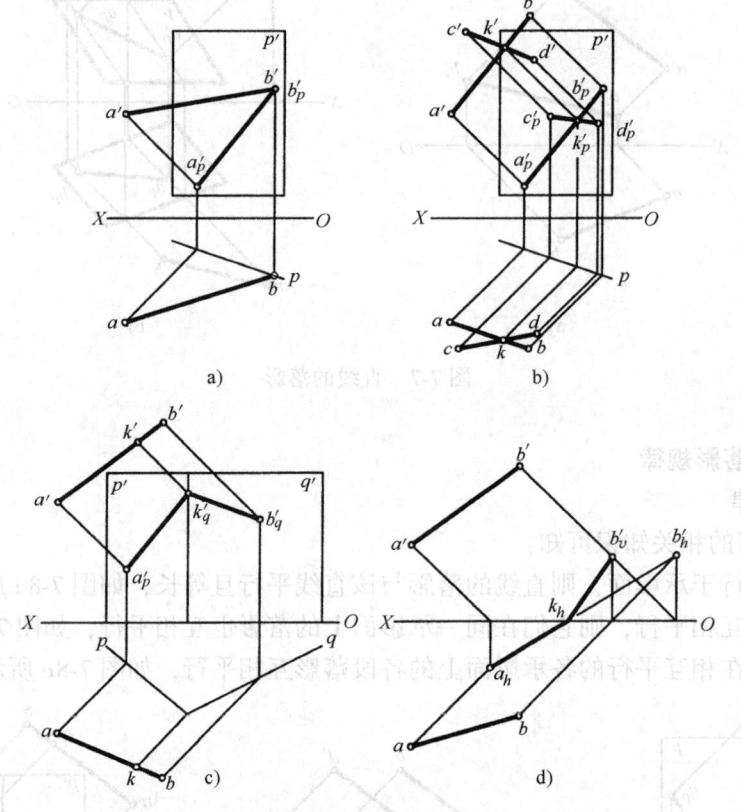

图7-9 直线落影的相交规律

此处作落影的方法有多种，在求出直线两端点的落影后，可以采用求直线与平面交点的方法，即延长某一平面得到与直线的交点，连接交点与端点在该平面上的落影，得到直线在平面上的落影及折影点；也可根据两平面的积聚性，反求出折影点。连接折影点和直线端点的落影得到直线在两个相交平面上的落影。

如图7-9d所示，若直线同时在 H、V 两个投影面上有落影，则折影点必在 OX 轴上，利用虚影点的方法或中间辅助点的方法即可求出落影。

3. 垂直规律

1) 直线垂直于某投影面，则在该投影面上，直线在任何承影面上的落影，都积聚在与光线投射方向一致的斜线上。

如图7-10a所示,铅垂线 AB 在 H 面及房屋表面上的落影都积聚在过 a（b）的45°斜线上。至于落影的 V 面投影,可根据 H 面投影逐一求出光线平面与各表面交线的 V 面投影得到。图中 Ⅰ、Ⅱ 两点为折影点。

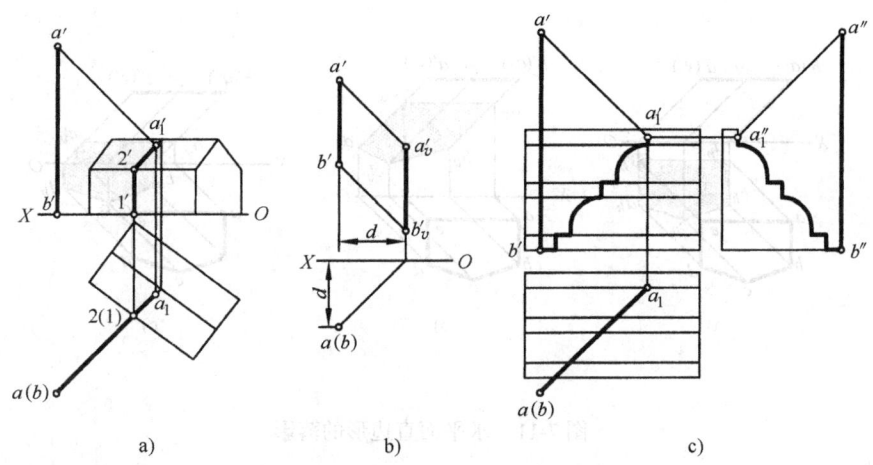

图7-10 直线落影的垂直规律

2）直线垂直于某投影面,则在另一个投影面（或其平行面）上的落影,不仅与原直线在该投影面上的投影平行、等长,而且其距离与该直线到承影面的距离相等。

如图7-10b所示,铅垂线 AB 在 V 面上的落影 $a_v'b_v'$ 与 $a'b'$ 平行,且它们之间的距离等于 a（b）到 OX 轴的距离。

3）垂直于第一个投影面的直线,在垂直于第二个投影面的承影面（任意形状的柱面）上的落影,与它在第三个投影面上的落影成对称形。

如图7-10c所示,铅垂线 AB 在垂直于侧面的柱面上的落影,在 H 面上积聚在45°斜线上,在 W 面上与柱面投影重合,在 V 面上与柱面的侧面投影成对称形。

7.2.4 平面直边形的落影

平面图形一般包括直多边形、曲边形和直、曲边结合形。平面图形在光线照射下,迎光的一面为阳面,背光的一面为阳面,特殊情况下（光线与平面平行时）,平面图形两面均为阴面。平面图形的轮廓线都是阴线。求作平面图形的直角投影阴影,实际上就是求出平面图形轮廓线上若干个点的落影,然后用直线或光滑曲线连接这些点,得到平面图形在相应承影面上的落影的轮廓。

平面直边形落影作图比较简单,只需作出直多边形的各个顶点的落影,顺次用直线连接即可得到落影轮廓。在轮廓内涂黑就是平面直边形的落影。在作图过程中可灵活运用直线投影规律,简化作图过程。

例7-1 求平面五边形 ABCDE 在不同情况下的 H、V 面落影。

解：根据平面直边形的落影求法,可分别求出不同情况下的落影,如图7-11所示。

根据例题中的作图结果,可知：①若平面图形平行于承影面,则它的落影与平面图形的形状、大小完全相同,如图7-11a所示；②当平面图形落影于两个相交的承影面上时,两承影面的交线即落影的折影线,如图7-11c所示。

7.2.5 平面曲边形的落影

平面曲边形是由任意平面曲线、规则曲线（圆、椭圆等）所围成的平面图形。求作平面曲边形的落影，只要在曲边形上作出若干具有特征的点的落影，再用光滑曲线顺次连接即可得到落影轮廓，在轮廓内涂黑就得到平面曲边形的落影。

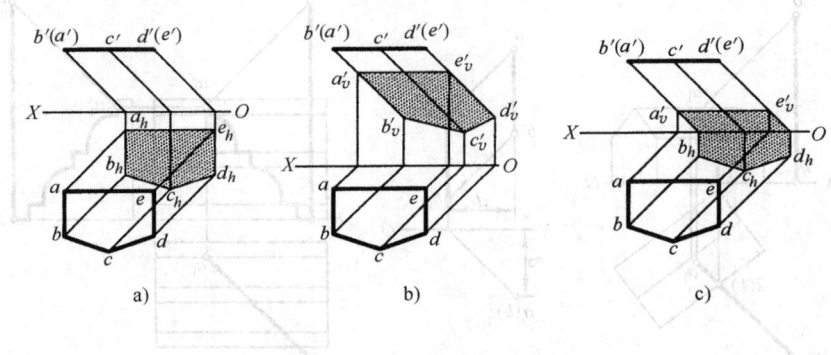

图 7-11　求平面直边形的落影

1. 圆形的落影

因为圆形也是平面图形，所以当其平行于承影面时，落影为大小相等的圆形；当其与光线平行时，落影为一直线。如图 7-12a 所示，圆形平行于正面，只要求出圆心的落影，即可作出同径圆，得到落影。本图中落影有一部分被遮挡，虚线弧段一般不画出。

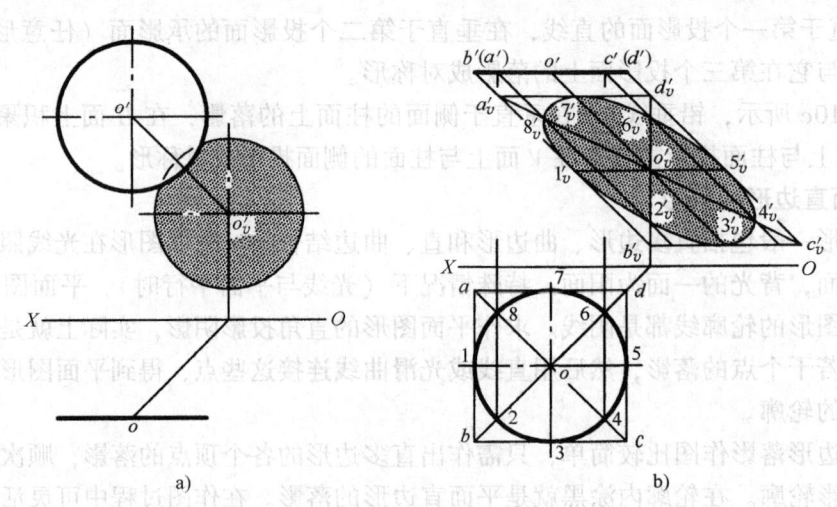

图 7-12　圆形的落影

一般情况下，圆形在一个承影面上的落影是椭圆，圆心的落影即椭圆的圆心；圆的任意一对互相垂直的直径落影为椭圆的一对共轭轴。此时圆形的落影椭圆可以通过作出一些点的落影后连接得到，但一般常用八点法来作落影椭圆。

如图 7-12b 所示，是一个水平圆形在 V 面上椭圆落影的八点法作图。首先，作圆形的外切正方形 ABCD，其边线平行或垂直于 V 面，其 H 面投影 abcd 反映实形。连接对角线 ac、bd，共得到与圆形相交或相切的八个点。然后，利用直线的落影规律，求出正方形及其对角线的落影，找出各边的中点 $1_v'$、$3_v'$、$5_v'$、$7_v'$。在水平投影中作辅助线 28、46，平行于正方形边线，作出它们的落影，与正方形对角线的落影相交于 $2_v'$、$4_v'$、$6_v'$、$8_v'$。最后，用光滑曲线连接八点的落影，得到切于正方形落影的椭圆。该椭圆即圆形的落影。

2. 任意曲边形的落影

当任意曲边形平行于承影面时，落影与原形大小相同；当任意曲边形与光线平行时，落影是直线。一般情况下，落影要通过求特征点和辅助点落影的方法来求出。特征点主要包括曲边形的极限位置点、转折点、光线切点、离承影面最近点、最远点等。辅助点是在特征点之间增加的辅助作图点。

例 7-2　如图 7-13 所示，求任意曲边形在 H、V 面上的落影。

解：首先判断任意曲边形是否同时落影在 H、V 投影面上。因为题中任意曲边形是水平面，且在常用光线照射下，折影线上的点即为平面中到 H、V 面距离相等的点，所以，在 H 面上作任意曲边形在 V 面有积聚性投影的关于 OX 轴的对称形，可以判断出该任意曲边形在 H、V 面上均有落影。因为任意曲边形是水平面，所以在 H 面上的部分落影与原形部分大小相同，找出折影线后即可作出；求作在 V 面上的部分落影时，先找出特征点和作图辅助点，求其落影，再用光滑曲线连接。将两部分落影合并，即得任意曲边形落影。

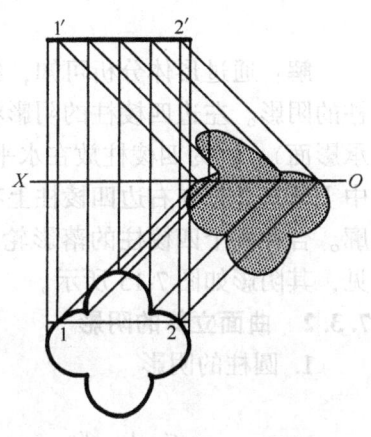

图 7-13　求任意曲边形的落影

7.3　立体的直角投影阴影

7.3.1　平面立体的阴影

平面立体的表面由平面围成，这些平面两两相交形成各条棱线。这些棱线有的是两个阳面的交线，有的是两个阴面的交线，也有的是一个阳面与一个阴面的交线。后两者都属于阴线，但其中阳面与阴面交线（阴线）的落影是影线。求作平面立体阴影的主要思路是：想清形体、分析阴线、求作影线。具体步骤归纳为：

1）根据给定的视图，分析、了解形体的各部分结构，综合想清形体的整体形状；
2）逐一分析形体的各面，分清阳面和阴面，找出阳面和阴面相交的阴线；
3）分析形体各面与承影面的相对位置，确定所求阴线将要落影的承影面；
4）作出各条棱线，得到形体的落影轮廓，将落影轮廓与视图轮廓围成的部分涂黑，即形体的"影"；形体的阴面也涂上次于影的黑色，即形体的"阴"；由阴和影构成形体的阴影。

例 7-3　求作四棱柱的阴影。

解：通过分析，四棱柱放在水平面上，因此所求阴线为Ⅷ-Ⅳ-Ⅲ-Ⅱ-Ⅵ，利用点的落影求法和直线落影规律作出影线，涂黑后得到四棱柱的落影。本题中，四棱柱的阴面看不见，其阴影如图 7-14 所示。

例 7-4　如图 7-15 所示，求作组合体的阴影。

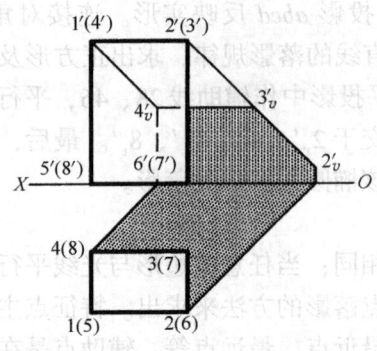

图 7-14 四棱柱的阴影

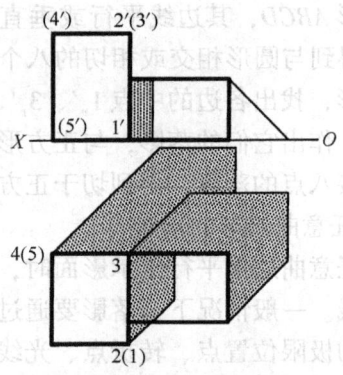

图 7-15 组合体的阴影

解：通过形体分析可知，组合体由两个四棱柱叠加组成。根据例 7-3，可作出右边四棱柱的阴影。左边四棱柱的阴影将有部分落影到右边四棱柱上（组合体的阳面有时也可作为承影面）。因为四棱柱放在水平面上，可以只求阴线Ⅰ-Ⅱ-Ⅲ-Ⅳ-Ⅴ的影线。经过分析，阴线中ⅠⅡ、ⅡⅢ在右边四棱柱上有影线，利用直线落影的垂直规律可求出左边四棱柱的落影轮廓。合并两个四棱柱的落影轮廓，涂黑后得到组合体的落影。本题中，组合体的阴面看不见，其阴影如图 7-15 所示。

7.3.2 曲面立体的阴影

1. 圆柱的阴影

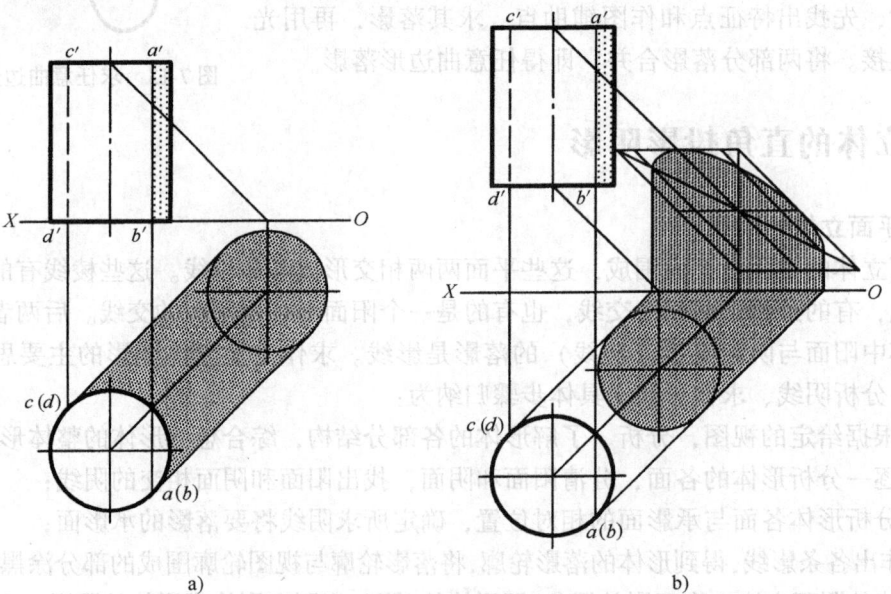

图 7-16 圆柱的阴影

圆柱面的阴线是柱面与光线平面相切的素线，影线是公切于顶圆和底圆落影的两条直线。可以利用常用光线的投影特性，求出圆柱面上两条阴线的位置；也可以通过逆向求解的方法，由影线求出阴线的位置。圆柱的阴影包括圆柱面及底面的落影和圆柱面上的阴面。

如图 7-16a 所示,轴线垂直且底面位于 H 面的圆柱的阴影作法是:先作出圆柱顶圆中心在 H 面上的落影,再作出整个顶圆的落影;然后作 45°直线与顶圆落影和底圆相切,即为两条素线阴线的影线,同时可以求出两条素线阴线 AB、CD,圆柱表面由 AB 转过右侧轮廓到 CD 的半边圆柱面是阴面;圆柱的落影与反映在正面上可见的阴面组成了图 7-16a 中圆柱的阴影。

如图 7-16b 所示,将圆柱的位置改变后,圆柱同时落影在 H、V 面上,折影线在 OX 轴上。其中,圆柱在 H 面上的落影求法与图 7-16a 相同;圆柱在 V 面上的落影求法是先作出顶圆的落影椭圆,然后作落影椭圆的铅垂切线求得。

若只给出了圆柱体的非圆视图,为确定圆柱体的阴线,可按图 7-17 的方法作图。先在顶圆的投影上作半圆;然后过圆心向两侧作 45°线,交半圆于两点,由两点分别作垂线与顶圆的投影交于 a' 和 c';最后过 a'、c' 分别作素线 $a'b'$、$c'd'$,即为圆柱表面两条阴线的投影。

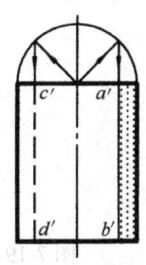

图 7-17 圆柱阴线的单面作图法

2. 圆锥的阴影

圆锥面的阴线也是锥面与光线平面相切的素线,影线是过锥顶落影与底圆落影相切的两条直线。可以通过逆向求解的方法,由影线求出阴线的位置。

如图 7-18 所示,轴线垂直于 H 面,底面在下方圆锥的阴影求法是:先作出底圆和锥顶在 H 面上的落影;过锥顶的落影向底圆落影作两条切线,即为两条过锥顶素线阴线的影线;然后利用过切点的反向光线来求出底圆上的对应点 A、B,则 SA、SB 即为阴线,圆锥面上位于阴线左前方的一大半锥面为阳面,右后方的一小半锥面为阴面;圆锥的落影与反映在 H、V 面上可见的阴面组成了图中圆锥的阴影。

若只给出了圆锥的非圆视图,为了确定圆锥的阴线,可按图 7-19 的方法作图。先在底圆的投影下方作半圆;然后由半圆与铅垂轴线的交点 f 作圆锥左侧素线的平行线,交底圆的投影于 d;再由 d 向两侧作 45°线,交半圆于两点,由该两点分别作垂线与底圆的投影交于 a'、b';最后过 a'、b' 分别作素线 $s'a'$、$s'b'$,即为圆锥表面两条阴线的 V 面投影。

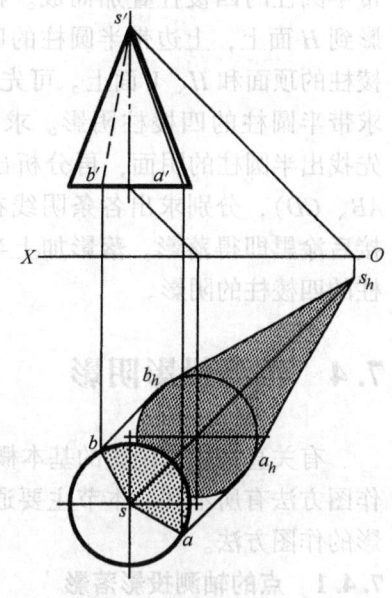

图 7-18 圆锥的阴影

3. 曲面立体阴影的作图

例 7-5 如图 7-20 所示,求作紧靠 V 面组合体的阴影。

解:通过形体分析可知,组合体由紧靠 V 面上的半圆柱和盖在上面的矩形盖板组成。其阴影的分析与作图过程如下:

1)求半圆柱的阴线。在 H 面投影上作 45°光线投影线与半圆相切于 2,即可求出圆柱面上的阴线,阴线右边部分为阴面。

2)求矩形盖板的阴影。经分析,所求阴线为 ABCDE,其中 AB 是正垂线,影线积聚在 45°斜线上;BC 是侧垂线,根据直线落影垂直规律,其在柱面上的落影与柱面积聚性投影成对称形,即为圆弧;其他阴线落影在 V 面上,作图方法同例 7-3。将影线轮廓内涂黑,即得矩形盖板落影，其阴面不可见。

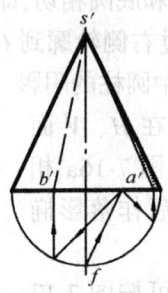

图 7-19 圆锥阴线的单面作图法

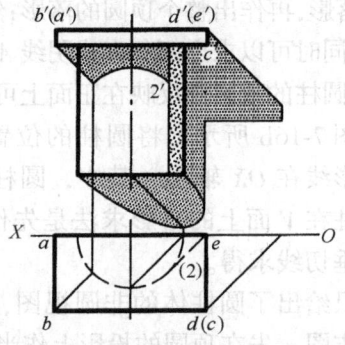

图 7-20 带有曲面的组合体阴影

3）求半圆柱的落影。由于被矩形盖板遮住了一部分，半圆柱的落影只剩下求 2′ 点以下阴线和底圆左半部分阴线的落影。根据圆的落影的做法，可得半圆柱落影。

4）合并两部分落影，加上半圆柱的阴面，即得组合体的阴影。

例 7-6 如图 7-21 所示，求作组合体的阴影。

解：通过形体分析可知，组合体由一个四棱柱和一个带半圆柱的四棱柱叠加而成。根据分析，下边四棱柱将落影到 H 面上，上边带半圆柱的四棱柱将分别落影到下边四棱柱的顶面和 H、V 面上。可先作出下边四棱柱的阴影，再求带半圆柱的四棱柱阴影。求带半圆柱的四棱柱阴影时，先找出半圆柱的阴面，再分析出所求阴线（包括两段圆弧 AB、CD），分别求出各条阴线在不同承影面上的影线，连接后涂黑即得落影。落影加上半圆柱的阴面，得到带半圆柱的四棱柱的阴影。

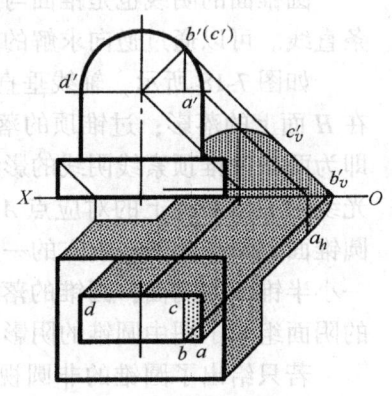

图 7-21 组合体的阴影

7.4 轴测投影阴影

有关直角投影阴影的基本概念和落影规律，一般都适用于轴测投影阴影，但表现形式和作图方法有所不同。本节主要通过一些实例，介绍轴测投影阴影的作图方法。

7.4.1 点的轴测投影落影

在已知点的轴测投影和其水平面投影的情况下，可以根据已给定的光线 S 及其水平投影 s，作出点在水平面上的轴测投影落影，如图 7-22 所示。反过来，根据点的轴测投影和其水平面投影，以及点在水平面上的落影，可以求出轴测阴影光线 S 及其水平投影 s。

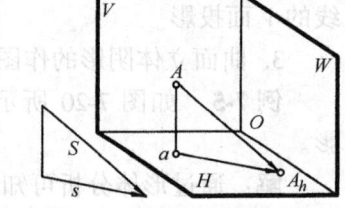

图 7-22 点的轴测投影落影

利用轴测投影点在水平面上的落影的求法，可以类推出轴测投影点在正面和侧面上落影的求法。轴测投影点在各面上落影的求法是作形体轴测投影阴影的基本方法，在熟练掌握这一基本方法的基础上，运用直角投影阴影的概念和规律，结合空间分析和想象，即可求出形体的轴测投影阴影。

7.4.2 平面立体的轴测投影阴影

平面立体的轴测投影阴影与直角投影阴影的求法类似,要分析清楚立体表面的阳面和阴面,找出阳面与阴面相交的阴线,求出对应的影线,得到落影区域。阴面和落影共同组成立体的轴测投影阴影。

例 7-7 如图 7-23 所示,已知光线方向,求作立杆和四棱柱的轴测投影阴影。

解:1)作四棱柱的轴测投影阴影。在指定光线下,四棱柱的阴线为 $ABCDE$;根据点的轴测投影落影的作法和直线落影规律,可分别作出 B_h、C_h 两落影点,点 D_h 被四棱柱遮住;连接落影点,得到落影轮廓后涂黑,加上可见阴面,即得到四棱柱的轴测投影阴影。

2)求立杆的轴测投影落影。立杆的落影将分为三段,一段在 H 面上,一段在棱柱左侧面上,一段在棱柱顶面上。根据直线落影规律,立杆在 H 面和棱柱顶面的两段落影与 s 方向平行,在侧面上的落影与立杆平行,点Ⅰ和Ⅱ是折影点。折线 M_hⅠⅡN_1 即立杆的轴测投影落影。

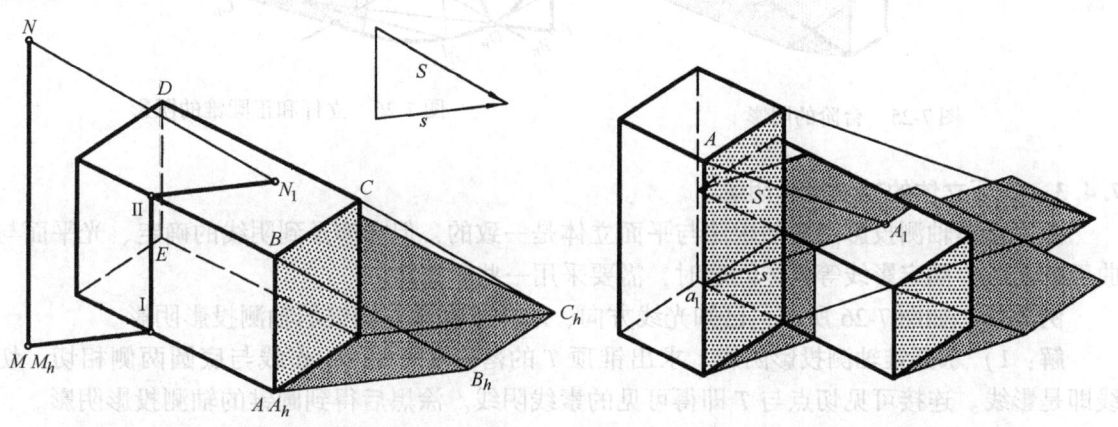

图 7-23 立杆和四棱柱的阴影　　图 7-24 两紧靠四棱柱的阴影

例 7-8 如图 7-24 所示,已知两个紧靠的四棱柱,为了表达的需要,设 A_1 为点 A 在右侧四棱柱上的落影,求作两个四棱柱的轴测投影阴影。

解:1)求光线方向。由给定的 A 和 A_1 点得到光线方向 S;光线在右侧四棱柱的顶面及 H 面上的二次投影 s,可通过点 A 在右侧四棱柱顶面上的投影 a_1 与 A_1 得到。

2)求右侧四棱柱的轴测投影阴影。根据求出的光线方向,利用例 7-7 的方法可求出右侧四棱柱的轴测投影阴影。

3)求左侧四棱柱的轴测投影阴影。左侧四棱柱的落影包括 H 面上的落影和右侧四棱柱顶面及左面上的落影,可以分别求出。落影加上本身阴面得到左侧四棱柱的轴测投影阴影。

例 7-9 如图 7-25 所示,已知光线方向,求作带矮墙垛的台阶的轴测投影阴影。

解:1)求台阶及右边矮墙垛在 H 面上的轴测投影落影。根据四棱柱的阴影求法,结合直线落影规律,可求出右边矮墙垛落影;求最上一级台阶的阴线的落影时,可按图中所示,将其延长后利用已知落影求出。

2)求左边矮墙垛的轴测投影落影。左边矮墙垛不但要落影到 H 面上,还要落影到台阶面上。求解时,主要是求作斜棱 AD 和侧垂线 DG 的落影。延长斜棱 AD 与 H 面交于点 E,则

AD 上点 A 和点 E 在 H 面上的落影已知，连接后与 P 平面交于 B_h 点，A_hB_h 即 AD 在 H 面上的落影；求出 P 平面与 AD 的交点 C，则 AD 上点 B 和点 C 在 P 平面上的落影已知，连接即得 AD 在 P 平面上的落影；根据平行落影规律，可求出 AD 在其他台阶面上的落影。点 D 的落影求出后，根据平行落影规律可求出 F_q 点，侧垂线 DG 在 Q 面上的落影求法同上。影线求出后，将影线内区域涂黑，加上阴面，即得带矮墙垛的台阶的轴测投影阴影。

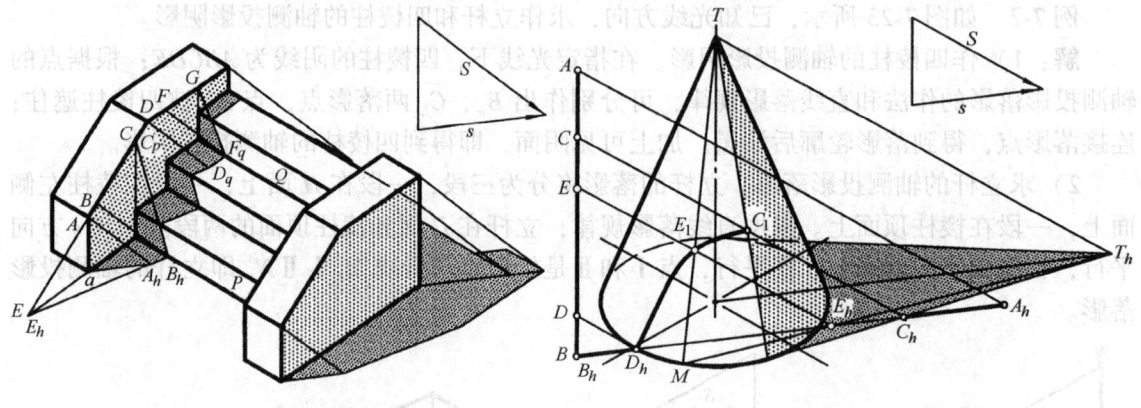

图 7-25　台阶的阴影　　　　　图 7-26　立杆和正圆锥的阴影

7.4.3　曲面立体的轴测投影阴影

曲面立体轴测投影阴影的求法与平面立体是一致的，但在涉及到阴线的确定、光平面与曲面的交线、确定影线等具体问题时，需要采用一些新思路。

例 7-10　如图 7-26 所示，已知光线方向，求作立杆和正圆锥的轴测投影阴影。

解：1）求圆锥轴测投影阴影。求出锥顶 T 的落影 T_h，过 T_h 作线与底圆两侧相切，切线即是影线。连接可见切点与 T 即得可见的素线阴线。涂黑后得到圆锥的轴测投影阴影。

2）求立杆的轴测投影落影。先作立杆 AB 在 H 面上的落影 A_hB_h，求出 A_hB_h 与圆锥底圆及其落影的交点 D_h、C_h，则 A_hC_h 与 D_hB_h 为立杆在 H 面上的落影。立杆 CD 段落影到圆锥面上，其中点 C 落影到素线阴线上。CD 上任意点将落影到一条素线 TM 上，所以该素线在 H 上的落影必与 AB 直线在 H 面上的落影相交于一点 E_h，通过交点反光线方向即可求出该素线上的落影点，如图 7-26 所示。求出若干落影点后，用光滑的曲线连接，即得到 CD 段在圆锥面上的轴测投影落影。

例 7-11　如图 7-27 所示，已知光线方向，求作门洞的轴测投影阴影。

解：通过形体分析可知，门洞是在四棱柱结构上挖去带半圆柱的四棱柱形成的，其四棱柱部分的落影轮廓可通过前面例题中的方法得到。下面主要说明门洞的落影轮廓求法。

1）确定阴线。根据圆柱的阴影可知，半圆孔上亦分阳面和阴面，也有素线阴线（其具体位置待定），所以门洞的阴线包括 AB、部分圆弧、素线阴线、部分圆弧和右前方棱线。

2）求阴线在 H 面上的落影。根据已知光线方向可求出 AB 段和右前方棱线在 H 面上的落影。从 B 点开始的部分圆弧阴线也将落影到 H 面上，具体分界点 C 的落影与右前方棱柱的落影重合，根据这一关系，可以反求出点 C 的位置。圆弧 BC 的落影可以通过作中间辅助点的方法，求出若干点后，用光滑曲线连接得到。

3）求阴线在门洞内表面的落影。根据光线方向 S 和点 C 及其落影 C_1 的位置，可以求

出光线的 s' 方向。圆弧上与 s' 方向相切的 T 点是素线阴线的端点。圆弧 CT 的落影可通过 s' 找到点要落影到的素线,再通过 S 方向确定落影点的位置,求出若干点后,用光滑曲线连接得到。

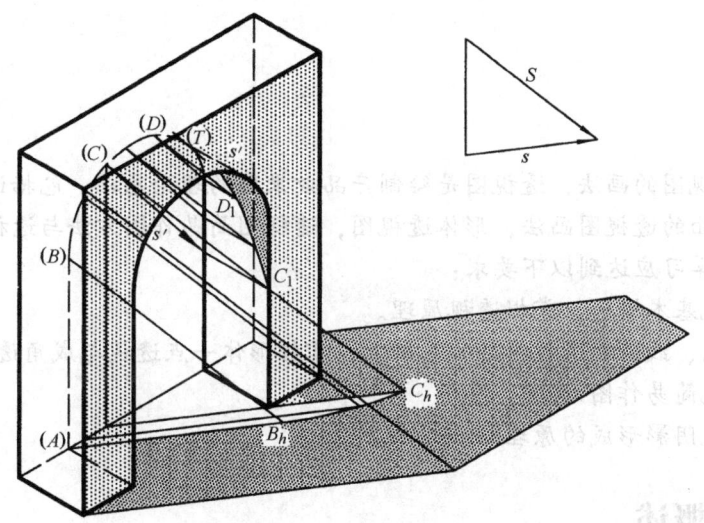

图 7-27 门洞的阴影

所有的影线求出以后,将其围成区域涂黑,加上可见的阴面,就成了门洞的轴测投影阴影。

思 考 题

1) 试叙述阴影的基本概念。
2) 常用的阴影有哪几种?
3) 常用光线方向是怎么定义的?轴测投影阴影光线方向是怎么表示的?
4) 怎样来求一点的落影?
5) 直线的落影规律有哪些?
6) 试述圆形落影成椭圆时的八点作图方法。
7) 求作平面立体阴影的主要问题有哪些?具体作图步骤是什么?
8) 试述曲面立体的阴线求法。
9) 已知点的轴测投影阴影,怎样来求光线方向?
10) 试述立体的轴测投影阴影的作图思路。

8 透 视 图

[学习提示]

本章介绍透视图的画法，透视图是绘制产品效果图的理论基础，包括透视的基本概念与原理，点、线与面的透视图画法，形体透视图，透视图简易作图方法与透视阴影。

通过本章的学习应达到以下要求：
1) 了解透视基本概念，掌握透视原理。
2) 在了解点、线、面透视特性的基础上，掌握形体一点透视与成角透视图的画法。
3) 了解透视简易作图方法。
4) 了解透视阴影形成的原理与绘制方法。

8.1 透视图概述

透视图是一种设计语言，它以符合视觉特征的图形表达设计师的设计思想。它有别于表达立体结构，指导生产加工、装配、维修的多面视图，轴测图等工程图形语言，也不同于反映真实三维立体的模型形态语言及素描等其他设计语言。

在产品设计领域，各种图示语言由于其特点不同，表达的侧重点也就不同。如多面视图能真实准确地表达形体的结构与尺寸，但缺乏立体感；轴测图能反映立体形象，但由于不符合人的视觉特征而产生视觉失真；而透视图则是根据人的视觉特征建立的，用于形象表达产品形态特征的图形语言。简单而言，透视图体现以下基本特征：相互平行的直线向一点收敛，等大小的尺寸反映近大远小的视觉特征。素描、效果图等产品图示语言均以透视图为理论基础；离开透视理论，素描、效果图就无法呈现设计对象的基本特征。透视图是设计图学的必要组成，也是产品设计的基本技能之一。

透视图采用中心投影法，即以人眼为投射中心，将观看物体时由人眼引向物体的视线（直线）与画面（平面）的交点集合形成透视图。画物体的透视图，就是求通过物体各视线与画面交点的集合。

8.1.1 透视图的基本概念

1. 透视图的形成

在人的眼睛与被观察对象物（如立方体）之间设立一平面（画面），将视点与被观察物（立方体）的各个顶点相连，这些直线与画面分别有一个交点，这些交点就是各个顶点在画面上的投影点，即点的透视；将画面上的这些点用直线相连就得出立方体相应直线在画面上的透视投影，即直线的透视。如图 8-1 中的 A、B、C⋯分别是立方体上的 8 个顶点，SA、SB、SC⋯分别是视点与立方体顶点的连线，称视线。这些线与画面 P 的交点分别为 $A°$、$B°$、$C°$⋯，即立方体顶点 A、B、C⋯在画面上的透视投影。将画面上的相应点连线，如 $A°B°$，即得到立方体 AB 棱线在画面上的透视图。

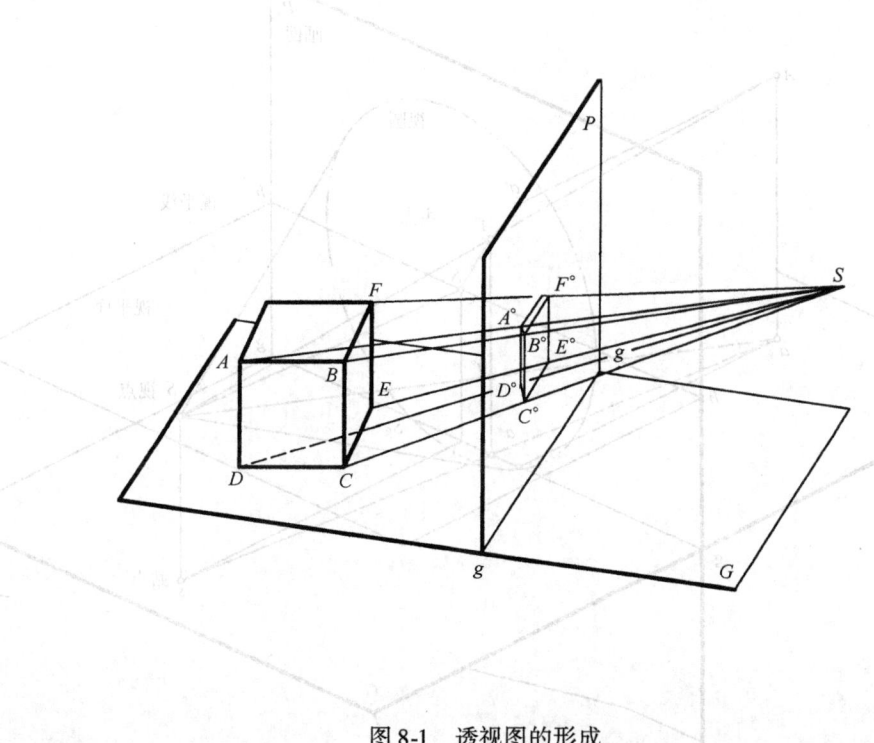

图 8-1 透视图的形成

2. 相关术语

中心投影法以画面 P（一般为铅垂面）与水平的基面 G 及视点 S 为模型，如图 8-2 所示。其相关术语如下：

(1) 视点(S)　观察者眼睛的位置，即投射中心。

(2) 画面(P)　绘画透视图的平面。

(3) 基面(G)　放置物体的平面。

(4) 主点($S°$，也称心点)　视点在画面上的正投影。

(5) 站点(s，也称驻点)　视点在基面上的正投影。

(6) 基线(g-g)　画面与基面的交线。

(7) 视平面　过视点(S)与基面(G)平行的平面。

(8) 视平线(h-h)　视平面与画面的交线。

(9) 视高(H)　视点(S)到基面的距离。

(10) 视距　视点(S)到画面(P)的距离。

(11) 画面投影　对象物在画面上的正投影。

(12) 基面投影　对象物在基面上的正投影。

(13) 视线　过视点与空间任意点的连线。

(14) 主视线　过视点且与画面垂直的视线。

(15) 视锥　以主视线为轴，视点为顶点，锥顶角为 α 的圆锥，α 一般为 60°。

(16) 视圈　视锥与画面的相交圆。

设 计 图 学

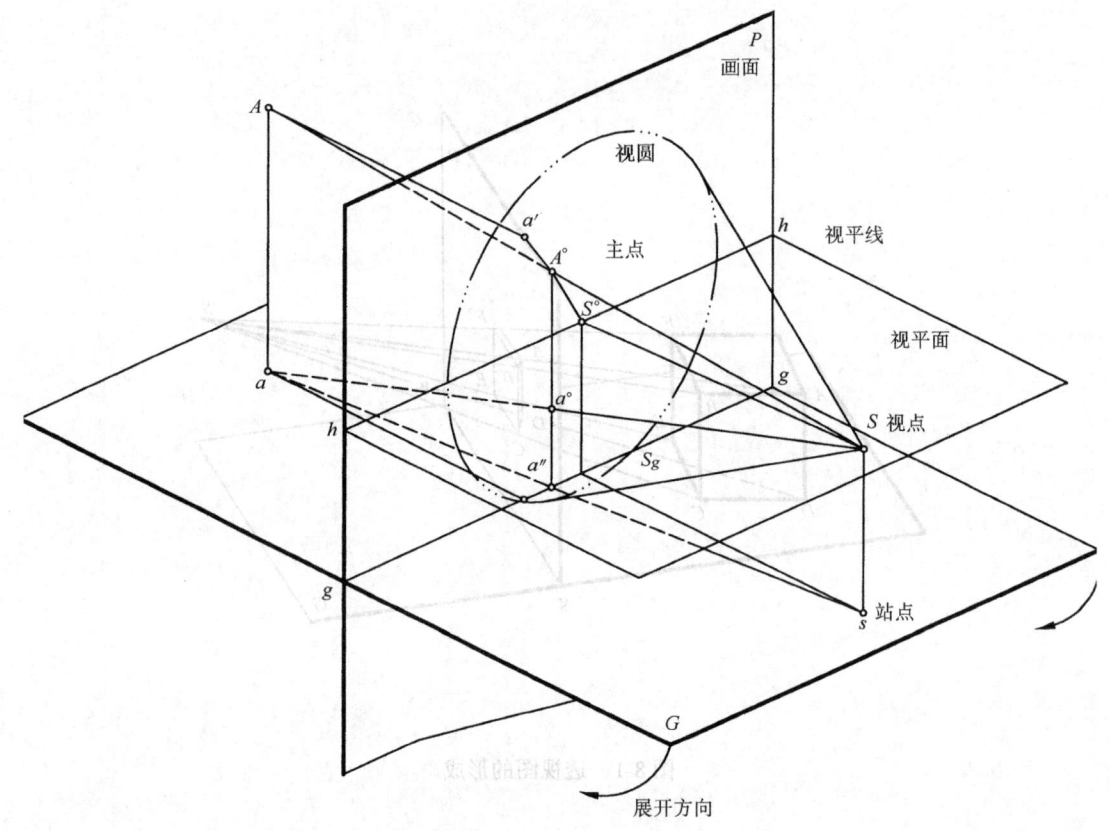

图 8-2　空间透视图模型

(17) 透视图　视点与空间点的连线(视线)与画面的交点,即为空间点在画面上的透视图。

(18) 基透视(或称次透视)　对象物基面投影的透视图,如图 8-2 中空间点 A 的基面投影 a 的透视图 $a°$,基透视 $a°$ 与其透视 $A°$ 必位于同一垂线上。

8.1.2　透视的基本原理

图 8-3 是一个空间透视模型,点 A 是空间的任意一点,S 是视点,$S°$ 是主点(心点),s 是站点,h-h 为视平线,g-g 为基线,画面为 P,基面为 G,求空间点 A 的透视。过点 S 与空间点 A 连线即为视线 SA,SA 与画面的交点即为所求点 A 的透视 $A°$。如何确定点 $A°$ 是透视作图的关键。可以将视线 SA 向基面作正投影得 sa,即点 A 的基面投影 a 与站点 s 的连线;而 g-g 线是画面在基面上的投影,因此,SA 与画面的交点的基面投影必在 g-g 线上,也必在 sa 上,sa 与 g-g 线的交点就是 $A°$ 在基面上的投影点 a''。在画面上过点 a'' 作 g-g 线的垂线,与 SA 的交点即是所求的空间点 A 的透视 $A°$。其基透视的作法是将视点 S 与基面投影 a 相连,连线 Sa 与过点 a'' 作的 g-g 线的垂线的交点即为点 A 的基透视 $a°$。

为讨论后继空间模型问题,透视图也可以用如下的方法作图:将点 A 向画面作正投影得到点 a',SA 在画面上的投影即为 $S°a'$,$S°a'$ 与视线 SA 的交点即为点 A 的透视 $A°$。

由于空间模型不易于透视图的作图,可将空间模型展开。将基面 G 绕 g-g 线(轴)按图 8-2 中箭头所示旋转方向展开至与画面重合的位置,如图 8-4 所示。

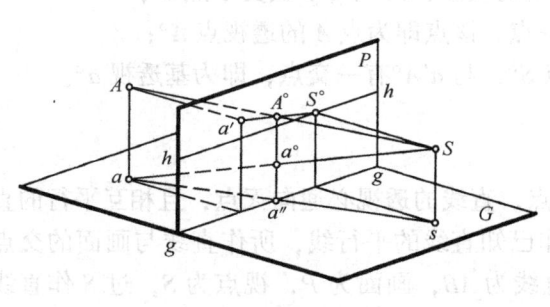

图 8-3 透视原理

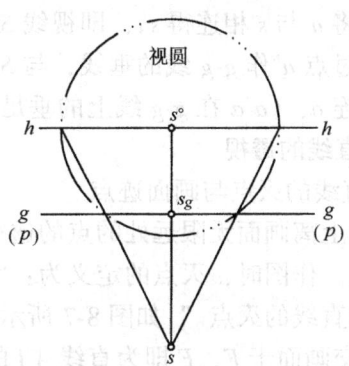

图 8-4 模型的展开

8.2 点与直线的透视

8.2.1 点的透视

任何复杂形体都可以看作为点、线、面和基本几何形体的组合。点是最基本的几何元素，点的透视图作法是绘制复杂形体透视图的基础。

1. 基面上点的透视

如图 8-5 所示，已知基面上的一点 A，求作其透视图。根据透视的基本原理，基面上点的基面投影就是其本身，而其画面投影则为过 a 所作与基线垂直的直线的垂足 a_g 连 as、$a_gS°$，过 as 与 g-g 线的交点 a''，作 g-g 的垂线，与 $S°a_g$ 交于一点，即基面上 A 点的透视 $A°$。

2. 空间点的透视

已知空间点 A 的基面投影 a 和画面投影 a'，如图 8-6 所示。其透视 $A°$ 及其透视 $a°$ 的求作方法为：

1）将 a' 与 $S°$ 相连得到 $S°a'$，即视线 SA 在画面上的投影；

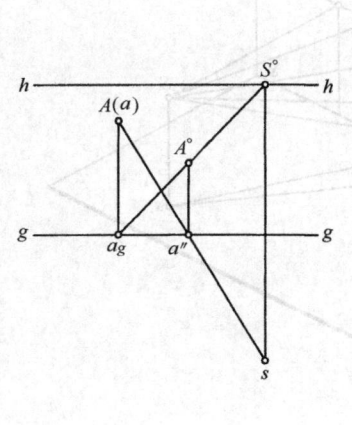

图 8-5 基面上点的透视

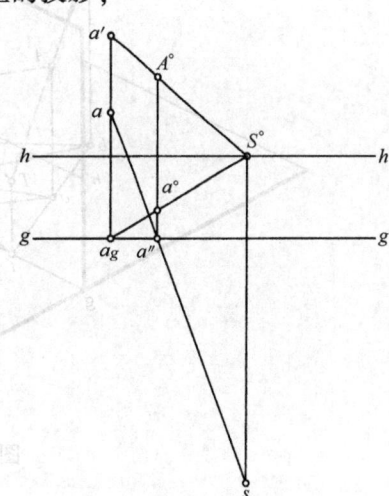

图 8-6 空间点的透视

2）将 a 与 s 相连得 sa，即视线 SA 在基面上的投影，sa 与 g-g 线交于点 a''；
3）过点 a'' 作 g-g 线的垂线，与 $S°a'$ 交于一点，该点即为点 A 的透视点 $A°$；
4）连 a_g（$a'a$ 在 g-g 线上的垂足）与主点 $S°$，与 $a''A°$ 有一交点，即为基透视 $a°$。

8.2.2 直线的透视

1. 直线的灭点与画面迹点

直线上离画面无限远处的点的透视称为灭点。直线的透视必通向灭点，且相互平行的直线共灭点。作图时，灭点的定义为："过视点作已知直线的平行线，所作直线与画面的交点即为已知直线的灭点。"如图 8-7 所示，空间直线为 AB，画面为 P，视点为 S，过 S 作直线 $SF \parallel AB$ 交画面于 F，F 即为直线 AB 的灭点，AB 的透视 $A°B°$ 必通向 F 点。

直线与画面的交点称直线的画面迹点，迹点的透视为其自身，其基透视在基线上，直线的透视必通过直线的画面迹点。

图 8-8 中，延长直线 AB 与画面相交，交点 T 即 AB 的画面迹点，直线 AB 的透视 $A°B°$ 通过迹点 T。迹点的基透视 t 的画面正投

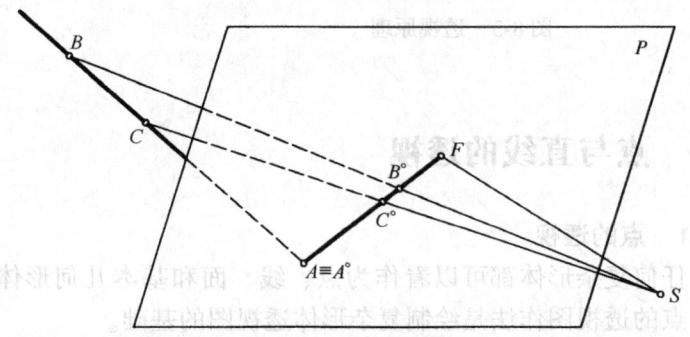

图 8-7 直线的灭点

影，也是直线的基面投影 ab 与画面的交点，在基线上，所以直线的基透视 $a°b°$ 延长后必然通过迹点 T 的基面投影 t。

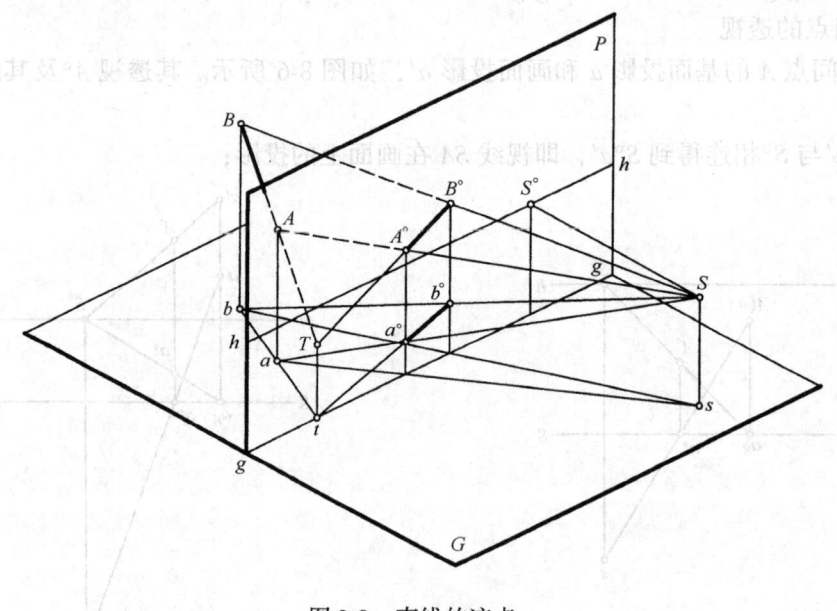

图 8-8 直线的迹点

直线的画面迹点和灭点的连线，是直线的全透视。

2. 直线的透视特征

直线的透视一般仍为直线，由于空间直线与画面和基面的相对位置不同，它们的透视图能反映出不同的特征。

（1）基平线　与基面平行的直线，其直线的灭点在视平线上，当基平线位于基面上时，其透视与基透视重合，如图8-9所示。

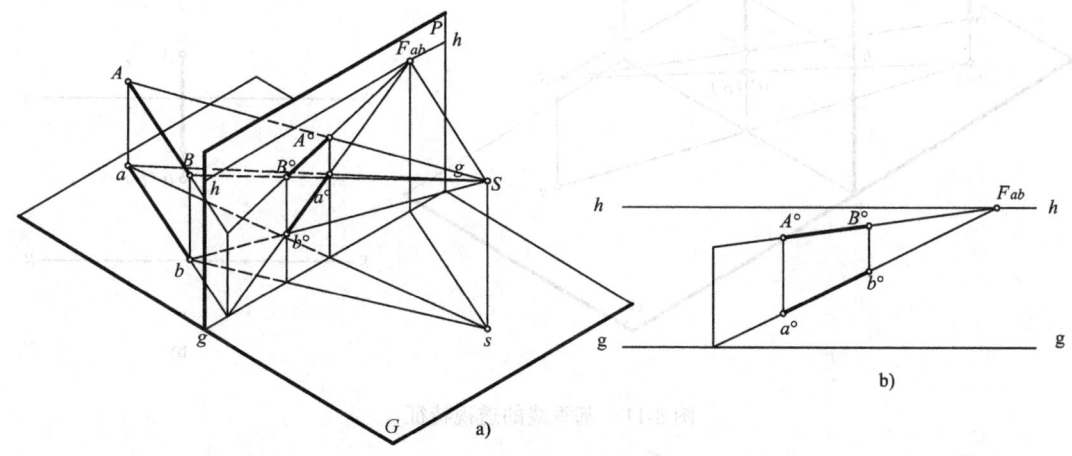

图8-9　基平线的透视特征

（2）画平线　平行于画面的直线，其灭点在无穷远处，画平线的透视与原形平行，基透视与 g-g 平行，画平线位于画面上时，透视即其自身，基透视在 g-g 线上，如图8-10所示。

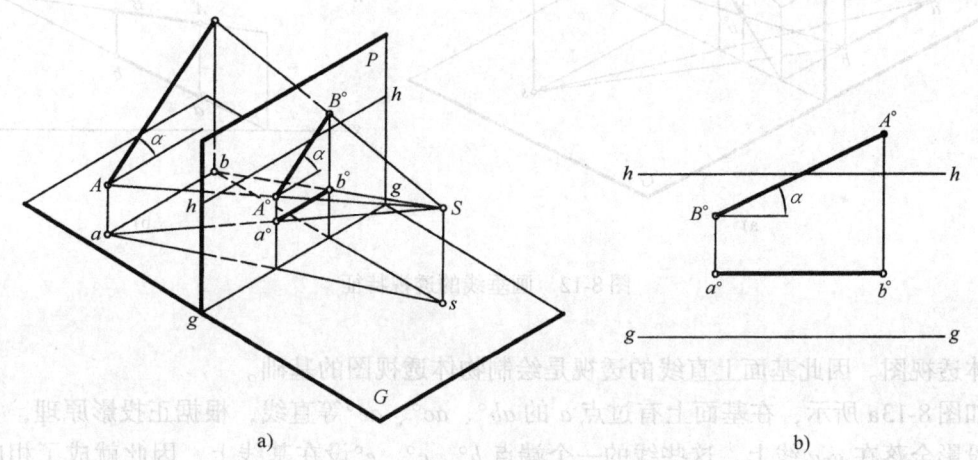

图8-10　画平线的透视特征

（3）基垂线　与基面垂直的直线，是画平线的一种，它具有一般画平线的透视特征；基垂线的透视必垂直于基线 g-g 和视平线 h-h，其基透视为一点，如图8-11所示。

（4）画垂线　垂直于画面的直线，是基平线的一种，它的透视具有基平线的一般特征。画垂线的灭点即主点 $S°$，如图8-12所示。

3. 基面上直线的灭点及其全透视

绘制物体透视图时往往是将物体的基面投影画成透视图，然后再根据其相关的高度画出

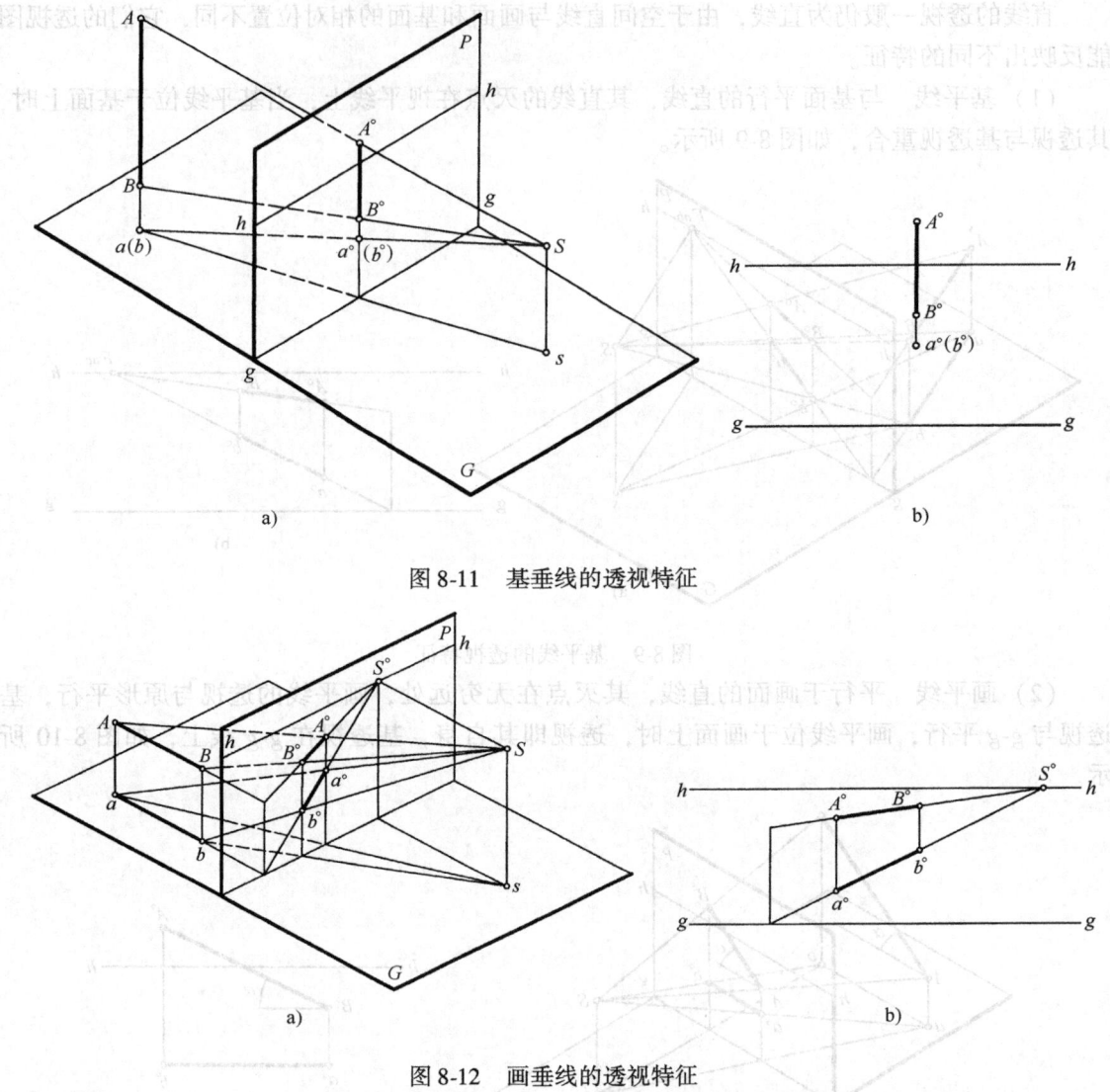

图 8-11 基垂线的透视特征

图 8-12 画垂线的透视特征

其形体透视图。因此基面上直线的透视是绘制物体透视图的基础。

如图 8-13a 所示，在基面上有过点 a 的 ab°、ac°、ae° 等直线，根据正投影原理，它们的画面投影全落在 g-g 线上，这些线的一个端点 b°、c°、e° 设在基线上，因此就成了相应的画面迹点。为求出各直线的全透视，必须定出各直线的相应灭点，如图 8-13b 所示。因为直线 ab° 垂直于画面，其灭点即主点 S°，连 b°S° 即得 ab° 的全透视。

直线 ac° 与画面成 45°，根据画法几何的原理："若两直线相互平行，则其同面投影也相互平行"，又因"平行直线共灭点"，有其灭点的求法为：过点 s 作 ac° 的平行线，与 g-g 线交于一点 d_r，过 d_r 作 g-g 的垂线交 h-h 线于点 D_R，D_R 即为 ac° 的灭点。由于 $S°D_R$ 等于视距 SS°（图 8-13a），特称此灭点为距点。连 c°D_R 即得直线 ac° 的全透视。

直线 ae° 是基面上的任意一条直线，过 s 作 ae° 的平行线交 g-g 线于点 f，过点 f 作 h-h 线的垂直线并交 h-h 于点 F，连线 Fe° 即为 ae° 的全透视。

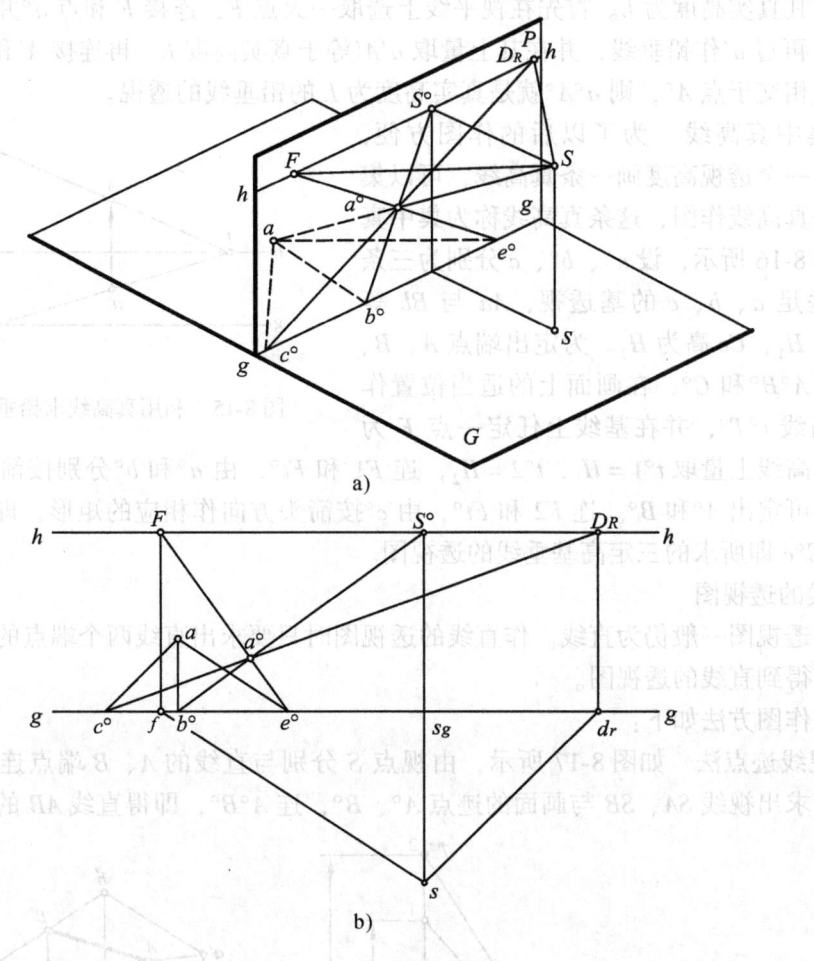

图 8-13 基面上直线的灭点及其全透视

4. 集中真高线

如前所述，位于画面上的铅垂线，其透视即本身，能反映该直线的真实长度，利用这个特性可以解决透视高度的问题。

如图 8-14 所示，有一铅垂的四边形 $A°B°C°D°$。由于 $A°D°$ 和 $B°C°$ 汇交于视平线上同一个灭点 F，因此，空间直线 AD 和 BC 是互相平行的两条水平线。$A°B°$ 和 $D°C°$ 则是两条铅垂线 AB 和 DC 的透视。因而 $A°B°C°D°$ 是一矩形的透视，AB 与 DC 是等高的，而 AB 位于画面上，故其透视 $A°B°$ 反映了 AB 的真实高度 L，而 CD 位于画面的后面，其透视 $C°D°$ 不能反映真高，但可以通过图中的 AB 的真高确定，因此我们将画面中的铅垂线称为透视图中的真高线。

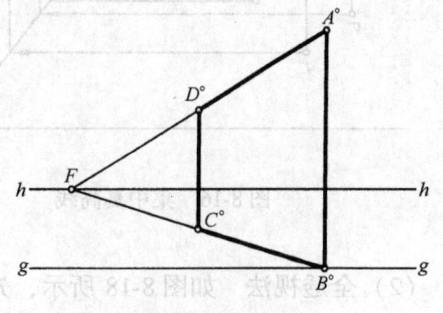

图 8-14 真高线

（1）利用真高线作图 如图 8-15 所示，图中 $a°$ 是铅垂线的基透视，欲自点 $a°$ 作铅垂线的透视，使其真实高度为 L。首先在视平线上选取一灭点 F，连接 F 和点 $a°$ 并延长，与基线交于点 a'。再过 a' 作铅垂线，并在其上量取 $a'A'$ 等于真实高度 L。再连接 A' 和 F，$A'F$ 与 $a°$ 处的铅垂线相交于点 $A°$，则 $a°A°$ 就是真实高度为 L 的铅垂线的透视。

（2）集中真高线 为了以后的作图方便，避免每确定一个透视高度画一条真高线，可以集中利用一条真高线作图，这条真高线称为集中真高线。如图 8-16 所示，设 $a°$、$b°$、c 分别为三条基垂线之垂足 a、b、c 的基透视，Aa 与 Bb 等高，高度为 H_1，Cc 高为 H_2。为定出端点 A、B、C 的透视图 $A°B°$ 和 $C°$，在画面上的适当位置作出集中真高线 $t°T°$，并在基线上任定一点 F 为灭点。在真高线上量取 $t°1 = H_1$，$t°2 = H_2$，连 $F1$ 和 $Ft°$，由 $a°$ 和 $b°$ 分别按箭头方向作相应的矩形，即可定出 $A°$ 和 $B°$。连 $F2$ 和 $Ft°$，由 $c°$ 按箭头方向作相应的矩形，即可定出 $C°$ 点，$A°a$、$B°b$、$C°c$ 即所求的三定高基垂线的透视图。

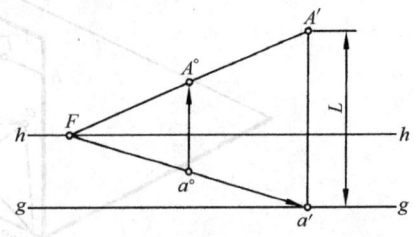

图 8-15 利用真高线求铅垂线的透视

5. 直线的透视图

直线的透视图一般仍为直线。作直线的透视图时只要求出直线两个端点的透视，然后将其连线即可得到直线的透视图。

具体的作图方法如下：

（1）视线迹点法 如图 8-17 所示，由视点 S 分别与直线的 A、B 端点连视线，由画法几何原理，求出视线 SA、SB 与画面的迹点 $A°$、$B°$，连 $A°B°$，即得直线 AB 的透视图。

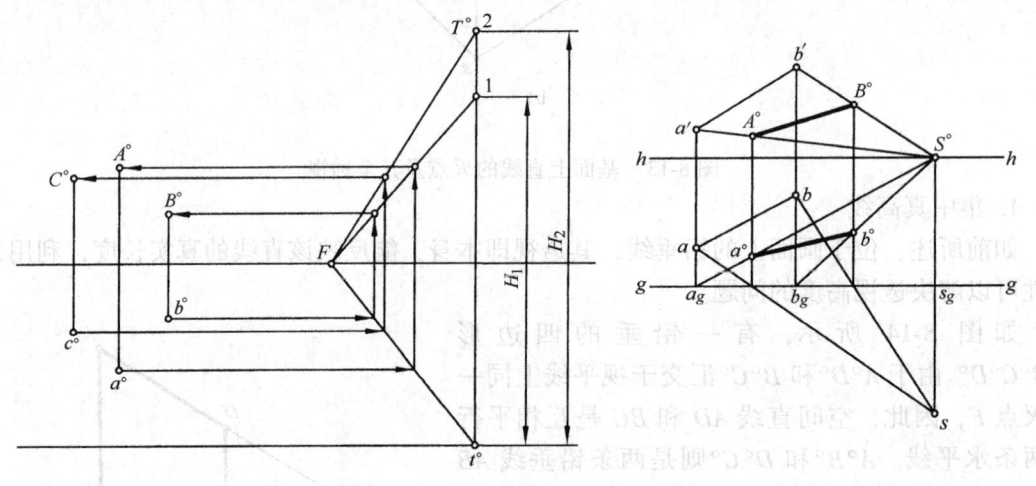

图 8-16 集中真高线　　　　　图 8-17 视线迹点法求直线的透视图

（2）全透视法 如图 8-18 所示，先求出已知直线的画面迹点和灭点，相连后得出直线的全透视，然后再截取所需的线段。作图步骤如下：

1）求作 AB 直线的画面迹点。延长直线 ab 交基线于点 m，过 m 作基线的垂线，与 $a'b'$ 的延长线交于一点 M，M 即是直线 AB 的画面迹点。

2）求作 AB 直线的灭点。过站点 s 作直线平行于 ab，交基线 g-g 于点 c，过点 c 作 g-g

的垂线与过主点 $S°$ 所作平行于 $a'b'$ 的直线交于 F_{AB}，F_{AB} 即直线 AB 的灭点。过 c 所作的 g-g 线的垂线与 h-h 线交于 f_{ab}，此即为 AB 线的基面灭点。

3）连 MF_{AB} 得 AB 直线的全透视，而 mf_{ab} 则为直线 AB 基面投影的全透视。

4）连 $S°a'$、$S°b'$ 分别与 MF_{AB} 相交于 $A°$ 和 $B°$，过 $A°$、$B°$ 分别作垂线交 mf_{ab} 于 $a°$、$b°$，$A°B°$ 和 $a°b°$ 即为直线 AB 的透视和基透视。

6. 直线的分割

在绘制透视图时往往要定出线段的定比分割点。然而，只有画面上的线段反映实长，画平线的线段分割比在透视图中得以保持外，其他线段的长度分割比因透视变形而不等于原长度比。因此需用画平线的特性来解决直线的透视分割问题。

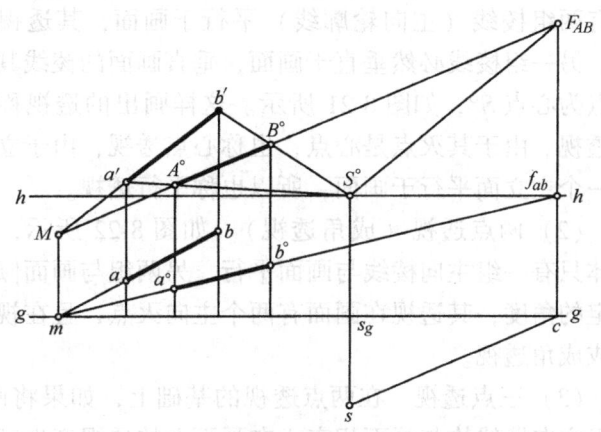

图 8-18　全透视法求直线的透视图

（1）基平线的分割　如图 8-19 所示，已知基平线 AB 的透视图 $A°B°$，需定出将 AB 三等分的分割点的透视 $1°$、$2°$。具体作图如下：

1）过 $A°$ 作直线 $A°3$ 平行于基线；

2）在 $A°3$ 上用任意长度量定 $A°1 = 12 = 23$；

3）连 $3B°$ 交视平线于点 F，连接 $1F$、$2F$ 分别交 $A°B°$ 于点 $1°$、$2°$，点 $1°$、$2°$ 即分别为 AB 的三等分点的透视。

（2）基平线上连续等长线段的分割　如图 8-20 所示，在基平线 AF 的透视 $A°F$ 上，欲求 AF 上若干等长线段的透视，其作图方法如下：

在视平线上取一适当的点 F_1 作为灭点，$B°$ 为一个已知的分割点，连 $F_1B°$ 与过 $A°$ 的水平直线交于 B_1 点，然后在水平直线上连续量取相同长度的线段，获得点 C_1、点 D_1、点 E_1……，将这些点分别与点 F_1 连线，与 $A°F$ 相交得透视分割点 $C°$、$D°$、$E°$…。

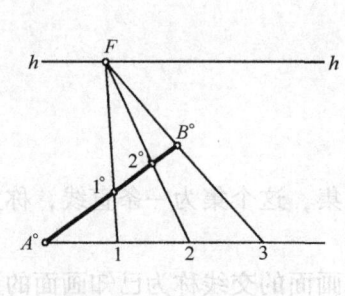

图 8-19　直线三等分点的透视

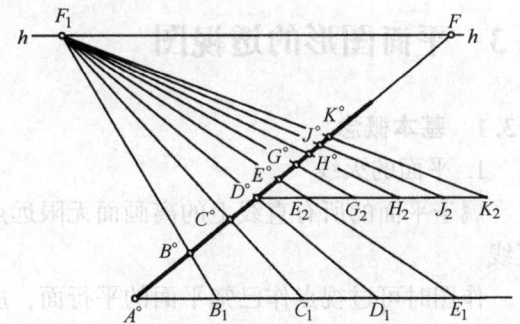

图 8-20　等长直线的透视分割

8.2.3　透视图的分类

一个物体由于其与画面的相对位置不同，它的长宽高三个主要方向的轮廓线与画面可能平行或不平行。如果不平行，在透视图中就会形成透视灭点，而与画面平行的轮廓线其透视图也与画面平行，就没有灭点。因而透视图按主向灭点的多少分为以下三种：

（1）一点透视（心点透视、平行透视）　如果一个物体有两组棱线（主向轮廓线）平行于画面，其透视无灭点，另一组棱线必然垂直于画面，垂直画面的棱线其透视灭点为心点 $S°$，如图 8-21 所示。这样画出的透视称为一点透视。由于其灭点是心点，也称心点透视，由于立方体的一个主立面平行于画面，所以也称平行透视。

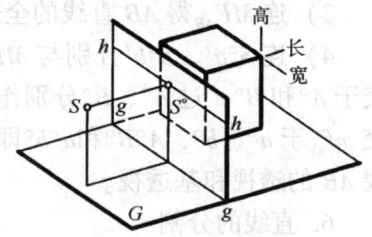

图 8-21　一点透视

（2）两点透视（成角透视）　如图 8-22 所示，一个物体只有一组主向棱线与画面平行，另两组与画面倾斜成一定的角度，其透视在画面有两个主向灭点，且在视平线上。这样画出的透视图称为两点透视或成角透视。

（3）三点透视　在两点透视的基础上，如果将画面绕基线旋转一定的角度，则物体的三组主向棱线均与画面相交，在画面上的透视产生三个灭点，这样画出的透视图称为三点透视，如图 8-23 所示。

三点透视一般用于表现高大的建筑物或大型的产品设备。

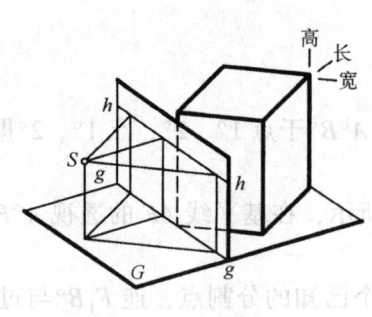

图 8-22　成角透视

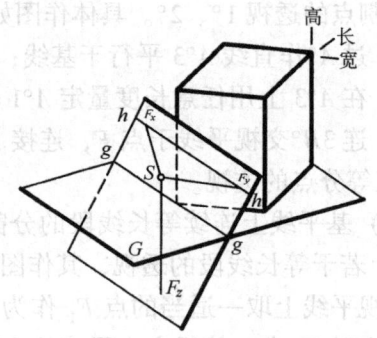

图 8-23　三点透视

8.3　平面图形的透视图

8.3.1　基本概念

1. 平面的灭线

属于平面的所有直线上的离画面无限远点的透视的集，这个集为一条直线，称为平面的灭线。

作图时可过视点作已知平面的平行面，所作平面与画面的交线称为已知画面的灭线。所有平行的平面共灭线。作图时只要求出平面上任意两条相交直线的灭点，将其连线即可得到平面的灭线。

2. 直线的量点

设在基面上有相交二直线 L_1、L_2，若通过 L_1 的灭点可以根据真实长度定 L_2 的透视长度，则称 L_1 的灭点为 L_2 的量点。

如图 8-24 所示，位于基面上的任一直线 AB，T 是 AB 的画面迹点，F 是 AB 的灭点，位于视平线上，TF 即为 AB 的全透视，在基面上作辅助线 AA_1 交基线于点 A_1，并使 $TA_1 = TA$，$\triangle ATA_1$ 为等腰三角形，辅助线 AA_1 是等腰三角形的底边。过点 S 作 AA_1 的平行线交画面于视平线上的一点 M，M 即为 AA_1 的灭点，连 A_1M 即得辅助线 AA_1 的全透视，A_1M 与 TF 的交点即为点 A 的透视 $A°$。因为 $\triangle ATA_1$ 是等腰三角形，则 $\triangle A°TA_1$ 是该等腰三角形的透视，因而，$TA°$ 与 TA_1 作为两腰，其长度是"透视的"相等，$TA°$ 的真实长度等于 TA_1 的长度，而 TA_1 的长度即为空间直线 TA 的长度。也就是说，为了求得点 $A°$，使 $A°$ 与点 T 的距离实际上等于 TA，可在基线上从点 T 量取一段长度为 TA_1，使 $TA_1 = TA$，得到点 A_1，连接 A_1 与 M，A_1M 与 TF 相交于一点即为点 $A°$。

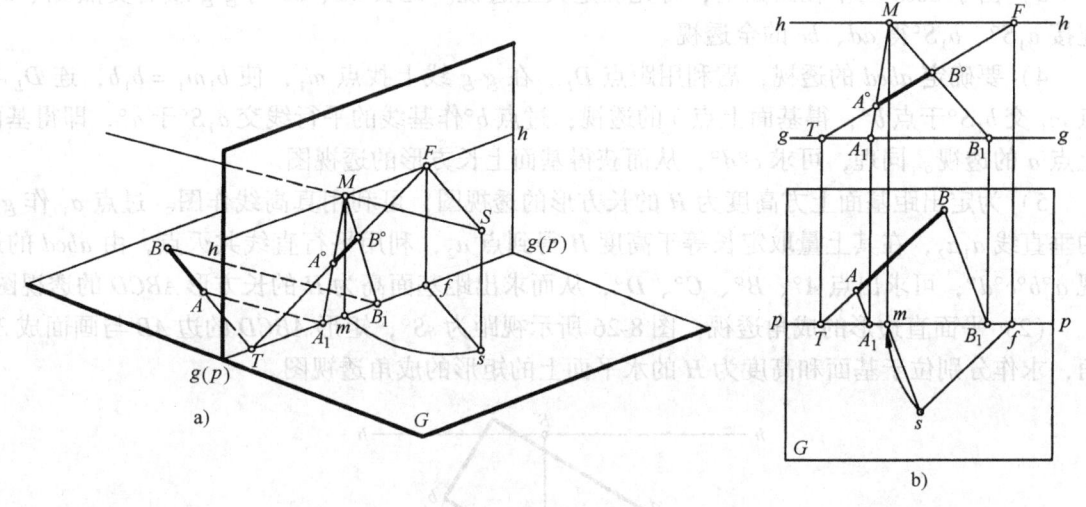

图 8-24 直线的量点

同理，可求出 B 的透视点 $B°$，$TB°$ 的真实长度等于空间直线 TB 的长度。

正因为灭点 M 是用来量取 AB（其透视为 TF）方向上线段的透视长度的，所以辅助线的灭点称为量点。

量点的具体求法如图 8-24b 所示，过点 s 作 AB 的平行线，交基线于点 f，以 f 为圆心 sf 为半径画弧，交基线于点 m；过点 f 作垂线交视平线于点 F，即得直线 AB 的灭点 F，由点 m 作垂线交视平线于点 M，或直接在 h-h 线上量取 $FM = sf$ 得到 M 点。

8.3.2 直边形的透视图

1. 基平面图形的透视

（1）平面直边形的一点透视　已知长方形 $ABCD$ 的基面投影 $abcd$ 及其主点 $S°$ 的相对位置，视距为 $sS°$，如图 8-25a 所示。求作矩形在基面上和距基面高为 H 的水平面上时的一点透视。

作图步骤如下：

1）由图 8-25a 可知，长方形的边 AB∥CD∥g-g、(AD∥BC)⊥g-g，由透视原理可知，前者的灭点在无限远处，后者的灭点即主点 $S°$。

2）根据视距 $sS°$ 定出距点 D_L，D_L 是与画面成 45°基平线的灭点。

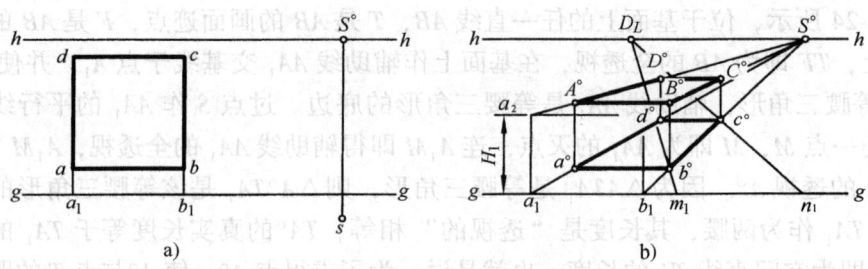

图 8-25 平面直边形的一点透视图

3) 由于 abcd 均不在画面上，可先确定其全透视。延长 da、cb 与 g-g 线有交点 a_1、b_1，连接 $a_1S°$、$b_1S°$ 得 ad、bc 的全透视。

4) 要确定 abcd 的透视，需利用距点 D_L。在 g-g 线上找点 m_1，使 $b_1m_1 = b_1b$，连 D_L 与点 m_1 交 $b_1S°$ 于点 $b°$，得基面上点 b 的透视；过点 $b°$ 作基线的平行线交 $a_1S°$ 于 $a°$，即得基面上点 a 的透视。同理，可求 $c°d°$，从而获得基面上长方形的透视图。

5) 为定出距基面上方高度为 H 的长方形的透视图，可利用真高线作图。过点 a_1 作 g-g 的垂直线 a_1a_2，在其上量取定长等于高度 H 得到点 a_2，利用平行直线共灭点，由 abcd 的透视 $a°b°c°d°$，可求出点 $A°$、$B°$、$C°$、$D°$，从而求出距基面高为 H 的长方形 ABCD 的透视图。

(2) 平面直边形的成角透视　图 8-26 所示视距为 $sS°$，矩形 ABCD 的边 AB 与画面成 3α 角，求作分别位于基面和高度为 H 的水平面上的矩形的成角透视图。

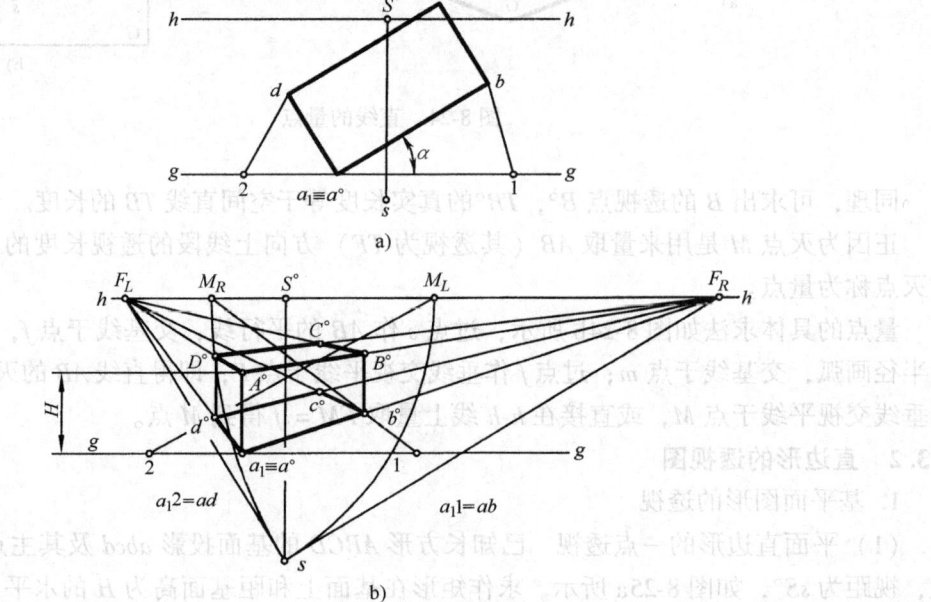

图 8-26 平面直边形的成角透视

作图步骤如下：

1) 按透视原理定出灭点 F_R、F_L，按量点的求作方法定出 M_R、M_L，如图 8-26b 所示。

2) 连 a_1F_R、a_1F_L，即得 ab、ad 的全透视。

3) 自点 a_1 量取 $a_1 1 = ab$、$a_1 2 = ad$，分别连 $1M_R$、$2M_L$ 交 a_1F_R、a_1F_L 于点 $b°$、$d°$，即得 ab、ad 的透视 $a°b°$、$a°d°$。

4) 由平行线共灭点的原理，分别连 $b°F_L$、$d°F_R$ 交于点 $c°$，即得点 c 的透视，$a°b°c°d°$ 是 $ABCD$ 的透视图。

5) 与图 8-25 作图相同，可求出距基面高为 H 的矩形 $ABCD$ 的透视图。

2. 矩形的分割与倍增

(1) 基平面的分割　如图 8-27 所示，已知基平面矩形 $ABCD$ 的透视图 $A°B°C°D°$，求作它的纵横向等分割。作图如下：连接 $D°B°$、$A°C°$ 交于一点 $O°$，过点 $O°$ 连接 $O°F_1$、$O°F_2$ 即得矩形的等分割。

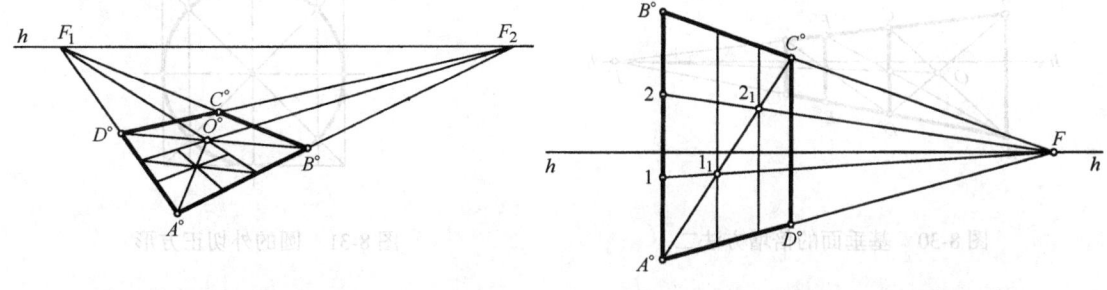

图 8-27　基平面的透视等分　　　　图 8-28　基垂面的透视等分

(2) 基垂面的分割　如图 8-28 所示，已知基垂面 $ABCD$ 的透视图为 $A°B°C°D°$，$AB = A°B°$，即 AB 位于画面上，求作矩形的纵横各三等分。作图步骤如下：

1) 因为 $AB = A°B°$，可直接在 $A°B°$ 上截取三等分的分割点为 1、2，连 $1F$ 和 $2F$。

2) 连对角线 $A°C°$ 与 $1F$、$2F$ 分别相交于点 1_1、2_1。

3) 过 1_1、2_1 作 h-h 的垂线，完成分割。

(3) 矩形的倍增　如图 8-29 所示，已知基垂面 $ABCD$ 的透视图 $A°B°C°D°$，求作矩形 $ABCD$ 连续相等增大的透视图形。作图步骤如下：

1) 因为基垂面的灭线垂直于视平线，又因灭线是平面上所有直线的灭点的集，所以矩形 $ABCD$ 的灭线为 FF_1。即过灭点 F 垂直于 h-h 线的直线 FF_1。

2) 连对角线 $A°C°$ 延长与 FF_1 交于一点 F_1，即为对角线的灭点。当矩形倍增时，对角线平行共灭点 F_1，连 $D°F_1$ 与 $B°F$ 交于点 $F°$，$D°F°$ 即为倍增的矩形的对角线，再由 $F°$ 作垂线交 $A°F$ 于点 $E°$，$C°F°E°D°$ 即为所求的倍增矩形。

也可如图 8-30 所示，利用 $A°B°C°D°$ 的对角线定出中心 $O°$，连 $O°F$ 交于 $D°C°$ 一点，过该点与点 $A°$ 作一直线延长交 $B°F°$ 于一点 $F°$，过点 $F°$ 作垂线交 $A°F$ 于点 $E°$，$C°F°E°D°$ 即为所求的

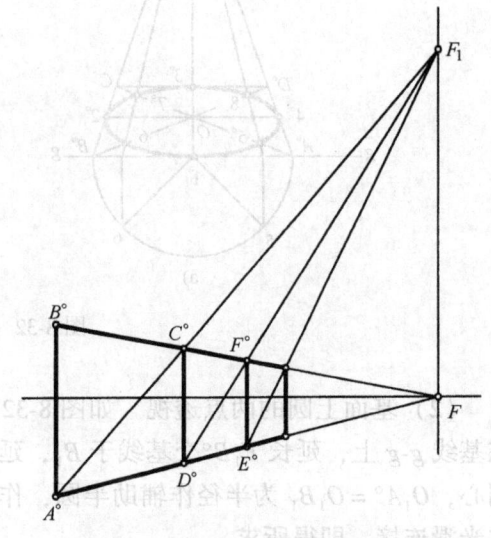

图 8-29　基垂面的倍增方法一

倍增矩形。

8.3.3 曲边形的透视图

曲边形的透视实际上是求出曲线上相应点的透视图，然后将其光滑地连接即为所求曲线的透视图。其中圆形的透视图通常是用八点法作图，如图 8-31 所示，先作出圆的外接正方形，它与圆周有四个切点，也即圆的一对互相垂直的中心线上的四个端点；然后，连正方形的两条对角线与圆周相交于另四个点；为了能用两条直线的交点来确定这四个点，可另作两条与一中心线平行的辅助线。把图 8-31 画成透视图，也就得到了圆周上八个点的透视图。用光滑曲线依次连接这八个点，就得到圆的透视图——椭圆。

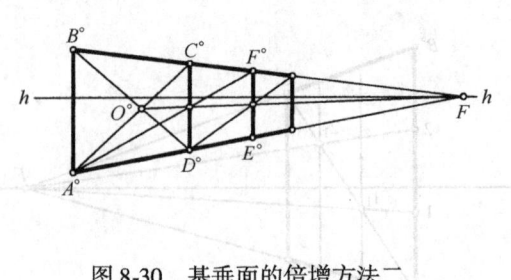

图 8-30 基垂面的倍增方法二

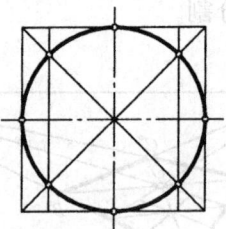

图 8-31 圆的外切正方形

（1）基面上圆的一点透视　如图 8-32a 所示，设圆的外接正方形 $ABCD$ 的一个边 AB 在基线上，则有 $AB≡A°B°$。作出正方形的一点透视，并利用辅助半圆作出图 8-31 所示各辅助线的透视，定出圆周上八个点的透视图；最后，用光滑曲线顺序连接这八个点成椭圆，即为所求。

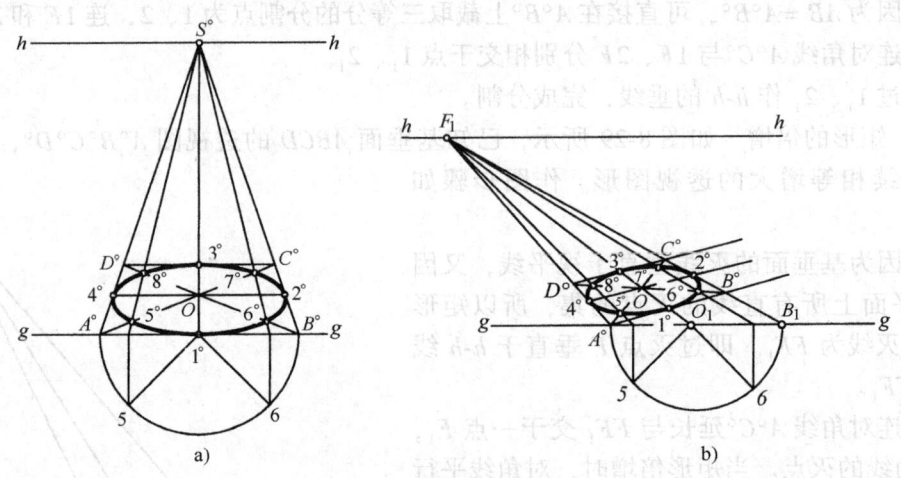

图 8-32 基面上圆的透视

（2）基面上圆的两点透视　如图 8-32b 所示，作出圆的外接正方形的两点透视。设 $A°$ 在基线 g-g 上，延长 $F_1B°$ 交基线于 B_1，延长 F_1O 交基线于 O_1，必有 $O_1A° = O_1B_1$。以 O_1 为圆心，$O_1A° = O_1B_1$ 为半径作辅助半圆，作出诸辅助线的透视，定出圆周上八个点的透视后并光滑连接，即得所求。

（3）基垂面上圆的透视　已知基垂面圆的外接正方形的透视 $A°B°C°D°$，可作其内接圆的透视，其方法如图 8-33 所示。

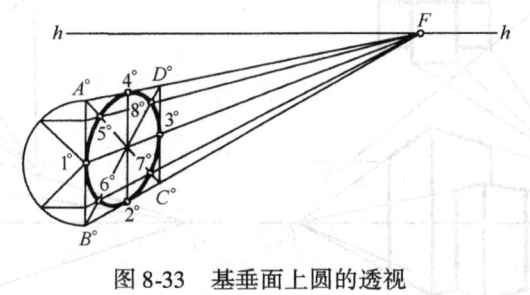

图 8-33　基垂面上圆的透视

8.4　形体的透视图

8.4.1　影响形体透视形象的因素

在着手绘制透视图之前，应先根据表现形体的要求选定用何种形式的透视。同时要安排好视点（包含视距和视高）、画面和对象物三者之间的相对位置，因为它们将直接影响所绘形体的透视形象。

1. 视距的影响

如前所述，人眼的视野范围一般看成是以视点为顶点，锥顶角为 60°的正圆锥，称为视锥。它与画面的相交圆称为视域。视锥的顶角称为视角，视角通常被控制在 60°以内，以 30°~40°为佳，大于 60°时就会使透视图产生畸变而失真。

作图时，站点的位置直接反映视距的大小，如图 8-34 所示。对同一个形体，当站点为 s_1（视距较近）时，两侧边缘视线的夹角较大，两个主向灭点的间距过近，形体的水平轮廓线收敛急剧，形象不佳。而当站点为 s_2 时，视距加大，两边缘视线的夹角变小，两主向灭点的间距加大，水平轮廓线显得平缓，左侧面反映较宽阔，视觉形象较佳。

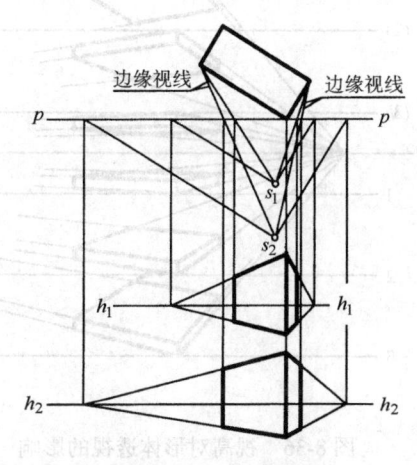

图 8-34　视距的影响

除了视距外，还需考虑视点与形体的相对位置，使透视充分反映对象的造型特征。图 8-35a 由于视点过于偏左，透视图未能反映对象物的全貌。而图 8-35b 因使视点适当右移，透视图的视觉效果较好。

2. 视高的影响

如图 8-36 所示，设 1、2、3 为处于不同视高下的基线（视点在基面以上），当基线为 1 时，视高最小，得到三个矩形块的透视图；又设 (1)、(2)、(3) 为视点在基面以下的三不同位置的基线，此时基线 (1) 的负向视高最大，又得到另三个矩形块的透视图。可见，前者见到矩形块的顶、左、前三个侧面，而后者见到底、左、前三个侧面，而且在视距不变的情况下，视高愈大则形象愈趋失真。

3. 形体侧面与画面倾角的影响

如图 8-37 所示，设计形体左前面与画面的倾角分别为 θ_1、θ_2 和 θ_3 时，透视图分别为图

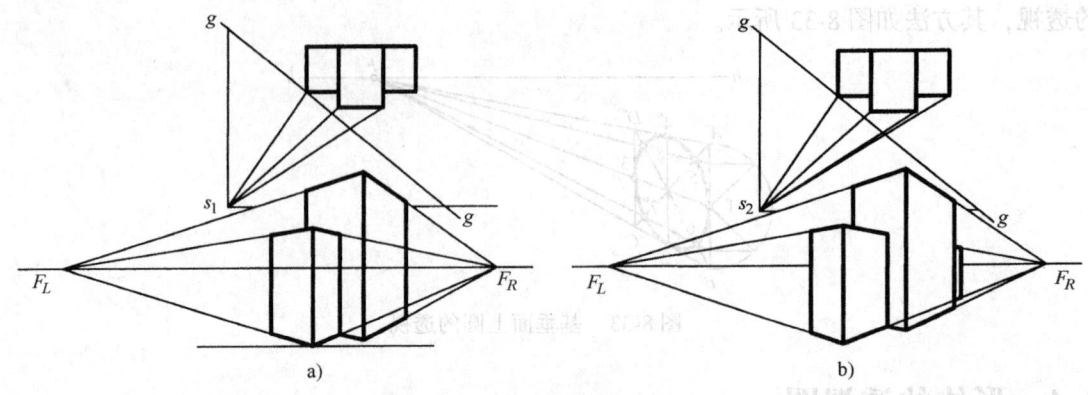

图 8-35 视点相对位置的影响

8-37a、b、c，可见当该侧面与画面的夹角过大（倾角为 θ_3），透视图 8-37c 的形象失真。

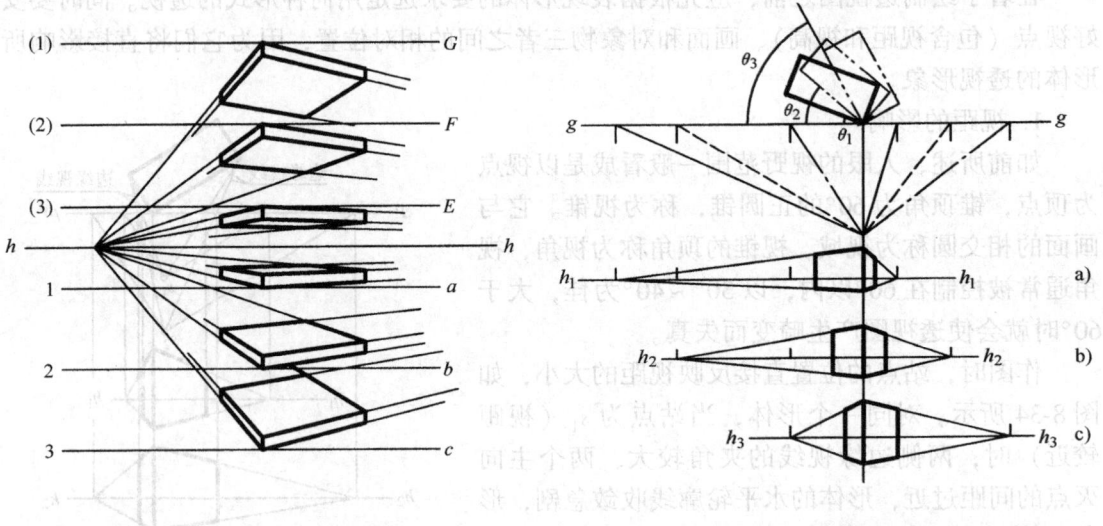

图 8-36 视高对形体透视的影响　　　图 8-37 形体侧面与基面倾角对透视的影响

8.4.2 作图举例

1. 距点法作一点透视

图 8-38b 表示了某建筑物的平面图与画面的相对位置，视距为 $sS°$。图 8-38a 为所作透视图。

有关的作图要点如下：

1) 根据视距 $sS°$ 在视平线 $h\text{-}h$ 上自主点 $S°$ 向左量定 $S°D_L$，D_L 为距点。

2) 由于 B 棱、J 棱和 L 棱所在的平面紧贴于画面，故其透视图反映真形，两棱线的透视图 $b_1b_1°$ 和 $j_1j_1°$ 反映真高，过 $b_1°j_1°$ 作辅助线 $m\text{-}m$（目的是便于作图和使图画清晰）。

3) A 棱位于画面前方，透视高将大于真高，为定 $a_1°$，可在平面图上过 a 作 $a\bar{a}$，与画面成 $45°$，由 $\bar{a}$ 作垂线交辅助线 $m\text{-}m$ 于 a_1，连 a_1D_L 和 $b_1°S°$ 相交于 $a_1°$，$a_1°$ 即为所求。

4) 为求 $k_1°$，可在平面图上由 k 向左作水平线 kc 交 be 于 c，由 c 作 $45°$ 线交 $p\text{-}p$（画面的

水平投影）于 $\bar{c}$，由 $\bar{c}$ 作垂线交 $m\text{-}m$ 于 c_1，连 $c_1 D_L$ 与 $b^\circ_1 S^\circ$ 相交于 c°_1，再由 c°_1 向右作水平线交 $l^\circ_1 S^\circ$ 于 k°_1，k°_1 即为所求。

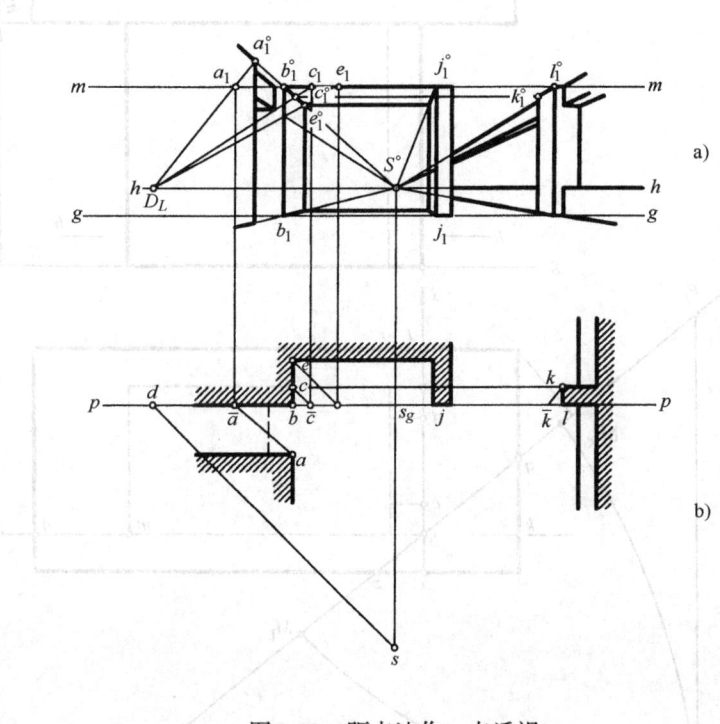

图 8-38 距点法作一点透视

2. 量点法作成角透视

已知形体与画面的相对位置如图 8-39a 所示，站点为 s，图 8-39b 为该形体的成角透视图。

相关作图方法要点如下：

1）在图 8-39a 中，根据画面与形体已定的相对位置定出两个主向灭点 F_R 和 F_L 及相应的量点 M_R 和 M_L。

2）在图 8-39b 中，根据视高画出基线和视平线，根据图 8-39a 将已定的灭点和量点转移到视平线上。

3）本题中 BB_1 棱位于画面，所以 $B^\circ B_1 = BB_1$，其余透视高度可通过真高线上相应的真高定出。

3. 圆拱门的成角透视图

图 8-40 中，左侧是圆拱门的正面图，右侧为其成角透视图。

首先，将圆拱门的主体看作一个长方形柱体，它的两点透视不难作出；然后在长方柱中挖除拱洞，而拱洞的主要问题是解决前、后两个半圆弧的透视作图。半圆弧的作图可参考图 8-33 所示的方法，将半圆纳入半个正方形中，作出半个正方形的透视，就得到透视弧上的三个点 1°、3° 和 5°，再作出两正方形对角线与半圆弧交点 2、4 的透视图 2°、4°，圆滑地连接这五点，就是前口半圆弧的透视图。

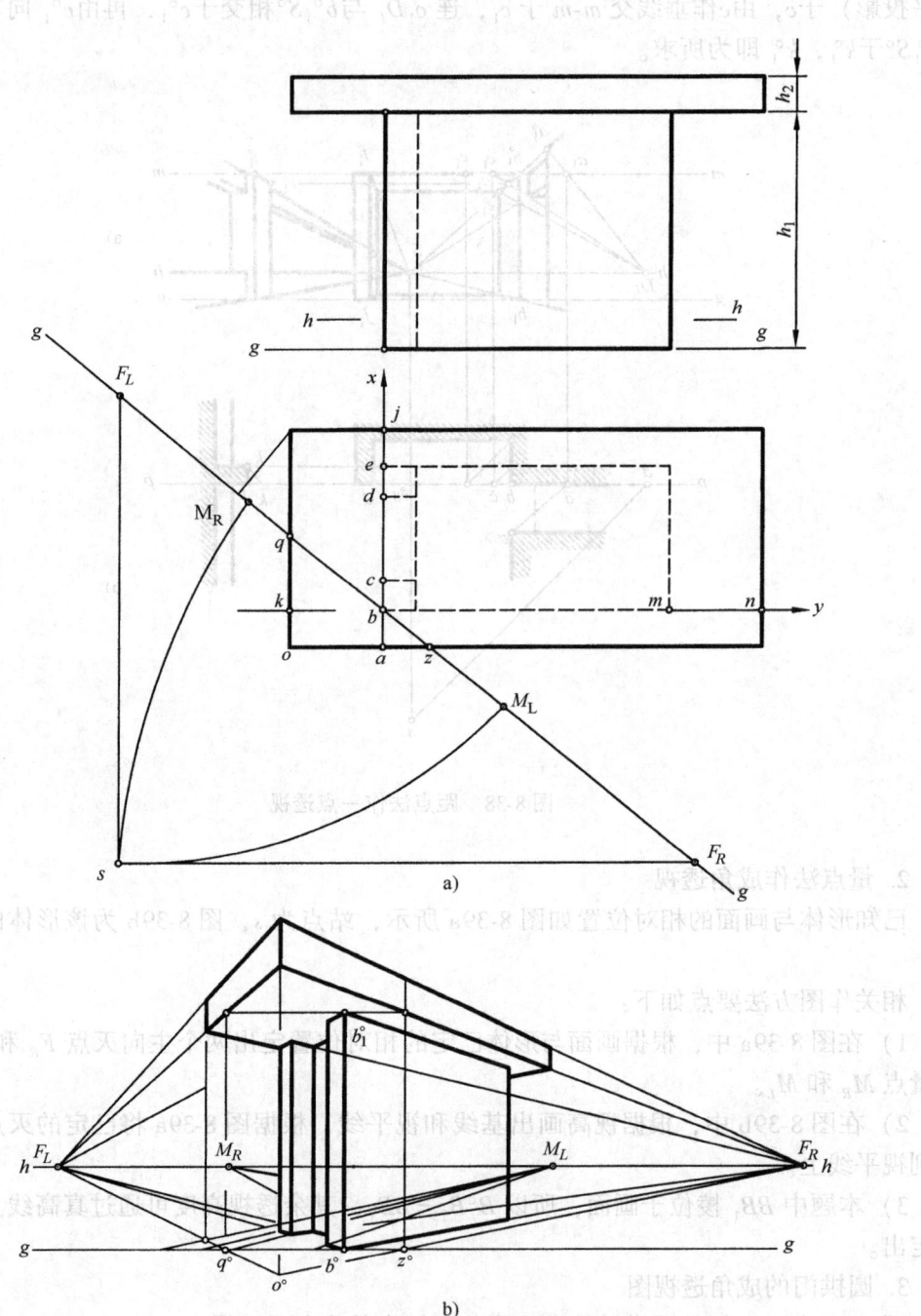

图 8-39 量点法作成角透视

后口半圆弧的透视可用同法画出。图中所示为过前半圆上的已知五点引圆拱柱面的素线,并利用素线在拱门顶面上的基透视所确定的长度,定出后口上相应的五点,顺次连接而成。

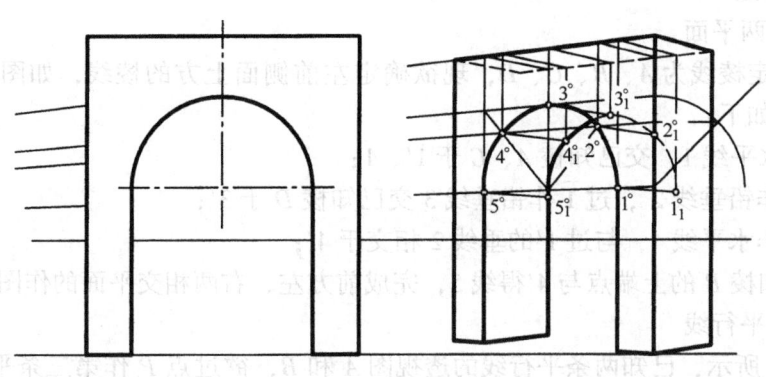

图 8-40　圆拱门的成角透视

8.5　透视图简易作图法

8.5.1　概述

按前述的理论和方法绘制透视图，可以保证图形的准确性，但它的弊病是图纸幅面的利用率不高，画出的图形较小，难以预测完成图的效果。所谓简易作图法是根据透视投影的原理和一些几何关系推演出来的。它的优点是可以克服上述弊病，但是，实际上作图过程并不见得简易，图形的准确性也较差。不过，透视图主要是用以表现物体的形象，并不据以生产，所以仍不失为一种可酌情使用的作图方法。

鉴于绘制产品的透视图时，一般不外乎采用先将整体看作一个直角平行六面体（长方体），再在内部进行分割；或者看作若干个小六面体的堆砌、组合，然后再对斜面、曲面分别进行处理、细化。故本节着重介绍直角平行六面体的画法。

透视图中可以自由确定的元素是有限制的，直角平行六面体具有相互垂直的 12 条棱线，在两点透视图中，除铅垂的棱线，其透视方向仍保持铅垂外，x、y 两个轴向的棱线应分别通过左、右两个主向灭点。而且，这两个主向灭点应处于同一条视平线上，因而作图时可以自由确定的元素只有四条棱线，如图 8-41 所示。这是因为当一组平行线中（图 8-41）两条线的透视确定后，它的主向灭点也就随之确定，另一组平行线的主向灭点，为满足上述限制条件就不能任意确定（两主向灭点在一条视平线上）。直角平行六面体透视图的简易画法，也就是研究在可自由确定元素的基础上，怎样作出它的透视图。

图 8-41　可自由确定的元素

8.5.2 基本方法

1. 作相交两平面

设已知确定棱线为 A、B、C、D，现欲确定左前侧面上方的棱线，如图 8-42 所示。作图的具体步骤如下：

1) 任作水平线 1，交已知棱 A、C 于 $1'$、$\overline{1}$；
2) 过 $1'$ 作铅垂线 2，过 $\overline{1}$ 作铅垂线 3 交已知棱 D 于 $3'$；
3) 过 $3'$ 作水平线 4，与过 $1'$ 的垂线 2 相交于 $4'$；
4) 连已知棱 B 的上端点与 $4'$ 得线 5，完成前方左、右两相交平面的作图。

2. 作透视平行线

如图 8-43 所示，已知两条平行线的透视图 A 和 B，欲过点 P 作第三条平行线的透视图与 A、B 共灭点。利用相似三角形，具体作图步骤如下：

1) 作直线 1 与 A、B 相交于 a、b，连 Pa、Pb 构成 $\triangle Pab$；
2) 另作一直线 2 // 1 交 A、B 于 d、e，过 d 作线 dc // aP，过 e 作线 ec // bP，两线相交于 c，$\triangle cde$ 与 $\triangle Pab$ 相似；
3) 连 Pc 即为第三条平行线的透视图。

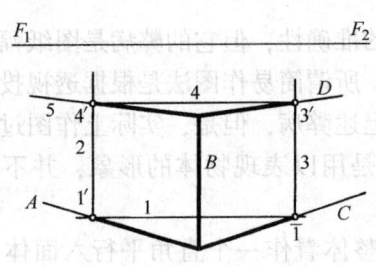

图 8-42　作相交两平面

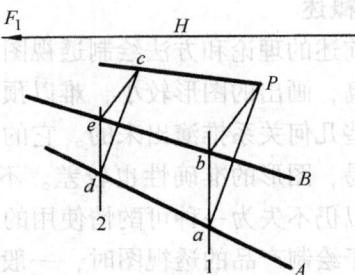

图 8-43　作透视平行线

3. 作通向量点的线

量点是透视图中用以确定对应线段进深的点，当量点处于图幅范围以外，并已知相交两直线的透视和交点与站点处于同一垂线时，可用如下方法作出通向量点的线。具体作图步骤如下（图 8-44）。

图示已知相交两直线的透视 A、B（交点为 c）。

1) 作水平线 1 与已知直线 A、B 分别相交于 $1'$、$\overline{1}'$；
2) 以 $1'\overline{1}'$ 为直径作半圆弧 2，交垂直线 cs（s 为站点）于 $3'$；
3) 以 $\overline{1}'$ 为圆心，$\overline{1}'3'$ 为半径作弧 4 交线 1 于 $4'$；以 $1'$ 为圆心，$1'3'$ 为半径作弧 5 与线 1 交于 $5'$；
4) 连 $c4'$ 为线 6，连 $c5'$ 为线 7，分别是通向 A、B 的直线量点的线。

4. 确定直角平行六面体的进深

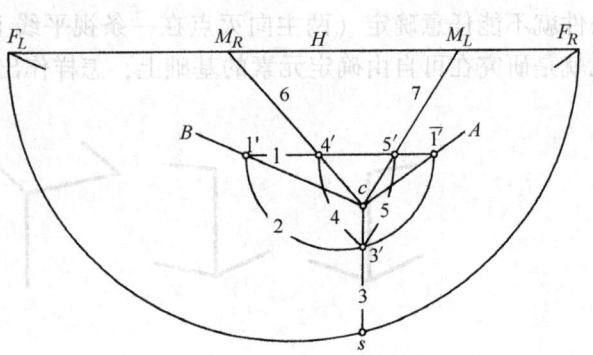

图 8-44　作通向量点的线

在图 8-42 的基础上，需要定出左、右两个前侧面的进深，可以利用上述通向量点的直线（图 8-44）作图。已知两个前侧面的上下边线 G、K 和 L、N 的透视及垂直棱 J = OZ，如图 8-45。具体作图步骤如下：

1）根据已知条件，以 F_R 为灭点的直线的量点为 M_R，以 F_L 为灭点的直线的量点为 M_L，按图 8-44 所示方法，作出通向量点的直线 V 和 U。

2）定左侧面进深。在矩形或正方形的对角线上任取一点，分别作对应边的平行线，所得图形为矩形或正方形，它们的高宽比与原形一致。根据这一特性，

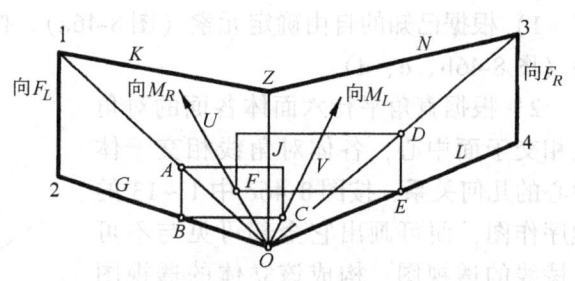

图 8-45 确定进深

定出侧面真形的高宽比。例如，侧面的高：宽 = 1:2，取长度为 2（单位可据具体情况确定），作水平线，分别交 G、V 于 B、C，此时 BC = 2，过 B 作垂线 BA，使 BA = 1，连 OA 交直线 K 于点 1，1Z 即左侧面的进深。

同理，定出右侧面的高宽比，在 E、U 两线间作水平线 FE，使 FE 按比例示宽，在 E 处竖立高度 ED，连 OD 交直线 N 于 3，3Z 为右侧面进深。

3）过 1、3 分别作垂线 12 和 34，即完成左、右两侧面的透视图。

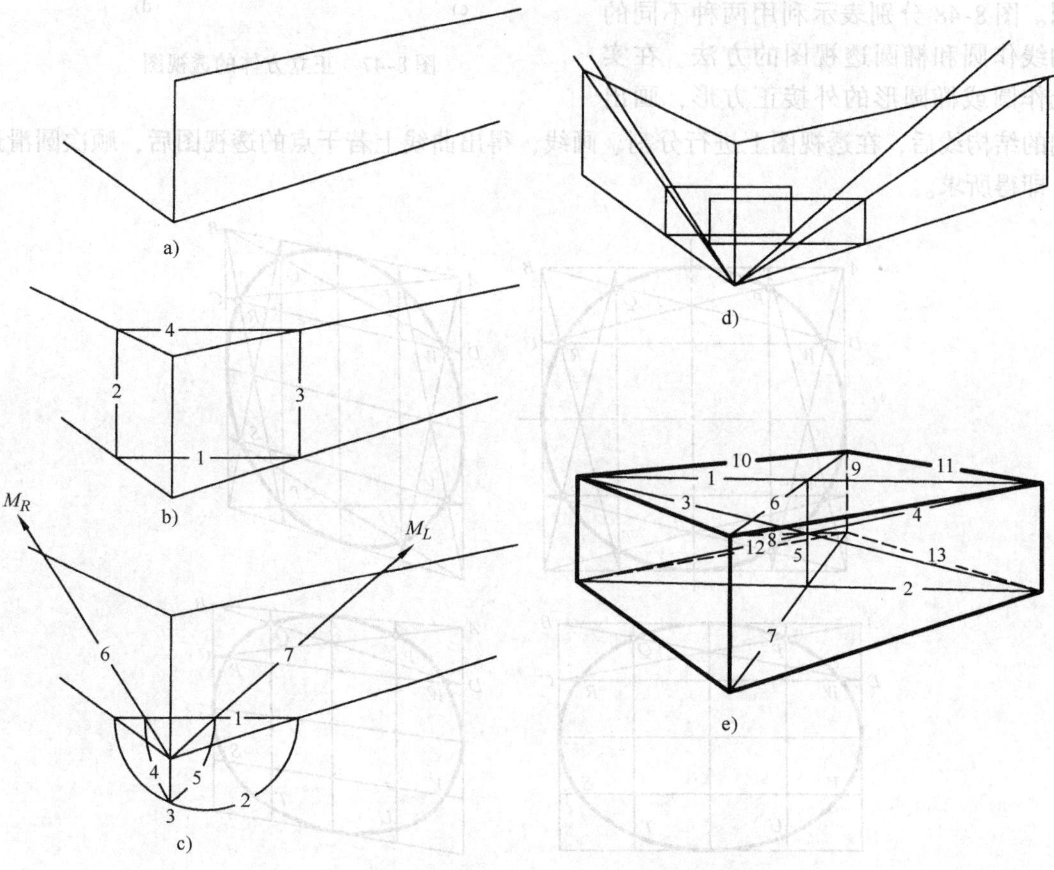

图 8-46 直角平行六面体的成角透视图

8.5.3 作图举例

例 8-1 作直角平行六面体的成角透视图，如图 8-46 所示。

解：具体作图步骤如下：

1) 根据已知的自由确定元素（图 8-46a），按基本技法 1、3、4 作出两个前侧面的透视图（图 8-46b、c、d）。

2) 根据直角平行六面体各面的对角线相交于面中心，各体对角线相交于体中心的几何关系，按图 8-46e 中 1～13 的顺序作图，便可画出它全部可见与不可见棱线的透视图，构成该立体的透视图（注：在透视图中一般不画不可见轮廓）。

例 8-2 作正立方体的透视图，如图 8-47 所示。

由于正立方体的高、宽比等于 1，所以，确定两侧面进深的方法可简化，如图 8-47c 所示。其余作法与长方体相同。

例 8-3 利用结构线作圆和椭圆的透视图。图 8-48 分别表示利用两种不同的结构线作圆和椭圆透视图的方法。在实形上作圆或椭圆形的外接正方形，画出它们的结构线后，在透视图上进行分割、画线，得出曲线上若干点的透视图后，顺次圆滑连接，即得所求。

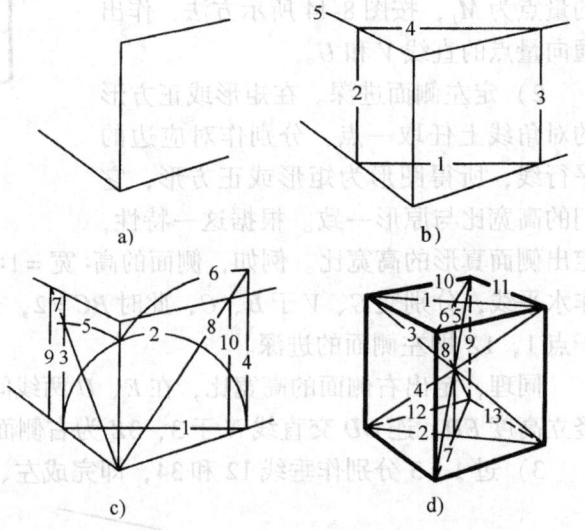

图 8-47 正立方体的透视图

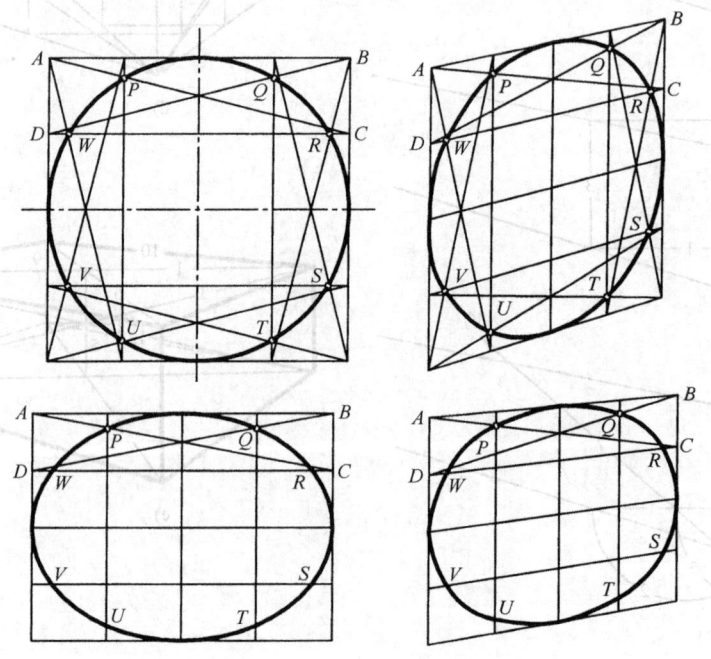

图 8-48 圆和椭圆的透视图

8.6 透视阴影

物体在光线照射下，受光的表面明亮，背光的表面阴暗。而且，物体的这一部分结构在另一部分结构的表面上，整个物体在它所放置的平面上会投下影子，称为落影。物体的阴面和落影合称"阴影"。在透视图上加绘阴影，可以使物体的形象更加逼真。

光线通常假设来源于日光，所以光线相互平行。根据光线与画面平行或相交，分别称为平行光线和相交光线。光线的方向一般用光线的画面投影与基面投影表示，如图 8-49 所示。当光线平行于画面时，其基面投影与基线平行（图 8-49a）。理论上相交光线常采用立方体由左前上向右后下的体对角线方向。实际上，光线与画面、基面的关系有多种情况，光线与基面（一般基面为承影面）的倾角小，则落影深（长），

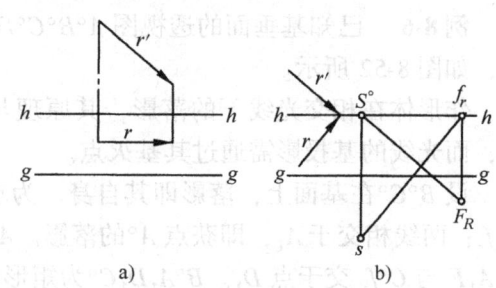

图 8-49 透视阴影的光线方向

倾角大，则落影浅（短）。相交光线也可用光线的灭点和基灭点表示，如图 8-49b 所示。

8.6.1 平行光线下的透视阴影

例 8-4 如图 8-50 所示，已知基垂面的透视图 $A°B°C°D°$，试作在平行光线 $R(r, r')$ 下所形成的阴影。

由于光线 R 平行于画面 P，所以光线的画面投影 $r'//R$，基投影 $r//g$-g。

设 BC 在基面上，其透视图为 $B°C°$，落影即其自身。

为求点 $A°$ 的落影，过 $A°$ 作 $A°A_1//r'$，过 $B°$ 作 $B°A_1//r$，两线相交于 A_1，即获得点 $A°$ 落影的透视图。

由于 $AD//$ 基面，故它在基面上的落影与 AD 平行，反映在透视图上为 A_1D_1 与 $A°D°$ 共灭点 F。连 A_1F 与过 $D°$ 所作 r' 的平行线交于点 D_1，即为点 D 落影的透视。$B°A_1D_1C°$ 为影线，将线框内涂黑即为 $ABCD$ 的落影，另由光线方向可以判定矩形的可见面是阴面。

例 8-5 已知垫块的透视图和光线方向 $R(r, r')$，作垫块的阴影，如图 8-51 所示。

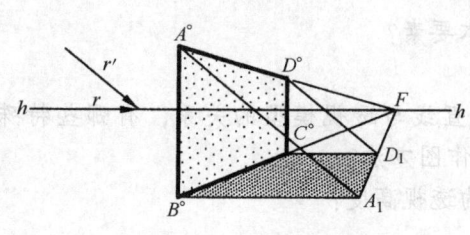

图 8-50 平行光线下的透视阴影

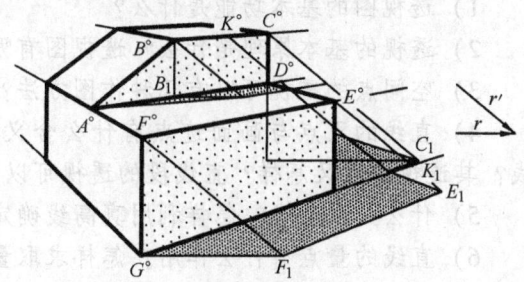

图 8-51 垫块在平行光线下的透视阴影

根据光线方向可以判定，A-B-C-D-E-F-G 各棱是各表面的阴线。各阴线的落影就构成了物体落影的轮廓。

值得注意的是，在图 8-51 中，$A°B°$ 段和 $B°C°$ 的一段落影在 $A°F°E°$ 面上，$B°C°$ 的另一段及其余阴线的落影都在基面上。表面 $A°B°C°D°$ 和 $G°F°E°$ 为阴面。

8.6.2 相交光线下的透视阴影

与画面相交光线的灭点与基灭点，其求法与一般直线相同。如图 8-49b 所示，已知光线方向的画面投影与基面投影 $R(r, r')$，视距为 $sS°$，过站点 s 作线平行于 r 交视平线 h-h 于 f_r，即得光线的基灭点；由 f_r 作铅垂线，与过主点 $S°$ 所作 r' 的平行线交于 F_R 此即为光线的灭点。

例 8-6 已知基垂面的透视图 $A°B°C°D°$，按给定的光线灭点 F_R 和基灭点 f_r 作矩形的阴影，如图 8-52 所示。

作形体在相交光线下的落影，其原理与平行光线相同，区别在于画光线时需通过其灭点，而光线的基投影需通过其基灭点。

设 $B°C°$ 在基面上，落影即其自身。为求点 $A°$ 的落影，过 $A°$ 作光线通过 F_R，过 $B°$ 作线过 f_r；两线相交于 A_1，即获点 $A°$ 的落影。A_1D_1、$B°C°$、$A°D°$ 是平行线，所以它们共灭点 F。而 A_1F 与 $C°f_r$ 交于点 D_1。$B°A_1D_1C°$ 为矩形的落影，矩形的可见面是阴面。

例 8-7 已知与图 8-51 相同的垫块，在相交光线 $R(r, r')$ 下，作垫块的阴影，如图 8-53 所示。

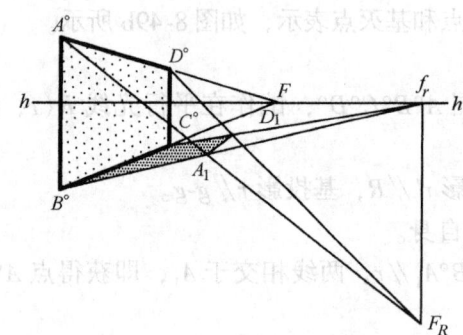
图 8-52 在相交光线下矩形的透视阴影

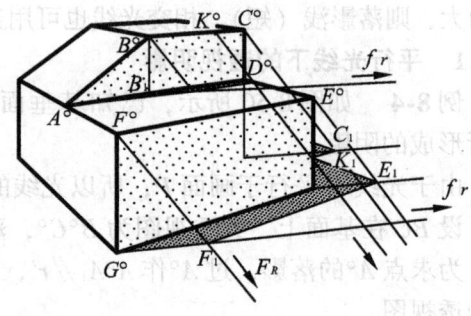
图 8-53 在相交光线下垫块的透视阴影

思 考 题

1) 透视图的基本功能是什么？
2) 透视的基本原理是什么？透视图有哪些基本要素？
3) 空间点的透视可以有几种作图方法？
4) 直线的灭点与画面迹点有什么含义？考虑直线与透视模型的关系，有哪些特殊直线？其透视特性又怎样？直线段的透视可以有几种作图方法？
5) 什么是真高线？怎样利用真高线确定物体的透视高度？
6) 直线的量点有什么作用？怎样求取量点？
7) 曲边形透视图的基本作图原理是什么？怎样完成圆的透视图？
8) 影响形体透视形象的因素有哪些？怎样控制这些基本要素以获得最佳透视效果？
9) 透视简易作图法的原理是什么？有什么优点和缺点？透视简易作图法的基本操作步骤是怎样的？
10) 透视阴影的光线方向有哪些？各种光线下，透视阴影作图的基本要点是什么？

9 工程图样的表达方法

【学习提示】

本章介绍形体/产品机件的表达方法,包括视图、剖视、断面、习惯画法与简化画法;另外,针对产品设计过程中经常应用计算机辅助设计方法,而相关设计软件多采用第三角投影的特征,本章将对第三角投影的基本特点、第三角投影与第一角投影所产生视图的关系,作简要阐述。

通过本章的学习应达到以下要求:
1) 掌握表达机件外形的方法——基本视图、向视图、局部视图与斜视图。
2) 掌握表达机件内部结构特征的方法——全剖、半剖与局部剖及相关注意点,了解剖切面种类与应用特征。
3) 掌握移出断面与重合断面的画法与标注方法。
4) 了解习惯画法与简化画法。
5) 了解第三角投影的基本特征。

为了满足产品设计实际的需要,完整、清晰地表达零件各部分的结构形状特征,国家标准《技术制图》(GB/T17452—1998)、《机械制图》图样画法(GB/T4458.6—2002)规定了绘制工程图样的各种表达方法:视图、剖视图、断面图等。这些画法是每个工程技术人员与产品设计者必须遵循的准则。本章将对此进行一些介绍。

9.1 视图

用正投影法绘制的、表示机件结构与尺寸的图形称为视图。视图通常有基本视图、向视图、斜视图与局部视图。

9.1.1 基本视图与向视图

机件在基本投影面上的投影称为基本视图,即将机件置于一正六面体内(如图9-1a所示,正六面体的六面构成基本投影面),向该六面投射所得的视图为基本视图。该6个视图分别是由前向后、由上向下、由左向右投射所得的主视图、俯视图和左视图,以及由右向左、由下向上、由后向前投射所得的右视图、仰视图和后视图。各基本投影面的展开方式如图9-1b所示,主视图不动,俯视图向下旋转90°,仰视图向上旋转90°,左视图向右旋转90°,右视图向左旋转90°,后视图随左视图向右旋转180°,展开后各视图的配置如图9-2a所示。基本视图具有"长对正、高平齐、宽相等"的投影规律,即主视图、俯视图和仰视图长对正(后视图同样反映零件的长度尺寸,但不与上述三视图对正),主视图、左、右视图和后视图高平齐,左、右视图与俯、仰视图宽相等。另外,主视图与后视图、左视图与右视图、俯视图与仰视图还具有轮廓对称的特点。

向视图是可自由配置的视图。如果视图不能按图 9-2a 配置时,则应在向视图的上方标注"×"("×"为大写的拉丁字母),在相应的视图附近用箭头指明投射方向,并注上相同的字母,如图 9-2b 所示。

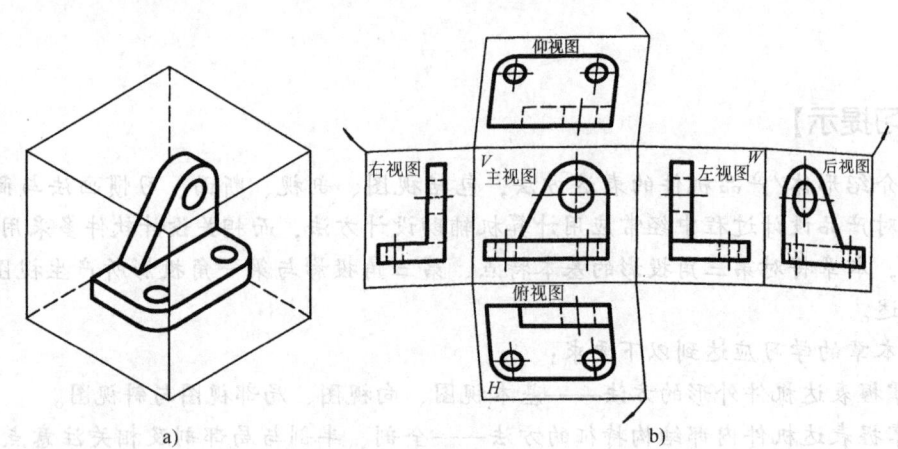

图 9-1 基本视图的形成
a) 基本视图的六面投影箱 b) 基本视图的展开

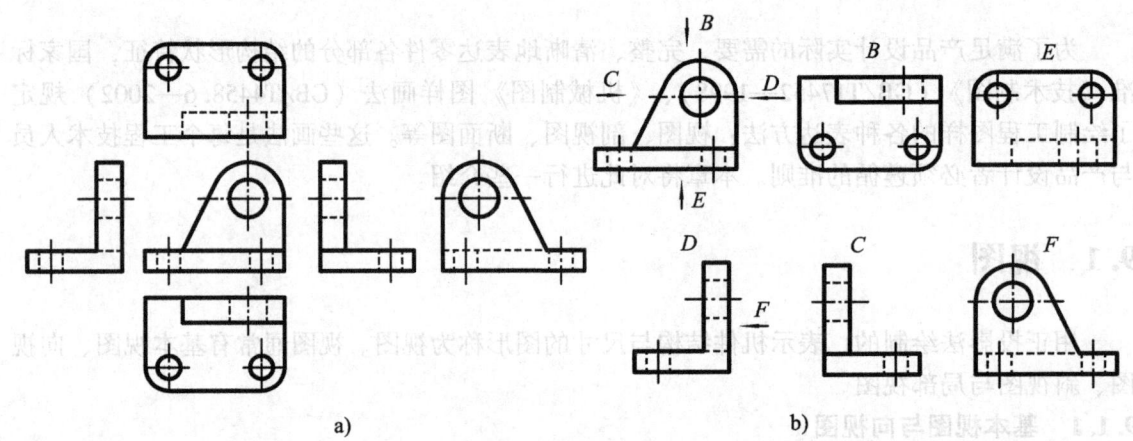

a)   b)

图 9-2 视图配置
a) 基本视图配置 b) 向视图

9.1.2 局部视图与斜视图

将零件的某一部分向基本投影面投射,所得的视图为局部视图。当零件的局部结构需要表达,而又没有必要画出整个基本视图时,可采用局部视图,如图 9-3b、c 所示。

当零件的部分结构倾斜于基本投影面时,基本视图将无法准确反映该部分的真实结构形状,此时可以考虑采用一同向倾斜的投影面(该投影面不平行于任何基本投影面),将该部倾斜结构向此面投射,所得到的视图为斜视图,如图 9-3d 所示。

图 9-3 给出了局部视图、斜视图与基本视图相结合,表达零件结构特征的范例。

局部视图与斜视图的画法与标注：①一般按向视图形式配置并标注，即需注明视图的投射方向、视图名称，除非视图之间的配置关系体现投射方向时，可以省略上述标注；②局部视图的断裂边界以波浪线表示，如图 9-3c 中的 C 向视图；但当所表示的局部结构是完整的，且外轮廓线又成封闭时，波浪线可省略，如图 9-3b 所示 B 向视图；③必要时允许将斜视图旋转配置，这时表示该视图名称的大写拉丁字母应靠近旋转符号的箭头端（图 9-3e 中的 A 向斜视图转正后的画法），也允许将旋转角度标注在字母之后。

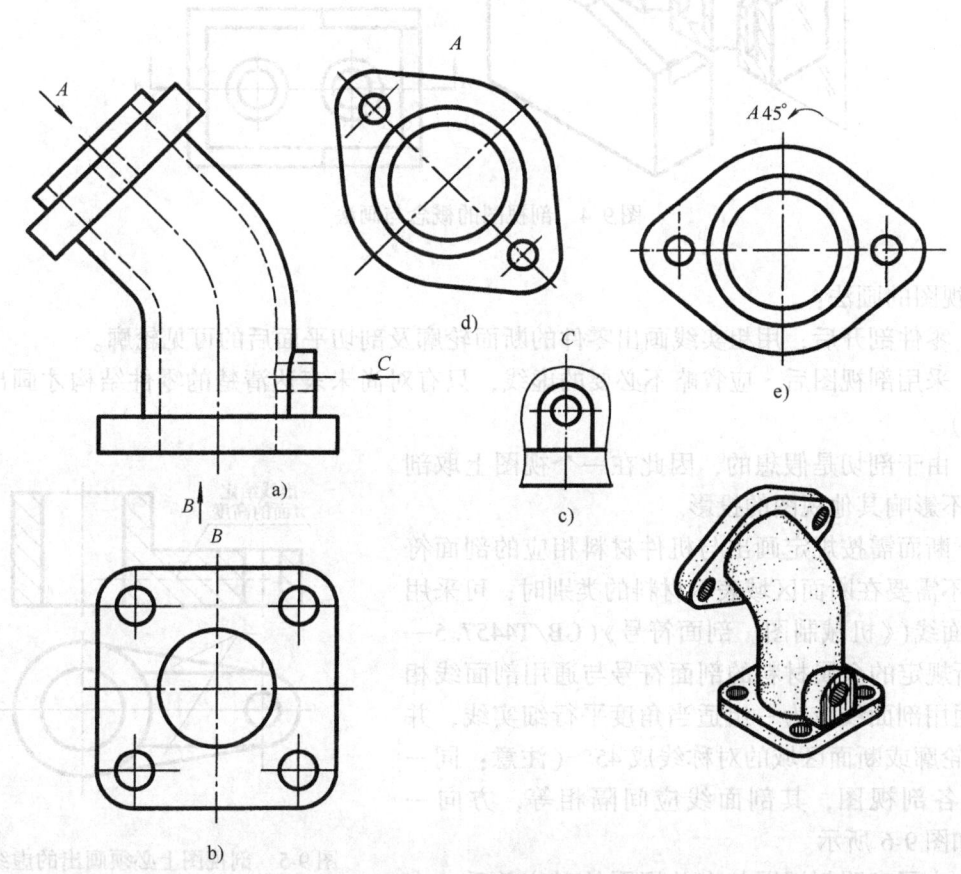

图 9-3　局部视图与斜视图

9.2　剖视图

视图中，用虚线表示零件的内部结构。当零件结构比较复杂时，视图上将出现许多虚线，这给读图与画图带来不少困难。为此图样画法规定，可以采用剖视画法来表达零件的内部结构。

9.2.1　剖视图的概念与画法规定

假想采用剖切平面剖开零件，将处于观察者与剖切面之间的部分移去，将其余部分向投影面投射所得的图形称为剖视图（图 9-4）。剖切平面一般具有以下特征：①包含内部结构，如孔、槽的轴线，或是零件的对称面；②平行于相应的投影面。

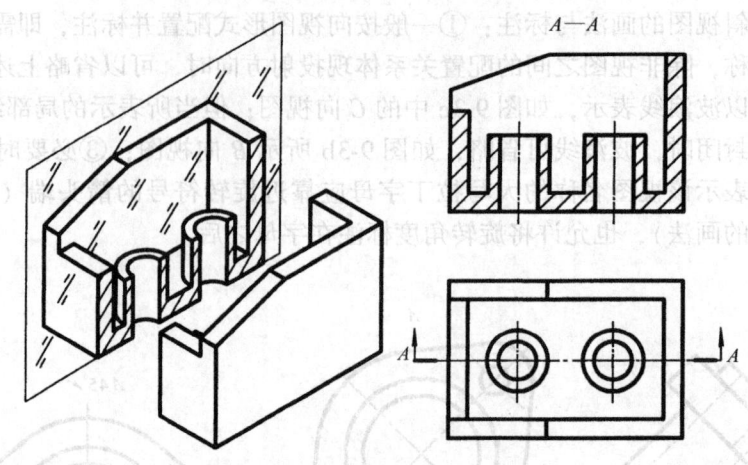

图 9-4 剖视图的概念与画法

剖视图的画法：

1) 零件剖开后，用粗实线画出零件的断面轮廓及剖切平面后的可见轮廓。

2) 采用剖视图后，应省略不必要的虚线，只有对尚未表达清楚的零件结构才画出虚线（图 9-5）。

3) 由于剖切是假想的，因此在一个视图上取剖视，并不影响其他视图的投影。

4) 断面需按规定画出与机件材料相应的剖面符号，当不需要在断面区域表示材料的类别时，可采用通用剖面线（《机械制图　剖面符号》(GB/T4457.5—1984) 所规定的金属材料的剖面符号与通用剖面线相同）。通用剖面线应为一组适当角度平行细实线，并与主要轮廓或断面区域的对称线成 45°（注意：同一零件的各剖视图，其剖面线应间隔相等，方向一致），如图 9-6 所示。

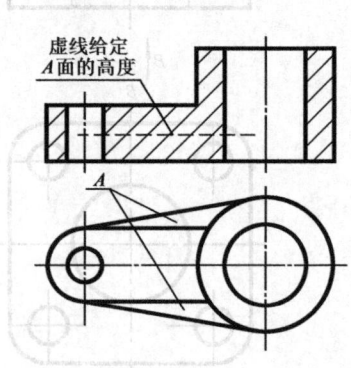

图 9-5 剖视图上必须画出的虚线

5) 为了表明剖视图与有关视图的对应关系，在画剖视图时，应将表示剖切平面位置的剖切符号、表示投射方向的箭头以及剖视图名称标注在相应的视图上，如图 9-4 所示。当剖切平面与零件的对称面重合，且剖切后的剖视图按投影关系配置，中间又无其他图形隔开时，可以省略标注，如图 9-7 所示。

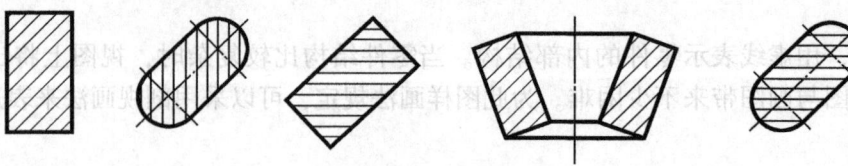

图 9-6 通用剖面线的画法

9.2.2 剖视图分类

制图标准将剖视图分为全剖视图、半剖视图和局部剖视图三类：

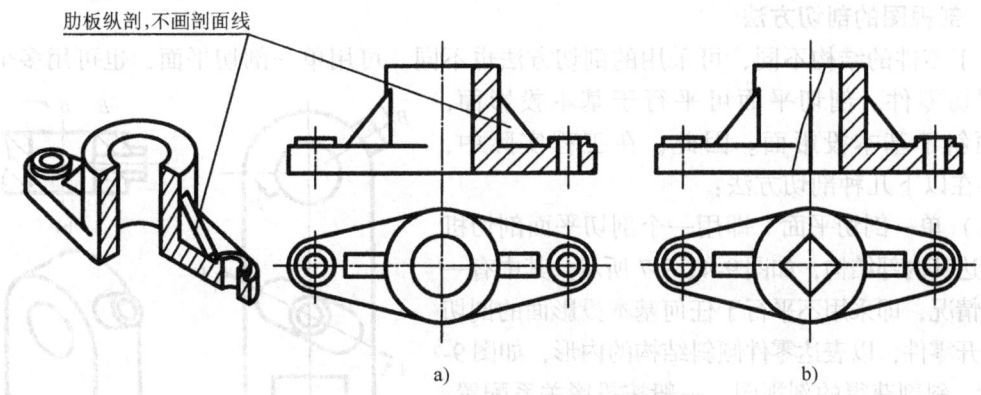

图 9-7 对称结构零件的剖视图
a) 半剖视图 b) 局部剖视图

(1) 全剖视图 用剖切平面完全地剖开零件所得的剖视图,如图 9-4 所示。全剖视图可用于表达复杂的内部结构,或者外部结构简单、通过其他视图已将其外部结构特征全部表达清楚的机件,也可采用全剖视图。

(2) 半剖视图 当零件具有对称或基本对称的结构时,在垂直于对称平面的投影面上的投影,以对称中心线为界,一半为视图,一半为剖视,如图 9-7a 所示。半剖视图中视图与剖视的分界线为点画线,视图部分只用以表达零件的外形,而剖视部分只表达内形,两者各司其职。

(3) 局部剖视图 用剖切平面局部地剖开零件所得的剖视图,如图 9-8 所示。局部剖视图可用于表达不对称结构零件的内形、零散的孔结构(图 9-8)及轮廓线与对称中心线重合的对称结构零件内形(图 9-7b)。

在局部剖视图中,波浪线是分界线,它是断裂处实体断裂面的投影,因此,波浪线只能画在机件的实体部分。图 9-9a 中波浪线的画法是错误的;波浪线不应与图样上的其他图线重合,也不要画在其他图线的延长线上,如图 9-9b 所示。

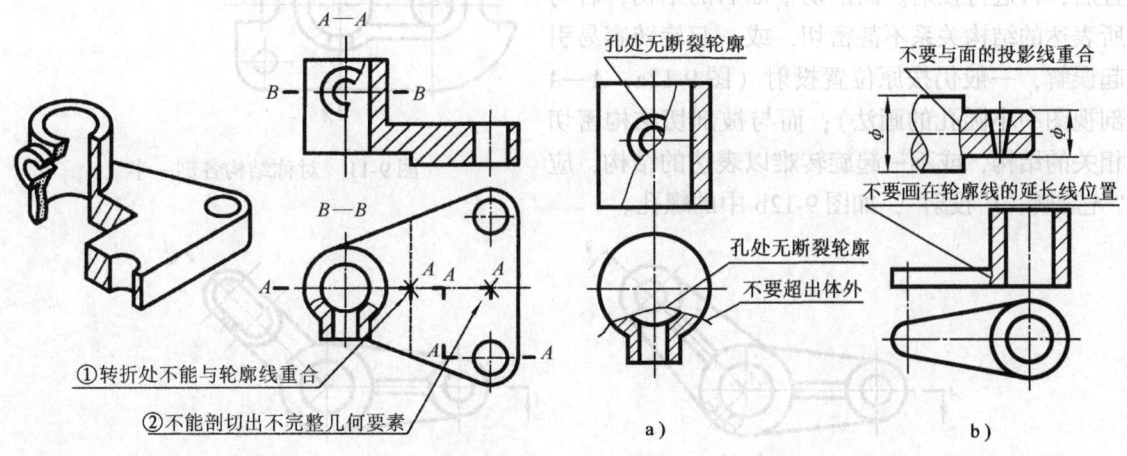

图 9-8 局部剖视图与阶梯剖方法的概念与运用

图 9-9 波浪线的错误画法

局部剖视图的剖切范围,应根据机件的具体结构形状确定。局部剖视非常灵活,运用适当,可使图形简明、清晰;但在一个视图中,若出现过多的局部剖切,就会使图形显得支离破碎,不利于读图。

9.2.3 剖视图的剖切方法

由于零件的结构不同,可采用的剖切方法也不同。可用单一剖切平面,也可用多个剖切平面剖切零件。剖切平面可平行于基本投影面,也可倾斜于基本投影面。因此,在工程实际中,主要存在以下几种剖切方法:

(1) 单一剖切平面 即用一个剖切平面剖切机件以表达其内部结构,如图9-4、9-7所示。其中有一种特殊情况,即采用不平行于任何基本投影面的剖切平面剖开零件,以表达零件倾斜结构的内形,如图9-10所示。斜剖获得的剖视图,一般按投影关系配置,并加以标注(图9-10a)。在不致引起误解时,允许将图形转正,标注方法同斜视图(图9-10b)。

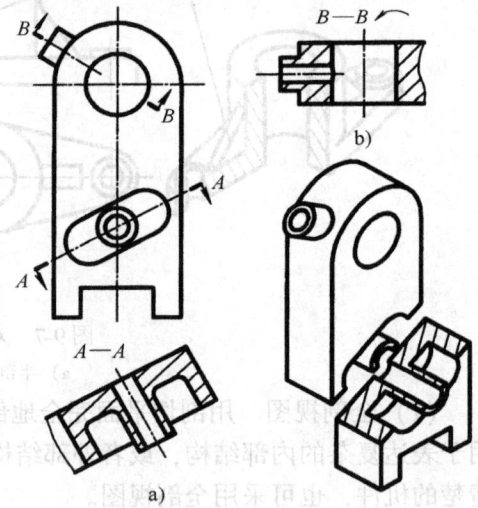

图9-10 斜剖视图

(2) 几个平行剖切平面 即用一组平行于基本投影面的剖切平面剖开零件,以表达零件在几个不同层次平行平面上的内形,如图9-8所示。采用这种剖切方法时,剖切平面的转折处不允许与零件上的轮廓线重合,也不允许剖切出不完整的要素(图9-8),仅当两个要素在图形上具有公共对称中心线时,可以各剖一半(图9-11)。

(3) 几个相交的剖切平面 即用一组相交剖切平面(其交线垂直于某一投影面)剖开零件,如图9-12所示。采用这种剖切方法,需将被剖开的结构中不平行于投影面的相关部分旋转至与选定投影面(图9-12中为水平面)平行位置后,再进行投射。而剖切平面后的结构,若与所表达的结构关系不甚密切,或一起旋转容易引起误解,一般仍按原位置投射(图9-12a,A—A剖视图中小圆孔的画法);而与被剖切结构密切相关的结构,或不一起旋转难以表达的结构,应"先旋转,后投射",如图9-12b中的螺孔。

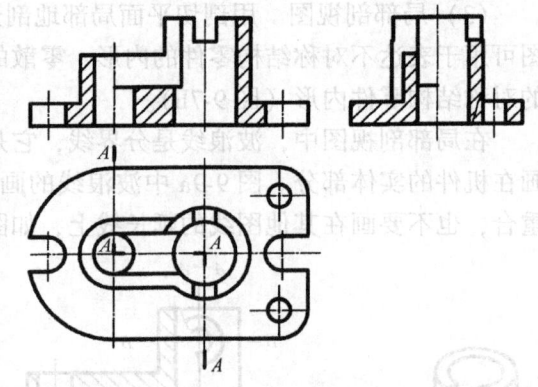

图9-11 对称结构各剖一半

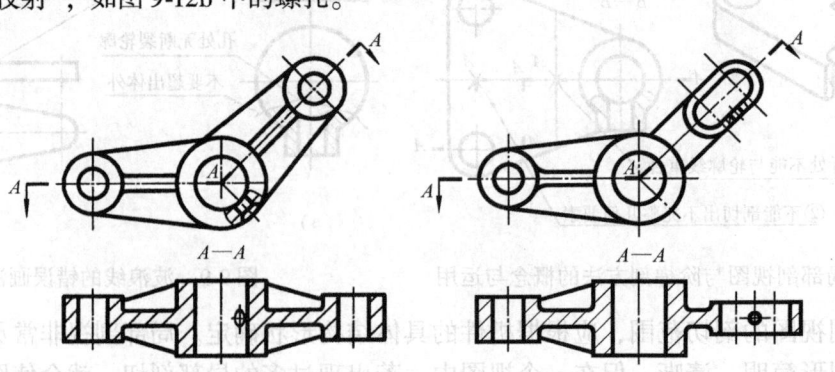

图9-12 两个相交的剖切平面的剖视图画法

采用这种组合的剖切平面剖开零件可以表达内形复杂的零件,如图 9-13 所示。

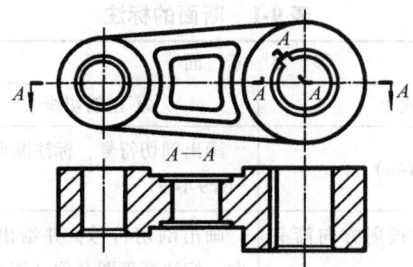

图 9-13　复杂内形结构采用多个相交剖切平面后的剖视图

9.3　断面图

假想用剖切平面将零件某处切断,仅画出断面的图形称为断面图。断面可以分为移出断面和重合断面。

(1) 移出断面　画在零件投影轮廓外的断面称为移出断面,如图 9-14 所示。移出断面的轮廓线用粗实线绘制;由两个或多个相交剖切平面剖切出的移出断面,中间一般应断开(图 9-15);当剖切平面通过回转面形成的孔、凹坑或通孔时,这些结构按剖视绘制(图 9-14a、c、d)。

(2) 重合断面　画在零件切断处的投影轮廓内的断面称为重合断面。重合断面的轮廓线用细实线绘制。当视图中的轮廓线与重合断面的图形重叠时,视图中的轮廓线仍应连续画出,不可间断,如图 9-16 所示。

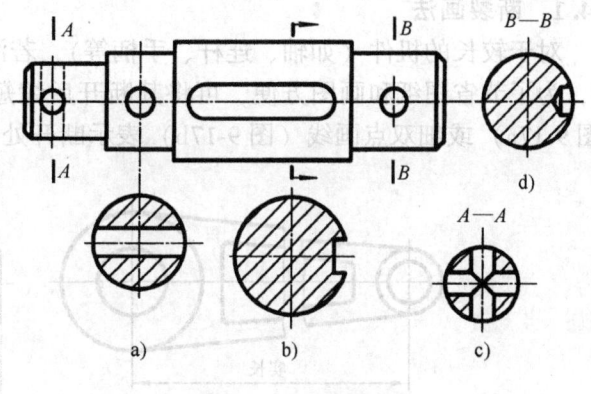

图 9-14　移出断面

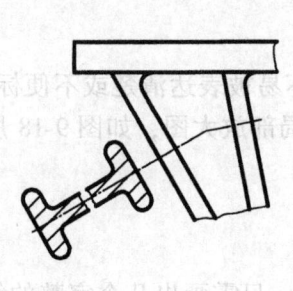

图 9-15　多个剖切平面形成的移出断面

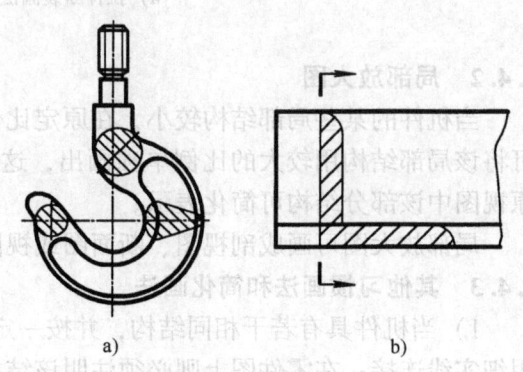

图 9-16　重合断面

断面图的一般标注要求见表9-1。

表9-1 断面的标注

断面种类及位置		移出断面		重合断面
		在剖切线上	不在剖切线上	
断面图形	对称	省略标注（图9-14a）	画出剖切符号，标注断面图名称（图9-14c）	省略标注（图9-16a）
	不对称	画出剖切符号与投射方向箭头（图9-14b）	画出剖切符号，并给出投射方向，标注断面图名称（图9-14d）	画出剖切符号与投射方向箭头（图9-16b）

9.4 习惯画法和简化画法

对机件上的某些结构，国家标准（GB/T16675.1—1996）规定了习惯画法和简化画法，现作简要介绍如下。

9.4.1 断裂画法

对于较长的机件（如轴、连杆、手柄等），若沿长度方向的形状一致或按一定规律变化时，为了节省图纸和画图方便，可将其断开后缩短绘制，但需标注实际尺寸。可用波浪线（图9-17a）或细双点画线（图9-17b）表示断开处。

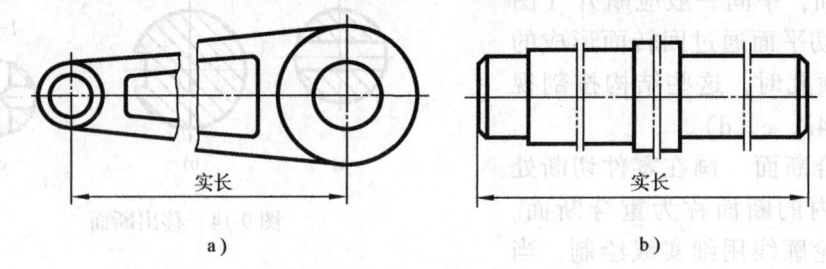

图9-17 断裂画法
a) 拉杆断裂画法 b) 阶梯轴断裂画法

9.4.2 局部放大图

当机件的某些局部结构较小，在原定比例的图形中不易被表达清楚或不便标注尺寸时，可将该局部结构用较大的比例单独画出，这种图形称为局部放大图，如图9-18所示。此时原视图中该部分结构可简化表示。

局部放大图可画成剖视图、断面图或视图。

9.4.3 其他习惯画法和简化画法

1) 当机件具有若干相同结构，并按一定规律分布时，只需画出几个完整的结构，其余用细实线连接；在零件图上则必须注明该结构的总数，如图9-19所示。

2) 若干直径相同且规律分布的孔，可仅画出一个或几个，其余用点画线表示其中心位置；在零件图上应注明孔的总数，如图9-20所示。

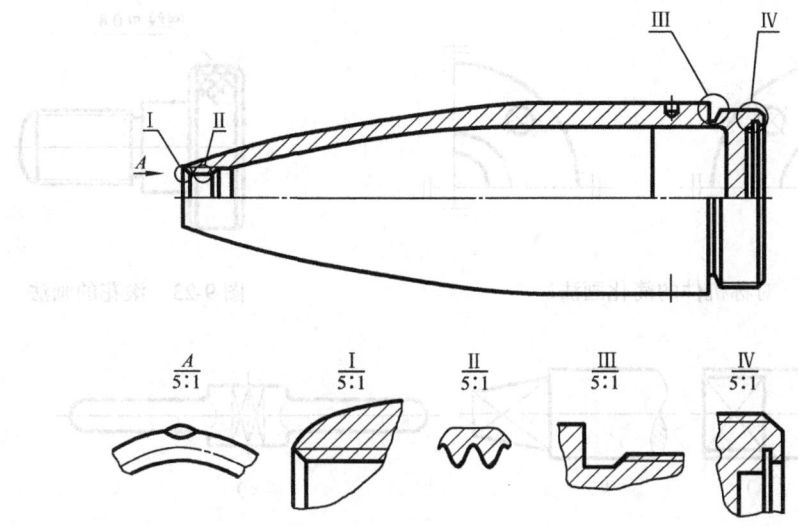

图 9-18 局部放大图

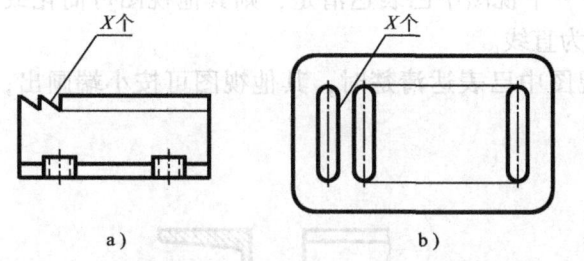

图 9-19 成规律分布的若干相同结构的简化画法

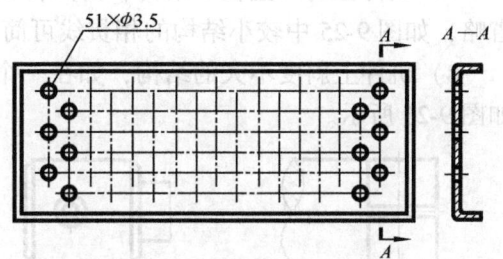

图 9-20 规律分布的相同孔的简化画法

3) 对于机件上的肋、轮辐及薄壁结构，如按纵向剖切，在剖切区可不画剖面线，而用粗实线将其与邻接部分分开（图 9-7、图 9-21）。当回转体零件上均匀分布的肋、轮辐、孔等结构不处于剖切平面上时，可将这些结构旋转到剖切平面上画出，如图 9-21 所示。

4) 当图形对称时，可画略大于一半，如图 9-21b 的俯视图；在不致引起误解时，也可只画一半或四分之一，此时必须在对称中心线的两端各画两条与其垂直的平行细实线，如图 9-22 所示。

5) 对于网状物、编织物或机件上的滚花部分，可在轮廓线附近用粗实线示意画出，并在图上或技术要求中注明有关具体要求，如图 9-23 所示。

6) 当图形不能充分表达平面特征时，可用平面符号（相交的两条细实线）表示，如图 9-24 所示。

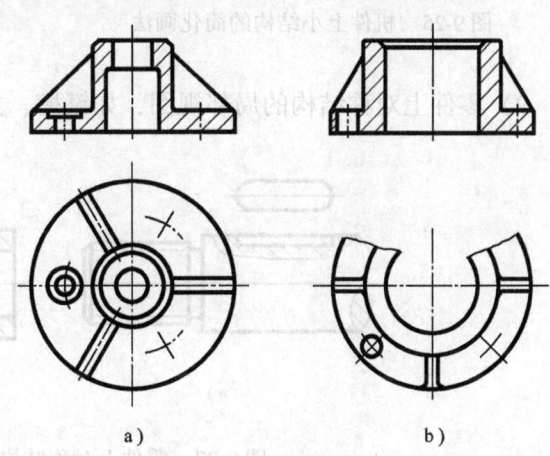

图 9-21 回转体上均匀分布的肋、孔的简化画法

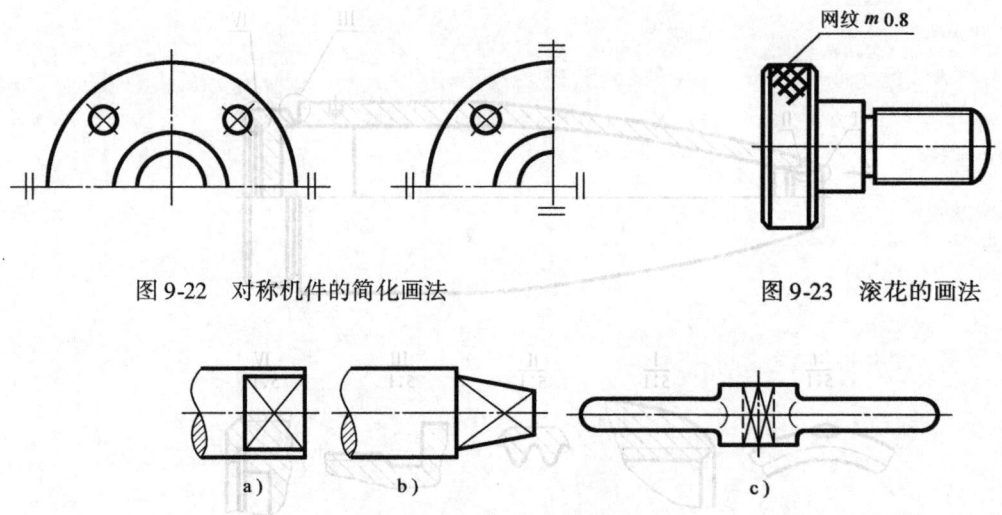

图 9-22　对称机件的简化画法　　　　　图 9-23　滚花的画法

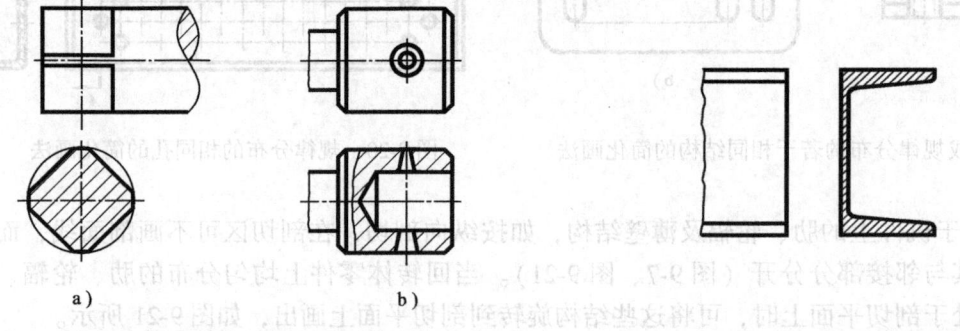

图 9-24　表示平面的简化画法

7）机件上的一些较小结构，如其特征在一个视图中已表达清楚，则其他视图可简化或省略，如图 9-25 中较小结构的相贯线可简化为直线。

8）机件上斜度不大的结构，如在一个视图中已表达清楚时，其他视图可按小端画出，如图 9-26 所示。

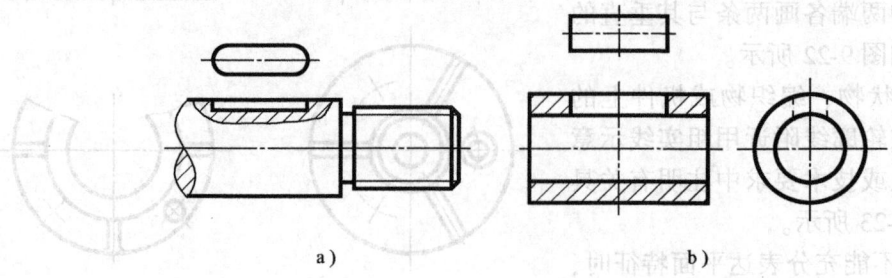

图 9-25　机件上小结构的简化画法　　　　图 9-26　小斜度结构的简化画法

9）零件上对称结构的局部视图，如键槽、方孔等，可按图 9-27 绘制。

图 9-27　零件上对称结构局部视图的简化画法

9.5 第三角投影

国家标准规定，机件的图样按正投影法绘制，并优先采用第一角画法。但实际上在产品设计过程中所用到的很多计算机辅助设计软件均采用第三角投影；另外，在对外交流过程中，第三角画法也是常用画法。因此，对第三角画法作简要介绍。

如图9-28所示，扩展投影面 V、H、W，将 W 面左侧的空间分为四个区域，分别称为第一分角、第二分角、第三分角和第四分角。

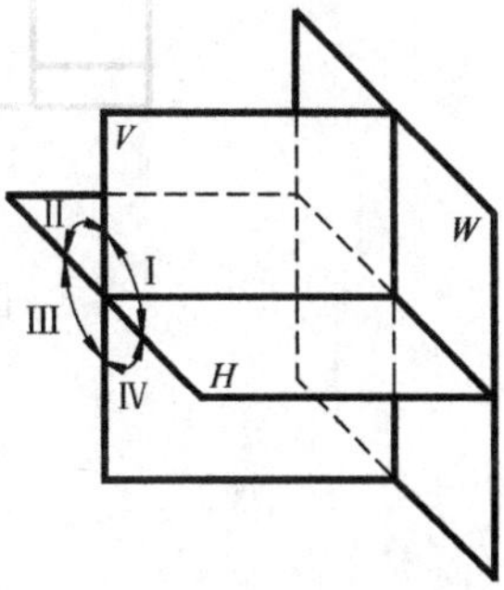

所谓第三角画法是将物体置于第三分角内，并使投影面处于观察者与物体之间而得到正投影的方法。在第三角画法中，六个基本投影面对应的六个基本视图分别为前视图、后视图、顶视图、底视图、左视图和右视图。六个基本投影面的展开方法如图9-29a所示。展开后得到的六个基本视图的配置如图9-29b所示。

根据国家标准规定，在设计、制造与后续相关过程中所使用的图样，应优先采用第一角画法。如果因设计实际需要采用了第三角画法，则必须在图样中画出第三角画法的识别符号，如图9-30所示。

采用第三角画法所得视图也可以转换为第一角画法，图9-31说明了两者之间的关系。

图9-28 四个分角

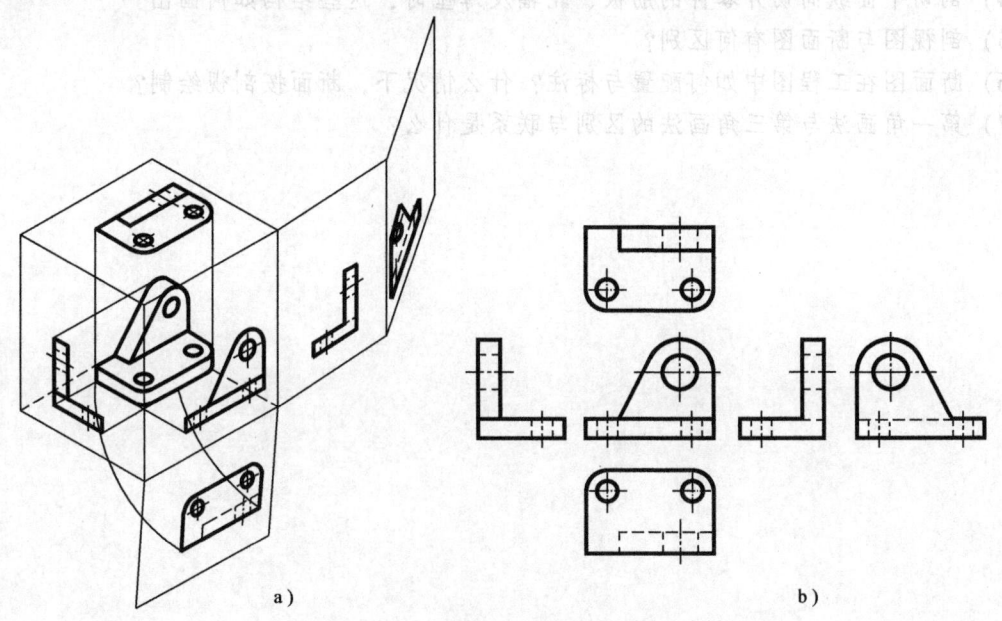

a)   b)

图9-29 六个基本投影面的展开与六面视图

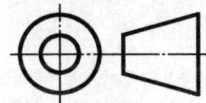

图9-30 第三角画法的识别符号

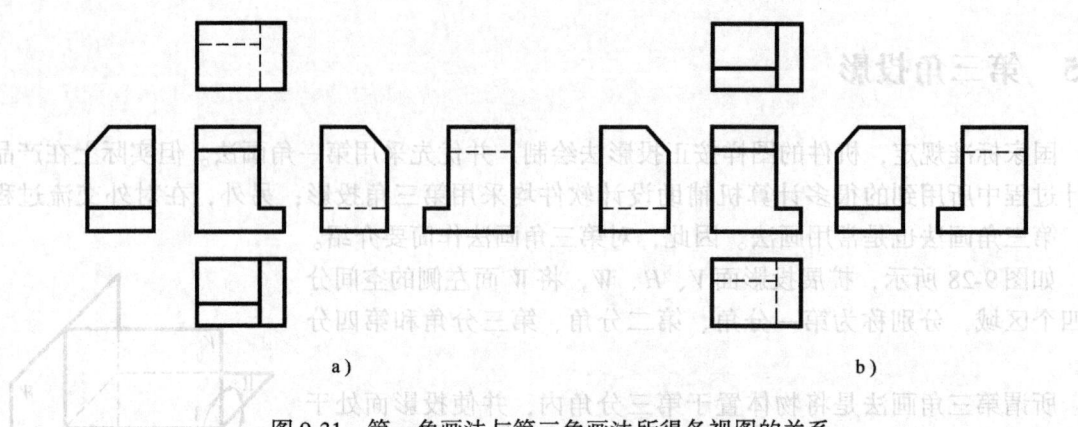

图 9-31 第一角画法与第三角画法所得各视图的关系
a) 第一角画法　b) 第三角画法

思 考 题

1) 工程图样的常用表达方法包括哪些？
2) 视图主要表达什么？视图如何分类？剖切方法有哪几种？怎么标注？
3) 局部视图适用于表达哪几类零件？
4) 剖切平面纵向切开零件的肋板、轮辐及薄壁时，这些结构如何画出？
5) 剖视图与断面图有何区别？
6) 断面图在工程图中如何配置与标注？什么情况下，断面按剖视绘制？
7) 第一角画法与第三角画法的区别与联系是什么？

10 装配图和零件图

【学习提示】

本章主要介绍产品设计与加工相关的装配图与零件图，以一般机械零、部件的装配图与零件图为例，阐述零件图、装配图的功能、形式与内容；又针对产品设计的特点，分析应用于产品工业设计的装配图与零件图的特征；另外，还简要介绍了一些产品设计中常见的零件与装配结构。

通过本章的学习应达到以下要求：
1) 掌握零件图的功能、形式与内容，了解产品设计中的典型零件及其表达方法。
2) 掌握装配图的功能、形式与内容，了解产品设计中装配图的特征。
3) 了解产品设计中常见的零件与装配结构。

10.1 装配图、零件图的作用和关系

任何一台机器或部件都是由若干零件装配而成的，如图 10-1 所示的截止阀，就是由阀体、阀杆、阀瓣等零件装配而成。表示机器或部件的图样，称为装配图；表示单个零件的图样，称为零件图。

图 10-1 截止阀的装配关系轴测图

零件图和装配图是生产中的重要技术文件。零件图表示零件的结构形状、尺寸大小和技术要求，并根据它加工制造零件；装配图表示机器或部件的工作原理、基本结构、装配关系和技术要求。工业产品的设计一般包含两个部分，一是内部机构的设计，二是外观形态的设计。内部机构的设计将对外观形态，主要是产品的外壳提出设计要求；外观形态的设计既要考虑使用便利、切合消费者审美观的需求，又要结合产品的工作原理，保证设计的可实现性，并兼顾产品的性价比。因此，在产品实际设计过程中，一般应遵循以下程序展开设计：①分析产品的工作原理与使用功能特征，结合外观创新方案，画出装配草图；②由装配草图整理成装配图，落实产品机构与外壳的装配关系；③根据装配图进行零件设计，并画出零件图。另外，装配时，还要根据装配图把零件装配成部件或机器。

10.2 装配图、零件图的基本内容

10.2.1 装配图的内容

如图10-2所示，一张完整的装配图必须具有下列内容：

1. 一组视图

用一组视图完整、清晰、准确地表达出机器的工作原理、各零件的相对位置及装配关系、连接方式和重要零件的结构形状。前面学过的各种基本表达方法都可用来表达装配体。图10-2是截止阀的装配图，采用了全剖的主视图，半剖的左视图和俯视外形图。

2. 必要的尺寸

装配图上要有表示机器或部件的规格、装配、检验和安装时所需要的尺寸。

3. 技术要求

说明机器或部件的性能和装配、调整、试验等所必须满足的技术条件。

4. 零件的序号、明细栏和标题栏

装配图中的零件编号、明细栏用于说明每个零件的名称、代号、数量和材料等。标题栏包括零部件名称、比例、绘图及审核人员的签名等。

产品的工业设计过程中，设计师主要解决的是对产品外形的设计。因此，相关产品外形的设计装配图侧重于表现产品外形的主要结构特征、主要结构要素之间的位置关系、与产品使用操作相关的结构要素的形状与尺寸等。图10-3所示为点钞机，其外壳设计装配图如图10-4所示。当产品外形设计方案确定后，方可进入结构设计阶段，此时需要对产品的装配结构进行详细设计，完成最终类似于图10-2的包括独立零件与组件装配结构及位置关系的装配图。

10.2.2 零件图的内容

如图10-5所示，一张完整的零件图应包括以下内容：

1. 一组视图

用于正确、完整、清晰和简便地表达零件内外形状的图形信息，其中包括机件的各种表达方法。阀体的零件图采用了三个基本视图，其中主视图、左视图分别采用全剖视图、半剖视图，而俯视图主要以表达外形为主，只有螺孔用局部剖表示。

2. 完整尺寸

10 装配图和零件图

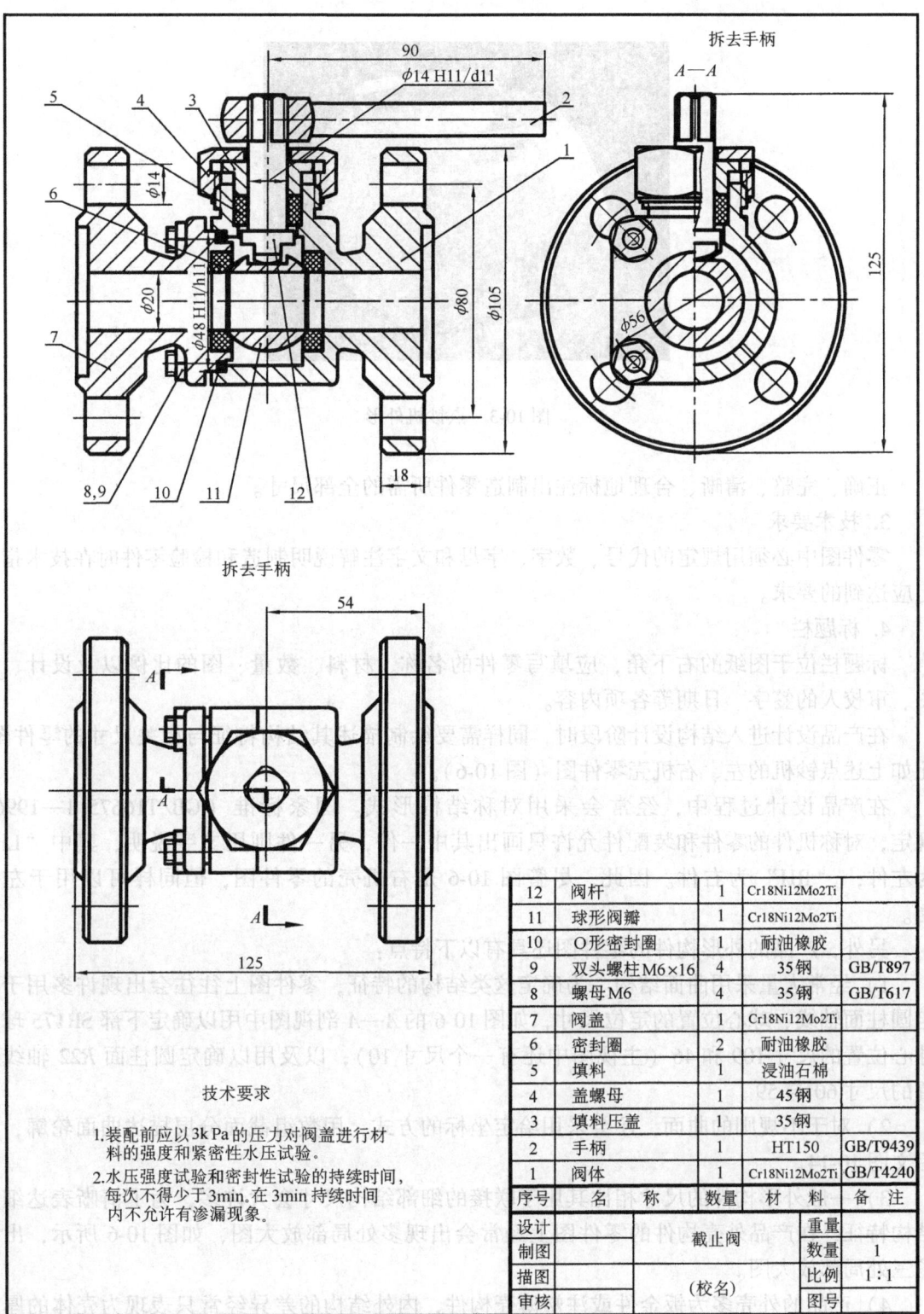

图 10-2 截止阀的装配图

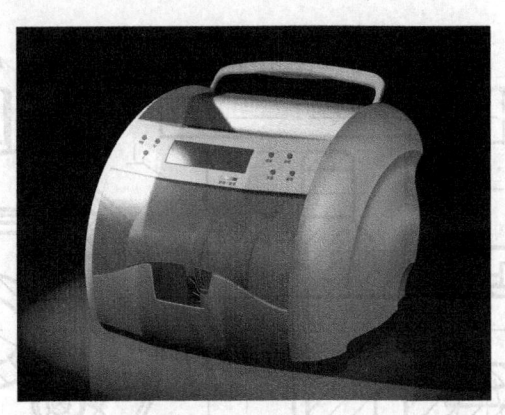

图 10-3　点钞机外形

正确、完整、清晰、合理地标注出制造零件所需的全部尺寸。

3. 技术要求

零件图中必须用规定的代号、数字、字母和文字注解说明制造和检验零件时在技术指标上应达到的要求。

4. 标题栏

标题栏位于图纸的右下角，应填写零件的名称、材料、数量、图的比例以及设计、描图、审校人的签字、日期等各项内容。

在产品设计进入结构设计阶段时，同样需要绘制描述其结构特征与相关尺寸的零件图。比如上述点钞机的左、右机壳零件图（图10-6）。

在产品设计过程中，经常会采用对称结构形式。国家标准（GB/T16675.1—1996）规定，对称机件的零件和装配件允许只画出其中一件，另一件则用文字说明，其中"LH"为左件，"RH"为右件。因此，尽管图10-6是右机壳的零件图，但同样可以用于左机壳。

另外，产品的外形构件的零件图还具有以下特点：

1）经常大量采用曲面结构。为确定这类结构的特征，零件图上往往会出现许多用于确定圆柱面轴线、球心位置的定位尺寸，如图10-6的 $A—A$ 剖视图中用以确定下部 SR175 球面球心位置的尺寸109和46（主视图中还有一个尺寸10），以及用以确定圆柱面 $R22$ 轴线位置的尺寸60与59。

2）对于不规则的曲面，还会采用给定坐标的方式，用数组截面分层描述曲面轮廓，如后文图10-14。

3）一般外形构件的尺寸相比其用于联接的细部结构尺寸会大许多，为了清晰表达细部结构特征，在产品外壳构件的零件图上经常会出现多处局部放大图，如图10-6所示，出现了三处局部放大图。

4）产品的外壳多为钣金件或注塑薄壳构件，内外结构的差异经常只表现为壳体的厚度所带来的尺寸差异；对于用于联接附带嵌件的结构，可采用局部放大图与文字标注形式加以说明。

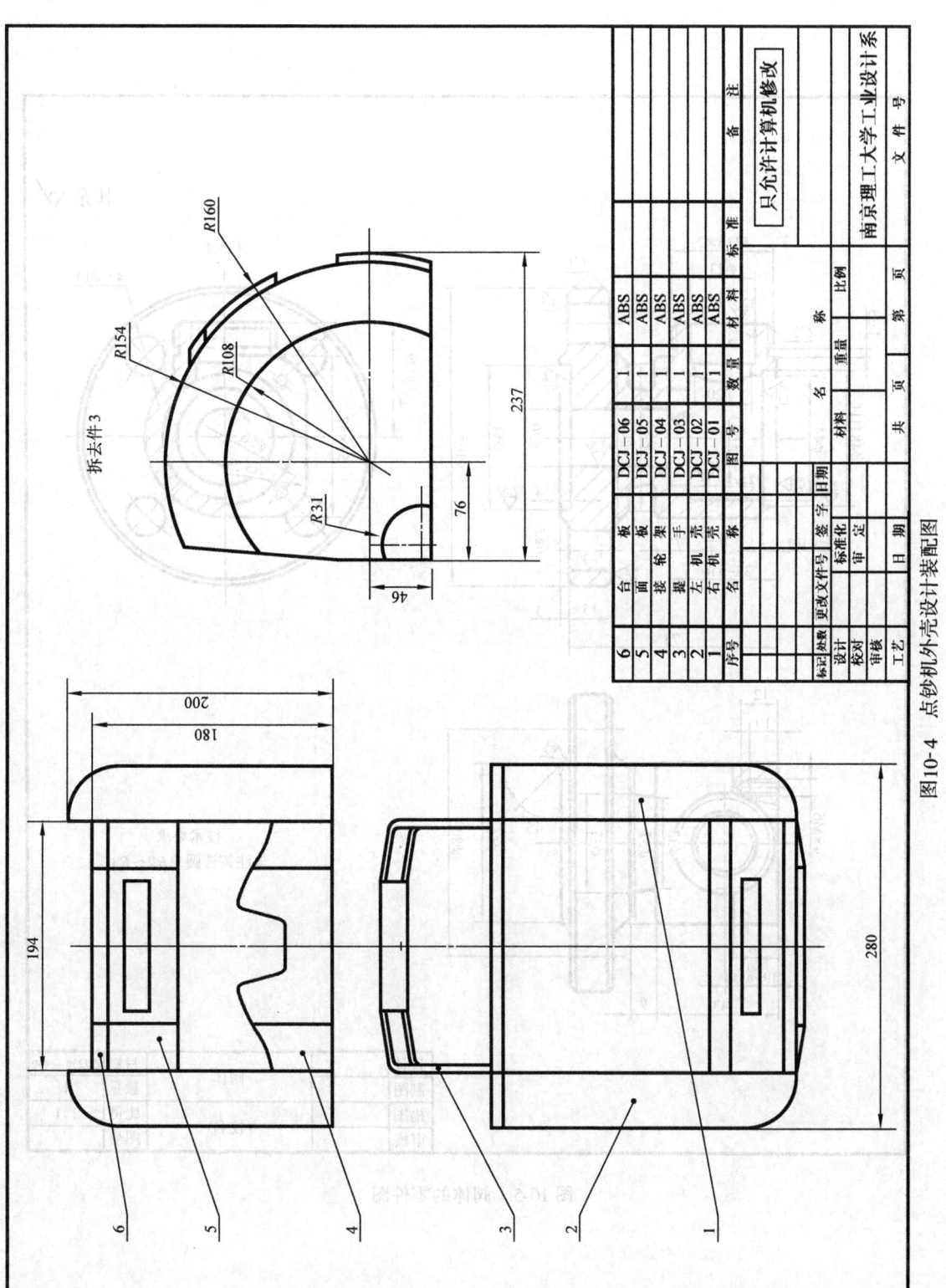

图10-4 点钞机外壳设计装配图

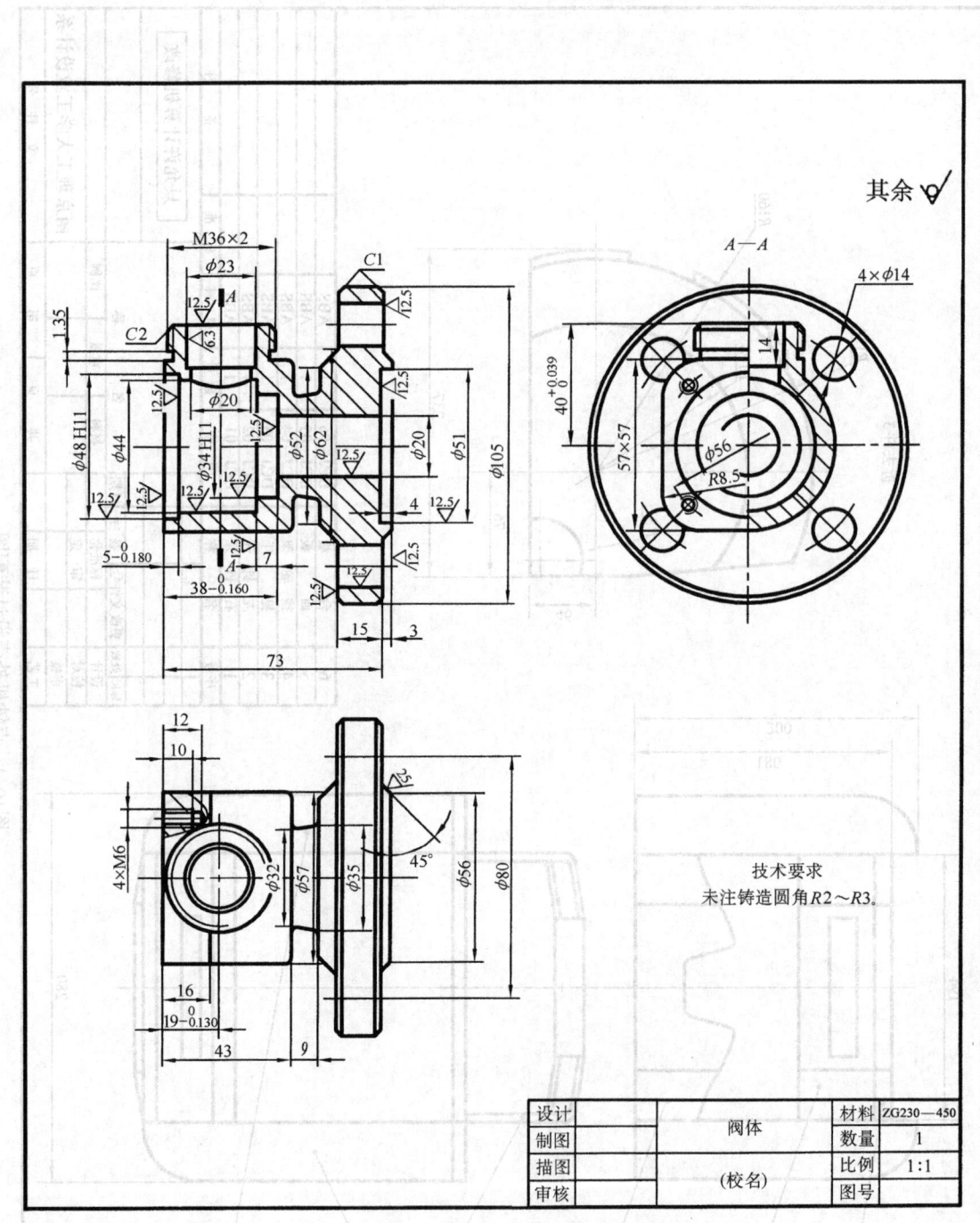

图 10-5 阀体的零件图

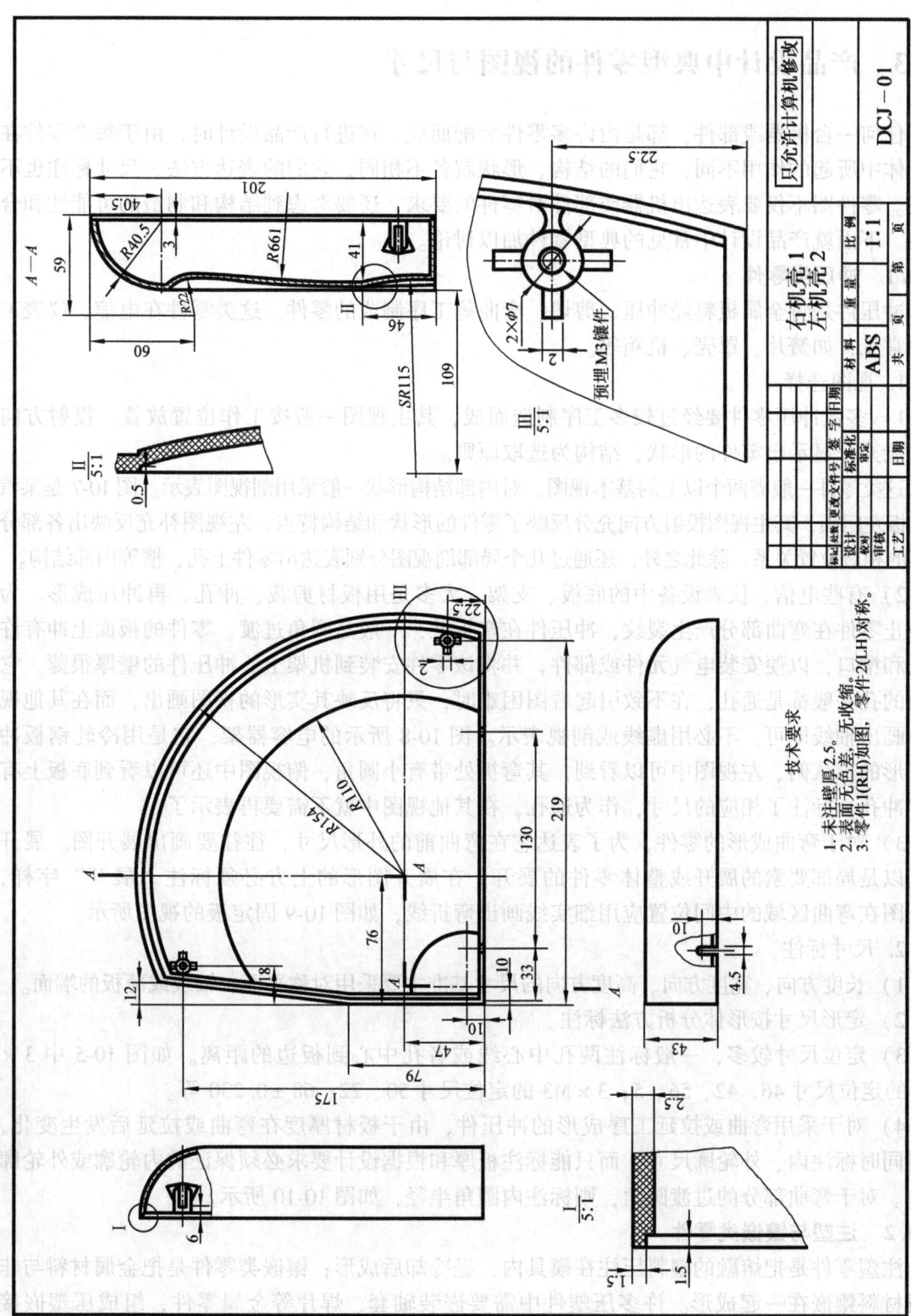

图 10-6 点钞机左、右机壳零件图

10.3 产品设计中典型零件的视图与尺寸

任何一台机器或部件，都是由许多零件装配而成。在进行产品设计时，由于每个零件在装配体中所起的作用不同，它们的结构、形状就各不相同，它们的表达方法、尺寸标注也不相同。零件图不仅要表达出机器或部件对零件的要求，还要考虑到结构和制造的可能性和合理性。下面就产品设计中常见的典型零件加以讨论。

10.3.1 冲压类零件

冲压件是将金属板料经冲压、剪切、弯曲等工序制成的零件。这类零件在电信、仪表工业中常见，如簧片、罩壳、机箱等。

1. 视图选择

1）多数冲压零件要经过较多工序制造而成，其主视图一般按工作位置放置，投射方向则以能充分显示出零件的形状、结构为选取原则。

这类零件一般需两个以上的基本视图。对内部结构形状一般采用剖视图表示。图10-7是某汽车座板左门锁，其主视图投射方向充分反映了零件的形状和结构特点，左视图补充反映出各部分之间的相对位置关系。除此之外，还通过几个局部剖视图分别表达出零件上孔、槽等内部结构。

2）有些电信、仪表设备中的底板、支架，大多是用板材剪裁、冲孔、再冲压成形。为了防止零件在弯曲部分产生裂纹，冲压件在弯折处，一般是圆角过渡。零件的板面上冲有许多孔和槽口，以便安装电气元件或部件，并将该零件安装到机架上。冲压件的壁厚很薄，它上面的孔一般都是通孔，在不致引起看图困难时，只将反映其实形的视图画出，而在其他视图中画出轴线即可，不必用虚线或剖视表示。图10-8所示的电容器架，它是用冷轧钢板冲压成形的。从俯、左视图中可以看到，其弯折处带有小圆角，俯视图中还可以看到底板上有许多冲孔，标注了相应的尺寸，作为通孔，在其他视图中就不需要再表示了。

3）对于弯曲成形的零件，为了表达它在弯曲前的外形尺寸，往往要画出展开图。展开图可以是局部要素的展开或整体零件的展开。在展开图形的上方必须标注"展开"字样，展开图在弯曲区域的中间位置应用细实线画出弯折线，如图10-9固定板的视图所示。

2. 尺寸标注

1）长度方向、宽度方向、高度方向的尺寸基准主要采用对称平面、轴线或薄板的端面。

2）定形尺寸按形体分析方法标注。

3）定位尺寸较多，一般标注两孔中心线或者孔中心到板边的距离。如图10-5中$3 \times \phi 10$的定位尺寸46、42、56、5；$3 \times M3$的定位尺寸50、22、68 ± 0.230等。

4）对于采用弯曲或拉延工序成形的冲压件，由于板材厚度在弯曲或拉延后发生变化，不能同时标注内、外轮廓尺寸，而只能标注板厚和根据设计要求必须保证的内轮廓或外轮廓尺寸。对于弯曲部分的过渡圆角，则标注内圆角半径，如图10-10所示。

10.3.2 注塑与镶嵌类零件

注塑零件是把熔融的塑料压注在模具内，经冷却后成形；镶嵌类零件是把金属材料与非金属材料镶嵌在一起成形。许多压塑件中需要嵌装轴套、焊片等金属零件，组成压塑嵌接件。它们可以制成轴套、轮盘、叉架、箱体等类零件，如电器上应用的各种触头及机械上常用的塑料手柄、手轮等。

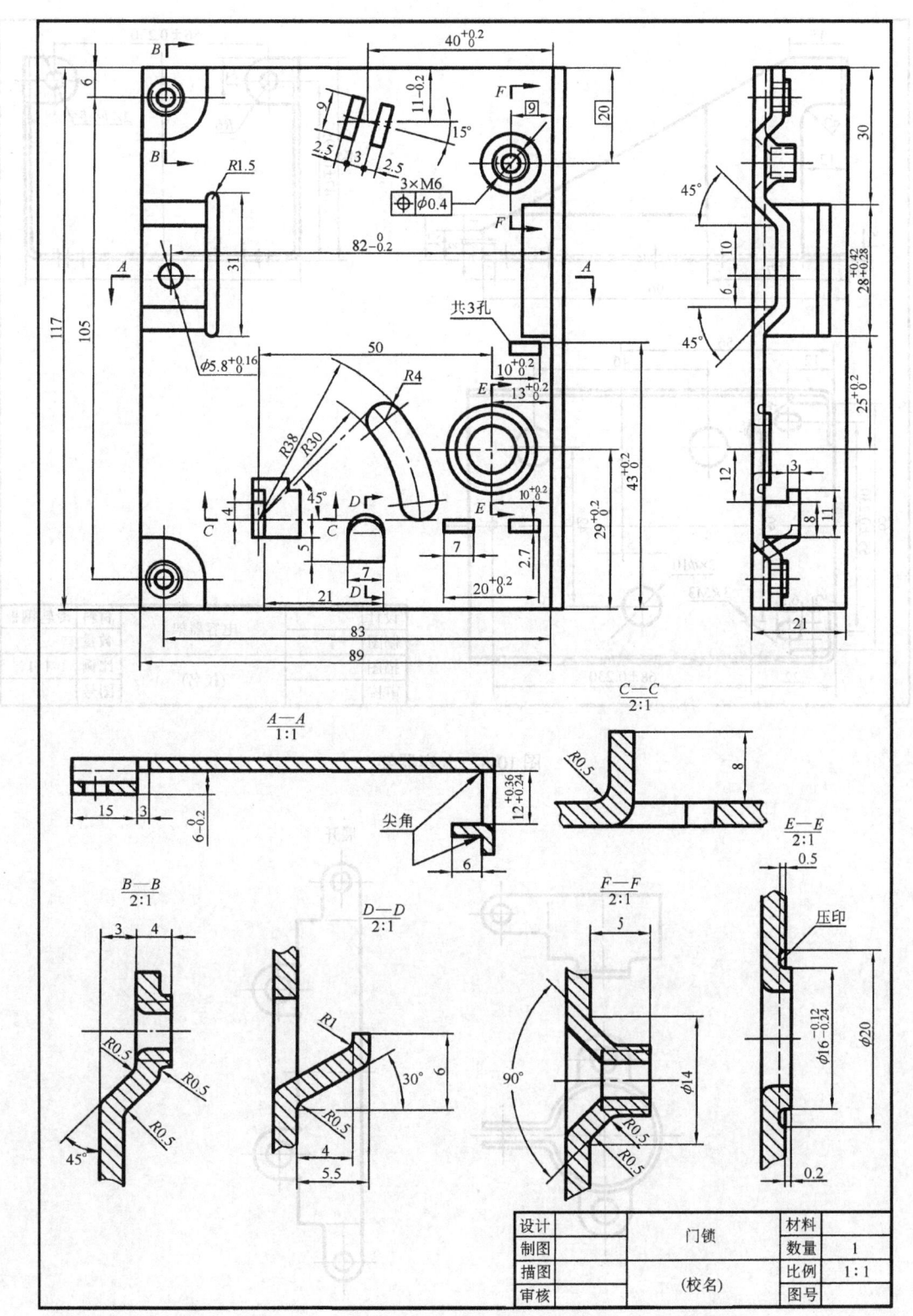

图 10-7 汽车座板左门锁

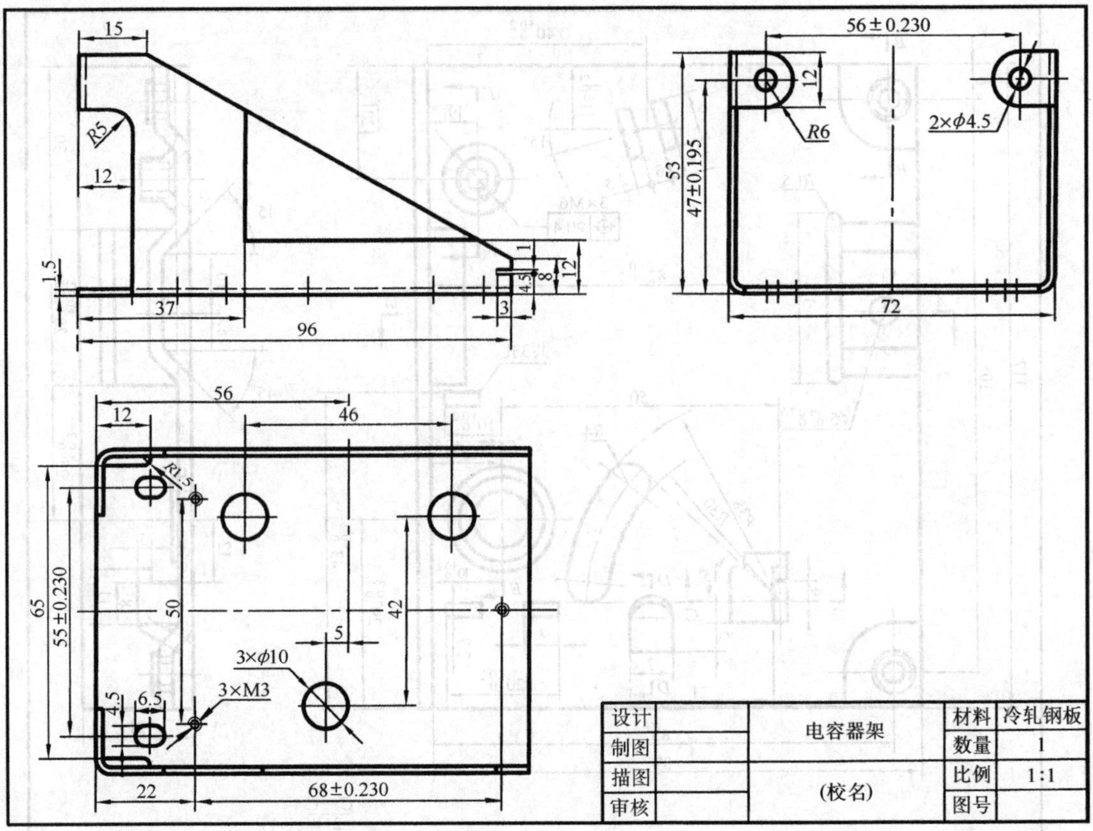

图 10-8 电容器架

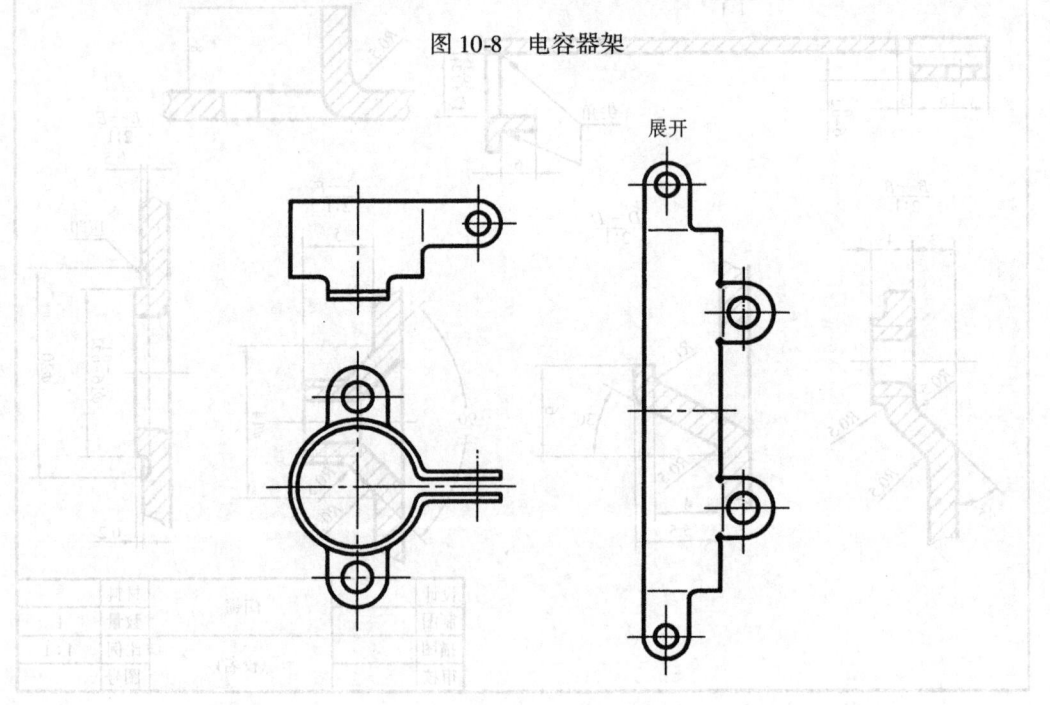

图 10-9 固定板的展开图

这类零件需根据各自的特点选择基本视图的数量，并且常用断面图和局部视图等表达方法。在剖视图中应该用不同的剖面符号来区分铸合的材料，如图10-11（调节齿轮轴）所示。在剖视图中，对于压制成形后不再进行加工的金属嵌装件，只需画出外形，以表示其位置，并标注定位尺寸即可，如图10-13所示。

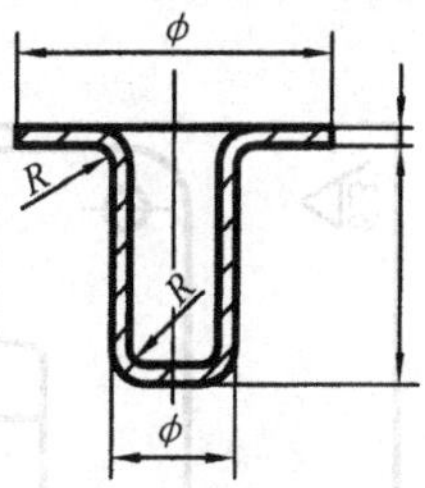

10.3.3 曲面零件

根据曲面的形成特点、工作性能和工艺要求，对于不同的曲面零件有不同的表达方法。

图10-10 冲压件的尺寸注法

1. 用标注尺寸确定曲面轮廓

曲面为柱面时，可直接用标注尺寸确定曲面轮廓，如图10-12所示。

2. 用数组截面线表示曲面

图10-14为汽车顶盖，曲面主要由一组平行截面线的轮廓确定。按截面线上各点的数据制造出一组样板，就是制造与检验该曲面部分的依据。

3. 利用曲面的展开图作为辅助图形

用展开图给出形成曲面的规律。图10-15为一端面凸轮，其曲面在径向及轴向的变化规律分别用展开图表示。

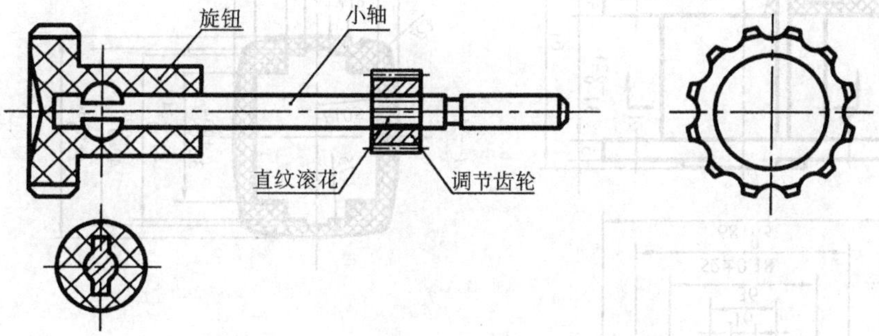

图10-11 调节齿轮轴

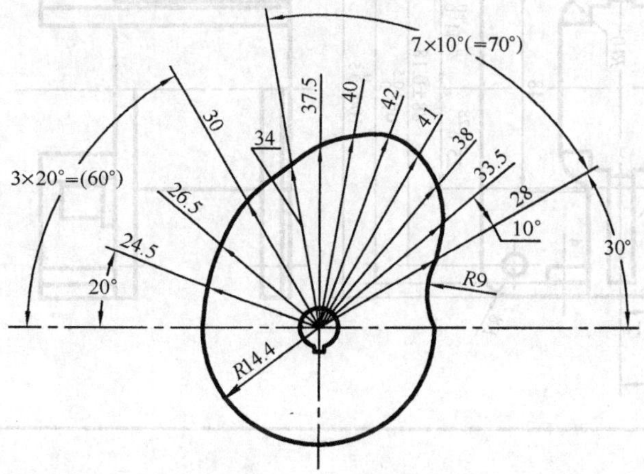

图10-12 盘形凸轮（凸轮轮廓面为柱面）

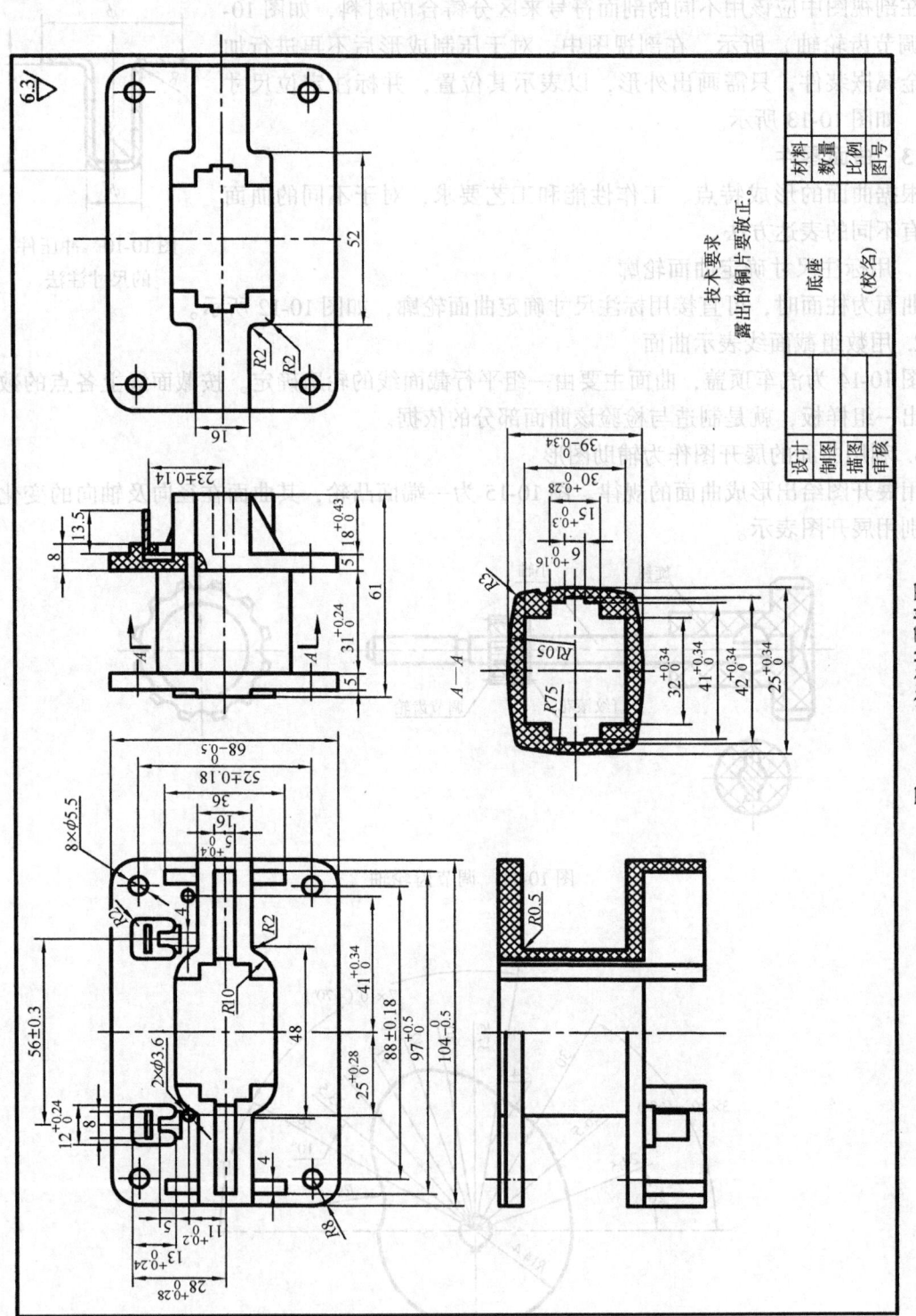

图10-13 底座的零件图

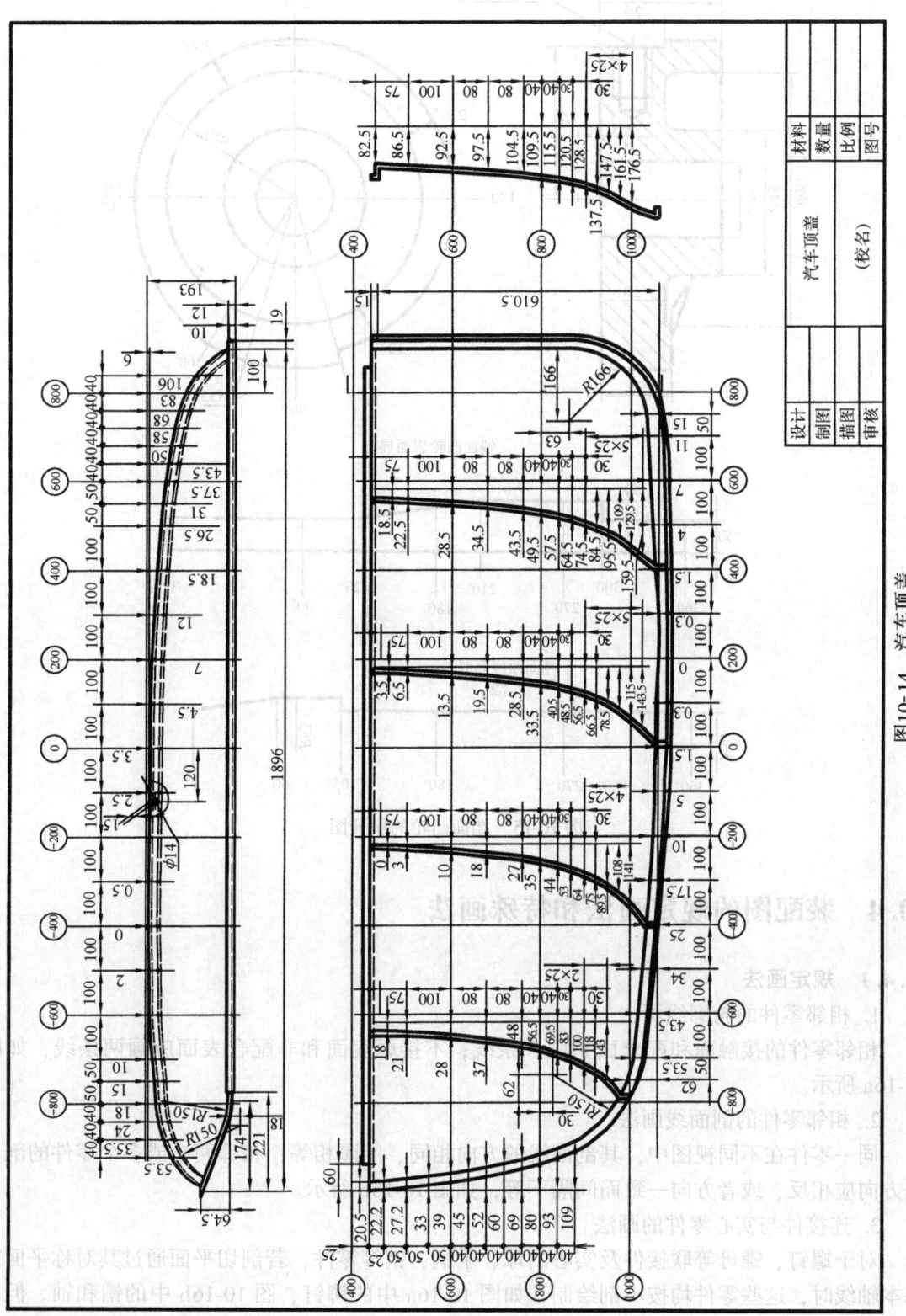

图10-14 汽车顶盖

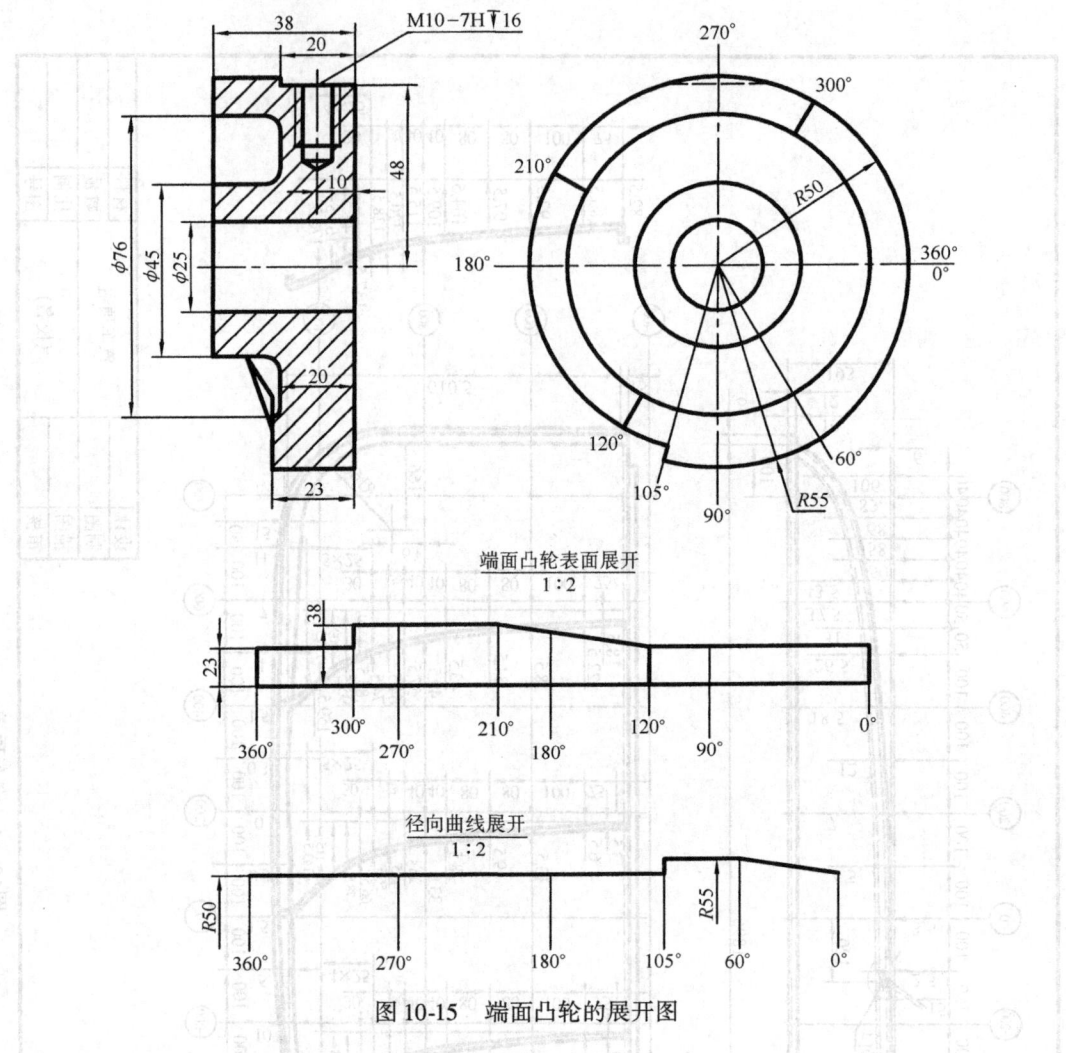

图 10-15　端面凸轮的展开图

10.4　装配图的规定画法和特殊画法

10.4.1　规定画法

1. 相邻零件的轮廓线画法

相邻零件的接触面和配合面只画一条线；不接触表面和非配合表面应画两条线，如图 10-16a 所示。

2. 相邻零件的剖面线画法

同一零件在不同视图中，其剖面线的方向相同、间隔相等；相邻两个或多个零件的剖面线方向应相反、或者方向一致而间隔不等，如图 10-16b 所示。

3. 连接件与实心零件的画法

对于螺钉、螺母等联接件及实心的球、手柄、销等零件，若剖切平面通过其对称平面或基本轴线时，这些零件均按不剖绘制，如图 10-16a 中的铆钉、图 10-16b 中的销和轴。但当这些零件上的孔、槽需要表达时，可采用局部剖视，如图 10-16b 所示。

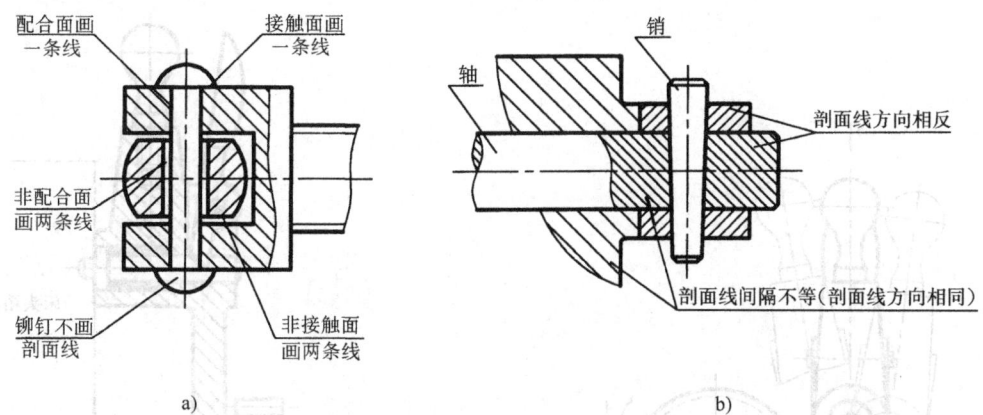

图 10-16 装配图规定画法
a) 相邻零件轮廓线的画法　b) 相邻零件剖面线的画法

10.4.2 特殊画法

1. 拆卸画法

为了把装配体中某部分零件表达得更加清楚,可以假想沿某些零件结合面进行剖切,也可将某些零件拆卸后绘制。拆卸后需加以说明时,可注上"拆去件××"等字样(如图10-2A—A 中,注明"拆去手柄";图 10-17A—A 中,注明"拆去泵盖"。当被拆卸零件的形状需要表达时,可单独画出该零件的某一视图,如图 10-17 所示"B 向"视图。

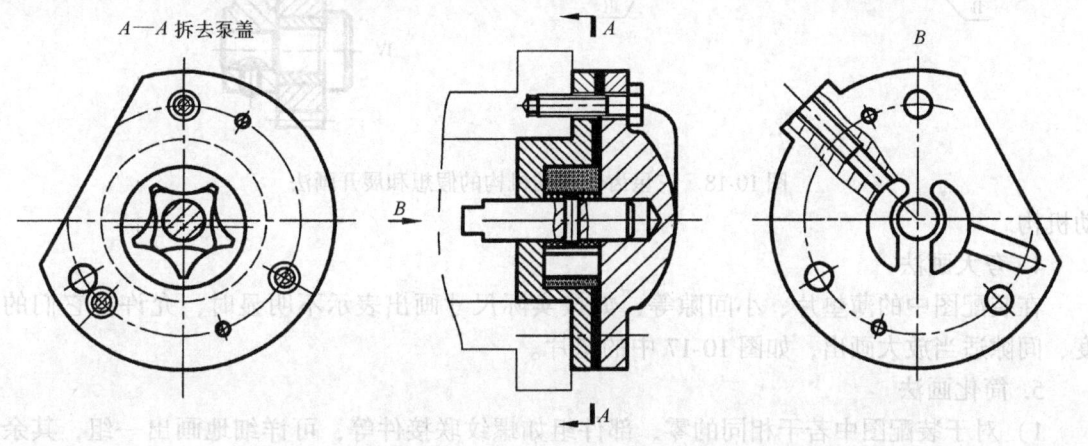

图 10-17 装配图画法的基本规定

2. 假想画法

表示与部件有安装或配合关系而又不属于这个部件的零件,可以用双点画线画出它们的轮廓,如图 10-18 所示。

为了表示运动零件的运动范围或运动的极限位置,可按其运动的一个位置绘制图形,再用双点画线画出极限位置的图形,如图 10-18 所示。

3. 展开画法

为表示传动机构的传动路线和装配关系,将在空间处于相互平行的几根传动轴,依次剖切后并按顺序展平画在同一视图上,见图 10-18。展开画法广泛应用于机床设计中的齿轮传

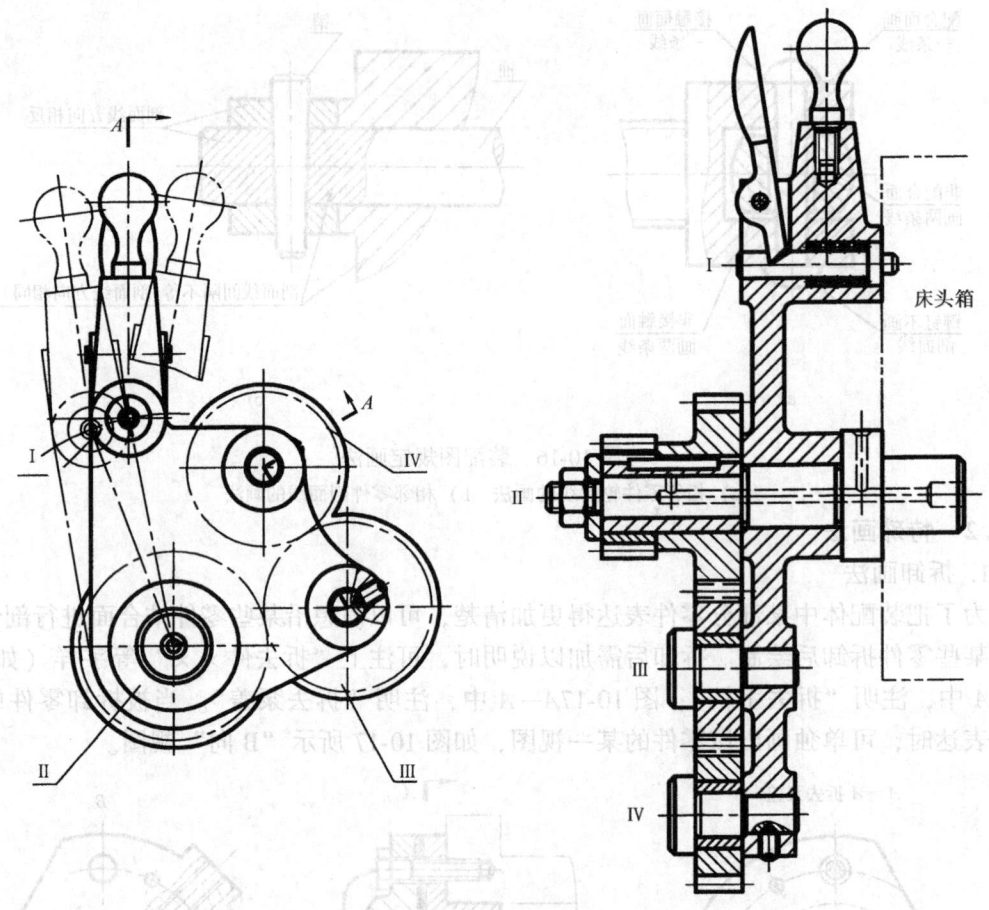

图 10-18 三星齿轮传动机构的假想和展开画法

动机构。

4. 夸大画法

在装配图中的薄垫片、小间隙等，如按实际尺寸画出表示不明显时，允许把它们的厚度、间隙适当放大画出，如图 10-17 中的垫片。

5. 简化画法

1) 对于装配图中若干相同的零、部件组如螺纹联接件等，可详细地画出一组，其余只需用点画线表示其位置即可，如图 10-17 中的螺钉联接。

2) 在装配图中，零件的工艺结构如小圆角、倒角等可不画出，如图 10-17 中的螺钉。

10.5 螺纹

螺纹是零件上的常见结构。螺纹是在圆柱或圆锥表面上，沿着螺旋线形成的具有规定牙型的连续凸起和沟槽。在外表面上形成的螺纹称为外螺纹，在内表面上形成的螺纹称为内螺纹。

10.5.1 螺纹的基本要素（GB/14791—1993）

1. 牙型

在通过螺纹轴线的断面上，螺纹的轮廓形状称为螺纹牙型。如图 10-19 所示，它有三角形、梯形、锯齿形等。相邻两牙侧面间的夹角称为牙型角。

2. 公称直径

公称直径是代表螺纹尺寸的直径，通常指螺纹大径的基本尺寸（管螺纹则表示其通径）。如图 10-19 所示，螺纹大径是与外螺纹牙顶或内螺纹牙底相切的假想圆柱面的直径；螺纹小径是与外螺纹牙底或内螺纹牙顶相切的假想圆柱面的直径；在大小径之间设想有一圆柱，其母线通过牙型上沟槽和凸起宽度相等处，则该假想圆柱的直径称为螺纹中径。

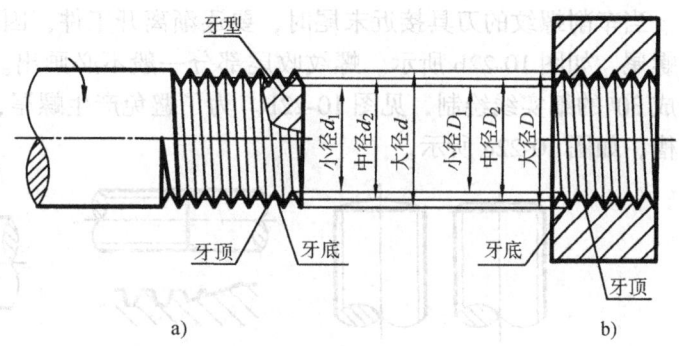

图 10-19　螺纹各部分的名称

3. 线数 n

螺纹有单线和多线之分。沿一条螺旋线形成的螺纹为单线螺纹；沿轴向等距分布的两条或两条以上螺旋线所形成的螺纹为多线螺纹，如图 10-20 所示。

4. 螺距 P 和导程 P_n

相邻两牙在中径线上对应两点间轴向距离称为螺距。同一条螺旋线上相邻两牙在中径线上对应两点间的轴向距离称为导程，如图 10-20 所示。线数、螺距 P、导程 P_n 的关系为：

$P_n = nP$

5. 旋向

螺纹分右旋和左旋两种。如图 10-21 所示，顺时针旋入的螺纹为右旋螺纹；逆时针旋入的螺纹为左旋螺纹。

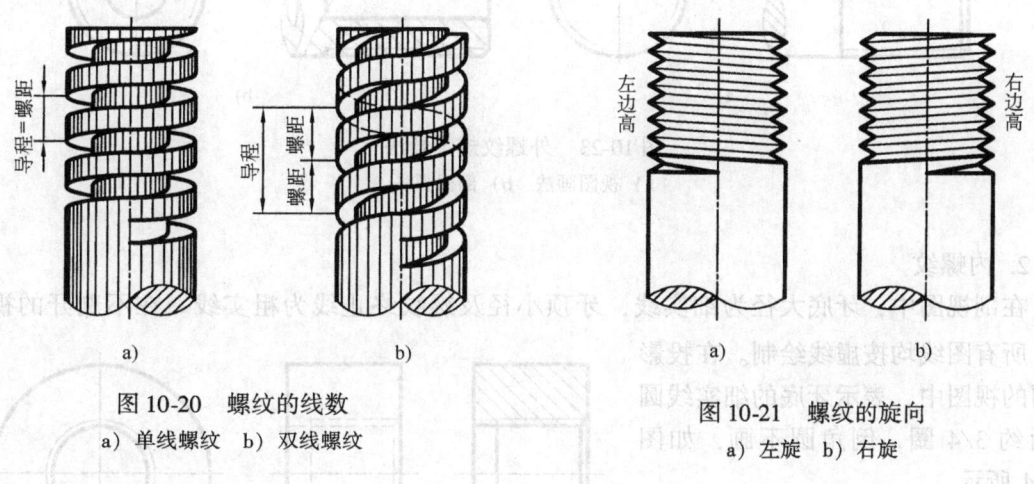

图 10-20　螺纹的线数
a) 单线螺纹　b) 双线螺纹

图 10-21　螺纹的旋向
a) 左旋　b) 右旋

外螺纹和内螺纹相互旋合时，牙型、大径、螺距、线数和旋向等要素必须相同。

10.5.2　螺纹的结构

1. 螺纹的末端

为了防止外螺纹起始圈损坏和便于装配，通常在螺纹起始处作出一定形式的末端，如倒角、倒圆等，如图10-22a所示。

2. 螺纹的收尾和退刀槽

当车削螺纹的刀具接近末尾时，要逐渐离开工件，因而螺纹收尾部分的牙型不完整，称为螺尾，如图10-22b所示。螺纹收尾部分一般不必画出。但当需要表示时，该部分用与轴线成30°的细实线绘制，见图10-22b。为了避免产生螺尾，可以预先在螺纹末尾处加工出退刀槽，如图10-22c所示。

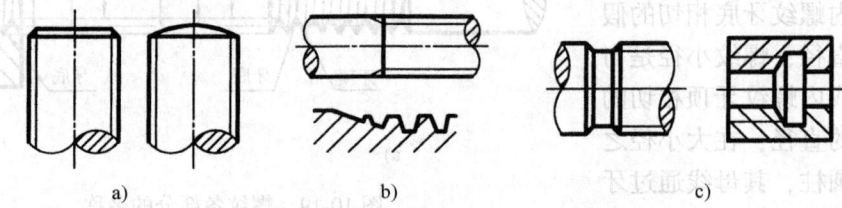

图 10-22　螺纹的结构
a）螺纹的末端　b）螺纹收尾　c）螺纹的退刀槽

10.5.3　螺纹的规定画法（GB 4459.1—1995）

1. 外螺纹

螺纹牙顶大径画成粗实线，牙底小径画成细实线。在投影不为圆的视图上，倒角（或倒圆）应画出，牙底的细实线应画入倒角，螺纹终止线用粗实线，在剖视图中螺纹终止线只画牙顶到牙底的一段。螺纹小径通常画成大径的0.85倍。在投影为圆的视图上，表示牙底的细实线圆只画约3/4圈，倒角圆不画，如图10-23所示。

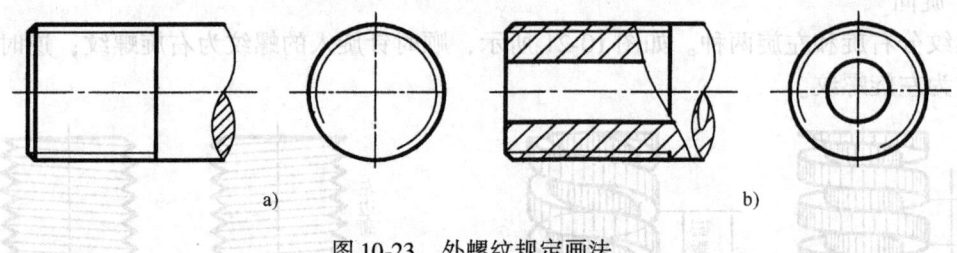

图 10-23　外螺纹规定画法
a）视图画法　b）剖视画法

2. 内螺纹

在剖视图中，牙底大径为细实线，牙顶小径及螺纹终止线为粗实线。在不剖开的视图中，所有图线均按虚线绘制。在投影为圆的视图中，表示牙底的细实线圆只画约3/4圈，倒角圆不画，如图10-24所示。

绘制不通的螺孔时，应将钻孔深度和螺纹部分的深度分别画出，如图10-25所示。

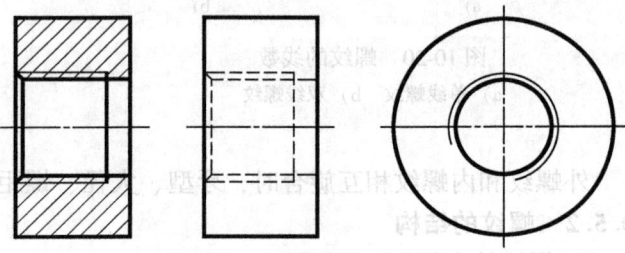

图 10-24　内螺纹规定画法

无论是外螺纹或是内螺纹，在剖视图或断面图中的剖面线都必须画到粗实线。
图 10-26 表示螺纹孔中相贯线的画法。

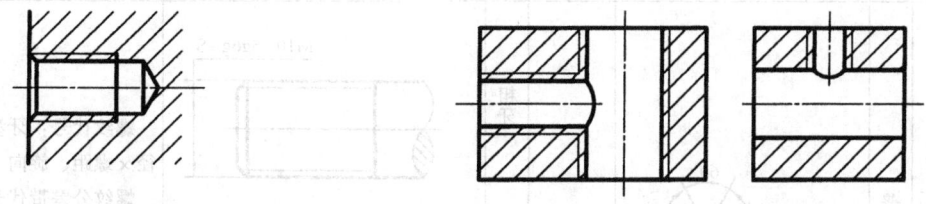

图 10-25　不通螺孔的画法　　　　图 10-26　螺纹孔中相贯线的画法

3. 内、外螺纹旋合的画法

在剖视图中，内、外螺纹的旋合部分应按外螺纹的规定画法绘制，其余部分仍按各自的规定画法绘制。当剖切平面通过螺杆轴线时，实心螺杆按不剖绘制，如图 10-27 所示。

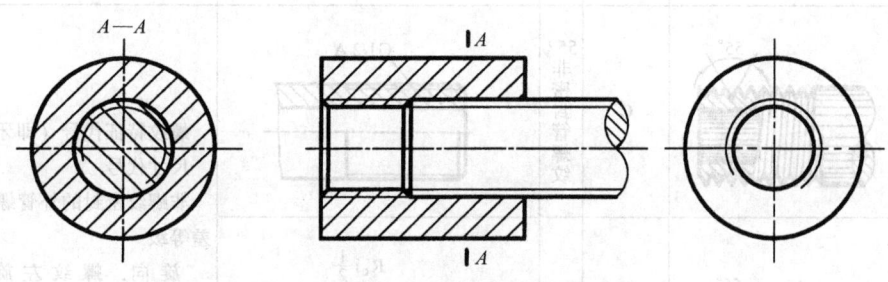

图 10-27　螺纹联接的画法

4. 牙型表示法

当螺纹牙型不符合国家标准时，需要画出螺纹牙型，并标注尺寸，如图 10-28 所示。

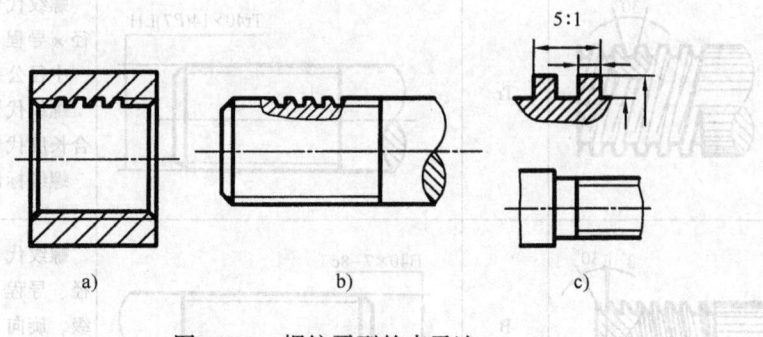

图 10-28　螺纹牙型的表示法
a）全剖视图　b）局部剖视图　c）局部放大图

10.5.4　常用螺纹的种类及标注

常用螺纹的种类及标注见表 10-1。

表 10-1 常用螺纹的种类及标注

螺纹种类		外形及牙型图	牙型符号		代号或标记示例	螺纹标记
联接螺纹	普通螺纹	60°	M	粗牙	M10-5g6g-S	螺纹代号：牙型符号 M、公称直径×螺距、旋向 螺纹公差带代号：中径、顶径公差带代号、旋合长度代号 螺纹代号、螺纹公差带代号、旋合长度代号之间分别用 "-" 分开 螺纹标记注在螺纹大径上
				细牙	M20×1.5-7H-L	
	管螺纹	55°	G	55°非密封管螺纹	G1/2 A	螺纹特征代号（即牙型符号） 尺寸代号 非螺纹密封的外管螺纹应标注公差等级 旋向，螺纹左旋时，加注 "LH"，并用 "-" 隔开 螺纹标记从大径指引标注
		55°	R_C R_P R_1 或 R_2	55°密封管螺纹	$R_c1\frac{1}{2}$	
传动螺纹	梯形螺纹	30°	Tr		Tr40×14(P7)LH	螺纹代号：牙型符号 Tr、公称直径×导程（P 螺距）或螺距、旋向 中径公差带代号、旋合长度代号 螺纹代号、螺纹公差带代号、旋合长度代号之间分别用 "-" 分开 螺纹标记注在螺纹大径上
	锯齿形螺纹	3° 30°	B		B40×7-8c	螺纹代号：牙型符号 B、公称直径、导程（螺距）或螺距、精度等级、旋向 精度等级和旋向前用 "-" 分隔 螺纹标记注在螺纹大径上
说明	粗牙普通螺纹的螺距和管螺纹每英寸牙数不标注；中径、顶径公差带代号相同只注一次；右旋螺纹不注旋向；旋合长度有 L、N、S 三种，旋合长度为 N 时不标注					

10.6 螺纹联接件的规定画法

常用的螺纹联接件有螺栓、双头螺柱、螺钉、螺母和垫圈等。其规定标记为：名称、标准编号、螺纹规格×公称长度。标记示例见附录 B。螺栓用于被联接零件允许钻成通孔的情况，如图 10-29 所示；双头螺柱用于被联接零件之一较厚或不允许钻成通孔的情况，如图 10-30 所示；螺钉则用于不经常拆卸和受力较小的联接中，如图 10-31 所示。螺钉按用途又可分为联接螺钉和紧定螺钉。

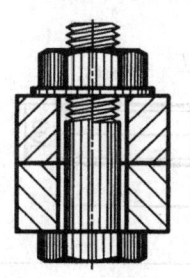
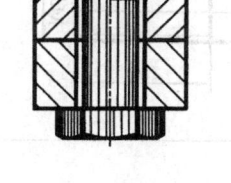

图 10-29 螺栓联接

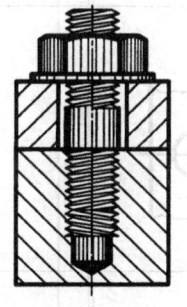

图 10-30 双头螺柱联接

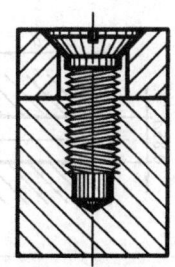

图 10-31 螺钉联接

表 10-2 和表 10-3 分别列出了常见螺纹联接件和螺纹连接的比例画法。

表 10-2 常见螺纹联接件的比例画法

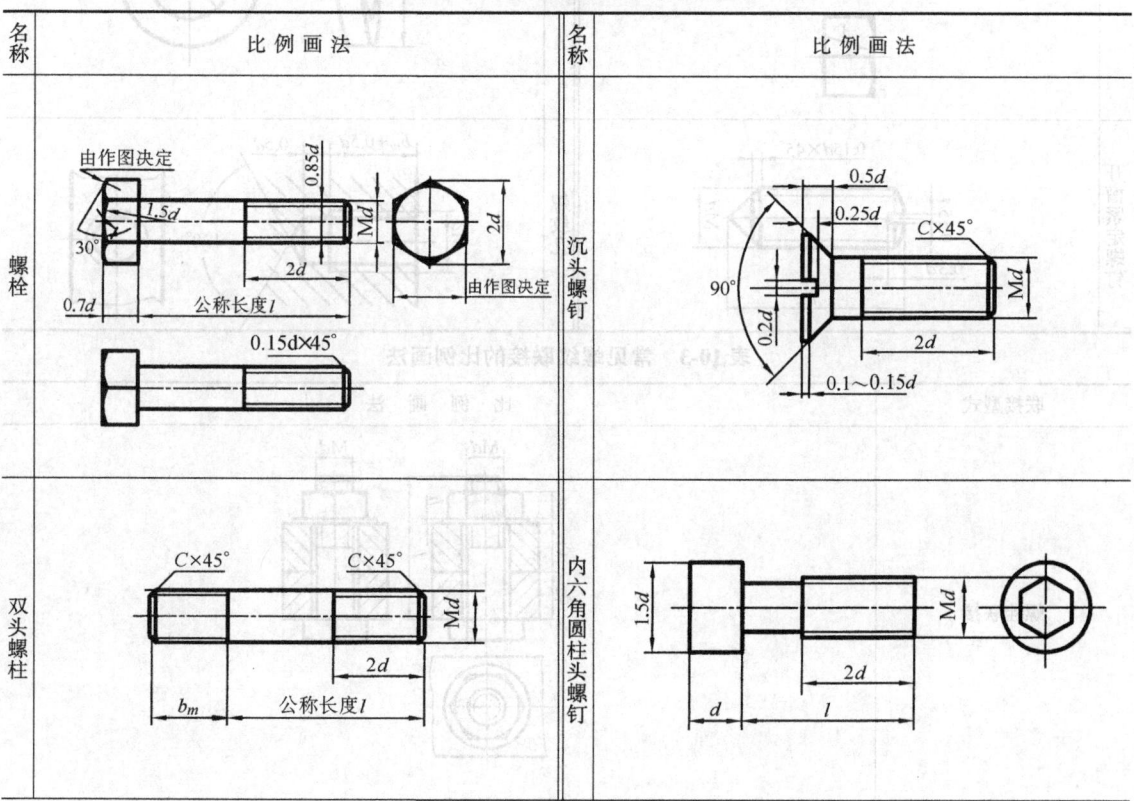

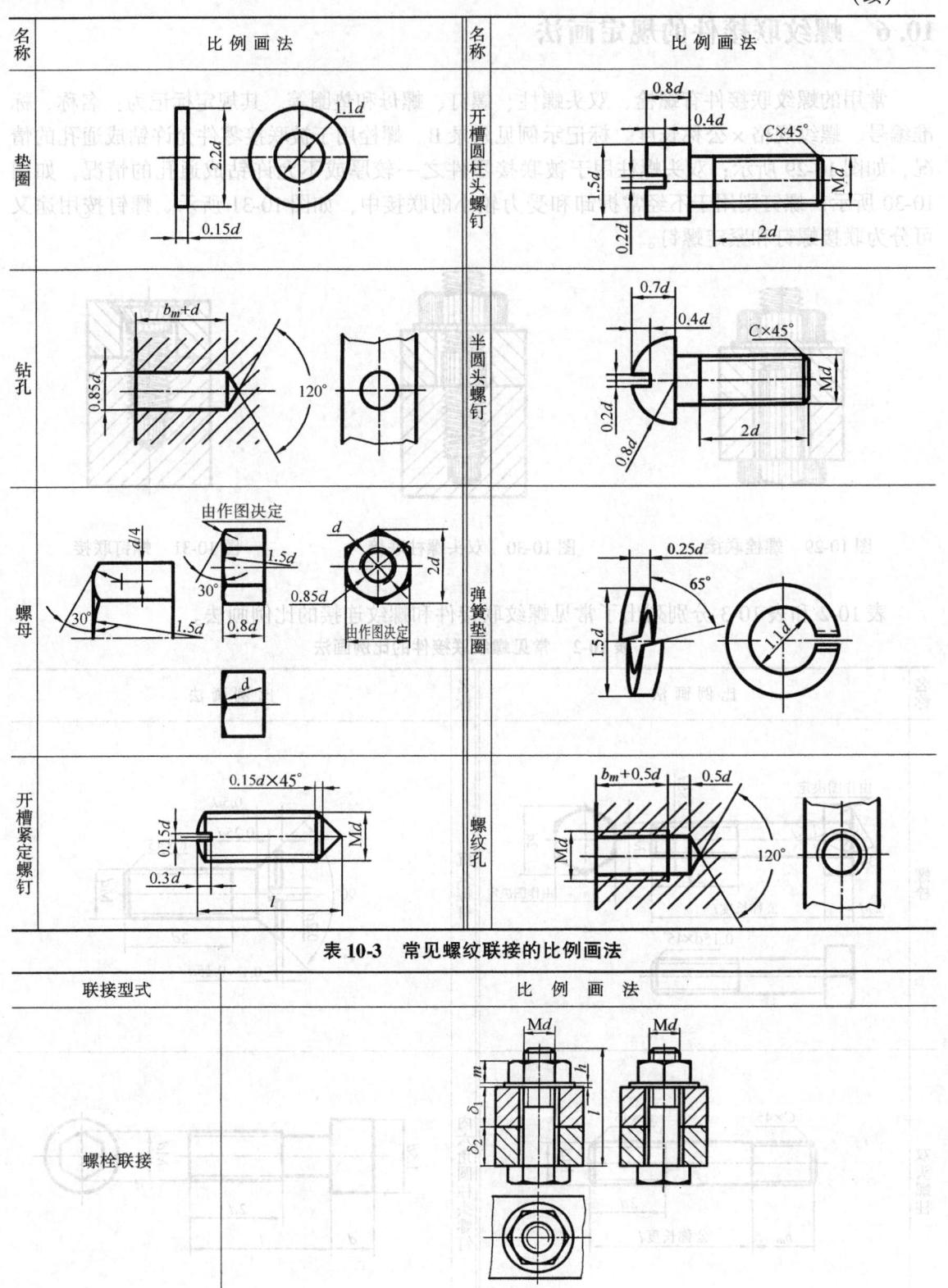

表 10-3 常见螺纹联接的比例画法

联接型式	比 例 画 法
双头螺柱联接	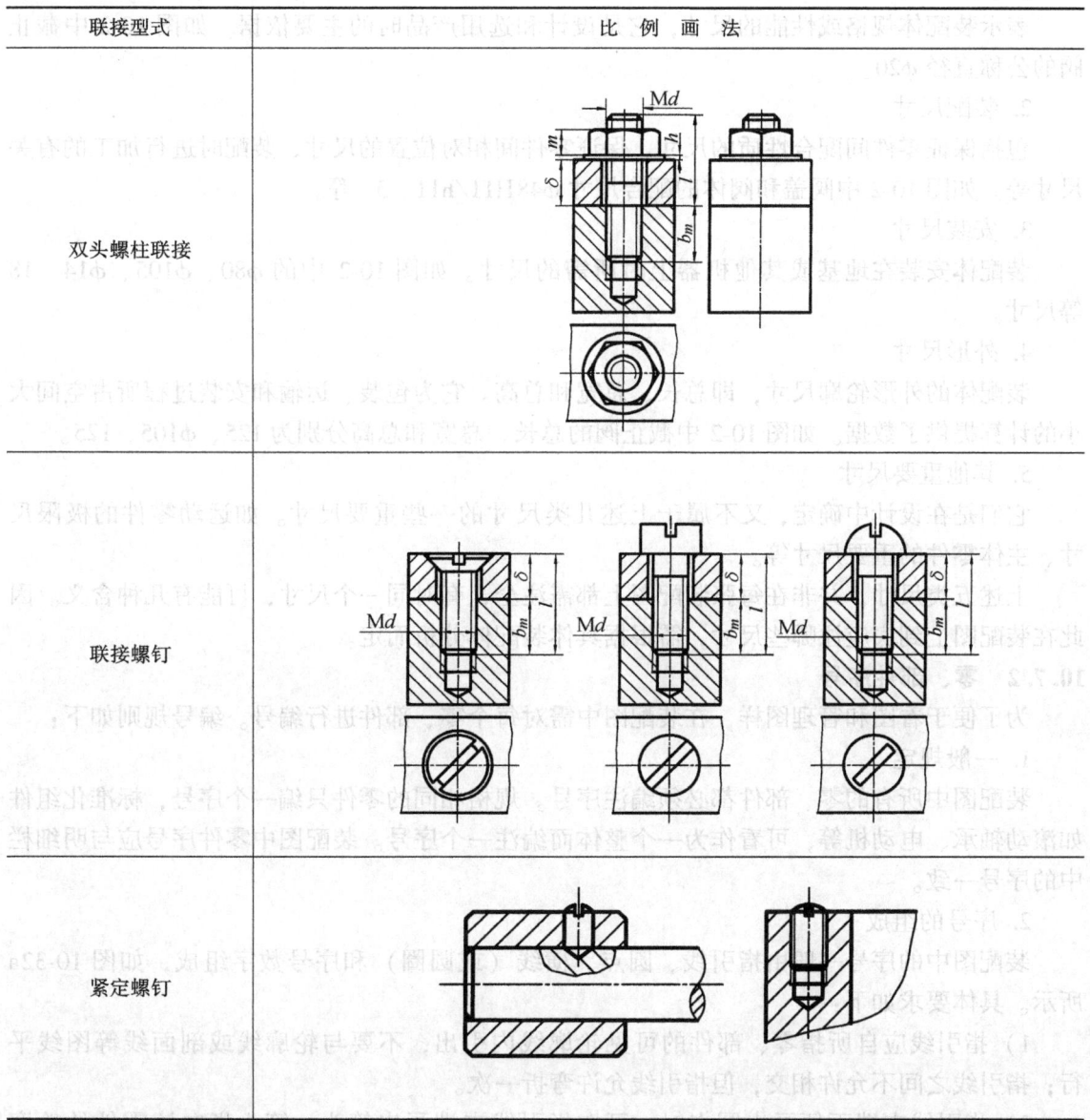
联接螺钉	
紧定螺钉	

螺柱与螺钉旋入端的螺纹长度，即旋入深度 b_m 由带螺孔的被联接零件材料决定：$b_m = 1d$，用于钢和青铜；$b_m = 1.25d$，用于铸铁；$b_m = 1.5d$，用于铸铁或铝合金；$b_m = 2d$，用于铝合金。

10.7 装配图的尺寸标注与零、部件序号及明细栏

10.7.1 装配图的尺寸标注

装配图的作用是表达零、部件的装配关系，其尺寸标注不需要注出每个零件的全部尺寸，一般只需标注以下五类尺寸。

1. 规格尺寸

表示装配体规格或性能的尺寸，它是设计和选用产品时的主要依据。如图 10-2 中截止阀的公称直径 $\phi 20$。

2. 装配尺寸

包括保证零件间配合性质的尺寸、保证零件间相对位置的尺寸、装配时进行加工的有关尺寸等。如图 10-2 中阀盖和阀体的配合尺寸 $\phi 48 H11/h11$、54 等。

3. 安装尺寸

装配体安装在地基或其他机器上时所需的尺寸。如图 10-2 中的 $\phi 80$、$\phi 105$、$\phi 14$、18 等尺寸。

4. 外形尺寸

装配体的外形轮廓尺寸，即总长、总宽和总高。它为包装、运输和安装过程所占空间大小的计算提供了数据。如图 10-2 中截止阀的总长、总宽和总高分别为 125、$\phi 105$、125。

5. 其他重要尺寸

它们是在设计中确定，又不属于上述几类尺寸的一些重要尺寸。如运动零件的极限尺寸、主体零件的重要尺寸等。

上述五类尺寸，并非在每张装配图上都需注全，有时同一个尺寸，可能有几种含义。因此在装配图上到底应注哪些尺寸，需根据具体装配体分析而定。

10.7.2 零、部件序号

为了便于看图和管理图样，在装配图中需对每个零、部件进行编号。编号规则如下：

1. 一般规定

装配图中所有的零、部件都必须编注序号。规格相同的零件只编一个序号，标准化组件如滚动轴承、电动机等，可看作为一个整体而编注一个序号。装配图中零件序号应与明细栏中的序号一致。

2. 序号的组成

装配图中的序号一般由指引线、圆点、横线（或圆圈）和序号数字组成，如图 10-32a 所示。具体要求如下：

1) 指引线应自所指零、部件的可见轮廓线内引出，不要与轮廓线或剖面线等图线平行；指引线之间不允许相交，但指引线允许弯折一次。

2) 指引线末端不便画出圆点时，可在指引线末端画出箭头，箭头指向该零件的轮廓线，如图 10-32b 所示。

3) 序号数字比装配图中的尺寸数字大一号。

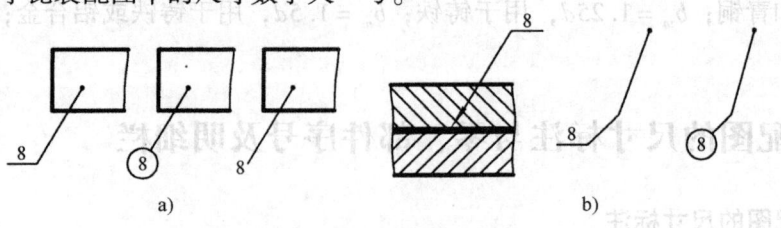

图 10-32　零件序号的编写形式

a）指引线画法　b）指引线末端

3. 零件组序号

对于联接件组或装配关系清楚的零件组，允许采用公共指引线，如图 10-33 所示。

4. 序号的排列

零件的序号应按水平或垂直方向排列整齐，并应按顺时针或逆时针方向顺次排列。如图 10-2 所示。

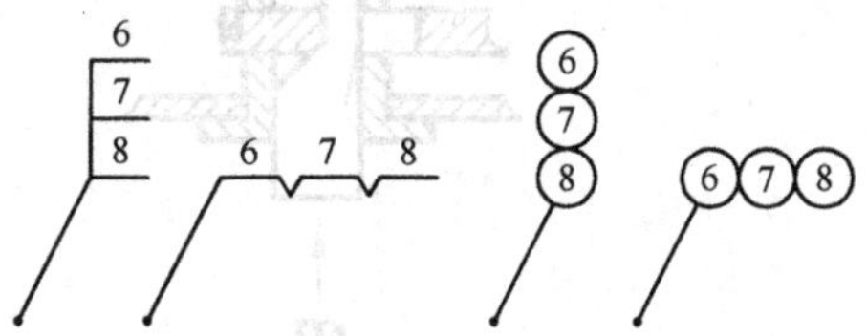

10.7.3 明细栏

明细栏是机器或部件中全部零、部件的详细目录。明细栏一般按 GB/T 10609.2—1989 的规定绘制。制图作业中的明细栏建议采用图 10-2 所示的格式。

图 10-33 零件组的编写形式

明细栏应画在标题栏的上方。它与标题栏的分界线是粗实线，零、部件序号应自下而上填写，如果图纸空间不够，可将明细栏分段画在标题栏的左方。

10.8 产品设计中常见的零件和装配结构

10.8.1 锁紧装置

1. 旋转式锁紧装置

通过旋转操作件（锁把）来进行解锁或锁紧。操作件是在与安装表面平行的平面内旋转。如图 10-34 所示由簧片卡入锁轴的卡口而锁紧；锁轴旋转 90°，簧片卡在圆锥面上，锁轴就可取出。

2. 拨动式快锁

通过移动或拨动操作件（锁把）来进行解锁或锁紧，如图 10-35 所示。

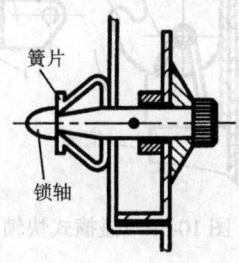

图 10-34 旋转式快锁

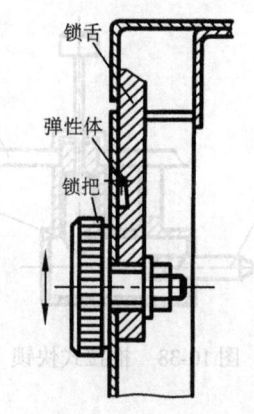

图 10-35 拨动式快锁

3. 按钮式快锁

通过按压操作件（按钮、按键）进行解锁或锁紧。图 10-36 中扭簧使锁舌呈张开状态而实现锁紧。按动按钮，锁舌沿旋转中心转动，脱开固定件而解锁。

4. 杠杆式快锁

借助于杠杆式操作件（锁把、扳机）进行解锁或锁紧。操作件是在与安装表面垂直的平面内转动。图 10-37 扳动锁把，锁栓回缩而解锁。

5. 推拉式快锁

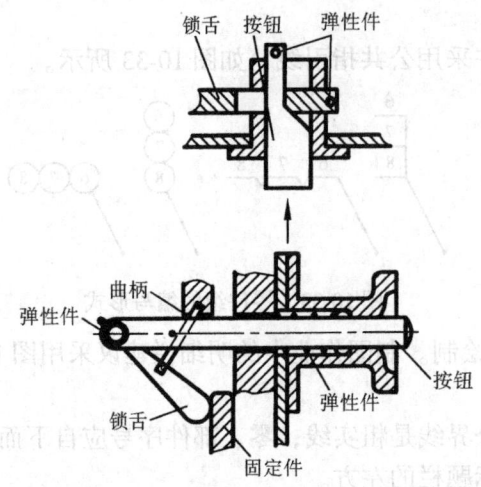
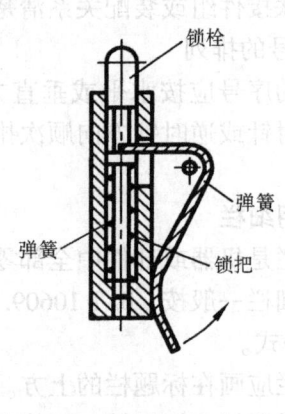

图 10-36　按钮式快锁　　　　　　　图 10-37　杠杆式快锁

通过对操作件的推、拉动作进行解锁或锁紧。如图 10-38 所示，下压推杆，锁栓伸出进入锁孔，并卡在推杆的缺口中而锁牢。解锁时，先旋转推杆，使锁栓退出缺口而停留在推杆的圆柱面上，拉出推杆而解锁。

6. 碰撞式快锁

通过待锁紧的固定件与活动件的碰撞，就能自行锁紧；施加分离力即可使固定件与活动件分离。图 10-39 碰撞中锁舌转动卡入锁扣而锁紧。

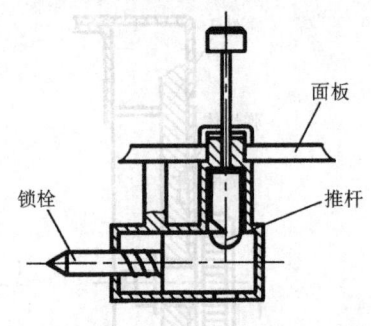
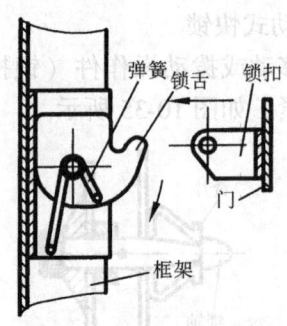

图 10-38　推拉式快锁　　　　　　　图 10-39　碰撞式快锁

7. 卡夹式快锁

用（弹性）卡夹直接对物体进行锁紧。图 10-40 弹性夹的上部夹持导线，下部夹固在板上，并由凸台定位于孔中。图 10-41 为一款经典的塑料制夹子。

8. 形变式锁紧

使薄壁构件（工程塑料制件或钣金件）产生局部变形，进行锁紧或解锁。这类锁紧机构是在两个可拆卸的连接构件上直接作出凸台（锁舌）或凹坑（锁槽），二者扣合即锁紧；用

图 10-40　卡夹式快锁

手对一构件施力，通过形变上凸台退出凹坑即行解锁。图 10-42 为塑料制盒体与盒盖的几种连接结构。为了实现这种缩紧形式，塑料制品在生产过程中通常采用强制脱模的形式，将制

品从注塑模具上解脱下来。因此，采用强制脱模形式的塑料制品的各结构尺寸应保持图10-43所示的关系。

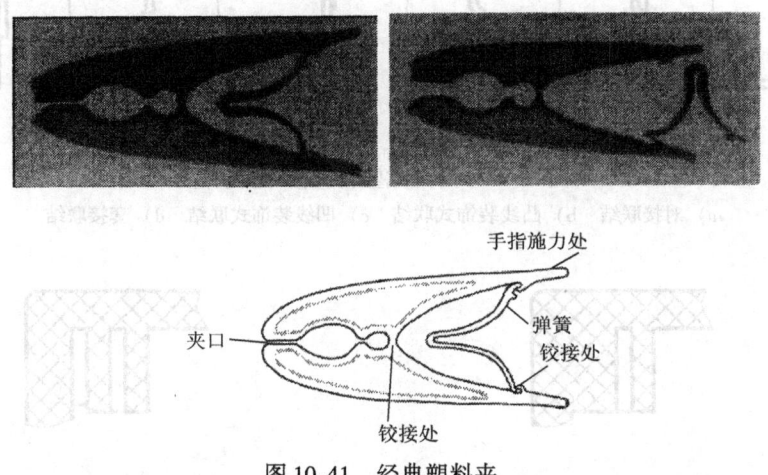

图 10-41 经典塑料夹

10.8.2 注塑产品外观结构设计

1. 对开式箱体对接结构

对开式结构是指由两个盒形结构相互联接构成封闭的产品外壳。很多注塑产品采用这种结构，如电视机外壳、微型计算机终端显示设备等。接合处的结构处理对整机外观影响很大，为保证对开的两部分能正确定位，它们应有相重叠的嵌合部分，如图10-44所示。

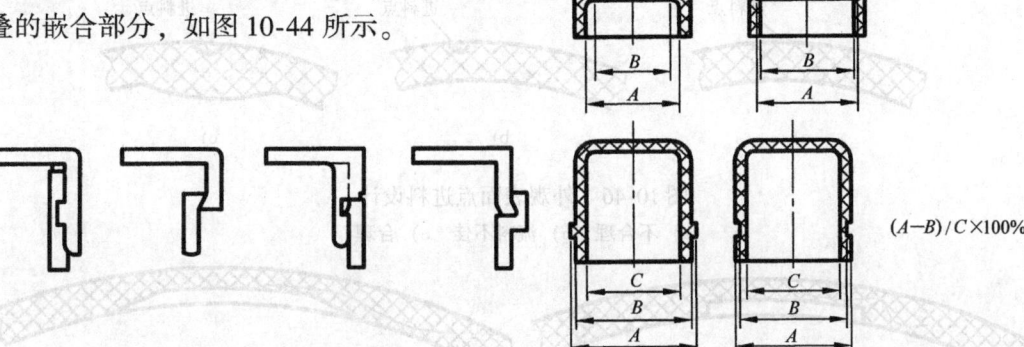

图 10-42 形变式锁紧　　　图 10-43 可强制脱模塑件的结构尺寸关系

2. 均匀的塑件壁厚

均匀的壁厚可使塑件在成形过程中塑料融体流动均衡，在塑件冷却过程中，收缩均匀，有利于保证外观塑件的强度和表面质量，如图10-45所示。

3. 保证型腔具有良好的注塑流动性

在外观零件的设计中，应考虑注射成形时熔融塑料的流动性。对于点进料浇口，往往要求进料点不能高于零件表面，同时也应保证进料部位塑件的厚度，如图10-46所示。当结构需要使塑件厚度不等时，应以斜面渐变过渡，如图10-47所示。

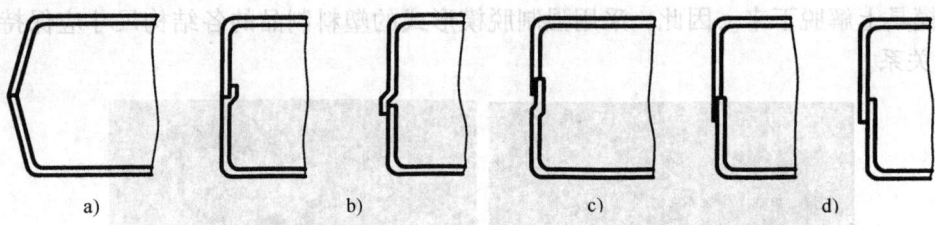

图 10-44　对开式塑料机箱对接结构
a) 对接联结　b) 凸线装饰式联结　c) 凹线装饰式联结　d) 套接联结

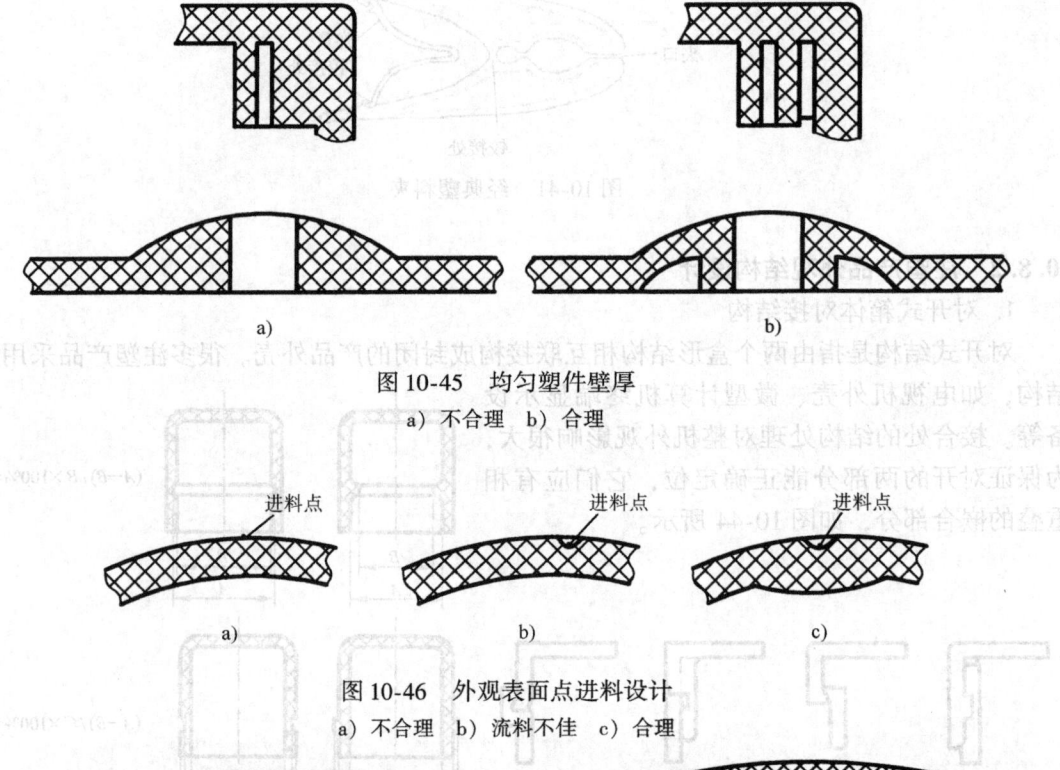

图 10-45　均匀塑件壁厚
a) 不合理　b) 合理

图 10-46　外观表面点进料设计
a) 不合理　b) 流料不佳　c) 合理

图 10-47　斜面过渡
a) 不合理　b) 合理

4. 易于成形的塑件结构

为了保证塑件的质量和简化模具结构，在塑料制品中经常采用图 10-48 所示的侧孔结构和图 10-49 所示的侧凹结构。

5. 加强肋结构

加强肋的作用是在不增大塑件厚度的条件下提高制品的强度和刚度。图 10-50 所示为常用加强肋的形状与尺寸。加强肋和塑件壁的连接处及加强肋顶部，都应呈圆弧状，以防止塑件产生应力集中而影响其质量。加强肋的厚度 A 应为塑件壁厚的 1/2；加强肋的高度不宜过大，以免塑件使用时肋部受力而破坏。

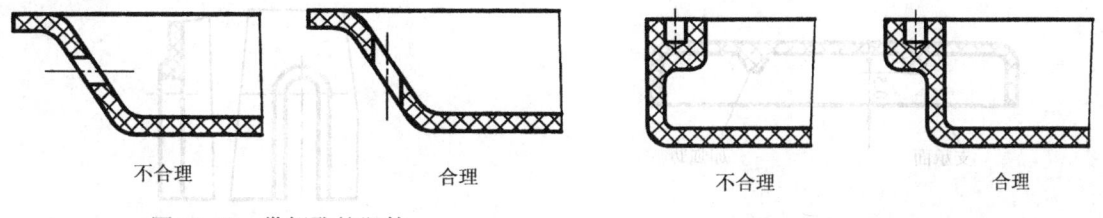

图 10-48 带侧孔的塑件　　　　　　　图 10-49 带侧凹的塑件

在塑件上布置加强肋时，应避免或减少塑料的局部集中，否则会产生缩孔与气泡缺陷。图 10-51 所示为肋条布置合理性的对比，图 10-52 所示为用于塑料容器底部与盖上加强肋布置方式。

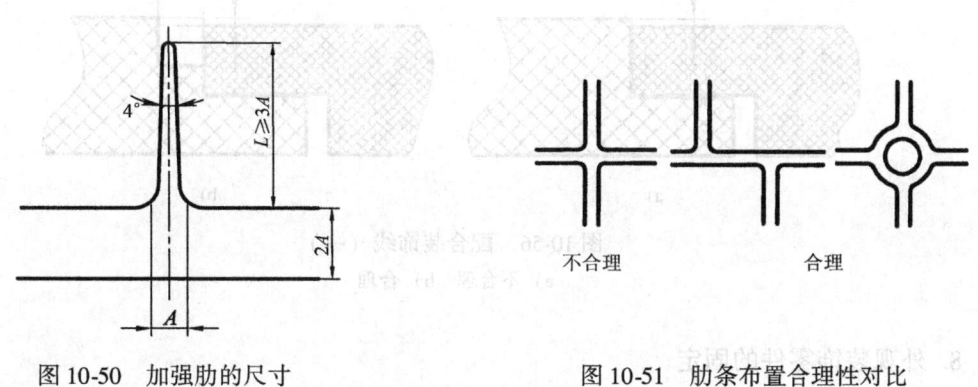

图 10-50 加强肋的尺寸　　　　　　图 10-51 肋条布置合理性对比

6. 支承面

以塑件的整个底面作支承面是不合理的，因为塑件稍有翘曲和变形就会使底面不平。通常采用的是边框支承或底脚（三点或四点）支承（图 10-53）。

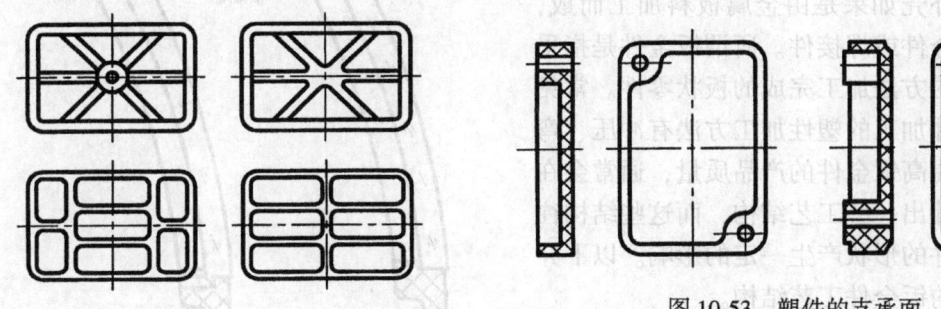

图 10-52 容器底部与盖上加强肋的布置

图 10-53 塑件的支承面
a）边框支承　b）底脚（三点或四点）支承

当塑件底部有加强肋时，应使加强肋与支承面的高度相差 0.5mm，如图 10-54 所示。塑件上固定用的孔和其他受力孔，周围通常设计一凸边来加强，如图 10-55 所示。

7. 塑料外观壳体间的配合装饰线

壳体间的配合装饰线是为了减少尺寸和形状的不稳定性对外观配合的影响，没有配合装饰线时，微小的尺寸误差显得极为明显，而有了配合装饰线，即便存在微小的尺寸误差，也不易被察觉，如图10-56所示。

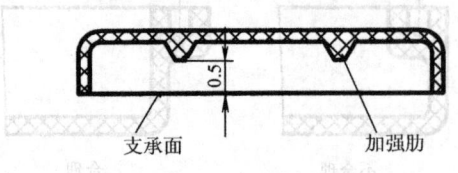

图10-54 支承面与加强肋

图10-55 受力孔的加强

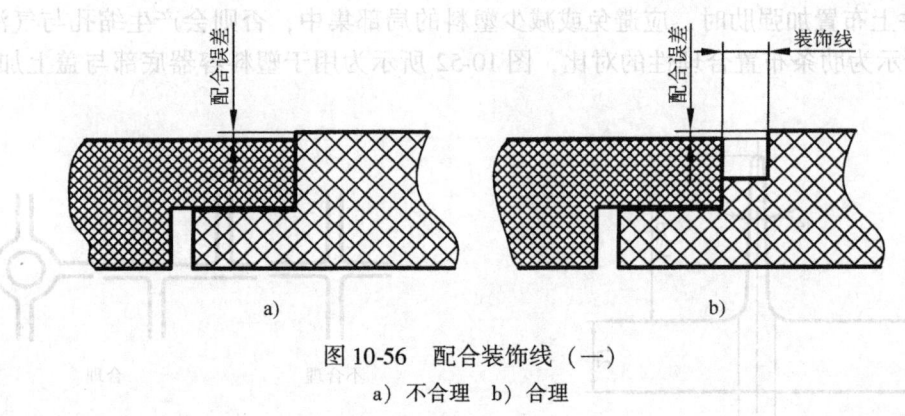

图10-56 配合装饰线（一）
a）不合理　b）合理

8. 外观装饰零件的固定

非透明外观装饰零件常采用螺纹固定、溶剂粘结、不干胶粘贴和塑料热溶的形式固定。而透明外观装饰零件一般采用装配扣的方式予以固定，如图10-57所示。

10.8.3 钣金件的工艺结构

产品的外壳如果是由金属板料加工而成，则其多为钣金件或焊接件。所谓钣金件是指采用塑性加工的方法加工完成的板状零件。常见的用于钣金件加工的塑性加工方法有冲压、弯曲等。为了提高钣金件的产品质量，通常会在钣金件上设计出一些工艺结构，而这些结构往往会对钣金件的形状产生一定的影响。以下介绍几种典型的钣金件工艺结构。

1. 提高钣金件弯曲强度的加强肋

在钣金件的弯曲变形区压制加强肋，可以提高弯曲件的强度，如图10-58所示。

2. 冲制在弯曲线上的工艺孔

弯曲预先冲好孔的毛坯时，应尽量使孔位

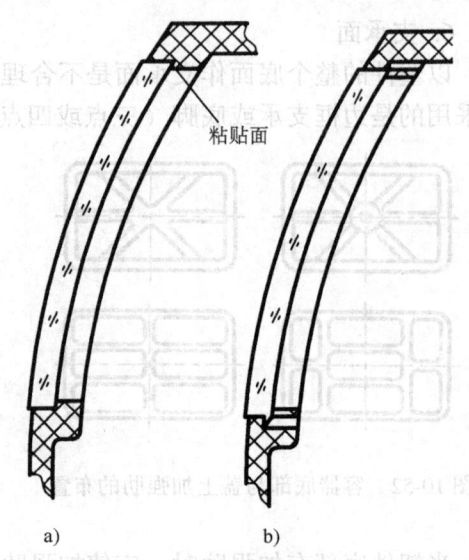

图10-57 配合装饰线（二）
a）粘贴形式　b）装配扣形式

于弯曲变形区外，如图 10-59 所示。从孔边到弯曲半径 r 中心的距离根据不同料厚可取为：当 $t<2mm$，$l \geq t$；当 $t \geq 2mm$，$l \geq 2t$。

如果孔边距弯曲半径中心的距离不能满足上述要求时，可预先在弯曲线上冲制工艺孔，如图 10-59b 所示。

3. 起伏成形结构

这种结构主要用于平板构件上的局部成形，如凹坑、加强肋、起伏型的花纹图案及标记。图 10-60 为常见于产品金属外壳的起伏图案。这种成形结构通常可采用胀形工艺获得。

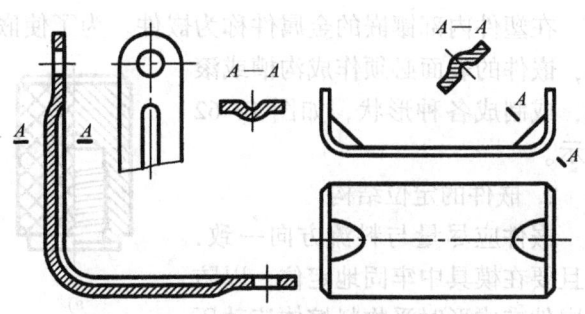

图 10-58 在弯曲变形区压制的加强肋

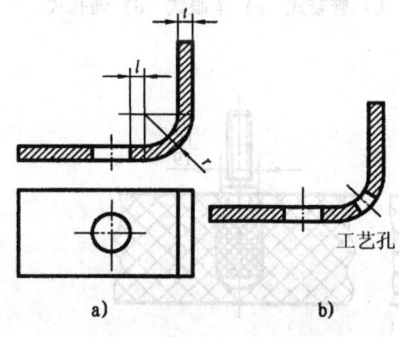

图 10-59 弯曲件的孔边距离
与弯曲线上的工艺孔

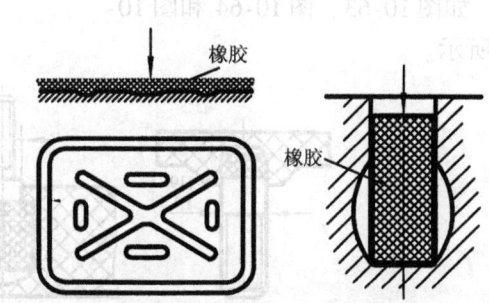

图 10-60 起伏成形工艺

起伏成形常用来压制加强肋。加强肋的形式如图 10-61 所示。加强肋在产品外壳上的布置情况将直接影响到工件的加工质量，因此设计这类加强肋时，应注意控制如图 10-61 所示的各尺寸参数。

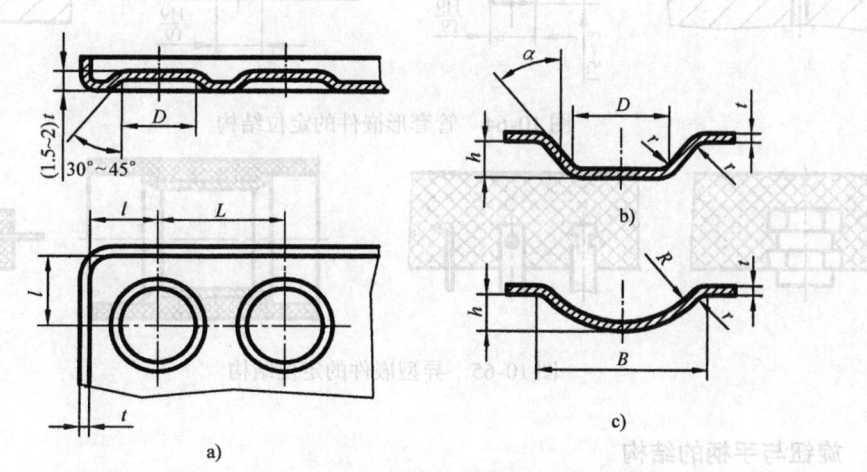

图 10-61 产品金属外壳上常用加强肋的形式与尺寸控制

10.8.4 嵌件结构

1. 嵌件形状

在塑件内部镶嵌的金属件称为嵌件。为了使嵌件能在塑件内部牢固地嵌定而不致于被拨脱，嵌件的表面必须作成沟槽或滚花，或制成各种形状，如图 10-62 所示。

2. 嵌件的定位结构

嵌件应尽量与料流方向一致，并且要在模具中牢固地定位，以防止嵌件在成形时受物料熔体流动压力或充模冲力作用而产生变形或位移。如图 10-63、图 10-64 和图 10-65 所示。

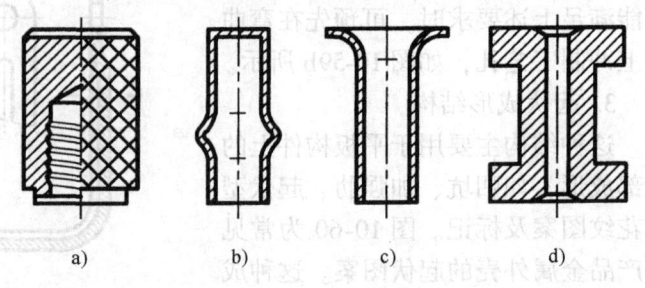

图 10-62 嵌件的形状

a) 螺孔式 b) 管套式 c) 羊眼式 d) 通孔式

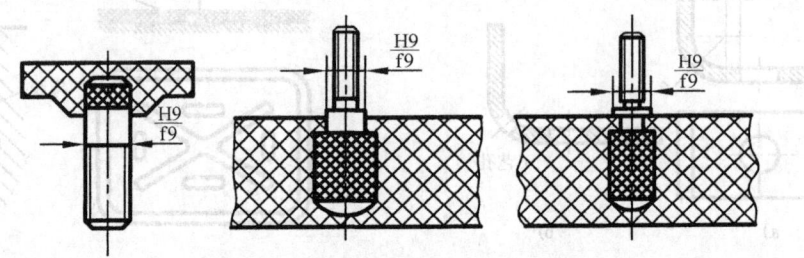

图 10-63 螺纹嵌件的定位结构

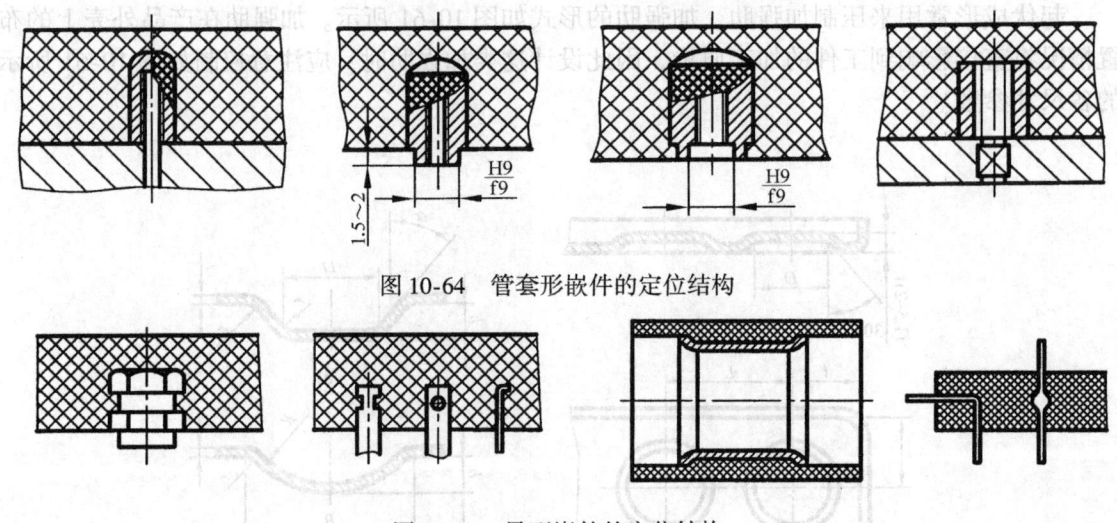

图 10-64 管套形嵌件的定位结构

图 10-65 异型嵌件的定位结构

10.8.5 旋钮与手柄的结构

出于产品操作方便与美观的双重考虑，各种旋钮、手柄、调制手轮等塑件常带有一些凹凸纹，如图 10-66 所示。

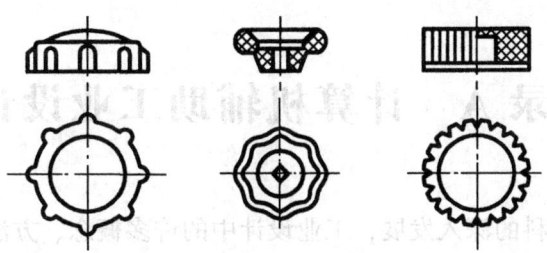

图 10-66 旋钮与手柄的常见结构

思 考 题

1) 装配图、零件图在生产中起什么作用？分别包括哪些内容？
2) 产品设计中常见典型零件的视图表达有哪些特点？
3) 装配图有哪些规定画法和特殊画法？
4) 在装配图上，一般应标注哪几类尺寸？
5) 编注装配图中的零、部件序号，应遵守哪些规定？
6) 试述产品设计中常见的零件和装配结构。
7) 螺纹的要素有哪几个？内、外螺纹联接，它们的要素应符合哪些要求？
8) 常用的标准螺纹有哪几种？试述螺纹的规定画法。
9) 常见的螺纹联接件有哪些？如何绘制螺纹联接的装配图？
10) 塑件加强肋与支承面之间有什么关系？
11) 如何改善钣金件弯曲的结构强度？

附录 A 计算机辅助工业设计概论

随着工业设计学科的深入发展，工业设计中的许多概念、方法和内容也越来越细，每一个领域对于工业设计的影响，每一个学科在工业设计中的作用，都在发生着深层次的变革。作为信息时代的主角，计算机辅助工业设计也正以一个全新的面貌发挥着巨大的作用。计算机辅助工业设计（Computer Aided Industry Design）技术为现代设计师开辟了一个崭新的设计空间。在产品设计时，如何发挥计算机图形学的最大功能，如何更好地组织、优化利用 CAID 技术，也是设计师需要探索的问题。

A.1 计算机辅助设计与图形技术的现状

计算机辅助设计的概念最初是于 20 世纪 60 年代由麻省理工学院（MIT）提出的。人们希望通过一定的界面与计算机共同工作，在完成操作的过程中，人与计算机互为补充。设计包含逻辑的和直觉的内容。其中逻辑问题可以交给高速运行的计算机来处理，直觉的问题是非逻辑的、也是计算机力所不及的，这些都需要由人来完成。CAD 的目的是在生产样机之前创造出数字模型，这种方法的最大好处是数字模型可以被继续发展，并能用各种媒体进行表现。

20 世纪 70 年代末，以 32 位的工程工作站为基础，CAD 系统得到了迅速的发展，比较流行的有 PTC 公司的 Pro/ENGINEER、IBM 公司的 CATIA、EDS 公司的 UG-2、SDRC 公司的 I-DEAS。

近年来，由于个人计算机的性能迅速提高，已具有较强的图形处理能力，所以基于 PC 的 CAD 系统的市场份额正逐渐提高，前景可观。许多原来基于工程工作站平台的软件纷纷移植到 PC 平台上，如 PTC 公司的 Pro/ENGINEER。一直致力于 PC 平台的 CAD 系统开发的 Autodesk 公司更是大显身手，领导了 PC 级 CAD 工业发展的潮流。

20 世纪 90 年代的 CAD 技术继续沿着集成化、标准化、智能化的方向发展。CIMS（计算机集成制造系统：以企业为对象，借助于计算机和信息技术，使经营决策、产品设计与制造、生产经营管理有机结合为一个整体）的研究不断地发展和深化；一些新思想和新技术也被引入到 CIMS 中，如并行工程（它是指在产品开发设计时，利用计算机的产品数据管理 PDM 技术，将工程设计、制造、生产、后勤、计划等信息连成一体，同时展开工作的方法）等。这样，设计就不是孤立地进行，而是受到来自各方面信息的约束、检验和提示，保证了设计的系统性和科学性。

另一方面，多媒体技术与虚拟现实（VR）技术在 CAD 中的应用将在设计师和计算机之间创造一个崭新的人机界面。虚拟现实技术中的头置目镜、数据手套和数据服装能将人们直接带入到计算机模拟的环境中，一切都与现实的感觉一样。视觉上的计算机界面也开始向多模式的界面转换，通过语言、动作或眼睛视线的移动即可达到控制计算机的目的，从而使操作更为人性化、更加自然。这些努力正在逐渐消除物理界面的存在，给设计师提供了更多的自由。

CAID在产品造型方面的技术优势概括地体现为：

(1) 精确性　在产品造型设计上，利用现有的计算机辅助设计技术可精确地掌控制作的成本，解决以往一般的工业设计程序所无法解决的问题；能提高设计精度，生产出来的成品，就体现设计者原创意图，不会因外在因素而有失于原味。

(2) 快速性　通过各种计算机辅助设计技术的运用，使设计师透过草图、建模以及着色来轻松快速地建立概念模型。设计人员可以探讨一系列概念——仅在极短时间内便可以建立传统的草图或模型，确定精确的产品图样，并可以让其他部门在他们自己的流程中运用已认可的概念模型，从而可以尽早地进行装配研究、成品设计与制造。如有需要，设计人员还可将数字模型的信息传送到数控机器上，直接切割树脂材料，作出全尺寸的模型，以便进行进一步的验证。

(3) 工程可行性　由于计算机技术的相关性使设计人员可以根据工程人员的建议来改善其造型概念，同时保证信息的准确性并减少重复劳动，使工程人员在无论组件中零件多少或结构复杂与否的情况下，均可以准确地建立与管理各种产品的设计或装配。

优化设计为与工程技术共存的工业设计奠定了基础，它在不需要实际试制品的情况下使用计算机对产品的性能和功能进行工程上的分析和仿真，如重量计算、结构分析、热应力分析、振动分析、线路分析、部件间冲突分析、空气动力学分析和噪声分析等，从而在求得性能成本的最优解的同时，保证了设计的质量，缩短了从产品设计到投产的时间，而这些分析所需的大量计算在没有计算机的情况下是无法实现的。

(4) 高效率　允许工程人员轻松地变更其设计，鼓励快速探讨数种替换方案。通过允许设计多个产品与产品组态，将设计时间减至最少，以加速新产品的开发。

计算机三维模型比单纯的平面制图能记录更多的信息，如它能显示出部件如何装配在一起，两个组成部分之间是否冲突，并能解答成本和重量等问题。另一个优势是在像汽车一样复杂的物体中，每个部件的设计模型都记录了各种层次的细节信息。换句话说，存储在计算机中的信息，其形式可以根据每个特殊的设计和工程任务的数据要求进行变换。集中的数据库以数字的方式储存设计方案，提供的信息能够帮助维修，或提供工程和设计的细节，也可用于操作手册以及产品后来的升级换代。

由此可见，计算机辅助工业设计是以现代信息技术作为依托，以计算机技术作为核心，以数字化、信息化为主要特点，参与新产品开发研制的新型设计方法。其目的旨在提高产品开发效率，缩短研制开发周期，增强设计的科学性、准确性、可靠性，它是信息化时代的产物。

A.1.1　计算机辅助设计软件的特点和功能

计算机辅助设计使用的常用软件大致可分为：平面图形设计平台软件和三维建模软件（包括 CAID 软件、CAD 软件）。下面对其中常用软件所具备的特点和功能作简要介绍。

1. 二维图形软件

二维图形软件如 PhotoShop、CorelDraw、Illustrator 等。平面图形软件不仅用来作广告设计、包装设计等，在产品设计中也有其独特之处。二维表现特别适合设计的初级阶段，不仅缩短决策过程，在绘制设计细节方面也颇让人信服。PhotoShop 即可制作用于三维模型的贴图，也可以为渲染图作后期处理，更可以直接绘制概念设计的效果图；CorelDraw 则在矢量绘图领域独树一帜，也常用于产品效果图的制作。

2. CAID 软件

CAID 软件如 Alias、Rhino、3DS MAX 等。这类软件具有很强的建模、渲染功能，能够轻易获得真实图形和动态模拟效果。Alias 和 Rhino 采用 NURBS 曲面建模，具有较大的灵活性，比较适合具有复杂曲面的造型，而且简便易学，尺寸精确，可通过同一数据格式向后续工程设计 CAD 系统传输造型数据。然而某些软件，如 Rhino 无参数化功能，方案不易实现反复修改，因此此类软件通常运用在三维概念表现阶段。

（1）Alias　Alias 结合更具弹性的 NURBS 曲线和布尔运算（Boolean）的功能，使用者能够轻松获得想要的任何造型和自由曲面，并随时进行加工和修改。

（2）Rhino 和 3DS MAX　Rhino 和 3DS MAX 是目前工业设计师使用最为广泛的软件。Rhino 具备强大而完整的 NURBS 造型技术，使得任何复杂造型都可轻松获得，不仅对硬件要求低，而且可输出多种文件格式。但其不具备动画功能，且渲染功能较其他软件有所不足，因此通常结合 3DS MAX 进行渲染。3DS MAX 具有较强的建模、渲染、动画功能，广泛运用于概念设计的三维表达阶段，而 3DS MAX 的成功在很大程度上归功于它的插件，这些插件帮助 3DS MAX 轻松地设计出各种惊人的效果。

3. CAD 软件

CAD 软件如 Pro/E、Unigraphics、CATIA、AutoCAD、Solidworks、SolidEdge 等。这类软件是最具影响力的新一代 CAD/CAM 系统架构，由于其本身是为工程技术设计而编写，站在系统工程的角度进行三维设计，因此功能强大，不仅可实现与后续的工程制造系统的良好衔接，而且具有参数化功能，能够对方案进行反复修改，为产品开发后期的细节设计、结构设计奠定了良好基础。这种设计软件通常在数模设计阶段采用。

（1）Pro/ENGINEER　Pro/ENGINEER 是著名的参数化工程设计软件。Pro/ENGINEER 解决方案在实体建模方面与传统的 CAD/CAM/CAE 方案相比，其最具特色的区别在于：传统技术方案是以使用相关特征建立的稳定几何形状为基础的；而 Pro/E 技术使客户可以直观地设计他们的产品，提供真实的分析结果、即时加工信息，以及完美装配的部件——这一切均在第一时间内提供。由于 Pro/ENGINEER 自动生成一个完整的产品定义，使得所生成的模型可用于每个下游应用程式。PTC 公司的 Pro/DESIGNER 和 Pro/3DPAINT 是常用的工业设计模块，可帮助产品开发人员快速地创建、评价和修改产品的多种设计概念，并可以生成高精度的曲面几何模型，直接传送到机械设计和原型制造系统。

（2）Unigraphics 系列软件　Unigraphics 系列软件是基于多平台的高端 CAD 系统。Unigraphics 也针对工业设计者提供了设计环境，并可以把概念设计顺利地引入到下一阶段的工程制造之中，实现无缝的数字化实体模型数据共享。

（3）CATIA　CATIA 是在汽车、摩托车及航空航天领域保持领先的 CAD/CAM 软件。目前的 CATIA 覆盖了产品开发的整个周期。在产品开发的整个过程中 CATIA 提供了完备的设计能力。从产品的概念设计到最终产品的形成，以其精确可靠的解决方案提供了完整的 2D、3D、参数化混合建模解决方案。

（4）AutoCAD　Autodesk 公司一直致力于微机平台的 CAD 系统开发，其最重要的产品是 AutoCAD，在微机 CAD 市场占有绝对的优势。该系统的一个非常重要的特征是开放性，提供了非常强大的二次开发工具。二次开发的产品提供了 Autodesk 本身不具有的专业功能，大大促进了该系统在各行业的应用和普及。另外 Autodesk 较高的性能价格比以及强大的二维制图功能也是形成其竞争优势的重要特点。在 Autodesk 的基础上，该公司又开发了在 PC 平台上居领先地位的、基于特征的参数化实体造型和复杂曲面造型软件包 MDT，在 PC 平台上实现了许多工作站级 CAD 软件才具有的功能，使 PC 级 CAD 系统的应用迈上了一个新台阶。

A.1.2　计算机辅助设计中的技术因素

现代 CAD 系统中采用了许多先进的设计思想和技术，从而大大提高了设计效率。在设计中经常使用的有如下一些方面。

（1）基于特征的参数化设计　在设计过程中，用户可以通过定义约束模型形状的参数，来改变模型的几何形状；还可以通过约束管理以确保设计模型的各部分具有正确的用户拟定关系。

（2）草图器功能　草图器功能允许用户在设计绘图中首先进行草图设计，即不必关心线段连接是否正确，线段是否水平或垂直，只需在草图上标出重要尺寸，系统会自动作出相应的调整，这使得设计师在概念设计阶段能集中精力于全局而不是细节；NURBS 即非均匀有理 B 样条曲线，它在 CAD 中用来定义复杂的几何曲面。运用 NURBS 技术可使得系统在描述自由曲线、曲面以及精确的二次曲线、曲面时得到统一的算法和表示方式。用 NURBS 技术构造的曲面易于生成、修改和存储，提高了 CAD 系统构造和编辑曲面的能力。

（3）相关性设计　相关性设计指开发过程中，使用者在任何时候所作的变更，都会扩展到整个设计中，自动更新所有的工程文件，如组件、图档和制造资料。相关性设计鼓励用户在开发周期的任何一点进行设计变更作业，既没有损失，也使得设计流程中的下游单位可更早贡献他们的知识和专业经验，从而有助于实现同步工程；跨平台的数据共享。由于在设计过程中运用了多种 CAID 技术，必然会发生一些衔接、标准和兼容的问题。CAID 在进行几何数据交换时，可以利用软件中的几何数据交换模块，将其他 CAD 数据转换成中性数据，然后将中性数据通过几何数据交换模块转换成所需要的数据，实现不同软件间跨平台数据共享。

综上所述，我们认为一套好的计算机辅助工业设计系统应该具备下列条件：强而有力的立体三次元模型工具，各种等级（材质与环境）的显像能力，具亲和性的工作步骤与操作环境，具有基本的工程功能与 CAD/CAM 界面传输。

A.2　计算机辅助设计的程序与方法技巧

就产品设计的一般流程而言，计算机辅助设计参与其中的主要环节在于：市场调研的统计及分析——二、三维概念表现阶段（形态分析和制作）——数模设计阶段（细节设计与修改：材料、色彩分析，结构分析等；各种技术性检测：人机关系模拟分析、受力分析等）——设计交付阶段（模具制造），如图 A-1 所示。当然随着计算机软、硬件技术的发展，其参与设计的广度和深度会不断加强。

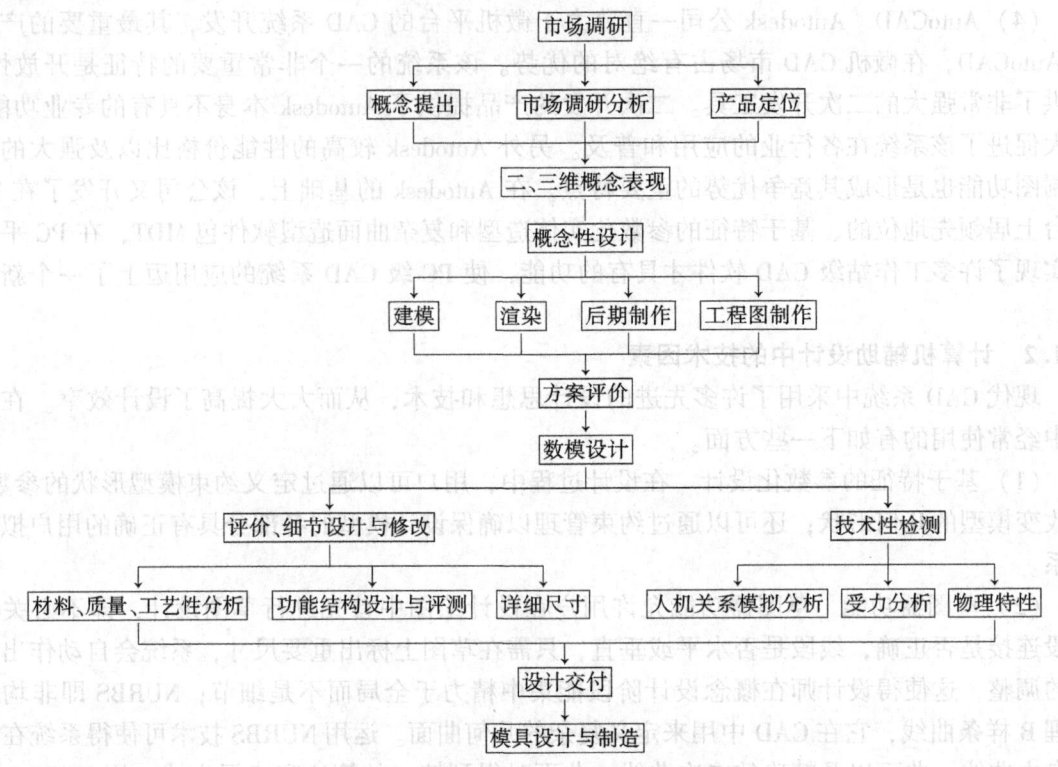

图 A-1　计算机辅助产品设计的流程图

目前计算机辅助工业设计的核心内容是如何将创意的形态通过计算机表达出来，也就是上面所提到的二、三维概念表现阶段。鉴于此，在这里我们将通过对设计实例进行分析的形式，从概念三维设计（三维建模与渲染）到工程图的生成，让读者对计算机辅助设计是如何参与到产品设计中有一个直观的了解，同时在宏观上对设计流程以及某些软件的功能特点有初步的感性认识。

对一般的设计师而言，比较普遍的设计思路和方法是使用 Rhino 建模；将模型导入 3DS MAX 进行材质的处理和渲染；再用 Photoshop 进行后期处理，使得产品效果更为逼真；最后在 AutoCAD 中绘制尺寸精确的工程图。通过以下几个实例希望能够加深读者对计算机造型的进一步理解。

设计实例一：mp3 设计

由于此作品为参赛而做，尚不是成熟而量化投产的设计，因此设计着重于概念设计的表达阶段，其设计流程如图 A-2 所示。计算机辅助产品设计手段表现为：运用 Rhino 对基本体进行切割、叠加、曲面造型等操作，形成基本的形态特征，再对细节进行设计与处理；运用 3DS MAX 对产品表面进行材质处理，对产品场景进行渲染；利用 Photoshop 对渲染图作后期处理，力求效果达到最佳；利用平面软件制作展示版面。下面对其设计中计算机所参与的阶段作较为

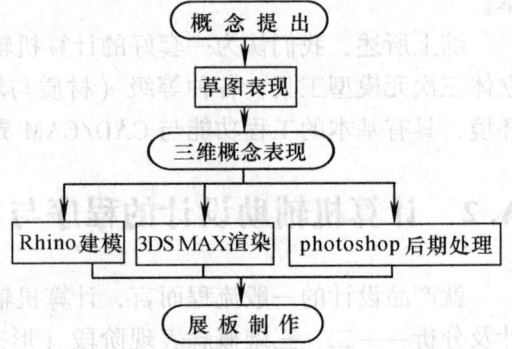

图 A-2　计算机辅助 mp3 设计流程

详细的描述。

首先，绘制轮廓线。在草图的基础上在 Rhino 中按比例绘制 mp3 的三维投影轮廓，可以直接绘制，但此种方法易出错，对设计者的形态比例的把握要求相对较高。通常还可以采用以下两种方式以避免在三维建模过程中可能出现的错误，提高绘图效率。第一种是将手绘三视草图通过扫描仪扫描后导入 Rhino，参照三视图绘制轮廓线；也可利用 Illustrator 所作 ai 格式的矢量图形直接导入 Rhino，这种方法的好处在于可以直接利用导入的曲线创建三维曲面，方便快捷。在 Rhino 中直接绘制曲线时主要运用 Control point curve（控制点曲线）工具，为使曲线光滑，可对控制点进行必要的调整。

第二，生成主体（图 A-3）。mp3 的主体形态主要是通过实体之间的切割形成，考虑其曲面的特点以及方便性，利用一个椭圆体和一个花形曲线的拉伸体进行切割而成，再利用一个 Tube（圆管物体）对已有物体进行切割，形成中空的主体形态。运用的命令有 Ellipsoid（椭圆球体）、Tube（圆管物体）、Boolean Difference（布尔差集）、Boolean Intersection（布尔交集）、Extrude Planar Curve（拉伸）等工具。

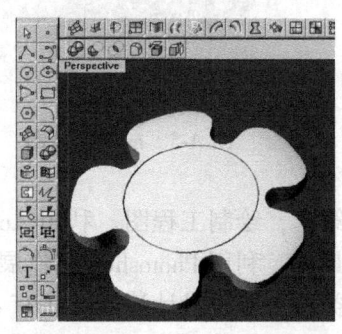

图 A-3　Rhino 制作 mp3 主体形态

第三，各功能部分的分割。完成 mp3 主体后，对主体的显示屏部分、液晶显示管部分进行分割，对可旋式操作圆环进行叠加。

第四，细节推敲。分割线、耳机插孔、USB 接口、防滑凸纹等细节通过添加、分割等手段进行细化。由于在深入的设计中物体逐步增多，可以通过建层对场景进行管理，以便更好地操作，可运用 Edit Layers（编辑图层）工具。

第五，制作各部分倒角（图 A-4）。由于在建模中有时会遇到因为事先倒角而不能进行布尔运算的情况，因此通常可将倒角放在靠后的步骤中。倒角主要使用 Fillet Edge（倒角）工具。倒角的大小可进行数字设置。

第六，导入 3DS MAX。将建模好的 mp3 在 Rhino 中存在 3ds 格式，导入 3DS MAX。如果物体的部件较多，可以事先考虑好哪些部件是相同材质，分别命名保存，便于赋材质。

第七，给各部件赋予材质。由于此 mp3 的主体部分是类似透明玻璃类材质，鉴于 3DS MAX 插件 Brazil（巴西）渲染器在此方面的优势，使用 Brazil 渲染器。首先在 Render Scene 面板中调入 Brazil 渲染器并进行灯光、环境等参数的设置。之后打开材质编辑器，选择 Brazil Glass（巴西玻璃材

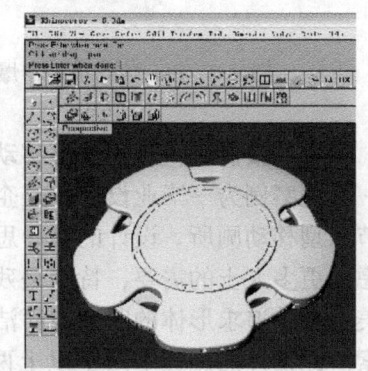

图 A-4　mp3 模型图

质），为 mp3 的主体赋予透明材质。其他部分主要是塑料材质，直接在 Templates（模板）下的窗口选择 Plastic（塑料）即可。

第八，渲染（图 A-5）。由于 Brazil（巴西）渲染器的场景相对真实，在本次设计中只在 Render Scene 设置相关的参数，并未设置额外的照相机、灯光等。渲染好后进行保存，便于在平面软件进行后期处理。

第九，后期处理（图 A-6）。在本次设计中 mp3 的显示屏部分主要用 Photoshop 来制作，这样既节省时间又能得到较好的效果。配以耳机后再对整体的色彩、对比度、饱和度、亮度等进行编辑、调整，力求达到最好效果。多种色彩的选择也可以在这里完成，而避免花大量时间在渲染阶段获得。

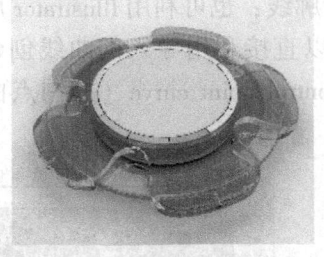 

图 A-5　mp3 渲染图　　　　　　　　　　　　图 A-6　mp3 效果图

第十，绘制工程图。利用 AutoCAD 修改由三维模型转换形成的 mp3 二维图并标注尺寸。最后，利用 Photoshop 制作展示版面，编辑文字，说明设计理念等。

类似案例一设计流程的还有 didi 数码报警器，其设计方案二如图 A-7 和图 A-8 所示。

 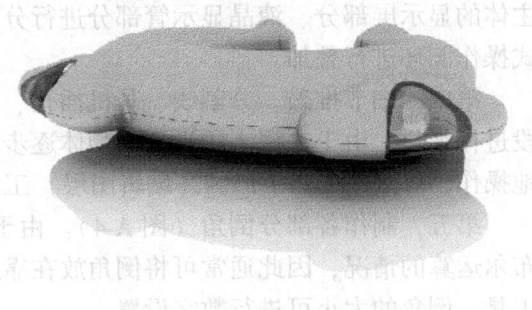

图 A-7　didi 数码报警器爆炸图　　　　　　　图 A-8　didi 数码报警器效果图

设计案例二：节水型可移动厕所

此案例为一毕业设计，是企业中的实际课题，任务为设计服务于 2008 年奥运会的新型节水型移动厕所。设计的指导思想是绿色设计和通用设计，即不仅要节约水资源，并且要考虑到更多人士的需要，特别是残障人士。厕所造型明确合理，美观大方，以适合中国人的审美观念并追求形体的明朗与简洁，风格不受任何现有形式所拘束，力求融入和谐与轻松的因素。此设计的流程不同于以上两个案例，所采用软件亦有所变化。其设计流程如图 A-9 所示。其计算机辅助产品设计手段表现为：运用 AutoCAD 绘制尺寸图；利用平面绘图软件（Coreldraw）绘制效果图；在 Alias 中利用 AutoCAD 绘制的二维曲线转化为三维模型；利用 lmagestudio 进行渲染。

首先，在前期概念草图比较的基础上，四选一，定出最终要做的方案，并进一步细化，通过细节草图推敲内部空间的结构和功能。再者就是设计厕所内部的设施，包括便器、小便器、水池、婴儿板、储物架等（图 A-10，图 A-11）。

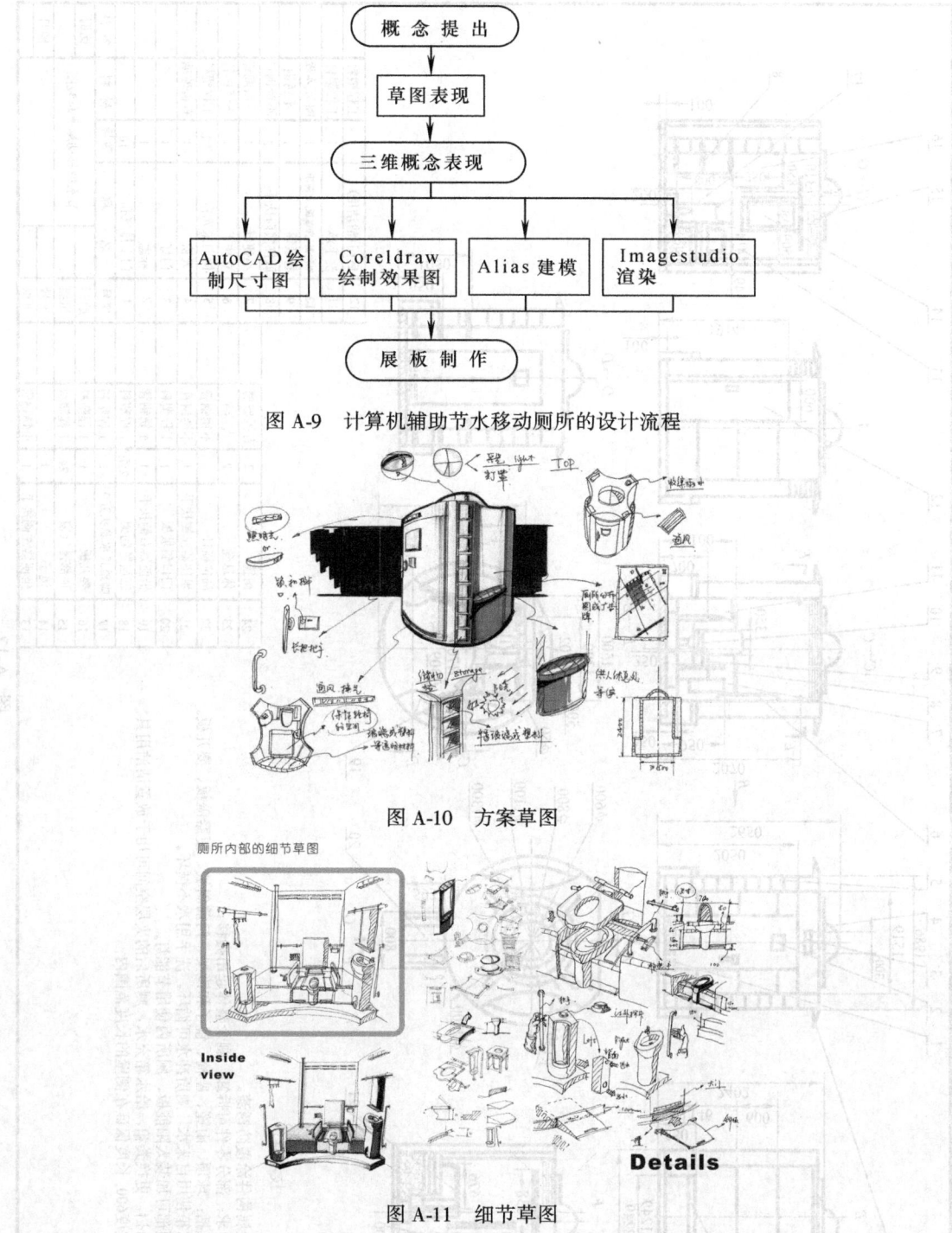

图 A-9　计算机辅助节水移动厕所的设计流程

图 A-10　方案草图

图 A-11　细节草图

第二，二维 CAD 产品设计装配图。用 AutoCAD 将原来草图中的图形精确化，讨论具体的内外形态、结构分布、总体尺寸与各组成部件的定位尺寸值等，从而确定产品的设计方案（图 A-12）。在以后做设计效果时，有要改动的再在 CAD 设计装配图上进行调整，但总体上来说，之后的效果图是以该图为基础。

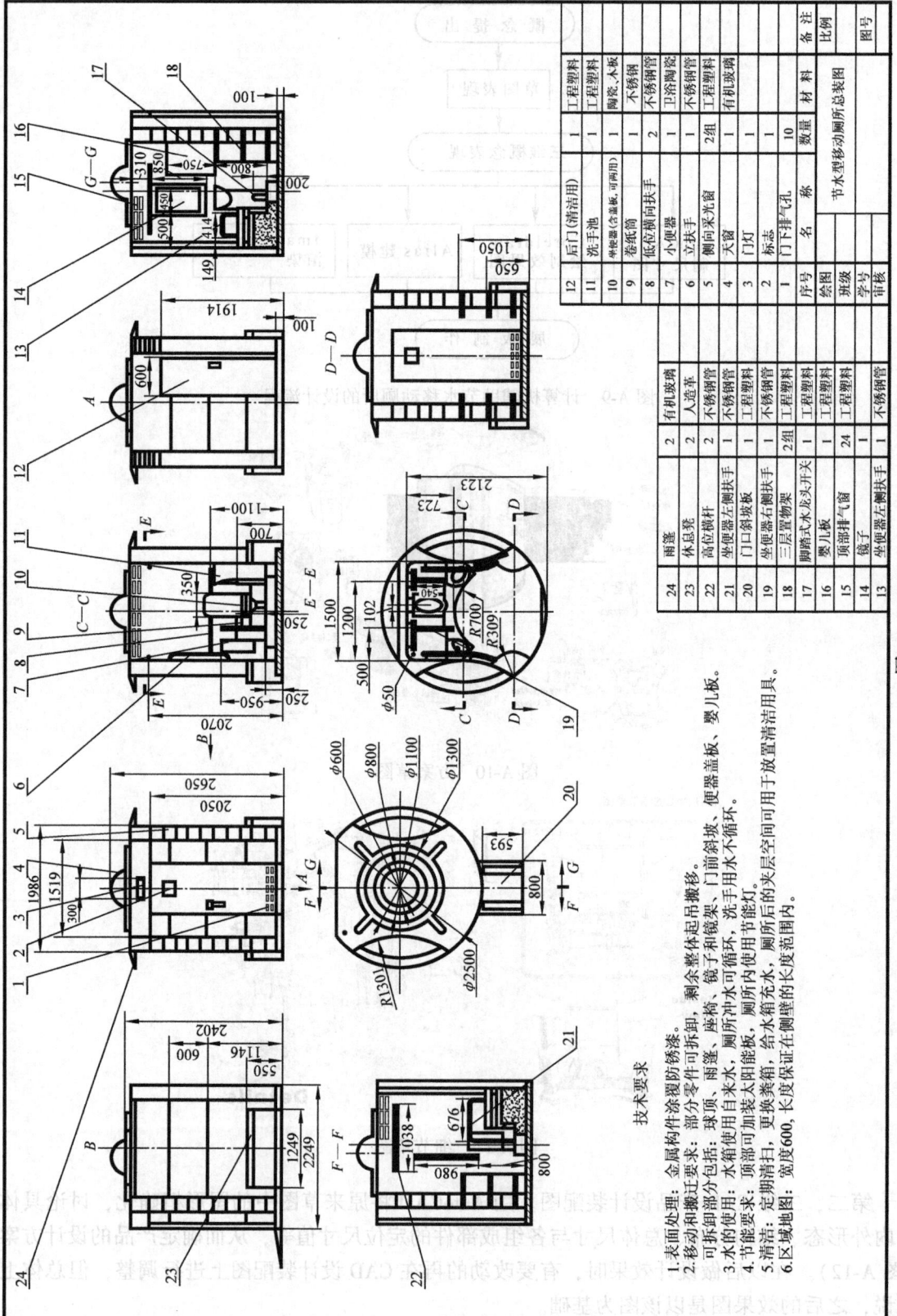

图 A-12

第三，平面效果图（图 A-13）。利用平面绘图软件（Coreldraw）绘制效果图，对 CAD 绘制的多个平面视图进行上色渲染，讨论色彩方案，对某些地方加以修改。这一步主要是在三维建模之前，预先看看效果，以免在做三维时再做修改，带来不必要的麻烦。

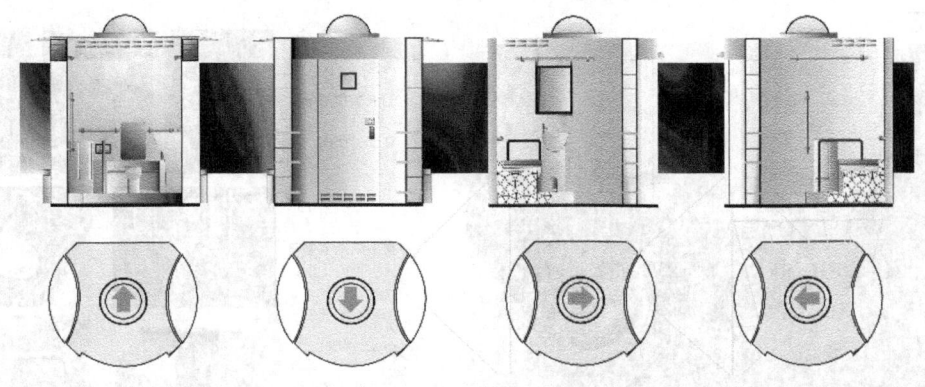

图 A-13 Coreldraw 绘制效果图

第四，三维效果图和细化说明。三维效果是最直接的视觉效果，以二维 CAD 产品设计装配图为基础构建三维模型，利用 Alias 的强大功能将平面的空间转化为更加直观的立体空间，讨论空间中各个组成元素的关系，评价设计方案的合理性和可行性。还有一点就是通过三维建模将设计中的细节具体化。在该设计中，洗手池、洗手液盒、红外线的冲水器等细节都是在三维建模的阶段确定下来的。

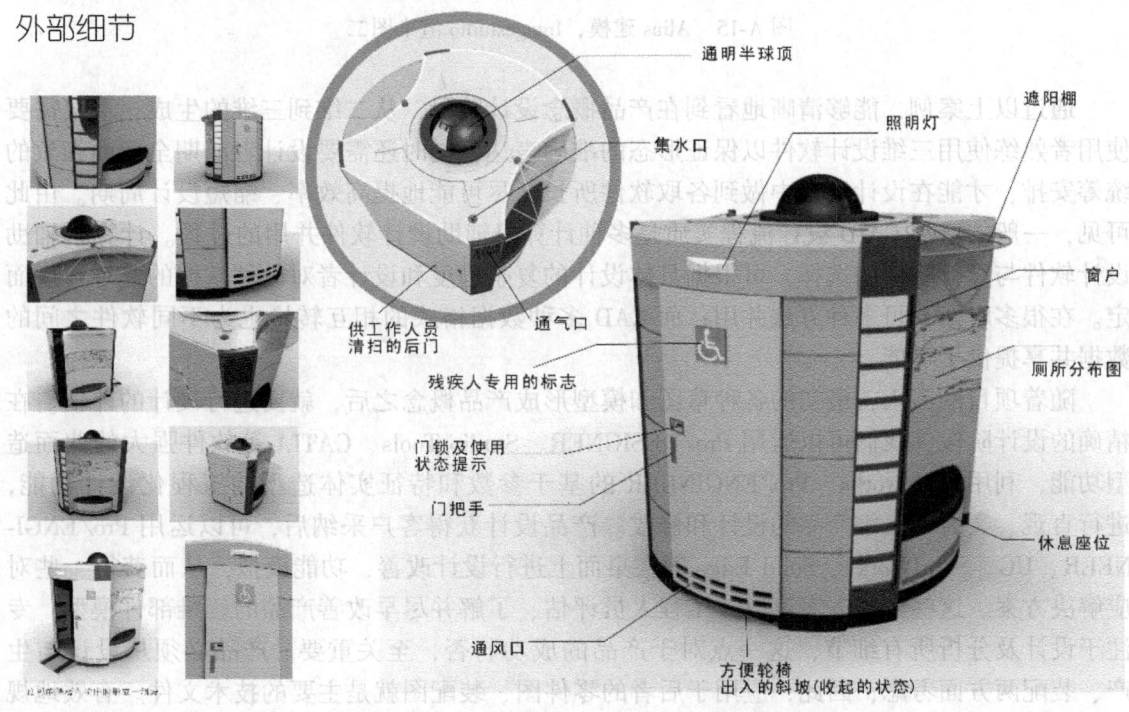

图 A-14 Alias 建模，Imagestudio 渲染图一

第五，渲染（图 A-14，A-15）。用 Imagestudio 渲染得到的效果图更加真实，贴近实际效果。色彩上尝试在平面效果图中拟定的配色方案，并在此基础上加以修改，得出最后的色彩方案。

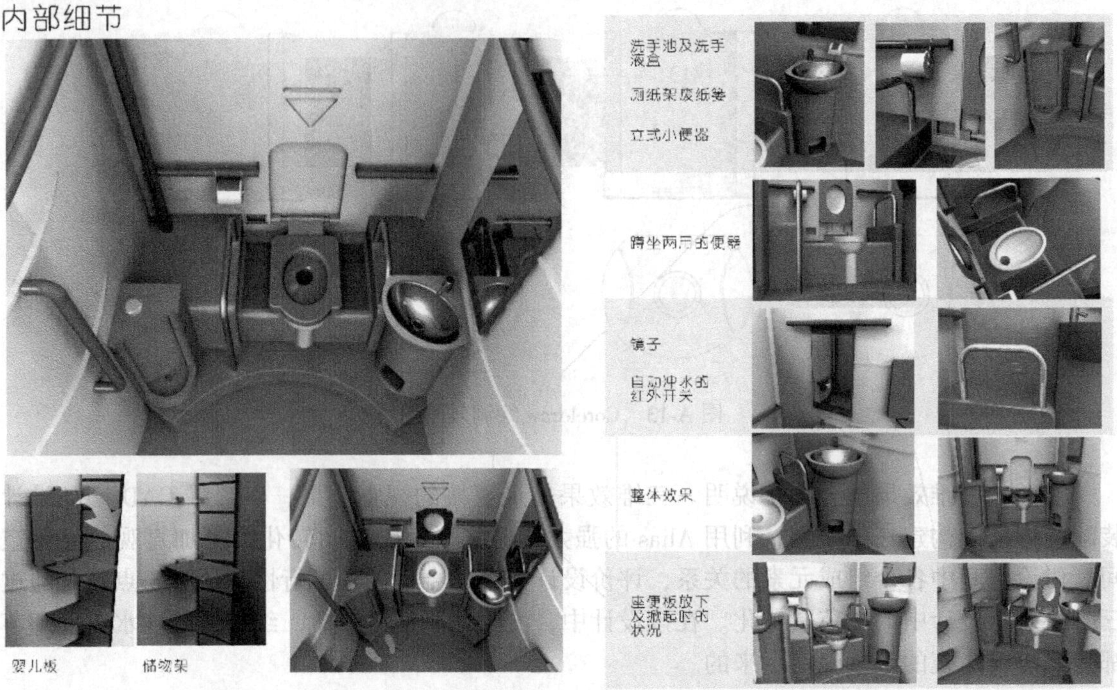

内部细节

图 A-15　Alias 建模，Imagestudio 渲染图二

　　通过以上案例，能够清晰地看到在产品概念设计阶段，从二维到三维的生成，不仅需要使用者熟练使用三维设计软件以保证形态的准确表达，同时还需要设计者前期全面而细致的统筹安排，才能在设计过程中做到各取软件所长，尽可能地提高效率、缩短设计周期。由此可见，一般的产品 CAID 设计流程实质是多种计算机辅助设计软件并用的过程。计算机辅助设计软件与设计程序的选择，可根据具体设计的复杂程度和设计者对软件掌握的熟练程度而定。在很多时候，可多种方法并用；而 CAD 多种数据格式的相互转换也为不同软件之间的数据共享提供了可能。

　　随着项目的深入，最初的各种草图和模型形成产品概念之后，就要进行设计的评估。在精确的设计阶段，我们可以运用 Pro/DESIGNER、Studio-Tools、CATIA 等软件强大的曲面造型功能，利用 Solidworks、Pro/ENGINEER 的基于参数和特征实体造型的工程化设计功能，进行直观、实时的三维产品的设计和修改。产品设计获得客户采纳后，可以运用 Pro/ENGINEER、UG、SolidWorks、Solid Edge 等在桌面上进行设计改善，功能模拟，从而获得一些对应解决方案。这些解决方案可以让工程人员评估、了解并尽早改善产品的三维部件模型，专注于设计及分析所有细节，这一点对于产品的成功与否，至关重要。产品必须从设计与生产、装配两方面考虑，因此，应用于后者的零件图、装配图就是主要的技术文件。有效地规划和研究设计与产品生产过程中的各相关因素，可以大幅节省产品开发成本，缩短设计周期。

在设计的实施阶段，我们可以利用快速成型系统，它根据 CAD 所提供的模型资料，毫不失真地制作出真实模型，供后续的产品开发过程作参考。由于 CAID 技术在产品设计各个阶段的广泛使用，使得产品设计的流程大为简化，因此赋予了产品设计全新的设计概念。计算机技术的发展，使"并行化设计"的方法有了实质性突破。并行化设计能使产品在设计中不断受到各方面信息的启发、约束、检验、提示，能及时发现问题，纠正错误。并行化设计方法在企业对产品的开发研制中得到了普遍的应用，并越来越受到重视。

随着计算机技术的普及和发展，CAID 技术也将迅速地向前推进，今后的 CAID 技术将能提供更好的产品建模解决方案，真正地实现所有区域的同步工程，使设计、加工、生产更加高效、合理，让企业可以轻松地使用丰富的 CAID 技术产品，从完整的设计图样、产品架构、相互关系、修改记录以及变更授权直到供应商资源、制造以及诸如成本、重量、材料、加工工艺等都实现数字化，同时面向 Internet 的解决方案也将使 CAID 技术走向更加广阔的领域，真正地实现数字化的设计。

A.3 Pro/ENGINEER 软件简介

PTC 致力于为产品开发提供解决方案，它通过产品和技术创新来领导市场潮流。Pro/ENGINEER 2001 是目前 PTC 工业标准设计使用的最普及的版本。改进的基本的功能、突破性新技术以及交互操作能力成为该版本的特点。Pro/ENGINEER 这一主要版本，是一套公认的产品开发软件，全球有 3 万多家公司选用它。Pro/ENGINEER 被精心设计用于创新，在整个产品系列中，具有 410 项增强功能。这里仅简要介绍与产品造型设计相关的部分功能。

Pro/ENGINEER 系列的基础是 Pro/ENGINEER-Foundation。这套独立软件包提供了建立详细实体和钣金组件、部件、设计焊接件以及生成具有完备文档的产品图形和逼真渲染效果图等所需的高级集成功能。它建立在 Pro/ENGINEER 基于特征的、相关性参数化实体建模内核这一标准基础之上。另外，它还提供扩充的行业标准和直接数据交换转换器，以便共享和再用工程数据。例如：

(1) 高级部件扩展功能 高级部件扩展功能把 Pro/ENGINEER-Foundation 的功能扩展到包含工程和媒体管理，以及整个企业级产品开发过程中的超大型部件。

(2) 库访问功能 "库访问卡"功能可以让设计人员访问完备和可扩展的标准零件、特征、工具、模型基、连接器、管系附件、符号和人体规格库。单击鼠标即可得到常用零件和符号，它能提示工程数据的再用，支持对其他替代设计方案的简单评估，有助于确保设计和制造质量。

(3) 逼真图像功能 Pro/ENGINEER-Foundation 提供了使用快速建立 Pro/ENGINEER 零件和部件的精确、逼真图像所需的全部工具的简单方法，是销售和营销沟通的理想工具。逼真图像功能允许设计人员把工业设计技术集成到工程建模过程中提供直观反馈，用于研究设计、改进、沟通等过程。

(4) 绘图/打印 Pro/ENGINEER 售出时可以支持 150 多种绘图仪。使用 Microsoft Windows（NT/95/98/2000）操作系统平台的用户，可以把支持 Windows 系统或具有兼容绘图仪驱动程序的那些打印机和绘图仪等输出设备扩充进来。

(5) 机械设计扩充功能——机械设计和仿真工具 Pro/ENGINEER 扩充功能可让设计人

员使用预先定义好的连接（铰链、球铰、滑动副等），快速而方便地装配 Pro/ENGINEER 零件和组件，以建立机械部件。而交互式拖动机械部件中的任意点或零件以观察机械装置如何运转的能力，为设计人员提供了早期洞察设计性能的机会，并把产品在现实世界中的行为带到了 Pro/ENGINEER 虚拟环境中。功能强大的"驱动器"库可以用来建立动画，其中包含了预先定义的动作。

（6）行为建模器集成　Pro/ENGINEER 用户可以使用行为建模功能，完成机械行为的设计优化研究，以便快速得到设计解决方案，而这在以前需要花费很多时间，经过多次反复计算才能得到。

（7）设计意图再用　当需要动态机械仿真时，Pro/MECHANICA 可以再用机械设计功能中的机械连接。另外，这些连接还可以被设计动画选项重用，在动画序列过程中，可以有选择地激活它们。

（8）钣金　完备的 Pro/ENGINEER-Foundation 钣金设计工具套件，可以帮助用户建立墙壁、弯头、冲头、槽口、式样和浮雕花纹等特征。然后，他们可以使用多种弯曲容差计算方法来建立设计的平面图。这样就可以得到钣金零件和部件的参数化、全相关实体模型。

（9）设计动画选件　设计动画选件为工程师提供了一些简单但功能强大的工具，用于在动画序列过程中传递有关产品或过程等复杂信息。从而方便实现与客户、供应商、营销和销售、管理和设计等不同小组的通信。另外，动画序列还能用于在设计审查中提供宝贵的通信价值，或用作一种远程信息通信。

（10）相关图形表　相关图形表提供了当更改设计时需要完成的相应更新以及分类和筛选图形信息，以便交流材料清单等详细设计的相关报告。

（11）完备的详细文档书写和 2D 制图　用户可以生成用于生产的完整工程图样。

（12）数据交换　Pro/ENGINEER 接口（Interface）解决方案能让开发小组同时在完全不同的 CAD/CAM 系统中对同一产品进行操作。无论导入、导出，还是共享几何图形，Pro/ENGINEER-Foundation 都可以提供可重复、可靠的最高级数据共享和异构产品开发环境，以支持协作设计。Pro/ENGINEER-Foundation 提供了三级 3D 信息共享；相关拓扑总线（ATB）、直接转换器和行业标准转换器。

（13）Pro/ENGINEER 高级曲面扩展功能：高级曲面扩展功能与 Pro/ENGINEER-Foundation 的联合应用，可以满足那些需要对他们设计的形状进行更多控制的客户的需求。它的工具能让设计人员设计出从棱柱形引擎组件到轮廓化的高尔夫俱乐部，再到类似人类牙齿的器官的广泛产品。高级曲面扩展功能提供了逆向工程的设计规范管理、参数化曲面建模和直接曲面建模等高性能工具。

（14）VRML/HTML 输出　可以把 Pro/ENGINEER 零件、部件和过程计划输出成使用标准的 HTML、VRML、CGM 和 JPEG 格式及 Java 小程序的网页，以便使用任何一台装有标准 Web 浏览器的计算机在互联网或企业内部网上查看它们。

这里描述的功能只是 PTC 很多常用功能的一部分。PTC 也提供了造型和曲面处理领域的其他解决方案。无论是从设计和制造观点来看，还是从产品设计开发和营销成功观点来看，Pro/ENGINEER 在当今快速发展的开发市场中具有极高的价值。

附录 B 常用国家标准

为了突出重点,减少篇幅,便于学生查阅,附录 B 中选择部分国家标准以供使用。

一、常用零件结构要素

附表 1 零件倒圆与倒角(GB/T 6403.4—1986)

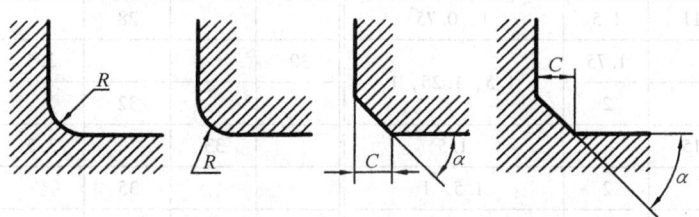

α一般采用45°,也可采用30°或60°。

与直径 φ 相应的倒角 C、倒圆 R 的推荐值										(单位:mm)
φ	~3	>3~6	>6~10	>10~18	>18~30	>30~50	>50~80	>80~120	>120~180	
C 或 R	0.2	0.4	0.6	0.8	1.0	1.6	2.0	2.5	3.0	

内角倒角、外角倒圆时 C 的最大值 C_{max} 与 R_1 的关系											(单位:mm)
R_1	0.3	0.4	0.5	0.6	0.8	1.0	1.2	1.6	2.0	2.5	3.0	4.0
C_{max}	0.1	0.2	0.2	0.3	0.4	0.5	0.6	0.8	1.0	1.2	1.6	2.0

说明:表中"C"为倒角在轴线方向的长度,与倒角注法中符号 C 的含义不同。

二、螺纹

(一)普通螺纹(摘自 GB/T 193—2003,GB/T 196—2003)

附表 2 直径与螺距系列   (单位:mm)

标记示例

粗牙普通螺纹,公称直径10mm,右旋,中径公差带代号5g,顶径公差带代号6g,短旋合长度的外螺纹,其标记为:

M10-5g6g-S

细牙普通螺纹,公称直径10mm,螺距1mm,左旋,中径和顶径公差带代号都是6H,中等旋合长度的内螺纹,其标记为:

M10×1-6H-LH

公称直径 D、d			螺距 P		公称直径 D、d			螺距 P	
第一系列	第二系列	第三系列	粗牙	细牙	第一系列	第二系列	第三系列	粗牙	细牙
2			0.4	0.25	4			0.7	0.5
	2.2		0.45			4.5		0.75	
2.5					5			0.8	
3			0.5	0.35			5.5		
	3.5		0.6		6			1	0.75

(续)

公称直径 D、d			螺距 P		公称直径 D、d			螺距 P	
第一系列	第二系列	第三系列	粗牙	细牙	第一系列	第二系列	第三系列	粗牙	细牙
		7	1	0.75	24			3	2, 1.5, 1
8			1.25	1, 0.75		25			2, 1.5, 1
		9	1.25				26		1.5
10			1.5	1.25, 1, 0.75		27		3	2, 1.5, 1
		11	1.5	1, 0.75			28		2, 1.5, 1
12			1.75	1.5, 1.25, 1	30			3.5	3, 2, 1.5, 1
	14		2			32			2, 1.5
		15		1.5			33	3.5	3, 2, 1.5
16			2	1.5, 1		35			1.5
		17		1.5, 1	36			4	3, 2, 1.5
	18						38		1.5
20			2.5	2, 1.5, 1		39		4	3, 2, 1.5
	22						40		3, 2, 1.5

注：1. 优先选用第一系列，其次是第二系列，第三系列尽可能不用。
2. M14×1.25 仅用于火花塞。
3. M35×1.5 仅用于滚动轴承锁紧螺母。

（二）螺孔，螺栓、螺钉通孔和沉头座

附表 3　粗牙螺栓、螺钉的拧入深度、螺纹孔尺寸和钻孔深度（JB/GQ 0126—1980）

（单位：mm）

D (d)	用于钢或青铜				用于铸铁				用于铝			
	H	L_1	L_2	L_3	H	L_1	L_2	L_3	H	L_1	L_2	L_3
3	4	3	4	7	6	5	6	9	8	6	7	10
4	5.5	4	5.5	9	8	6	7.5	11	10	8	10	14
5	7	5	7	11	10	8	10	14	12	10	12	16
6	8	6	8	13	12	10	12	17	15	12	15	20
8	10	8	10	16	15	12	14	20	20	16	18	24
10	12	10	13	20	18	15	18	25	24	20	23	30
12	15	12	15	24	22	18	21	30	28	24	27	36
16	20	16	20	30	28	24	28	38	36	32	36	46
20	25	20	24	36	35	30	35	47	45	40	45	57
24	30	24	30	44	42	35	42	55	65	48	54	68
30	36	30	36	52	50	45	52	68	70	60	67	84
36	45	36	44	62	65	55	64	82	80	72	80	98
42	50	42	50	72	75	65	74	95	95	85	94	115
48	60	48	58	82	85	75	85	108	105	95	105	128

附表 4 紧固件通孔（摘自 GB/T 5277—1985）及沉头座尺寸（摘自 GB/T 152.2~152.4—1988）

（单位：mm）

螺纹规格 d			2	2.5	3	4	5	6	8	10	12	14	16	18	20	22	24
通孔直径		精装配	2.2	2.7	3.2	4.3	5.3	6.4	8.4	10.5	13	15	17	19	21	23	25
		中等装配	2.4	2.9	3.4	4.5	5.5	6.6	9	11	13.5	15.5	17.5	20	22	24	26
		粗装配	2.6	3.1	3.6	4.8	5.8	7	10	12	14.5	16.5	18.5	21	24	26	28
六角头螺栓和六角螺母用沉孔 GB/T152.4—1988 t—刮平为止	用于标准对边宽度六角头螺栓及六角螺母	d_2 (H15)	6	8	9	10	11	13	18	22	26	30	33	36	40	43	48
		d_3										16	18	20	22	24	26	28
		d_1 (H13)	2.4	2.9	3.4	4.5	5.5	6.6	9	11	13.5	15.5	17.5	20	22	24	26
圆柱头用沉孔 GB/T152.3—1988	用于 GB/T 70	d_2 (H13)	4.3	5.0	6.0	8.0	10	11	15	18	20	24	26	—	33	—	40
		t (H13)	2.3	2.9	3.4	4.6	5.7	6.8	9	11	13	15	17.5	—	21.5	—	25.5
		d_3										16	18	20	24			28
		d_1 (H13)	2.4	2.9	3.4	4.5	5.5	6.6	9	11	13.5	15.5	17.5	20	22			26
	用于 GB/T 67 及 GB/T 65	d_2 (H13)	—	—	—	8	10	11	15	18	20	24	26	—	33	—	—
		t (H13)				3.2	4	4.7	6	7	8	9	10.5	—	12.5	—	—
		d_3										16	18	20		24		
		d_1 (H13)				4.5	5.5	6.6	9	11	13.5	15.5	17.5		22			
沉头用沉孔 GB/T152.2—1988 $90°{}^{-2°}_{-4°}$	用于沉头及半沉头螺钉	d_2 (H13)	4.5	5.6	6.4	9.6	10.6	12.8	17.6	20.3	24.4	28.4	32.4	—	40.4			
		$t\approx$	1.2	1.5	1.6	2.7	2.7	3.3	4.6	5	6	7	8	—	10			
		d_1 (H13)	2.4	2.9	3.4	4.5	5.5	6.6	9	11	13.5	15.5	17.5		22			

注：尺寸下带括号的为其公差带。

三、常用标准件

（一）六角头螺栓—A 级和 B 级（GB/T 5782—2000） 六角头螺栓—全螺纹—A 级和 B 级（GB/T 5783—2000）

附表 5　（单位：mm）

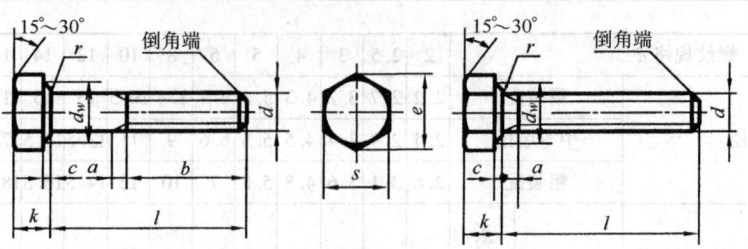

标记示例

螺纹规格 d = M12、公称长度 l = 80mm、性能等级为8.8级、表面氧化、A级的六角头螺栓，其标记为：
螺栓　GB/T 5782 M12×80

螺纹规格 d			M3	M4	M5	M6	M8	M10	M12	M16	M20	M24	M30
a	max		1.5	2.1	2.4	3	4	4.5	5.3	6	7.5	9	10.5
b 参考	$l \leq 125$		12	14	16	18	22	26	30	38	46	54	66
	$125 < l \leq 200$		18	20	22	24	28	32	36	44	52	60	72
	$l > 200$		31	33	35	37	41	45	49	57	65	73	85
c	min		0.15	0.15	0.15	0.15	0.15	0.15	0.15	0.2	0.2	0.2	0.2
	max		0.4	0.4	0.5	0.5	0.6	0.6	0.6	0.8	0.8	0.8	0.8
d_W min	产品等级	A	4.57	5.88	6.88	8.88	11.63	14.63	16.63	22.49	28.19	33.61	—
		B	4.45	5.74	6.74	8.74	11.47	14.47	16.47	22	27.7	33.25	42.75
e min	产品等级	A	6.01	7.66	8.79	11.05	14.38	17.77	20.03	26.75	33.53	39.98	—
		B	5.88	7.50	8.63	10.89	14.20	17.59	19.85	26.17	32.95	39.55	50.85
k	公称		2	2.8	3.5	4	5.3	6.4	7.5	10	12.5	15	18.7
s	max＝公称		5.5	7	8	10	13	16	18	24	30	36	46
l 公称（系列值）			6、8、10、12、16、20、25、30、35、40、45、50、55、60、65、70、80、90、100、110、120、130、140、150、160、180、200、220、240、260、280、300、320、340、360、380、400、420、440、460、480、500										

注：1. A级用于 $d \leq 24$mm 和 $l \leq 10d$ 或 $l \leq 150$mm（按较小值）的螺栓；B级用于 $d > 24$mm 和 $l > 10d$ 或 $l > 150$mm（按较小值）的螺栓。
2. 螺纹末端应倒角，对 GB/T 5782 $d \leq$ M4 时，可为辗制末端，对 GB/T 5783 $d \leq$ M4 为辗制末端。
3. 螺纹规格 d 从 M1.6～M64。

（二）双头螺柱

双头螺柱——$b_m = 1d$（GB/T 897—1988）

双头螺柱——$b_m = 1.25d$（GB/T 898—1988）

双头螺柱——$b_m = 1.5d$（GB/T 899—1988）

双头螺柱——$b_m = 2d$（GB/T 900—1988）

附表 6 (单位：mm)

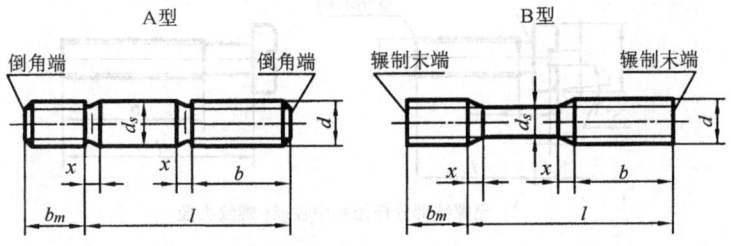

标记示例

两端均为粗牙普通螺纹，$d=10\text{mm}$，$l=50\text{mm}$，性能等级为 4.8 级、B 型、$b_m=1d$ 的双头螺柱的标记为：

螺柱 GB/T 897 M10×50

旋入机体一端为粗牙普通螺纹，旋螺母一端为螺距 $P=1\text{mm}$ 的细牙普通螺纹，$d=10\text{mm}$，$l=50\text{mm}$，性能等级为 4.8 级、A 型、$b_m=1d$ 的双头螺柱的标记为：

螺柱 GB/T 897 AM10—M10×1×50

旋入机体一端为过渡配合螺纹的第一种配合，旋螺母一端为粗牙普通螺纹，$d=10\text{mm}$，$l=50\text{mm}$，性能等级为 8.8 级、镀锌钝化、B 型、$b_m=1d$ 的双头螺柱的标记为：

螺柱 GB/T 897 GM10—M10×50-8.8-Zn·D

螺纹规格 d		M5	M6	M8	M10	M12	M16	M20	M24	M30	M36	M42
b_m	GB/T 897—1988	5	6	8	10	12	16	20	24	30	36	42
	GB/T 898—1988	6	8	10	12	15	20	25	30	38	45	52
	GB/T 899—1988	8	10	12	15	18	24	30	36	45	54	65
	GB/T 900—1988	10	12	16	20	24	32	40	48	60	72	84
d_s		5	6	8	10	12	16	20	24	30	36	42
x		1.5P	1.5P	1.5P	1.5P	1.5P	1.5P	1.5P	1.5P	1.5P	1.5P	1.5P
$\dfrac{l}{b}$		$\dfrac{16\sim12}{10}$	$\dfrac{20\sim22}{10}$	$\dfrac{20\sim22}{10}$	$\dfrac{25\sim28}{14}$	$\dfrac{25\sim30}{16}$	$\dfrac{30\sim38}{20}$	$\dfrac{35\sim40}{25}$	$\dfrac{45\sim50}{30}$	$\dfrac{60\sim65}{40}$	$\dfrac{65\sim75}{45}$	$\dfrac{65\sim80}{50}$
		$\dfrac{25\sim50}{16}$	$\dfrac{25\sim30}{16}$	$\dfrac{25\sim30}{16}$	$\dfrac{30\sim38}{16}$	$\dfrac{32\sim40}{20}$	$\dfrac{40\sim55}{30}$	$\dfrac{45\sim65}{35}$	$\dfrac{55\sim75}{45}$	$\dfrac{70\sim90}{50}$	$\dfrac{80\sim110}{60}$	$\dfrac{85\sim110}{70}$
			$\dfrac{32\sim75}{18}$	$\dfrac{32\sim90}{22}$	$\dfrac{40\sim120}{26}$	$\dfrac{45\sim120}{30}$	$\dfrac{60\sim120}{38}$	$\dfrac{70\sim120}{46}$	$\dfrac{80\sim120}{54}$	$\dfrac{95\sim120}{60}$	$\dfrac{120}{78}$	$\dfrac{120}{90}$
					$\dfrac{130}{32}$	$\dfrac{130\sim180}{36}$	$\dfrac{130\sim200}{44}$	$\dfrac{130\sim200}{52}$	$\dfrac{130\sim200}{60}$	$\dfrac{130\sim200}{72}$	$\dfrac{130\sim200}{84}$	$\dfrac{130\sim200}{96}$
										$\dfrac{210\sim250}{85}$	$\dfrac{210\sim300}{91}$	$\dfrac{210\sim300}{109}$
l 系列		\multicolumn{11}{l}{16, (18), 20, (22), 25, (28), 30, (32), 35, (38), 40, 45, 50, (55), 60, (65), 70, (75), 80, (85), 90, (95), 100, 110, 120, 130, 140, 150, 160, 170, 180, 190, 200, 210, 220, 230, 240, 250, 260, 280, 300}

注：P 是粗牙螺纹的螺距。

（三）开槽圆柱头螺钉（摘自 GB/T 65—2000）

附表 7　　　　　　　　　　　　　　　（单位：mm）

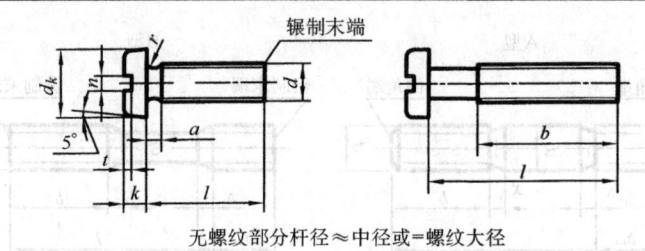

无螺纹部分杆径≈中径或=螺纹大径

标记示例

螺纹规格 d = M5、公称长度 l = 20mm、性能等级为 4.8 级、不经表面处理的开槽圆柱头螺钉，其标记为：

螺钉　GB/T 65 M5×20

螺纹规格 d		M3	M4	M5	M6	M8	M10
a	max	1	1.4	1.6	2	2.5	3
b	min	25	38	38	38	38	38
d_k	max	5.5	7	8.5	10	13	16
	min	5.32	6.78	8.28	9.78	12.73	15.73
k	max	2	2.6	3.3	3.9	5	6
	min	1.86	2.46	3.12	3.6	4.7	5.7
n 公称		0.8	1.2	1.2	1.6	2	2.5
t	min	0.85	1.1	1.3	1.6	2	2.4
l 公称（系列值）		4,5,6,8,10,12,(14),16,20,25,30,35,40,45,50,(55),60,(65),70,(75),80					

注：1. l 公称值尽可能不采用括号内的规格。

2. 当 l≤40mm 时，螺钉制出全螺纹。

3. 螺纹规格 d 从 M1.6～M10，公称长度 l 为 2～80mm。

（四）开槽沉头螺钉（GB/T 68—2000）、十字槽沉头螺钉（GB/T 819.1—2000）、十字槽半沉头螺钉（GB/T 820—2000）

附表 8　　　　　　　　　　　　　　　（单位：mm）

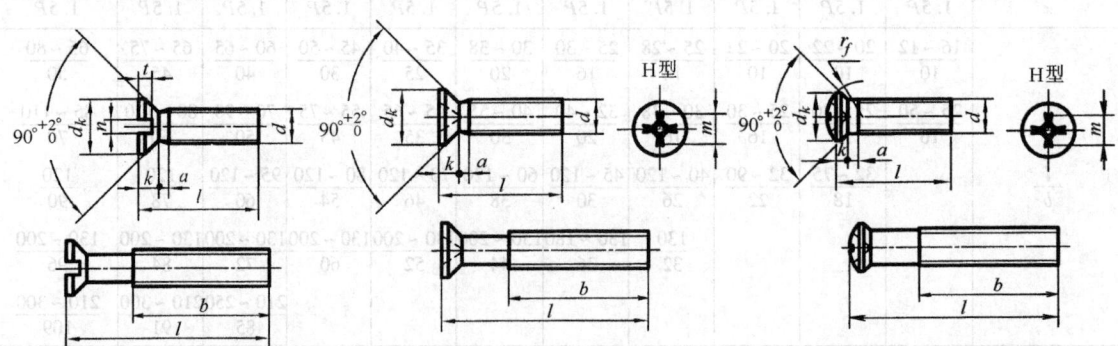

无螺纹部分杆径≈中径或=螺纹大径　　无螺纹部分杆径≈中径或=螺纹大径　　无螺纹部分杆径≈中径或=螺纹大径

标记示例

螺纹规格 d = M5、公称长度 l = 20mm、性能等级为 4.8 级、不经表面处理的开槽沉头螺钉，其标记为：

螺钉　GB/T 68 M5×20

螺纹规格 d = M5、公称长度 l = 20mm、性能等级为 4.8 级、不经表面处理的 H 型十字槽半沉头螺钉，其标记为：

螺钉　GB/T 820 M5×20

（续）

螺纹规格 d		M2	M2.5	M3	M4	M5	M6	M8	M10
a max		0.8	0.9	1	1.4	1.6	2	2.5	3
b min		25	25	25	38	38	38	38	38
d_k 实际值	max	3.8	4.7	5.5	8.4	9.3	11.3	15.8	18.3
	min	3.5	4.4	5.2	8.04	8.94	10.87	15.37	17.78
k 公称 = max		1.2	1.5	1.65	2.7	2.7	3.3	4.65	5
$r_f \approx$		4	5	6	9.5	9.5	12	16.5	19.5
n 公称		0.5	0.6	0.8	1.2	1.2	1.6	2	2.5
t	min	0.4	0.5	0.6	1	1.1	1.2	1.8	2
	max	0.6	0.75	0.85	1.3	1.4	1.6	2.3	2.6
H型十字槽 m 参考	GB/T 819.1	1.9	2.9	3.2	4.6	5.2	6.8	8.9	10
	GB/T 820	2	3	3.4	5.2	5.4	7.3	9.6	10.4
l 公称（系列值）			2.5, 3, 4, 5, 6, 8, 10, 12, (14), 16, 20, 25, 30, 35, 40, 45, 50, (55), 60, (65), 70, (75), 80						

注：1. l 公称值尽可能不采用括号内的规格。
2. 当 $d \leq 3\text{mm}$、$l \leq 30\text{mm}$，及当 $d > 3\text{mm}$ 时，杆部制出全螺纹。
3. 螺纹规格 d 从 M1.6～M10。
4. GB/T 819.1 公称长度 l 从 3～60mm、$l \leq 45\text{mm}$ 时，杆部制出全螺纹。

（五）开槽紧定螺钉

附表 9　　　　　（单位：mm）

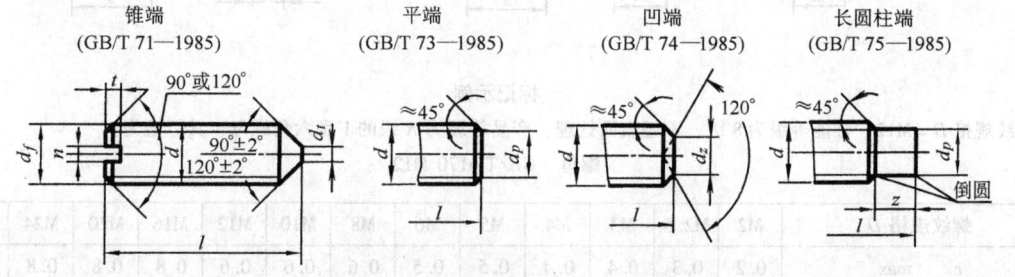

标记示例

螺纹规格 d = M5、公称长度 l = 12mm、性能等级为 14H 级、表面氧化的开槽锥端紧定螺钉，其标记为：
螺钉　GB/T 71 M5×12

螺纹规格 d = M8、公称长度 l = 20mm、性能等级为 14H 级、表面氧化的开槽长圆柱端紧定螺钉，其标记为：
螺钉　GB/T 75 M8×20

螺纹规格 d		M2	M2.6	M3	M4	M5	M6	M8	M10	M12
$d_f \approx$			螺纹小径							
d_t	min	—	—	—	—	—	—	—	—	—
	max	0.2	0.25	0.3	0.4	0.5	1.5	2	2.5	3
d_p	min	0.75	1.25	1.75	2.25	3.2	3.7	5.2	6.64	8.14
	max	1	1.5	2	2.5	3.5	4	5.5	7	8.5

(续)

螺纹规格 d		M2	M2.6	M3	M4	M5	M6	M8	M10	M12
d_z	min	0.75	0.95	1.15	1.75	2.25	2.75	4.7	5.7	7.7
	max	1	1.2	1.4	2	2.5	3	5	6	8
n 公称		0.25	0.4	0.4	0.6	0.8	1	1.2	1.6	2
t	min	0.64	0.72	0.8	1.12	1.28	1.6	2	2.4	2.8
	max	0.84	0.95	1.05	1.42	1.63	2	2.5	3	3.6
z	min	1	1.25	1.5	2	2.5	3	4	5	6
	max	1.25	1.5	1.75	2.25	2.75	3.25	4.3	5.3	6.3

l 公称（系列值） 2, 2.5, 3, 4, 5, 6, 8, 10, 12, (14), 16, 20, 25, 30, 35, 40, 45, 50, (55), 60

注：1. l 公称值尽可能不采用括号内的规格。
  2. GB/T 71 中，螺纹规格 $d \leq$ M5 的螺钉不要求锥端有平面部分（d_t），可以倒角。

（六）1 型六角螺母—A 级和 B 级（GB/T 6170—2000）　六角薄螺母—A 级和 B 级—倒角（GB/T 6172.1—2000）

附表　10　　　　　　　　　　　　　　　　　　（单位：mm）

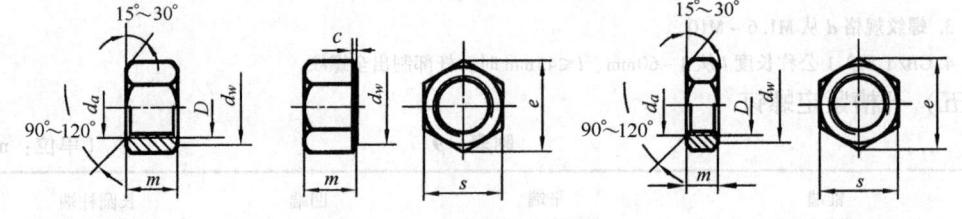

标记示例

螺纹规格 D = M12、性能等级为 8 级、不经表面处理、产品等级为 A 级的 1 型六角螺母，其标记为：
螺母　GB/T 6170 M12

螺纹规格 D			M2	M2.5	M3	M4	M5	M6	M8	M10	M12	M16	M20	M24	M30
c	max		0.2	0.3	0.4	0.4	0.5	0.5	0.6	0.6	0.6	0.8	0.8	0.8	0.8
d_w	min		3.1	4.1	4.6	5.9	6.9	8.9	11.6	14.6	16.6	22.5	27.7	33.3	42.8
e	min		4.32	5.45	6.01	7.66	8.79	11.05	14.38	17.77	20.03	26.75	32.95	39.55	50.85
m	GB/T 6170	max	1.6	2	2.4	3.2	4.7	5.2	6.8	8.4	10.8	14.8	18	21.5	25.6
		min	1.35	1.75	2.15	2.9	4.4	4.9	6.44	8.04	10.37	14.1	16.9	20.2	24.3
	GB/T 6172	max	1.2	1.6	1.8	2.2	2.7	3.2	4	5	6	8	10	12	15
		min	0.95	1.35	1.55	1.95	2.45	2.9	3.7	4.7	5.7	7.42	9.10	10.9	13.9
s	max		4	5	5.5	7	8	10	13	16	18	24	30	36	46
	min		3.82	4.82	5.32	6.78	7.78	9.78	12.73	15.73	17.73	23.67	29.16	35	45

注：A 级用于 $D \leq$ 16mm 的螺母，B 级用于 $D >$ 16mm 的螺母。

（七）平垫圈—A 级（GB/T 97.1—1985）　平垫圈倒角型—A 级（GB/T 97.2—1985）

附表 11　　　　　　　　　　　　　　　　　　　　　（单位：mm）

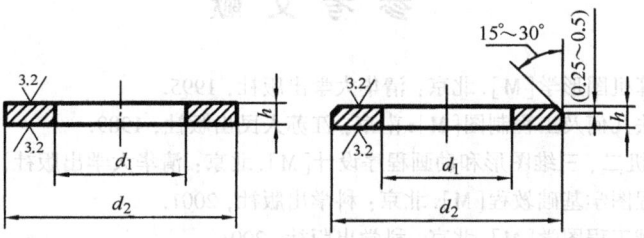

标记示例

标准系列、规格为8mm、硬度等级为200HV级、不经表面处理、产品等级为A级的平垫圈，其标记为：

垫圈　GB/T 97.1　8

规格（螺纹大径）	2	2.5	3	4	5	6	8	10	12	14	16	20	24	30
内径 d_1 公称（min）	2.2	2.7	3.2	4.3	5.3	6.4	8.4	10.5	13	15	17	21	25	31
外径 d_2 公称（max）	5	6	7	9	10	12	16	20	24	28	30	37	44	56
厚度 h 公称	0.3	0.5	0.5	0.8	1	1.6	1.6	2	2.5	2.5	3	3	4	4

注：GB/T 97.2 适用于规格为 5~36mm、A级和B级、标准六角头的螺栓、螺钉和螺母。

（八）标准型弹簧垫圈（GB/T 93—1987）　轻型弹簧垫圈（GB/T 859—1987）

附表 12　　　　　　　　　　　　　　　　　　　　　（单位：mm）

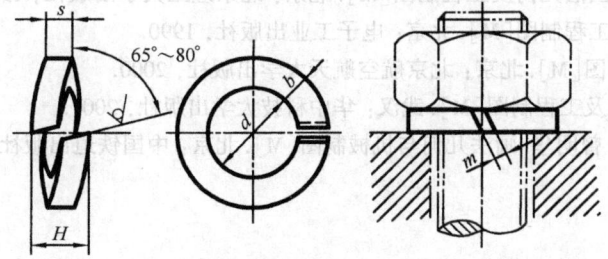

标记示例

规格16mm、材料为65Mn、表面氧化的标准型弹簧垫圈，其标记为：

垫圈　GB/T 93　16

规格（螺纹大径）		2	2.5	3	4	5	6	8	10	12	16	20	24	30	36	42	48
d min		2.1	2.6	3.1	4.1	5.1	6.1	8.1	10.2	12.2	16.2	20.2	24.5	30.5	36.5	42.5	48.5
H max	GB/T 93	1.25	1.63	2	2.75	3.25	4	5.25	6.5	7.75	10.25	12.5	15	18.75	22.5	26.25	30
	GB/T 859			1.5	2	2.75	3.25	4	5	6.25	8	10	12.5	15			
$s(b)$ 公称	GB/T 93	0.5	0.65	0.8	1.1	1.3	1.6	2.1	2.6	3.1	4.1	5	6	7.5	9	10.5	12
s 公称	GB/T 859			0.6	0.8	1.1	1.3	1.6	2	2.5	3.2	4	5	6			
$m\leqslant$	GB/T 93	0.25	0.33	0.4	0.55	0.65	0.8	1.05	1.3	1.55	2.05	2.5	3	3.75	4.5	5.25	6
	GB/T 859			0.3	0.4	0.55	0.65	0.8	1	1.25	1.6	2	2.5	3			
b 公称	GB/T 859			1	1.2	1.5	2	2.5	3	3.5	4.5	5.5	7	9			

注：GB/T 859 规格为 3~30mm。

参 考 文 献

[1]　孙家广，等.计算机图形学[M].北京：清华大学出版社，1995.
[2]　骆继如，等.画法几何及工程制图[M].南京：江苏人民出版社，1989.
[3]　张忠忠，等，微机二、三维图形和动画程序设计[M].北京：清华大学出版社，1996.
[4]　钱志峰，等.工程图学基础教程[M].北京：科学出版社，2001.
[5]　侯洪生，等.机械工程图学[M].北京：科学出版社，2001.
[6]　同济大学建筑制图教研室.画法几何[M].上海：同济大学出版社，1996.
[7]　杨敢新.阴影透视[M].南京：南京理工大学，1994.
[8]　同济大学，上海交通大学，等.机械制图.[M].3版.北京：高等教育出版社，1986.
[9]　段齐骏.机械设计与制图[M].北京：兵器工业出版社，2000.
[10]　何铭新，钱可强.机械制图[M].北京：高等教育出版社，1997.
[11]　大连工学院工程画教研室.机械制图[M].3版.北京：高等教育出版社，1974.
[12]　邹宜侯，窦墨林.机械制图[M].北京：清华大学出版社，1984.
[13]　范思冲.画法几何及机械制图[M].北京：机械工业出版社，1996.
[14]　许松照.画法几何与阴影透视[M].北京：中国建筑工业出版社，1979.
[15]　辛华泉，程建新.效果图表现技法[M].上海：上海交通大学出版社，1988.
[16]　黄邦彦.现代设计方法基础[M].北京：中国人民大学出版社，2001.
[17]　洪钟德.现代工程技术图形学[M].武汉：华中科技大学出版社，1999.
[18]　焦永和，齐信民.画法几何及工程制图[M].北京：北京理工大学出版社，1999.
[19]　李芳洁，吴应江.工程制图[M].北京：电子工业出版社，1990.
[20]　王颖.现代工程制图[M].北京：北京航空航天大学出版社，2000.
[21]　温文炯.画法几何及工程制图[M].武汉：华中科技大学出版社，2001.
[22]　孔宪庶，池建斌，曾明华.画法几何与机械制图[M].北京：中国铁道出版社，2000.

设计图学 第2版
（段齐骏主编）
读者信息反馈表

尊敬的老师：

  您好！感谢您多年来对机械工业出版社的支持和厚爱！为了进一步提高我社教材的出版质量，更好地为我国高等教育发展服务，欢迎您对我社的教材多提宝贵意见和建议。另外，如果您在教学中选用了本书，欢迎您对本书提出修改建议和意见。

一、基本信息

姓名：_____ 性别：_____ 职称：_____ 职务：_____

邮编：_____ 地址：_____

任教课程：_____ 电话：_____—_____（H）_____（O）

电子邮件：_____ 手机：_____

二、您对本书的意见和建议

    （欢迎您指出本书的疏误之处）

三、您对我们的其他意见和建议

请与我们联系：

100037　机械工业出版社·高教分社　刘编辑　收

Tel：010-88379712，88379715，68994030（Fax）

E-mail：lxh@mail.machineinfo.gov.cn

设计图学 第2版
（第三版主编）
读者信息反馈表

尊敬的老师：

您好！感谢您采用机械工业出版社的教材和图书！为了进一步提高教材和最新教材的出版质量，更好地为高等教育服务，欢迎您对我社的教材提出宝贵意见和建议，另外，如果您在教学中选用了本书，希望您将本书使用情况及意见和建议。

一、基本信息

姓名： _____ 任课： _____ 职务： _____

邮编： _____ 地址： _____

正教科目： _____ 电话：（H）_____ （O）_____

电子邮件： _____ 手机： _____

二、您对本书的意见和建议
（如果您选用本书的原因之类）

三、您希望得到的其他帮助和建议

联系部门联系：

100037，机械工业出版社·高教分社，刘瑶瑶 收

Tel: 010-88379712，88379715，68994030（Fax）

E-mail: lxlu@mail.machineinfo.gov.cn